建築デザインの解剖図鑑

まちで目にするカタチを読み解く

スタジオワーク
studiowork

X-Knowledge

目次

1章

地形を読み解く

2章

まちなみを探る

3章

建築探訪のススメ

4章

細部のこだわり

5章

まちに出よう

column

topics

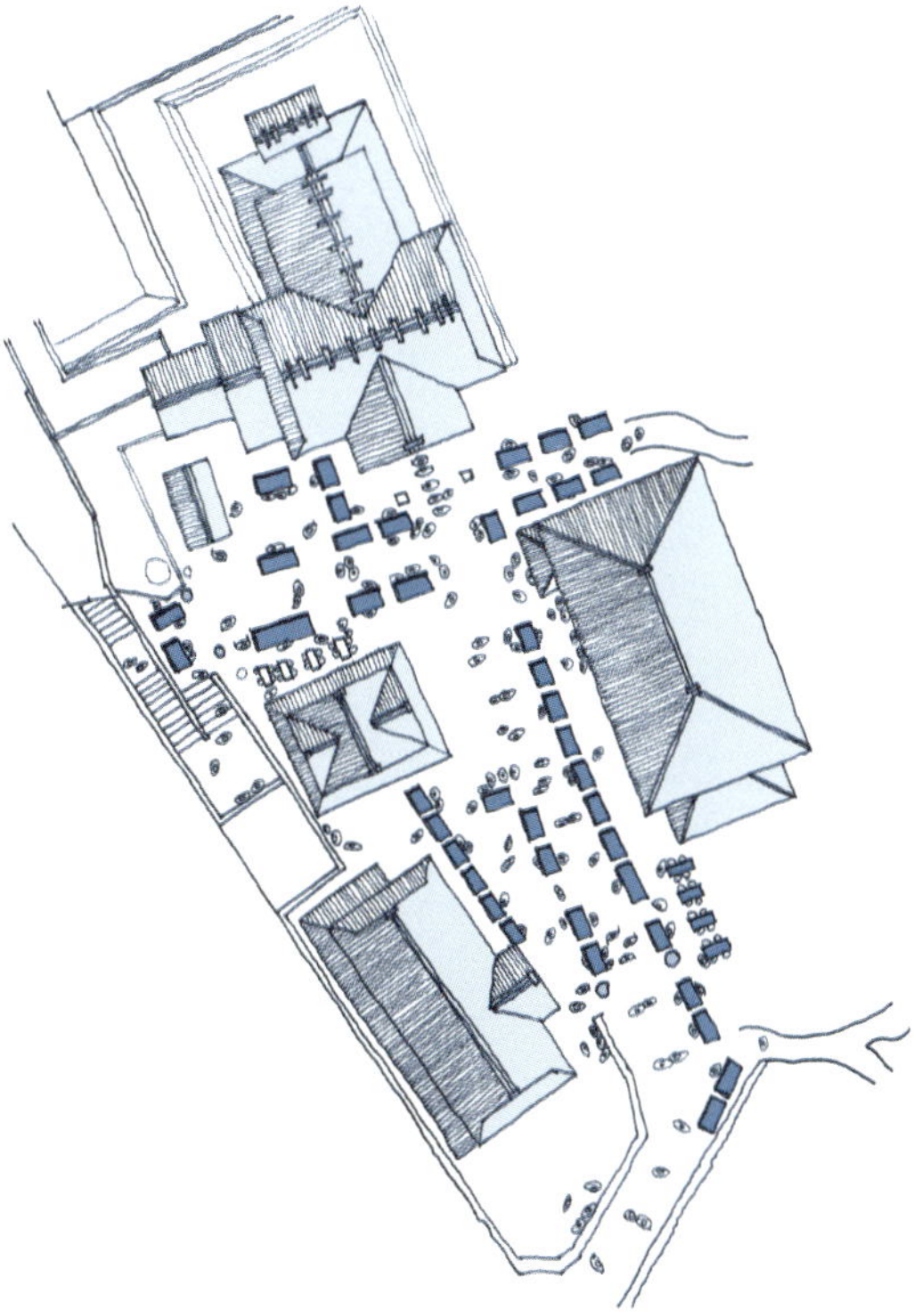

デザイン:細山田デザイン事務所 (米倉英弘+野村彩子)
編集協力・製作:タクトシステム (杉山和子)
印刷・製本:大日本印刷

1章

地形を読み解く

坂の名前は江戸っ子のメッセージ

まちを歩いていると、坂の名前にふと引っかかるときがある。地蔵もないのに地蔵坂とは、これいかに？

　これはかつての風景の名残。江戸っ子は、自分たちの馴染みの坂に単純明快な名前を付けた。地蔵尊が祀られていたから地蔵坂。さっぱりした気性のままに付けられた名前が、風景が変わった現在に受け継がれ、かつての姿を想像する手掛かりとなっているのだ。

坂の名前に昔の風景を見る

もし現在見ることができなくても、かつてこの「富士見坂」からは富士山が見えた。
つまり坂の向いている方角が、富士山の方向

富士山が見えたら、その方角は西南西である。江戸の人々は、富士山を見て自分の位置と進むべき方向を確認したのであろう
坂上では遠景、坂下では近景を意識する
坂はあの世とこの世の境界。地蔵尊や石仏も多かったはずだ

富士見坂（東京・西日暮里）

江戸っ子らしい命名法

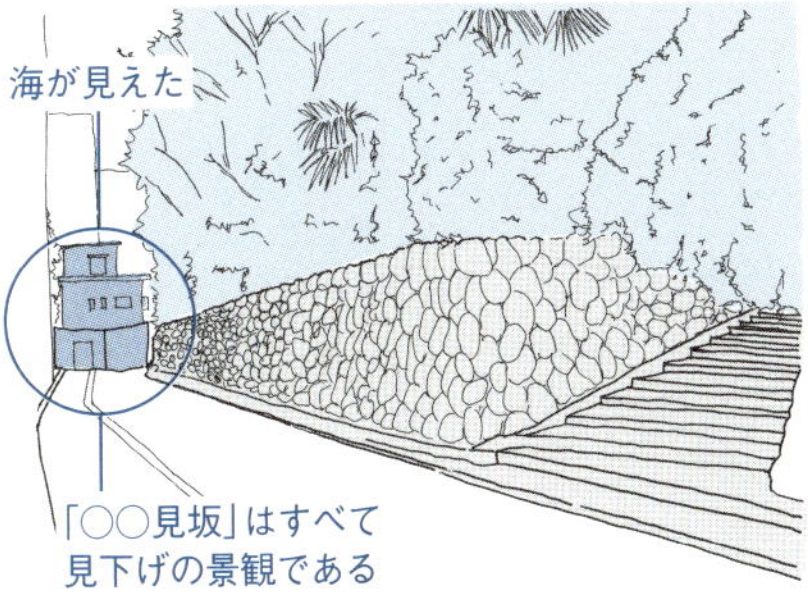

眺望から名付ける

「○○見坂」という名前の坂は、かつて○○が見えた坂である。潮見坂・汐見坂（東京湾が一望できた坂。現在都内8カ所に残るが、その多くは「見えた」という過去形）、江戸見坂（江戸市街がよく見えた坂）、富士見坂（富士山を拝むことができた坂。江戸に15カ所あった）など

汐見坂（東京・千駄木）

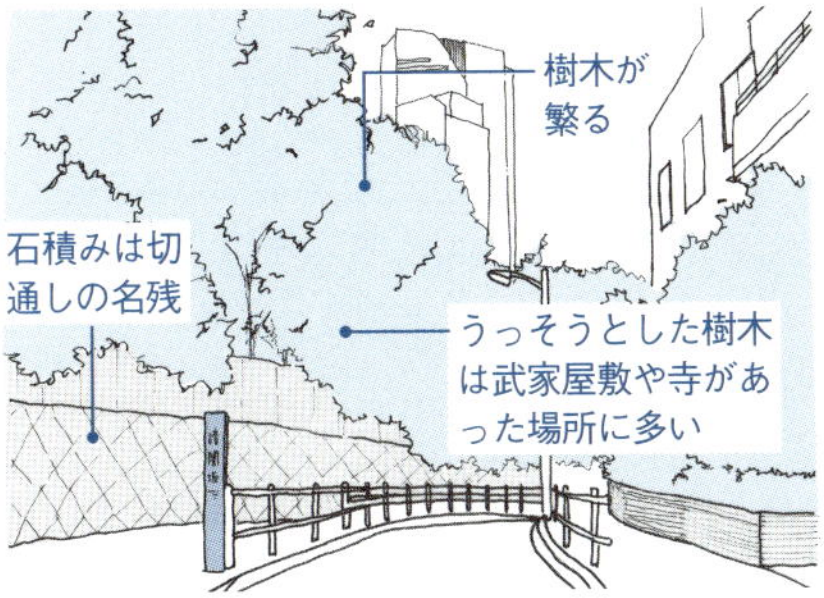

明暗から名付ける

暗闇坂・樹木谷（じゅもくだに）坂・日無（ひなし）坂（切通［きりとお］しで左右の地盤レベルが上がっていたり、樹木が生い茂っていて暗い坂）、幽霊坂（周辺に墓地があり暗い坂）など。暗闇坂という坂名なら、現在は明るい道であっても、昔は樹木がうっそうと繁っていたことになる

暗闇坂（東京・元麻布）

形から名付ける

袖摺坂（そですりざか。袖を摺り合わせるようにすれ違う狭い道幅の坂）、鰻坂（細くくねった坂）、瓢箪坂（ひょうたんざか。坂の途中に細くくびれた個所がある坂）、蛇坂（蛇行した坂）、鼠坂（ねずみしか通れないほど狭い道）、七曲坂（ななまがりざか。何カ所か曲がっていれば七曲坂）など、道幅や生き物の姿にちなむ

袖摺坂（東京・神楽坂）

勾配から名付ける

胸突坂（むなつきざか。自分の胸を突くようにしなければ上れない坂）、転坂（ころびざか。急勾配なうえ道が悪く、通行人がよく転んだ坂）、炭団坂（たどんざか。転ぶと人が泥で汚れて炭団のように黒くなる坂）、三年坂（転ぶと3年以内に死ぬという俗信がある坂）、だらだら坂（緩やかに続く長い坂）など、急な坂でも呼び方はさまざま

胸突坂（東京・関口）

急勾配の男坂は神の道

丘の上に鎮座する神に、直線的に一気に近付けるのが男坂。図の東京・港区の愛宕《あたご》神社の男坂は、高低差20m、傾斜角度37°で、都内有数の急勾配の階段。人が一気に上るのは至難の業である

うっそうとした木立で覆われる
二の鳥居をくぐると天空が開け、その先には本殿がある
踊り場などは設けられていない
急勾配の男坂。祭りでは神輿が上る神の道
一の鳥居をくぐって男坂を上る
脇にある女坂の入口

男坂は一気に上がれない

高所の社寺に通じる道には、急勾配の男坂《おとこざか》と緩勾配の女坂《おんなざか》がある。男坂は神輿《みこし》が上る神の道であり、女性が不浄とされた時代、女性は上れなかった。もっとも、女性にとってきつい坂道を上ることは容易ではなく、足の脛《すね》を見せるのはふしだらなこととされたので、緩い勾配は好都合だった。女坂は地形を利用したなだらかな坂道だ。長い坂には茶屋が設けられたように、人のための道であった。

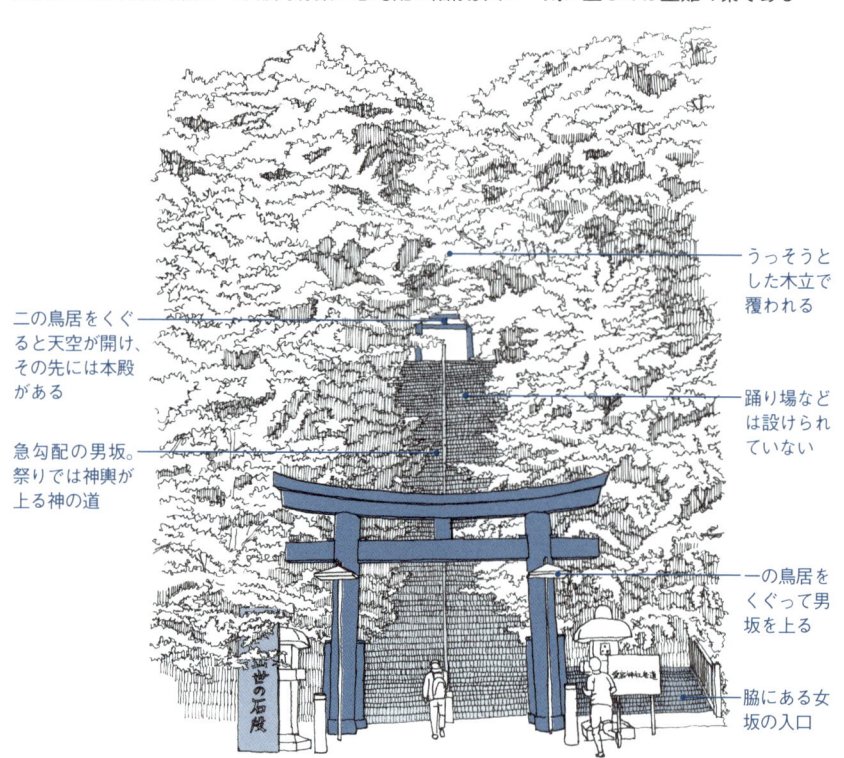

緩やかな女坂は人が使う道

女坂は自然の地形を生かした坂。直線的で急な男坂と比べ、折れ曲がりがあり、徐々に変わっていく景色（シークエンス）を楽しむことができる道だ

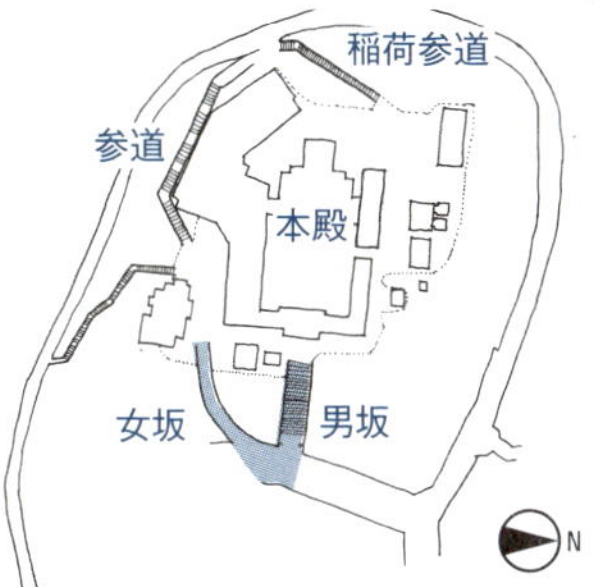
稲荷参道
参道
本殿
女坂
男坂
N

日枝神社の配置図。階段状で急勾配の男坂の脇に、地形なりの緩い女坂がある

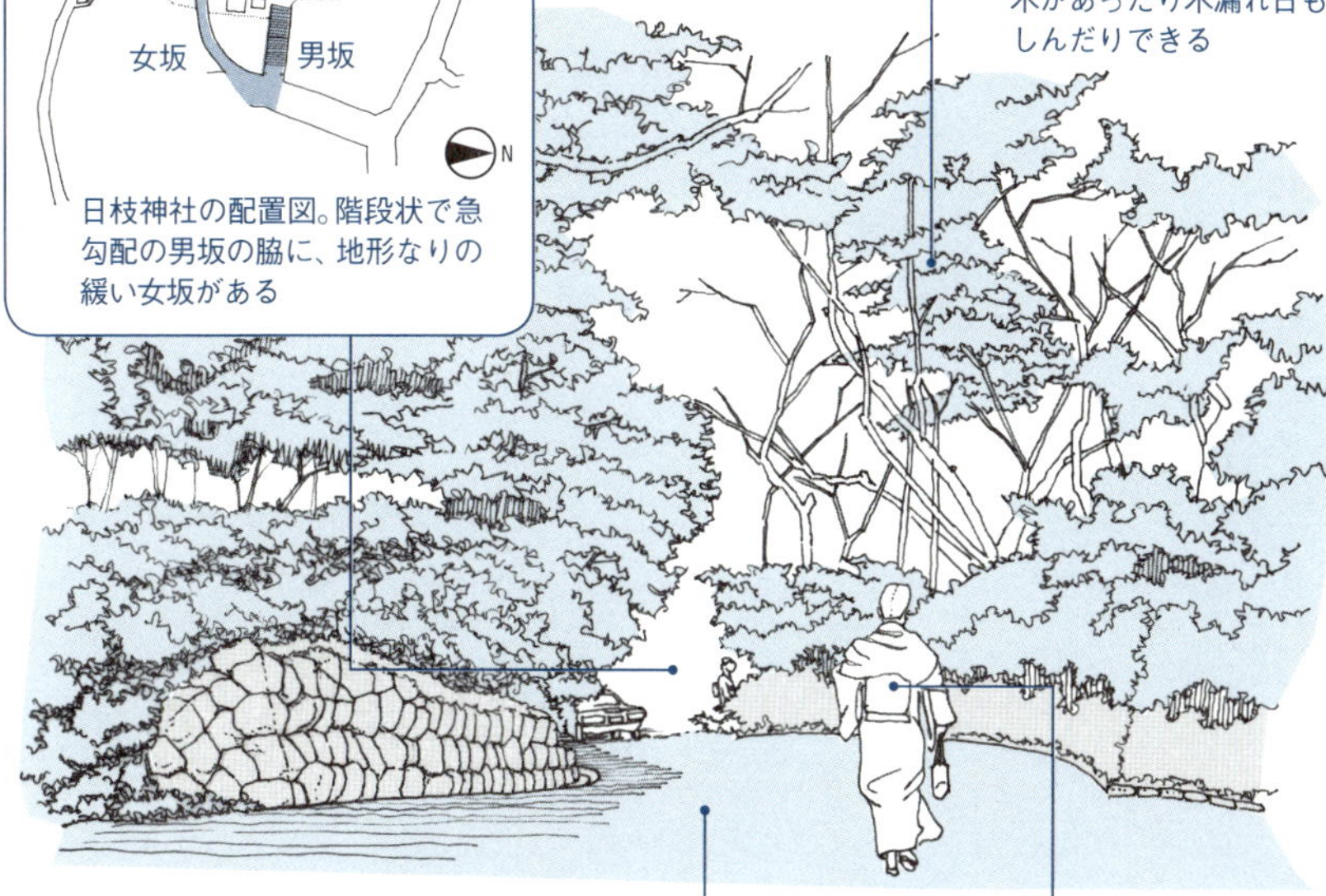
男坂と違い、花を楽しめる木があったり木漏れ日も楽しんだりできる

日枝（ひえ）神社（東京・千代田区）の女坂

視野が狭い
上り坂

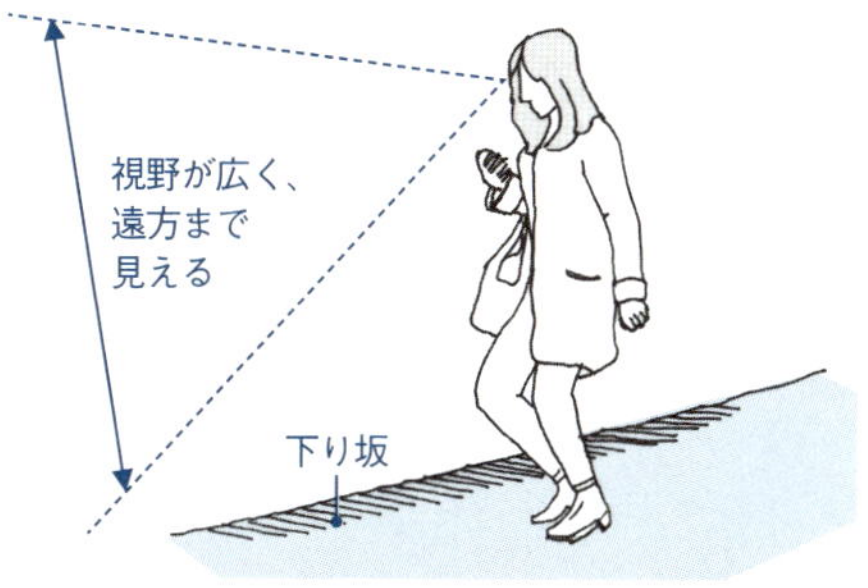
視野が広く、遠方まで見える
下り坂

姿勢で異なる、見えるもの

上り坂では目線がつま先を向くので、下を向く「くの字」姿勢になり、視野も狭くなる。一方、下り坂では視線が上がり、視野は広くなる。急勾配の男坂では、特に足元ばかり見て上ることになる。上りきって頭をあげた途端、本殿が目に入る。ドラマチックな演出である。一方、男も女も参拝後には緩勾配の女坂を下りて帰る。シークエンスが効果的である

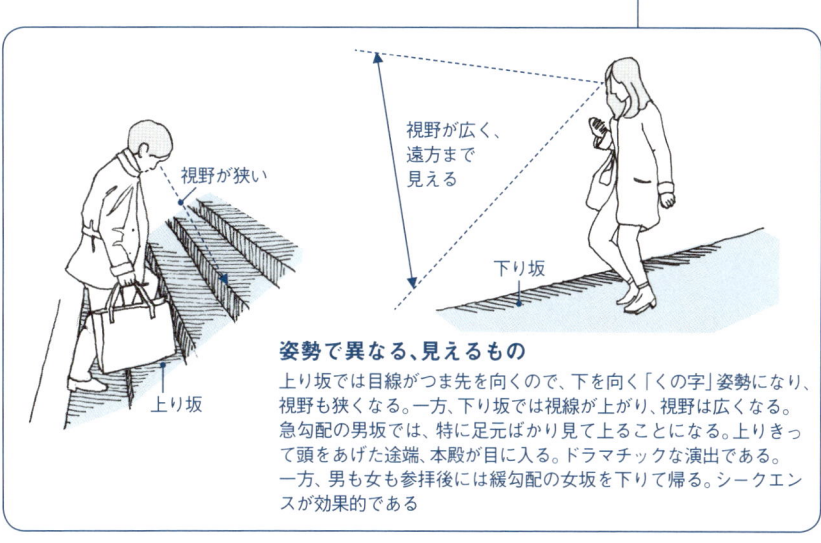

岐路に建ち正しい道を示すモノ

まち歩きをしていて、惑わされるのがY字路。そんなとき、岐路に現れるのはさまざまな道しるべだ。

Y字路は地形に沿ってつくられるため、行き止まりが多く、一度間違うと修正が難しい。だから大事な岐路には、目印や道しるべが残されている。

集落への岐路に残る祠《ほこら》は、結界の働きももつ。現代では、個性的なランドマークとなる建物が存在する。

思いがけず存在するY字路

都内といえど、三叉路は想像以上に多い。1950年代の東京23区を対象とした調査によると、三叉路（T字路含む）が50％、十字路が20％、S字やカギ十字路が20％と、三叉路の多さが目立つ

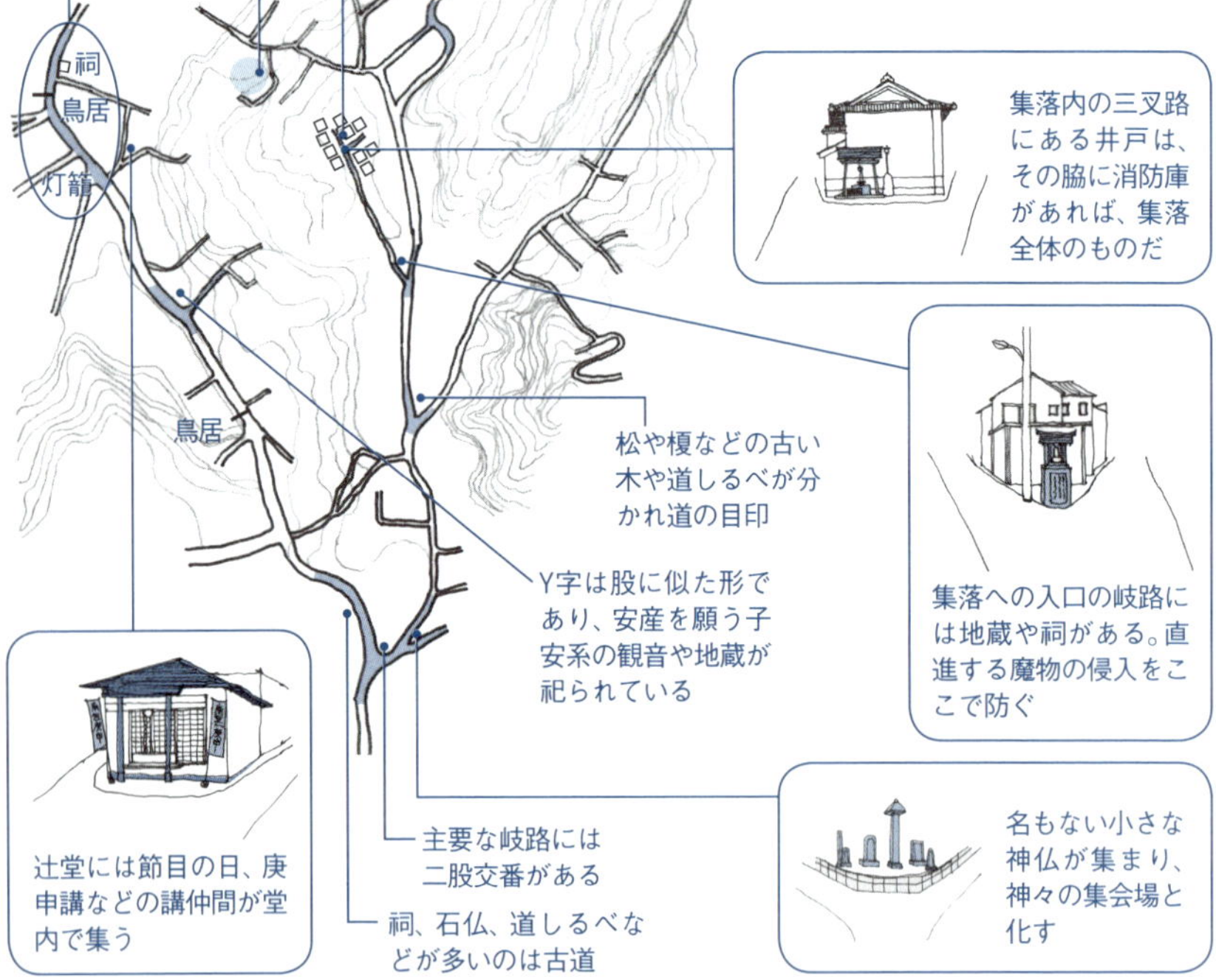
まちを囲い込むように祠がある（左ページ上）
参道には目印となる石灯籠や鳥居がある
まちの中心部の三叉路には前庭付きの神輿（みこし）倉
祠
鳥居
灯籠
鳥居
集落内の三叉路にある井戸は、その脇に消防庫があれば、集落全体のものだ
集落への入口の岐路には地蔵や祠がある。直進する魔物の侵入をここで防ぐ
松や榎などの古い木や道しるべが分かれ道の目印
Y字は股に似た形であり、安産を願う子安系の観音や地蔵が祀られている
辻堂には節目の日、庚申講などの講仲間が堂内で集う
主要な岐路には二股交番がある
祠、石仏、道しるべなどが多いのは古道
名もない小さな神仏が集まり、神々の集会場と化す

Y字路に存在する道しるべ

神様の入口に注目

岐路にある神社や祠の入口の向きを見れば、その神様がどこを守っているのかを知ることができる

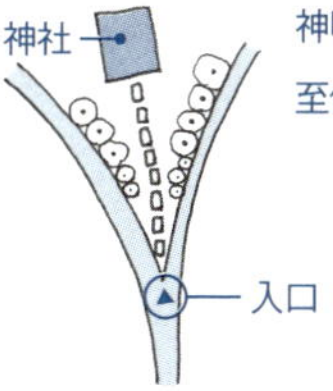

入口が岐路にある場合は両方の道の守り神

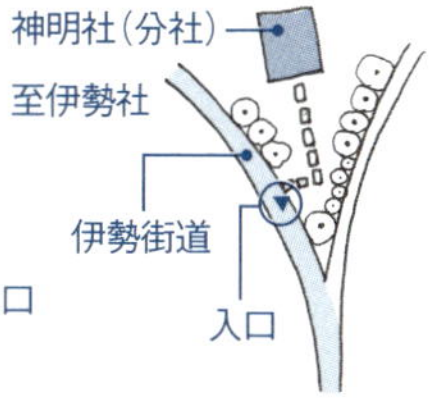

道の片側に入口がある場合、その道の先に目的の神がいる

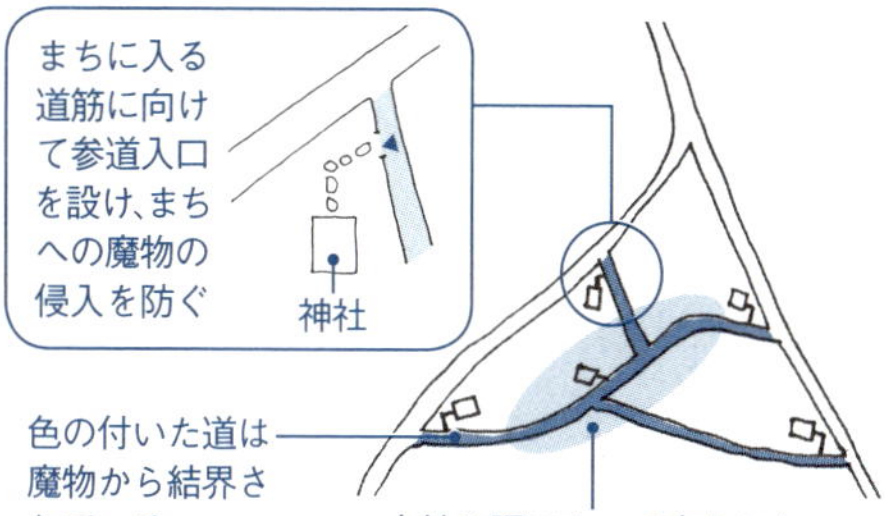

色の付いた道は魔物から結界されている

小社や祠によって守られたまちのエリア

本社に導く参道の仕掛け

Y字路の岐路は目にとまりやすく、アイストップとなる。一方、左右を誤ったら取り返しがきかない。だからそこには、人を誘導する仕掛けがある

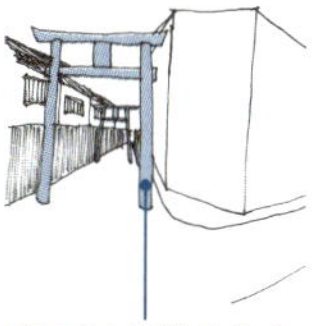

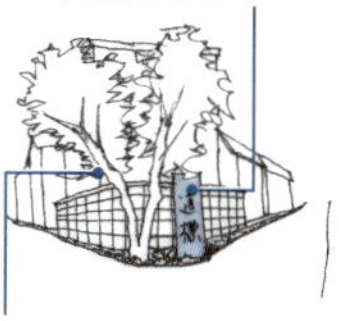

繁華街の三叉路に注目

目に付きやすい岐路にはランドマークができたり、看板など目立ちたがり屋が集まる。道案内の二股交番も多く、時には人生の岐路に立った人を導く辻占いにも遭遇する

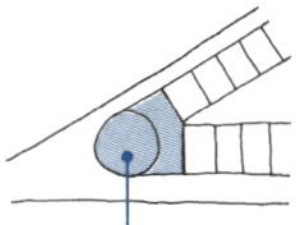

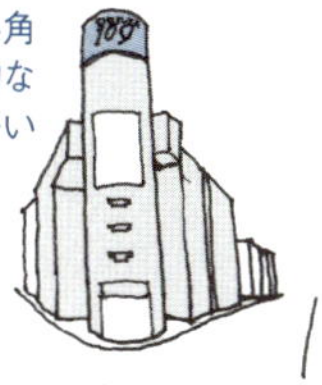

道玄坂下の109（東京・渋谷区）

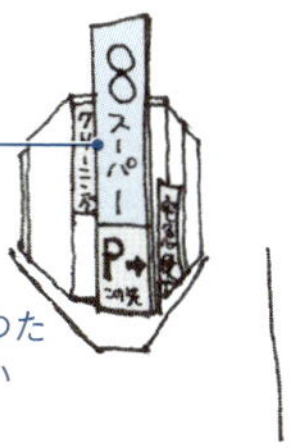

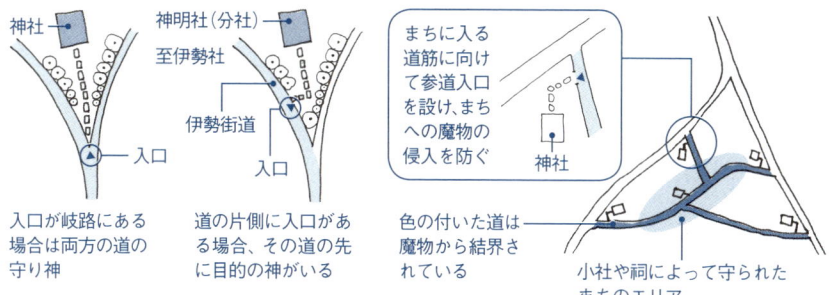

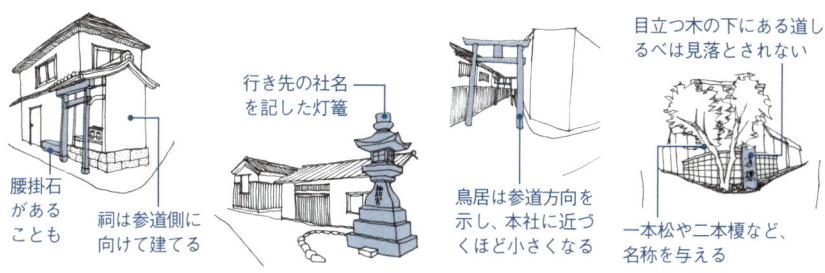

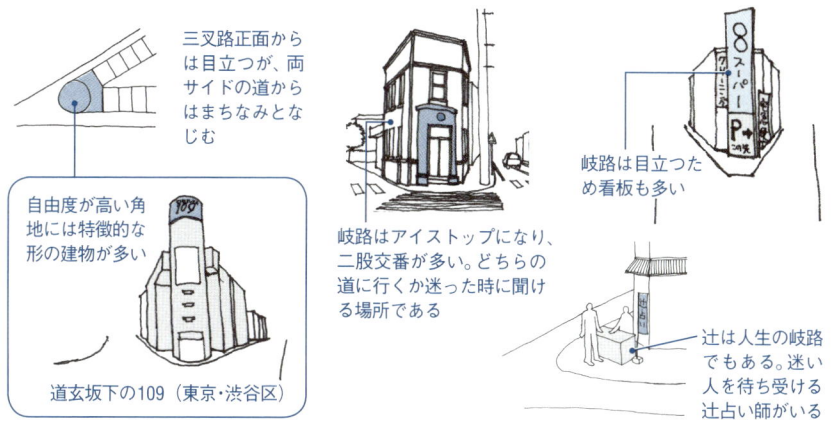

江戸の名残 水辺の雁木を探せ

鉄 道や車のない時代、物流の主な手段は水運だった。水深が浅い掘割《ほりわり》[※1]では、小さなはしけ(小舟)が活躍。河口で大型船から積み替えた荷を河《か》岸《し》[※2]まで輸送した。小さな単位での流通が適していたのだ。

そんな河岸の活気をしのばせるのが雁木《がんぎ》である。当時、水路は市街地まで張り巡らされ、小さな河岸がたくさんつくられていた。意外な所で江戸の名残が見つかるかもしれない。

雁木のある風景

雁木は水上交通と陸上交通の接点にある。海に近い水路では、潮の干満により変わる潮位の変化に対応可能なように、階段状の雁木とした

雁木の配置例

雁木は陸上交通の要である橋の近くに設けられた。舟をつなぎ止めるための杭と、河岸の場所を伝える常夜灯が備え付けられた

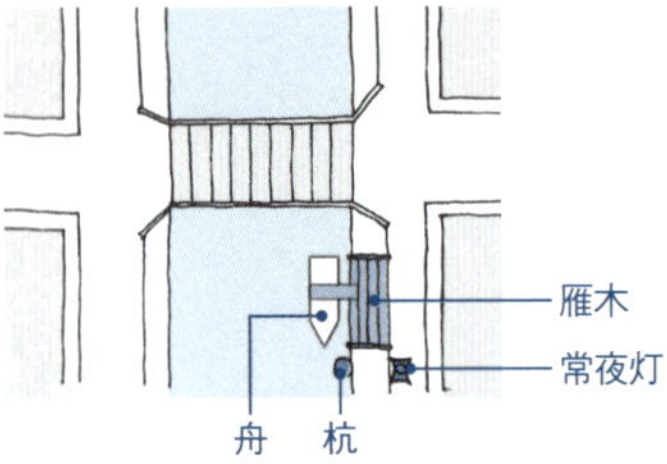
雁木
常夜灯
舟
杭

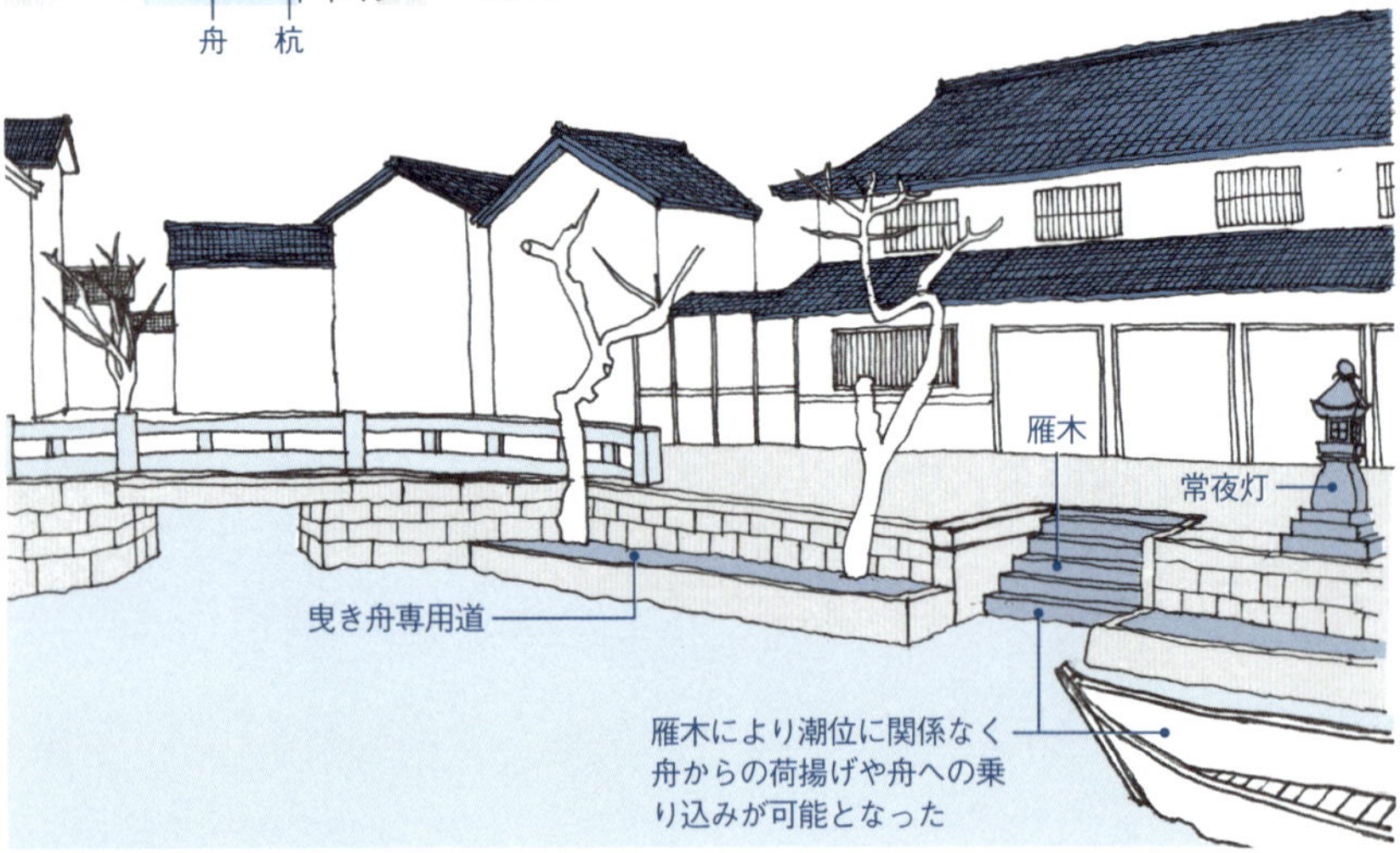
雁木
常夜灯
曳き舟専用道
雁木により潮位に関係なく舟からの荷揚げや舟への乗り込みが可能となった

[※1] 地面を掘り、水を通した所。堀ともいう
[※2] 河岸とは船着場のことで、商品売買を行う市場のことでもある

まちの片隅には今も江戸が息づく

雁木は小さな港（船着場）

満ち潮引き潮を利用してはしけは川を上下した。大小の河川の至る所に雁木が見られ、江戸がいかに水運に頼っていたかが分かる

曳き舟専用道。潮の流れがないときは人力で舟を曳いた

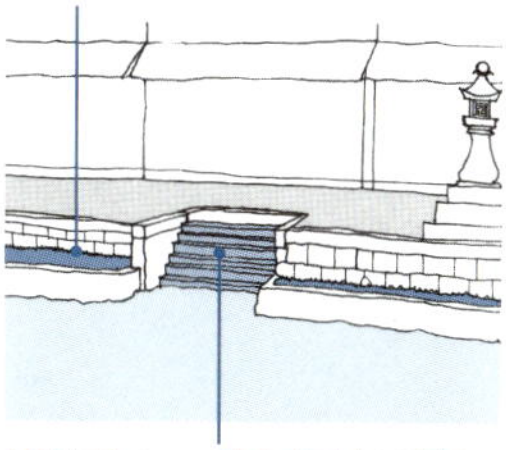

水路に向かって下る雁木は幅広につくれるため、大きな河岸もあった

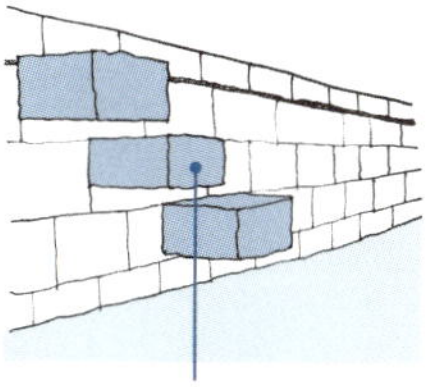

擁壁から片持ちで飛び出している最も簡素なつくりの雁木

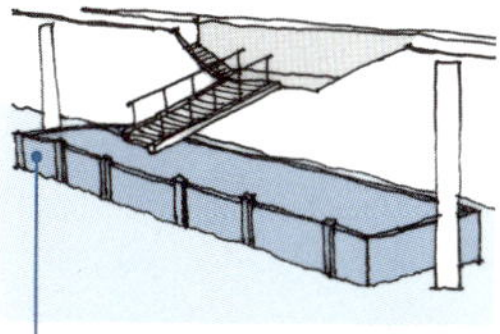

フロート形式で水上に浮かぶ現代版雁木。多くは防災船着場とされる

江戸物流の名残をとどめる岸辺

岸辺には今でも、運送業者や倉庫、高速道路などが多く存在し、江戸時代からの物流拠点の息吹きが感じられる

川に向けて看板があるのは、昔こちらが正面であった証

石材や材木など、舟でなければ運べなかった物を扱う店舗が残る

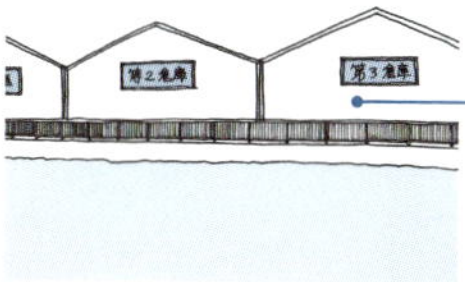

倉庫

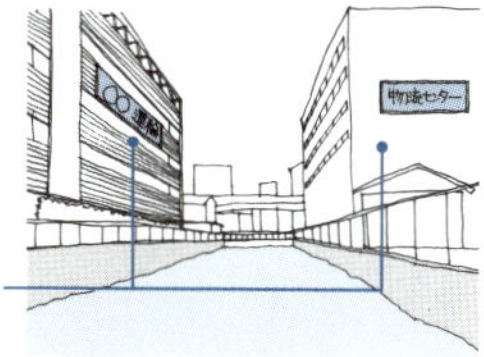

運送業者

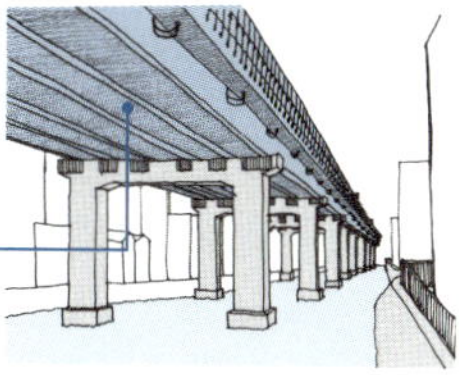

高速道路は物流の要

まやかしの石積みを探せ

コンクリートの擁壁は見てすぐに新しいものと分かるが、石仕上げのものは本物の石積みかどうか分かりにくい。そんなときは目地（めじ）に注目。そろっていたら偽物だ

○ 布（ぬの）積み

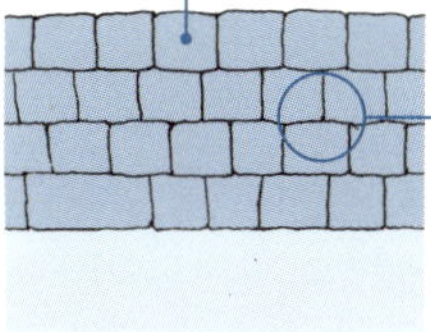

×

力学的に縦目地は通らない。十字目地はフェイク

○ 谷積み

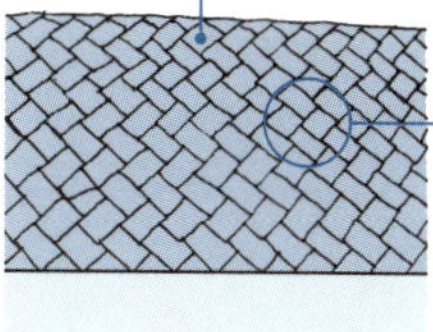

×

石どうしの押し合う力で安定するため斜め目地はそろわない［※3］

［※3］例外として、正方形の石で斜め目地がそろう間知石（けんちいし）がある

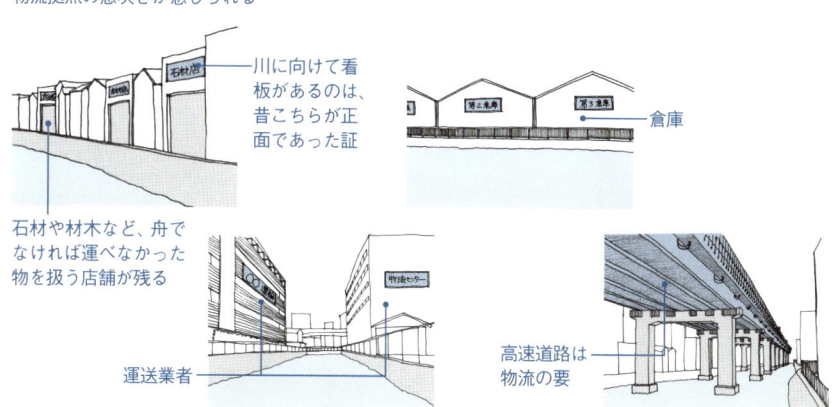

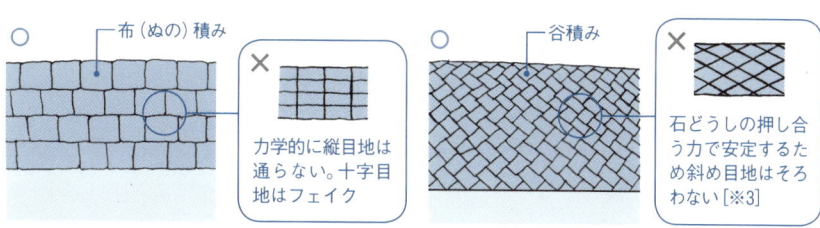

縦横無尽に堀が走る江戸のまち

江戸は水のまち。水路には物資を運ぶ舟が行き交っていたため、堀は舟が効率よく安全に航行できることを最優先につくられていた。

都心から隅田川を渡って東にある江東《こうとう》区には、江戸時代の堀の形が比較的そのまま残されている。私たちが不思議に思う直線的な堀や堀脇の道、橋の名前など、すべてに理由はある。何げない風景のなかに、江戸の暮らしの姿が浮かんでくるのだ。

堀が伝える埋め立ての歴史

江戸時代の曳き舟の様子

低湿地であった江東区周辺は、江戸時代の初期まで田畑と海だった。そのため人家を意識せず、舟運航を優先して堀を築造することができた。現在の地図からもそれを読み取ることができる（地図中、荒川と隅田川、旧中川以外は堀川［※］である）

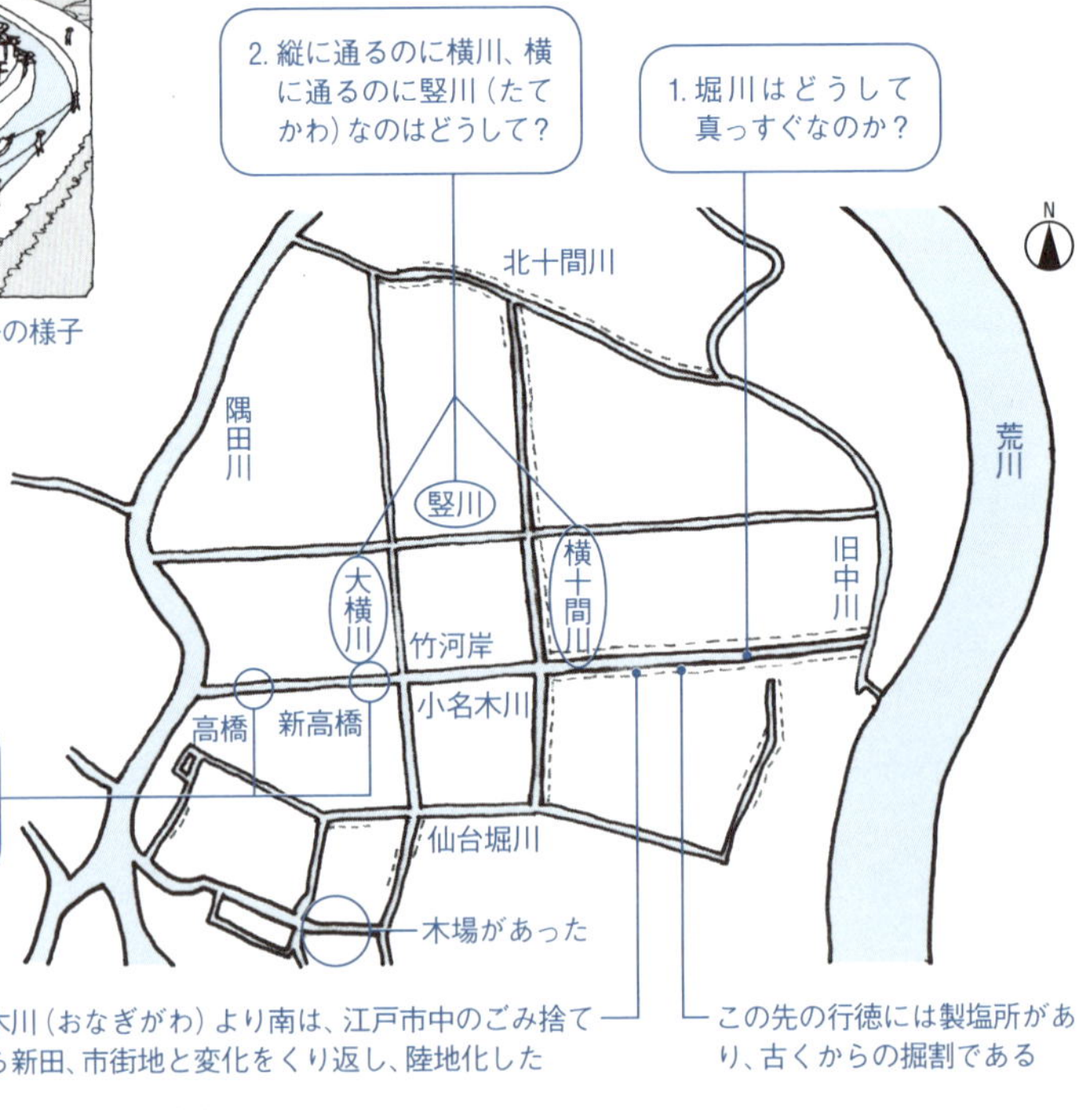
2. 縦に通るのに横川、横に通るのに竪川（たてかわ）なのはどうして？
1. 堀川はどうして真っすぐなのか？
N
北十間川
隅田川
荒川
竪川
旧中川
大横川
横十間川
竹河岸
高橋
新高橋
小名木川
3. 橋の名前に「高」が付くのはなぜ？
仙台堀川
木場があった
---- 道
小名木川（おなぎがわ）より南は、江戸市中のごみ捨て場から新田、市街地と変化をくり返し、陸地化した
この先の行徳には製塩所があり、古くからの掘割である

［※］舟運などのために切り開いた水路、堀

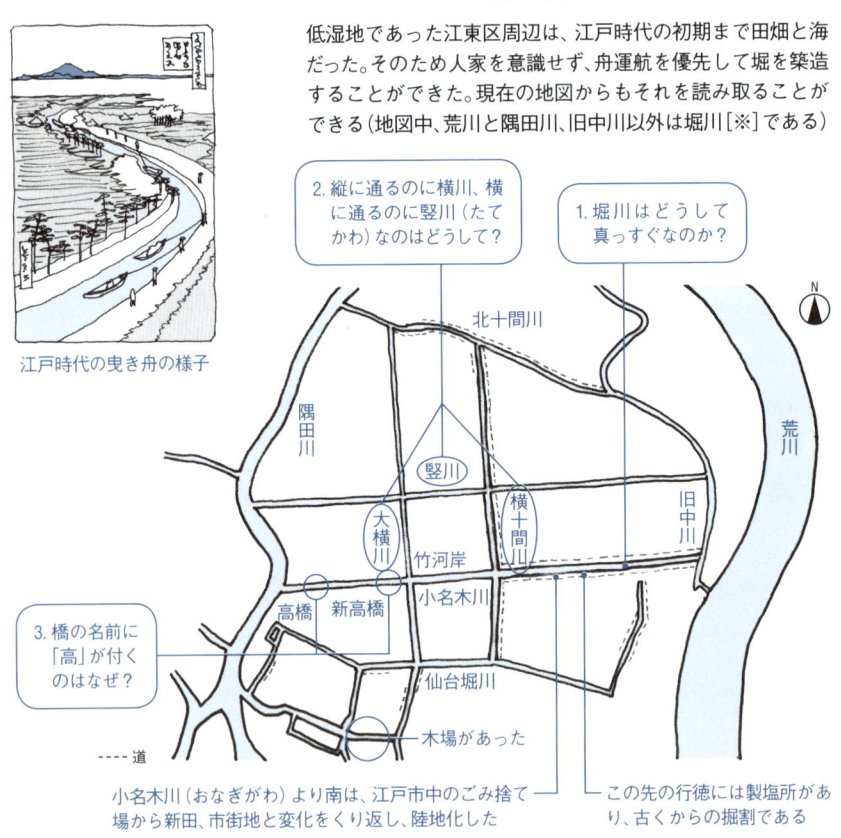

堀の見方

1. なぜ、堀は直線か

堀が直線なのは舟の行き来に関係する。動力船がなかった昔、流れに逆らって舟を動かすために曳き舟が考えられ、曳きやすいように堀を真っすぐ通した

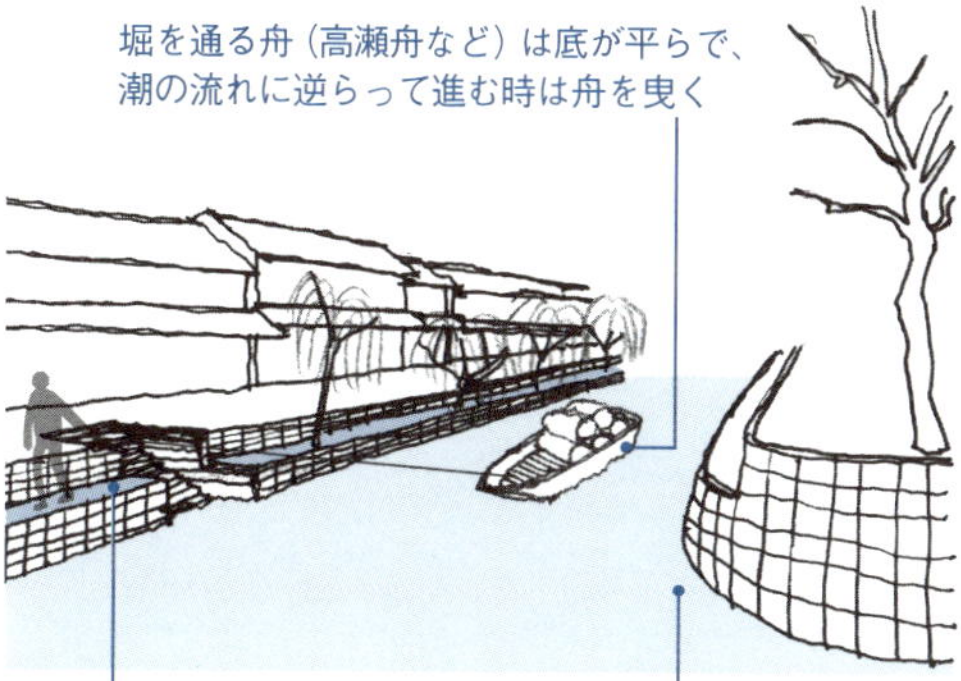

堀を通る舟（高瀬舟など）は底が平らで、潮の流れに逆らって進む時は舟を曳く
曳き舟をする堀川は、昔は妨げとなる橋が少なかった

曳き舟専用道。舟を曳く人は川岸の道を歩いたため、その邪魔になる柳の木は昔はなかった。1人曳きは真っすぐ曳くために曳く位置が大事。橋が多い堀川では2人曳きとし、橋の所では1人が竿をさした

1人曳き

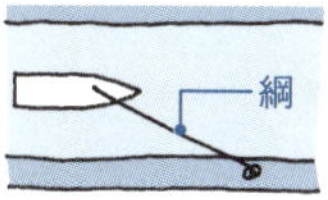

綱

2人曳き

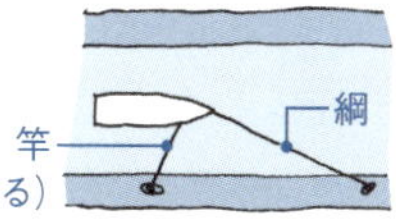

竿
（進路を操縦する）
綱

2. タテとヨコの呼び名

堀川に付けられた「タテ」と「ヨコ」という名の理由には諸説ある。

江戸時代の絵図の見方が関係する説（①）と江戸城や隅田川を基準と考える説（②③）がある

西
南
北
東
タテ（竪川）
ヨコ（大横川）
（横十間川）

①風水上、江戸の絵図は西を上とする。そう見たとき、ヨコ（南北）に流れるのを横川、タテ（東西）に流れるのを竪川とした説

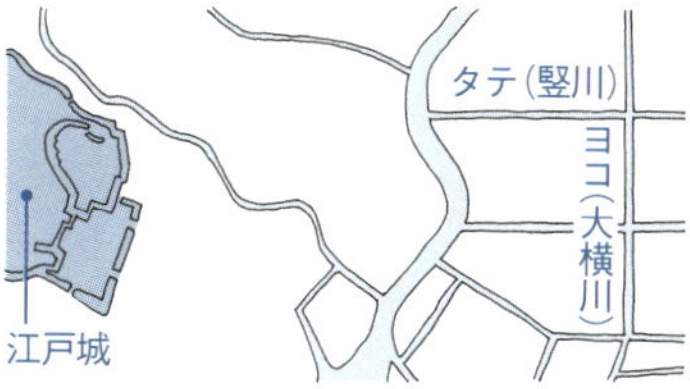

タテ（竪川）
ヨコ（大横川）
江戸城

②江戸城を基準と考え、城を囲うように通るものをヨコ、城に向かって放射状に通るものをタテとする説

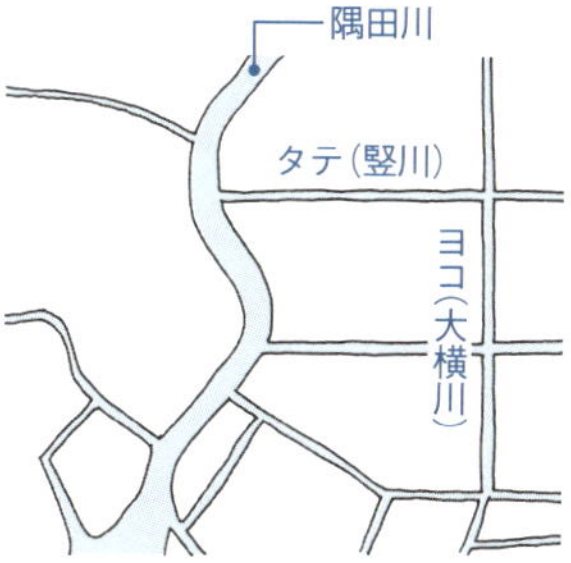

隅田川
タテ（竪川）
ヨコ（大横川）

③隅田川を基準と考え、平行に通るものをヨコ、垂直に通るものをタテとする説

3. 高橋を探せ

堀川には「高橋」という名の橋がある。「高橋」とは桁下空間が高い橋のこと（太鼓橋）で、舟の通行を考慮した橋。橋上の高さは屋根と同じくらい高かった。

橋詰広場で推理するまちの歴史

大きな川の橋詰《はしづめ》[※1]に存在する小公園・交番・公衆便所。その起源は江戸時代にある。火事の多い江戸の町では、橋詰に火除地《ひよけち》となる空き地を設け、避難路である橋を守った。そこに徐々に仮設小屋が建ち、にぎわいをみせるなかで、交番や公衆便所の前身もつくられた。

橋詰ではもう1つ、地主《じしゅ》神たるお稲荷《いなり》さんにも注目してほしい。その有無を探すことがまち歩きの達人への第一歩である。

稲荷が昔への扉を開くカギ

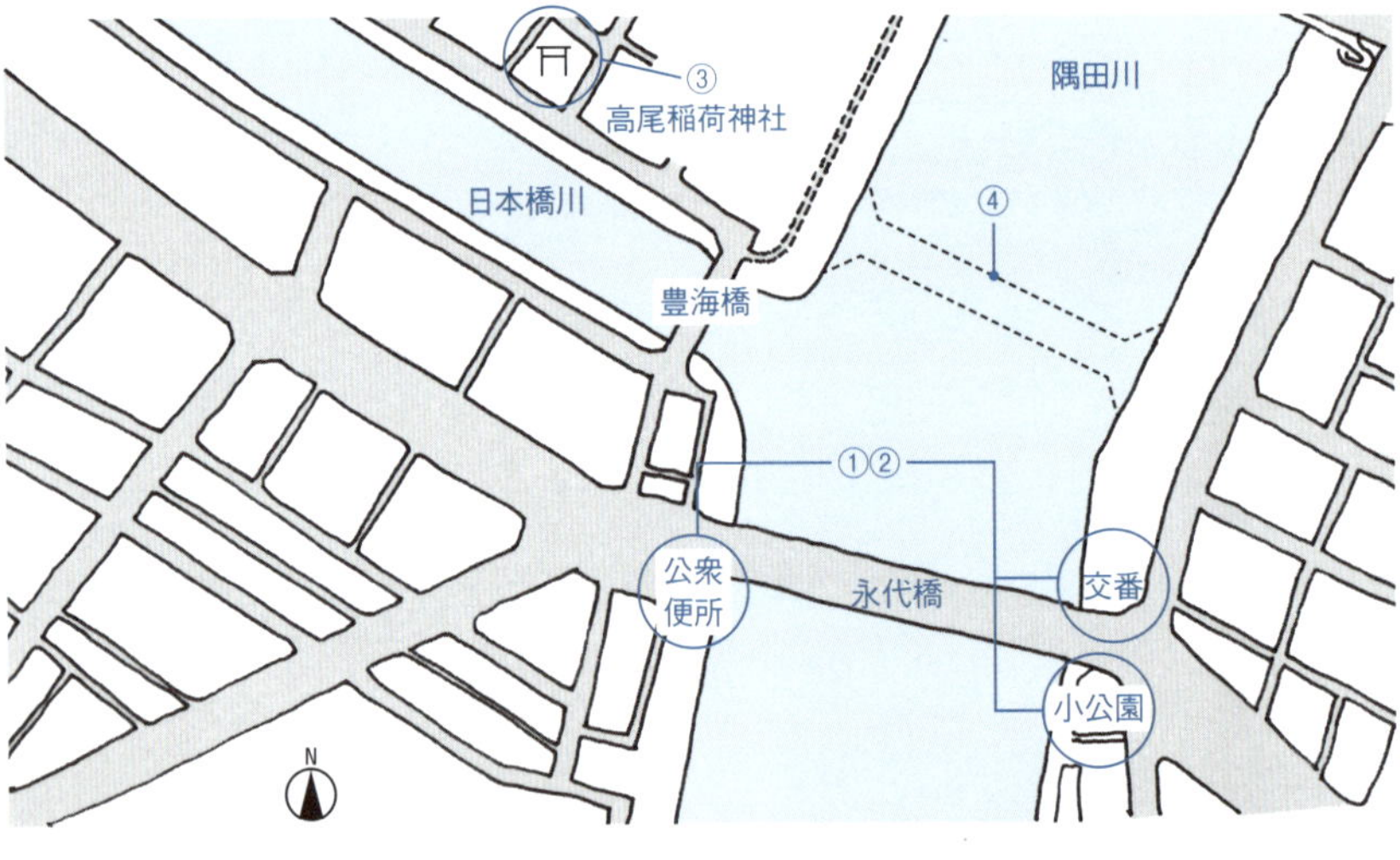

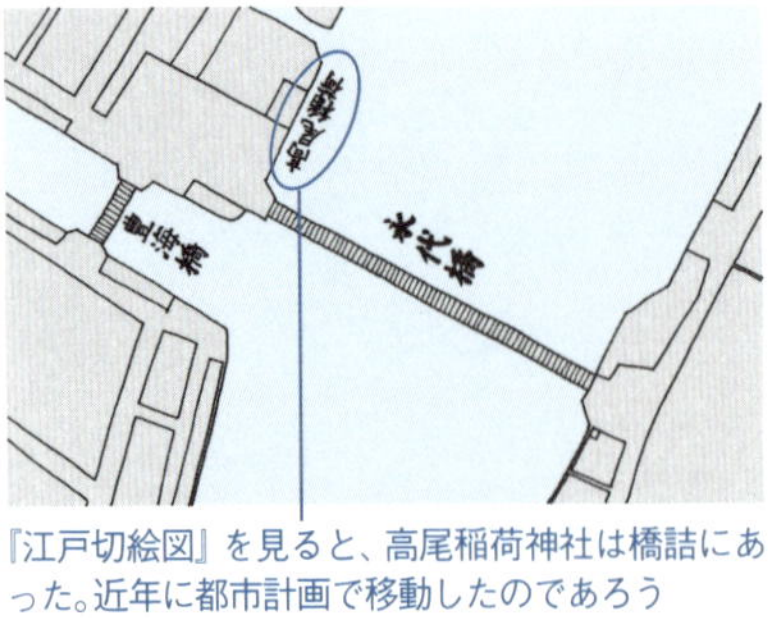

『江戸切絵図』を見ると、高尾稲荷神社は橋詰にあった。近年に都市計画で移動したのであろう

隅田川に架かる永代橋を巡る物語

橋のたもとに火除地が転じた「小公園」のほか、「交番」「公衆便所」を発見（①）。「お稲荷さん」を探してみるが、橋のたもとには見当たらない（②）。エリアを広げてみると、北方に高尾稲荷神社を発見（③）。「もしや橋は以前、北方にあったのではないか？」という疑問がわく。なぜなら、稲荷は土地につくもので、その場を動かないからだ。そこで『江戸切絵図』で確認。江戸時代、橋が北方にあったことが分かった（④）

[※1] 橋詰とは、橋のたもとのこと

江戸時代の橋詰広場の様子

橋詰空地の広場化

火除けや橋の架け替えのため、橋詰には空き地が設けられた。橋は交通の要衝のため、次第に芝居小屋や水茶屋などの仮設小屋が並び、怪しげなにぎわいを見せながら広場化した

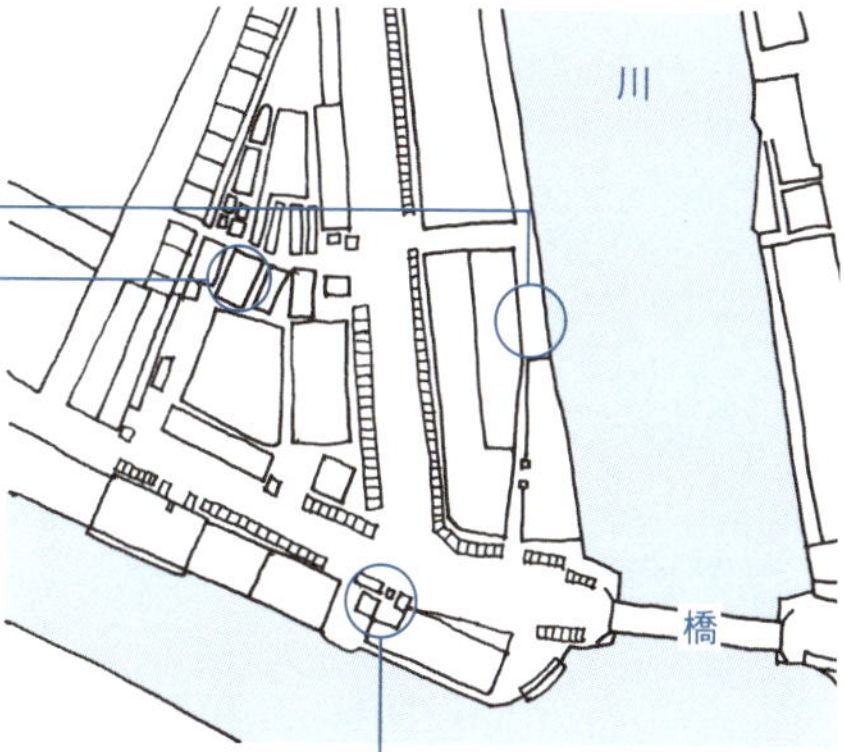

小便溜め桶

今でいう公衆便所が川辺にあった。糞尿を肥料とする目的で江戸市中に160以上あったとされる

稲荷

稲荷は土地の守り神で、基本的にその場を動かない。橋詰に稲荷がない場合、橋が移動した可能性がある

番所（辻番・自身番）

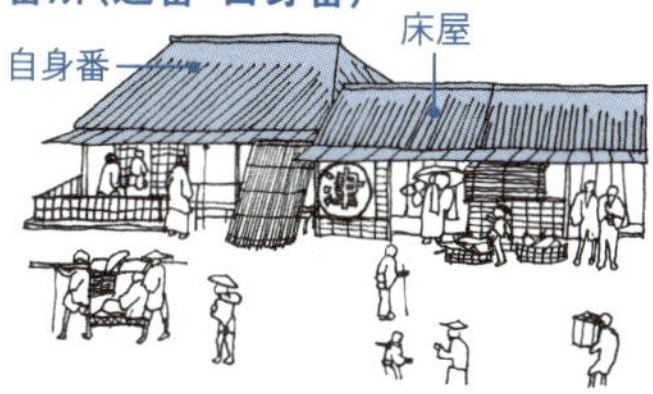

辻番と自身番はいずれも交番の前身［※2］。橋詰では自身番とともに、町内抱えの床屋が隣接し、橋の警備をサポートした

column | 橋詰の「三種の神器」とは？

江戸の昔、橋詰に広がる火除地に置かれた「稲荷」「番所」「小便溜め桶」。この3点＝「三種の神器」が時代を越え、火除地が転じた小公園やその近辺に、それぞれ「稲荷」「交番」「公衆便所」として今も残っている

［※2］辻番は武家地の警備、自身番は町人の居住地の警備を担当した

今も残る昔ながらの舟溜まり

はしけの間を縫うように海風が走り、潮騒が聞こえる。停留する屋形舟の屋根を、紺染めのはんてんを羽織って歩き回る若衆の姿は、江戸の伝統そのものだ

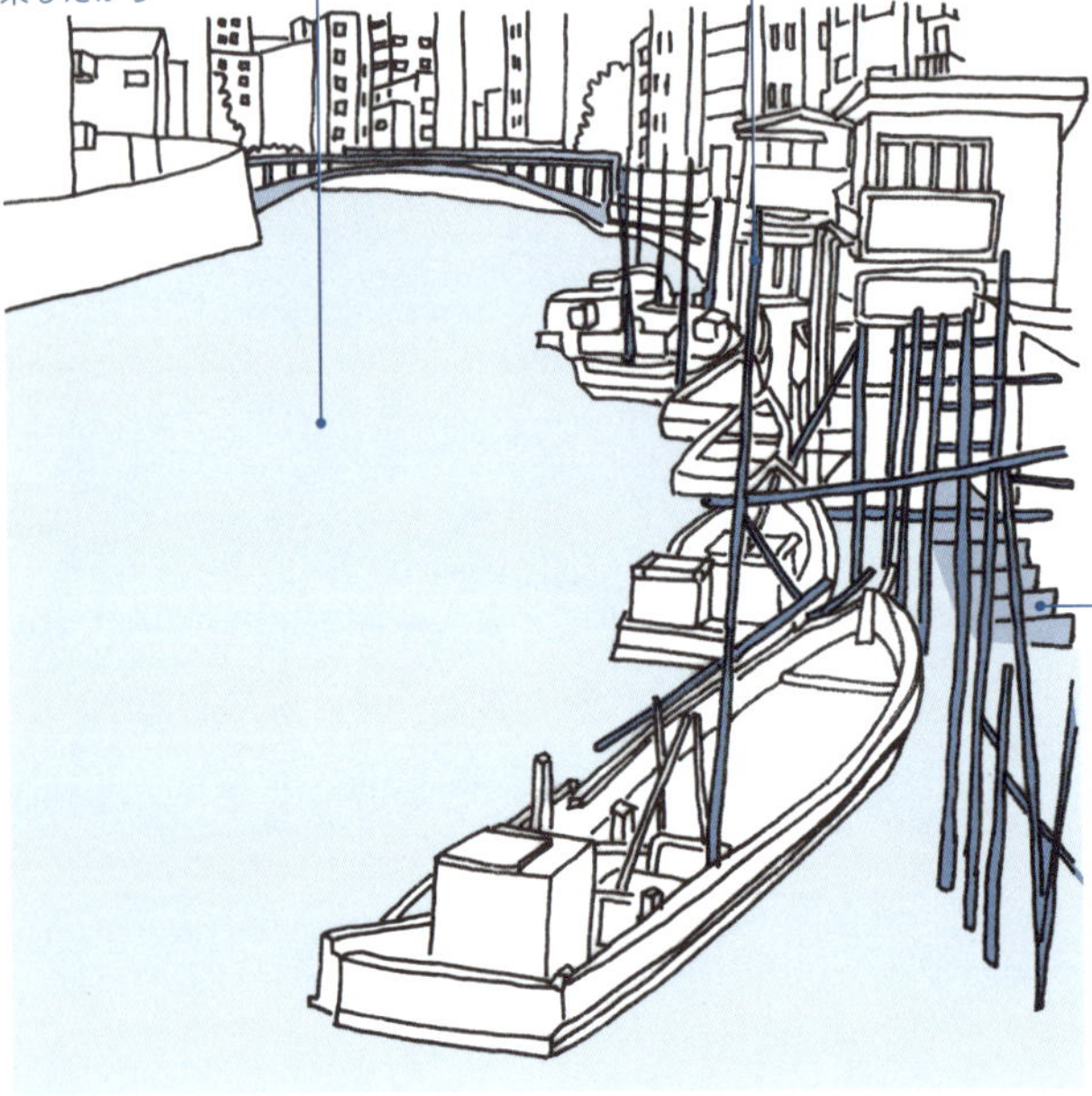
かつて堀が河岸として好まれたのは、潮の満ち引きを利用して、舟が行き来したから
舟を係留する竿は、地先権の象徴
雁木（がんぎ）は潮の干満差を解消できるつくり

1本の竿が主張する水辺の権利

今にもポンポン船の音が聞こえてきそうな風景が残る掘割《ほりわり》沿いを歩いていて目にする、舟を係留する竿にも意味があることをご存じだろうか。この1本の竿こそが、江戸町人が守り、現在まで受け継がれてきた地先《ちさき》権［※1］の証なのだ。

水運が主流だった江戸時代、所有する土地の間口《まぐち》の延長上にある河岸《かし》地や水路の使用権は重要だった。町人たちは、自らの使用領域を竿で示したのである。

［※1］地先権とは、川や海に面した土地の所有者が、その土地の地番先の川・海の公有水面を利用できる権利。ただし、法律で定められたものではない

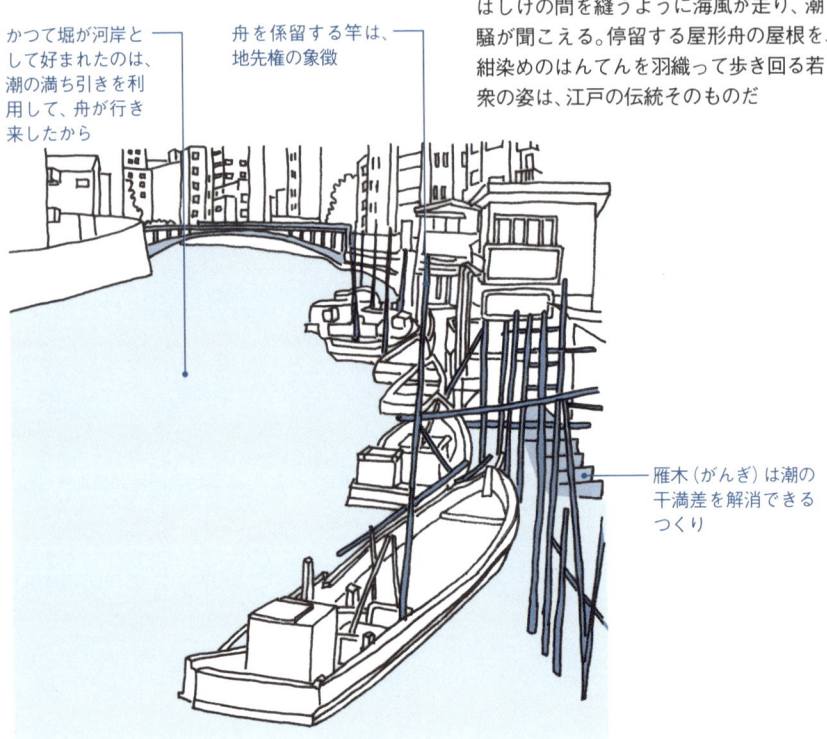

竿が示す江戸の地先権

江戸時代、町人地の地税は敷地面積ではなく、表通りに面した間口の長さに応じて課されていた。その延長上の河岸地や水路の使用権が認められていた

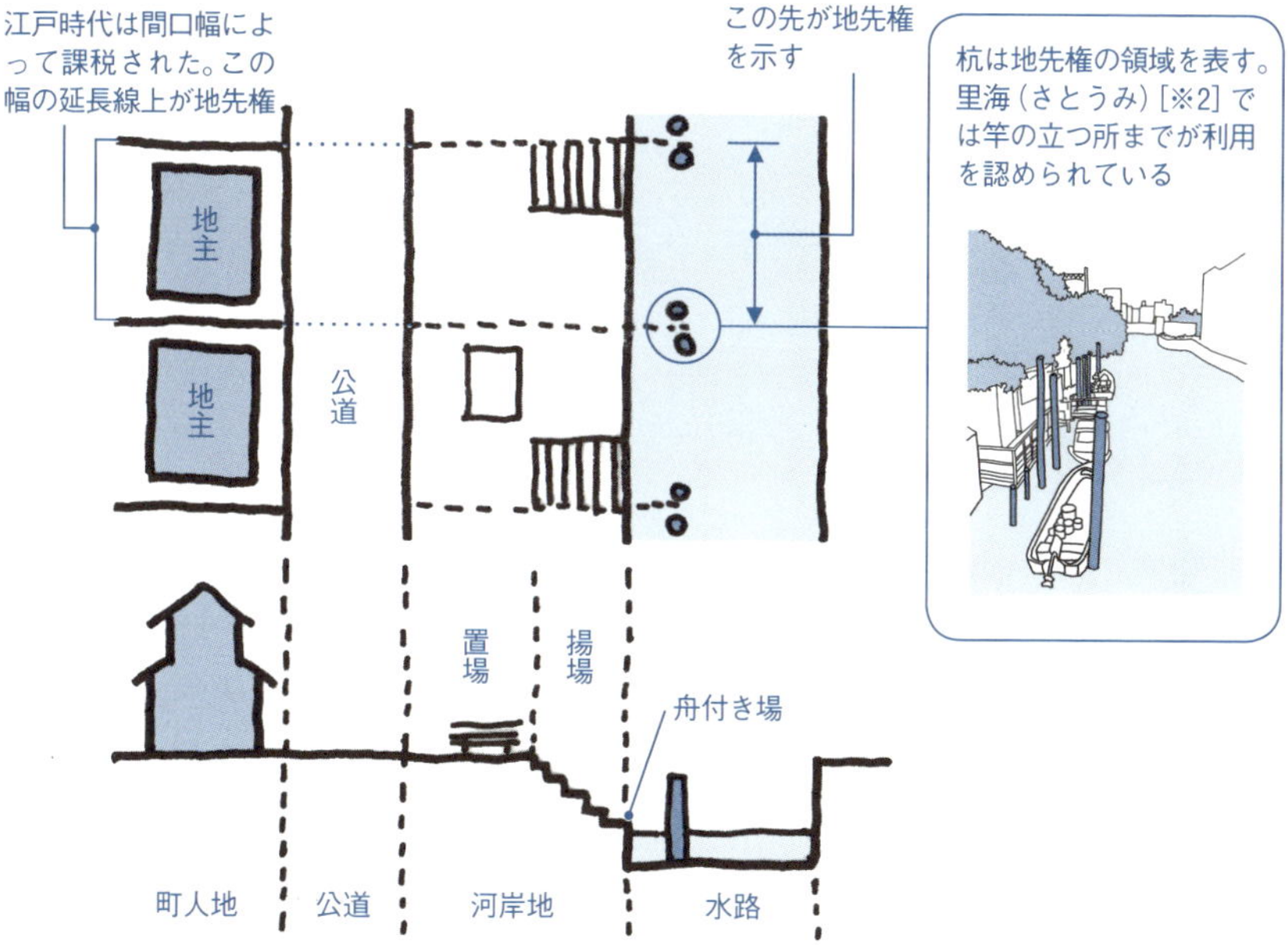
江戸時代は間口幅によって課税された。この幅の延長線上が地先権
この先が地先権を示す
杭は地先権の領域を表す。里海（さとうみ）[※2]では竿の立つ所までが利用を認められている
地主
地主
公道
置場
揚場
舟付き場
町人地
公道
河岸地
水路

水運が生み出した風景

新川
酒問屋
④
⑤
③
②
①

→

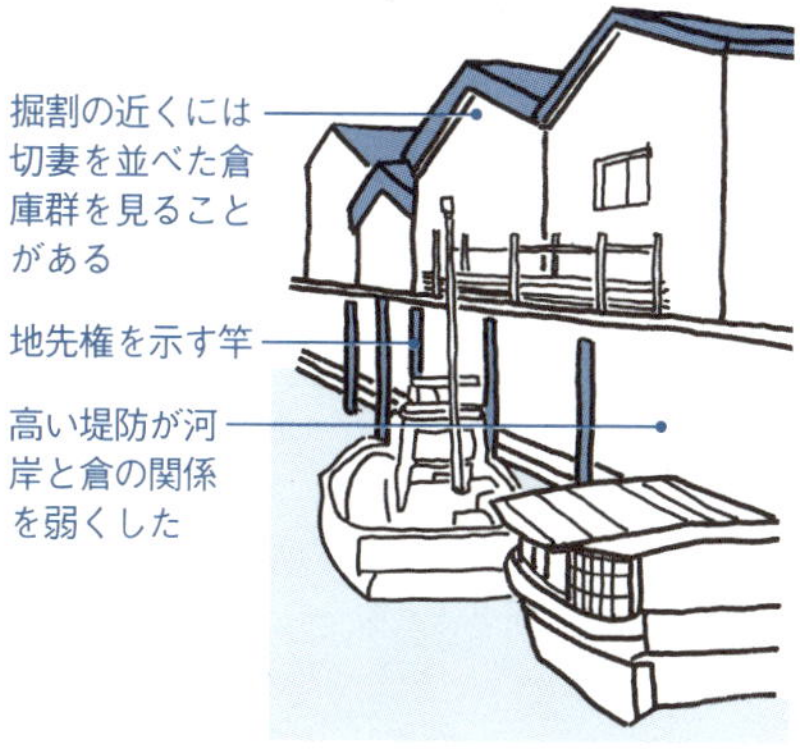
掘割の近くには切妻を並べた倉庫群を見ることがある
地先権を示す竿
高い堤防が河岸と倉の関係を弱くした

江戸時代

兵庫・灘から酒が運ばれ（①）、荷揚げされ（②）、土蔵に収められ（③）、酒問屋で売りさばかれ（④）、運搬された（⑤）。この問屋・公道・蔵・掘割が並ぶ風景は日本独自のもの

現在の姿

明治になると河岸地は官地となり、やがて民間に払い下げられたが、水面の利用権と並ぶ倉庫群が、当時の面影をしのばせる

[※2] 人の暮らしと自然の営みが密接な沿岸地域

隠された水の路の痕跡を探せ

都市の下を流れる暗渠《あんきょ》［※］。人目に付かないよう隠された水路だけに、普段それと気付かずに通り過ぎることも多い。しかし、いくつかの要素を手掛かりにイメージを描き出すと、周囲の景色から開渠《かいきょ》［※］であったころの情景がよみがえってくる。建物の裏手に伸びる暗い細道、誰も通らない柵のある道など、不思議な道を見掛けたら周りを探索してみよう。もしかするとそこは暗渠かもしれない。

暗渠を探してみよう

明らかに暗渠であったことが分かる石垣や橋の名残のほか、
不自然に植えられた樹木などに注目する

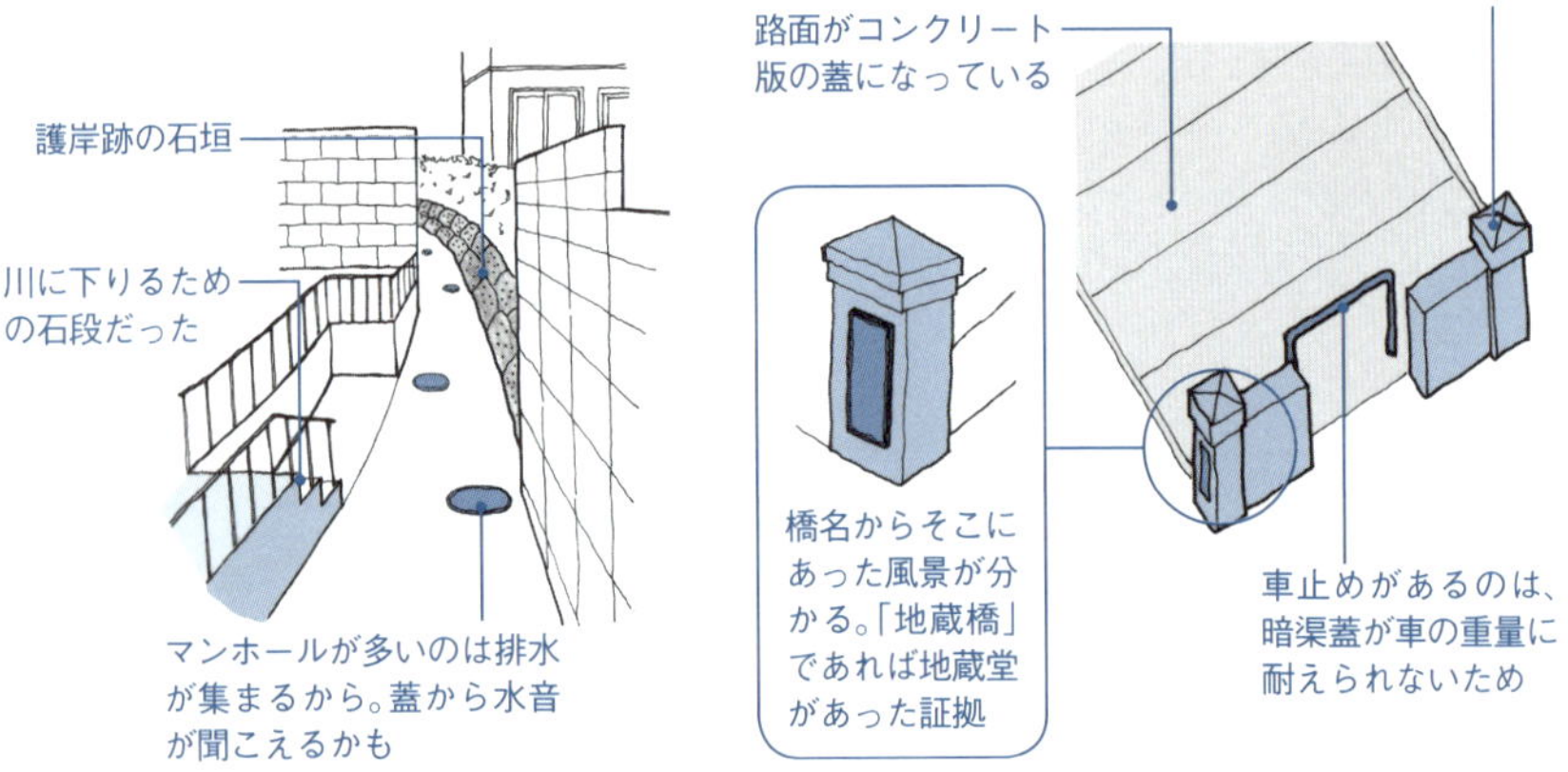
親柱（おやばしら）など橋の名残があれば間違いない
路面がコンクリート版の蓋になっている
護岸跡の石垣
川に下りるための石段だった
マンホールが多いのは排水が集まるから。蓋から水音が聞こえるかも
橋名からそこにあった風景が分かる。「地蔵橋」であれば地蔵堂があった証拠
車止めがあるのは、暗渠蓋が車の重量に耐えられないため

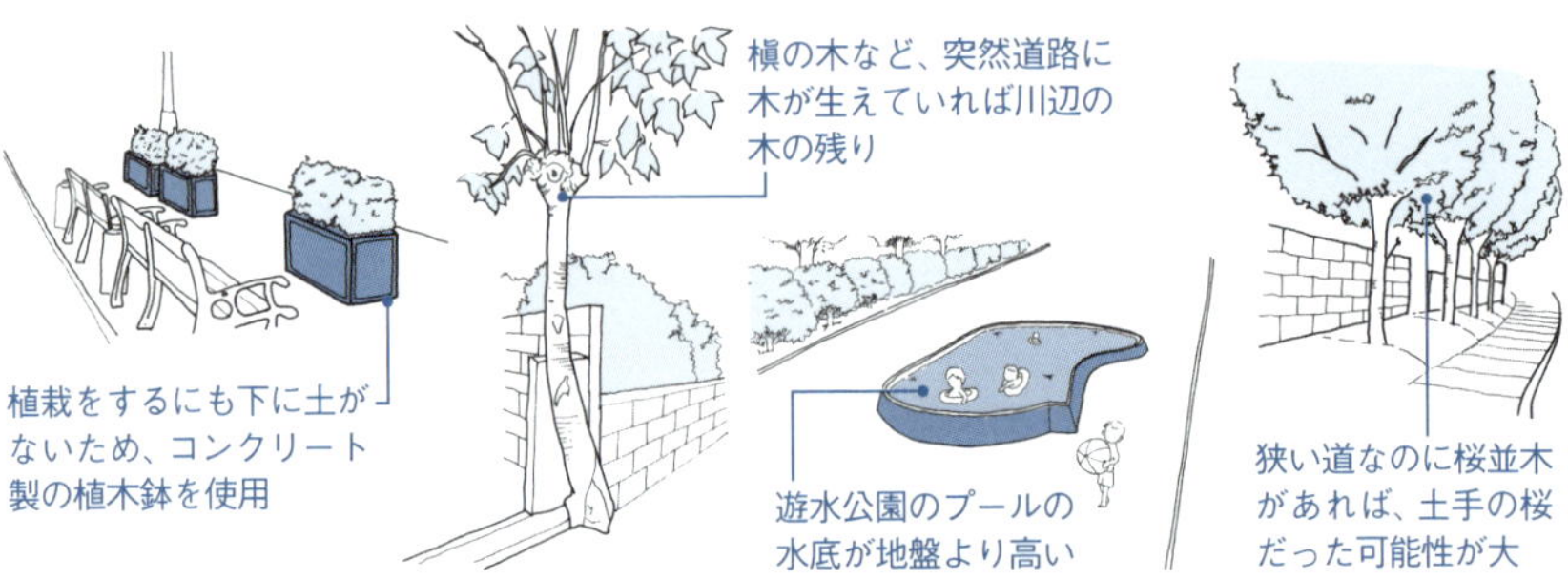
槇の木など、突然道路に木が生えていれば川辺の木の残り
植栽をするにも下に土がないため、コンクリート製の植木鉢を使用
遊水公園のプールの水底が地盤より高い
狭い道なのに桜並木があれば、土手の桜だった可能性が大

［※］暗渠とは、地中に埋設された水路や河川のこと。開渠とは、地上部にあり蓋などで覆われていない状態の水路を指す

暗渠の見分け方

地図を見たときに1本だけ長く続くS字形の道があったら、暗渠かもしれない。谷の最上流部（谷頭）に「池」「沼」のついた地名があれば、そこが暗渠の始まり。地名に「田」「谷」「窪」がついていたら低地なので、そこにも暗渠が存在する可能性がある

桜並木や民家の裏を抜けていく暗い道に注目。路面がコンクリート版なら間違いない

河川は一番低い所を流れる

用水路は広範囲に配水するため、台地の尾根筋を流れる

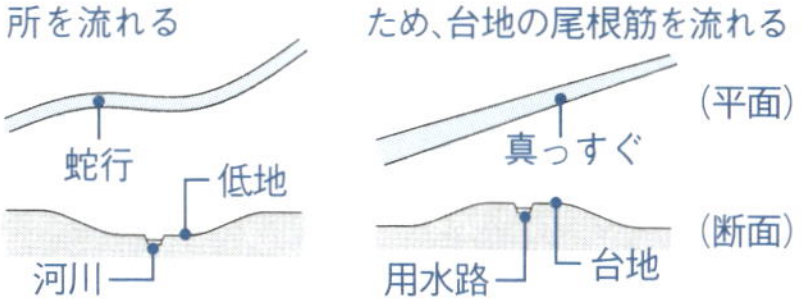

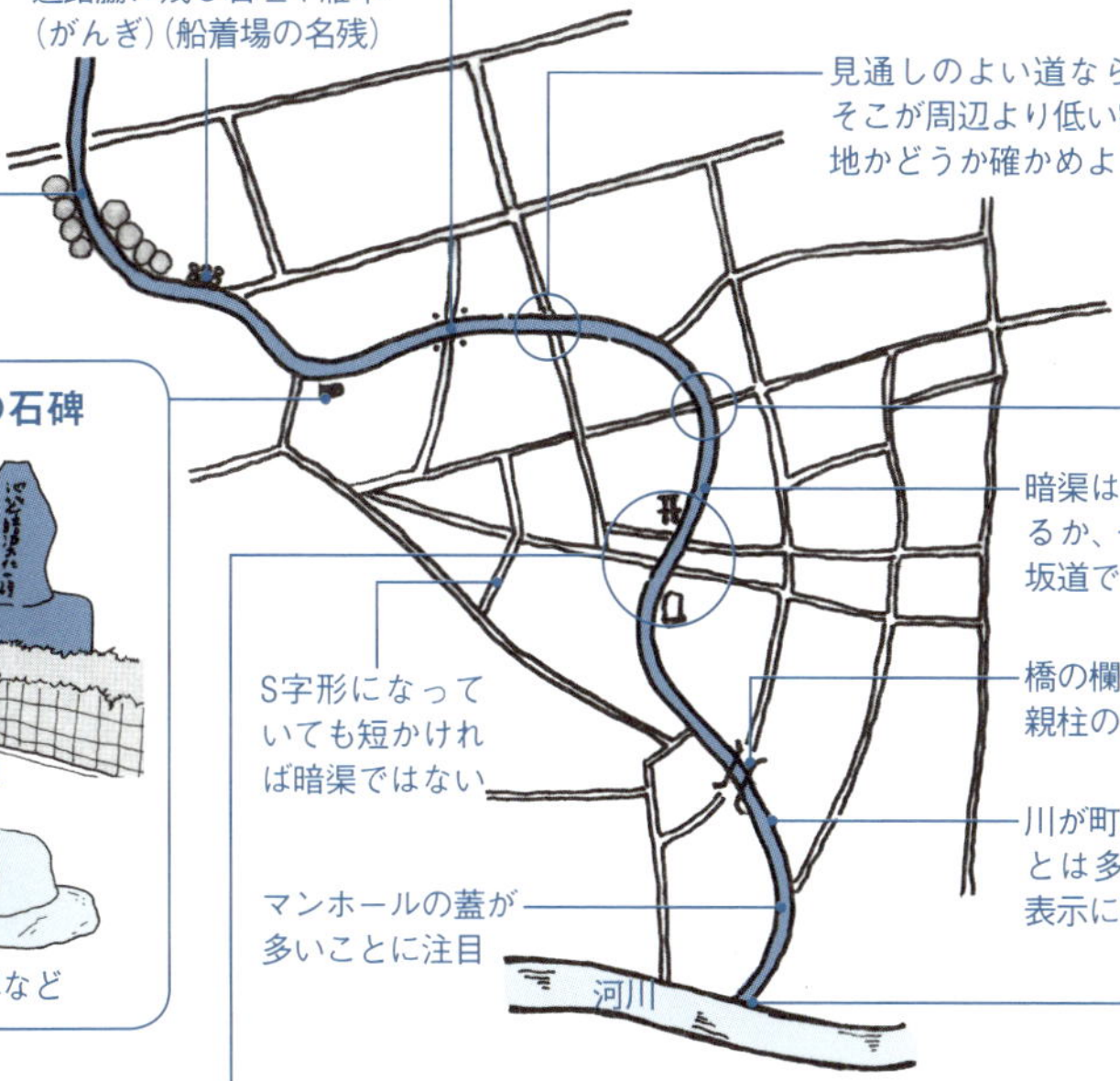

橋はないのに「橋」のついた名称の交差点（思案橋など）

道路脇に残る石垣や雁木（がんぎ）（船着場の名残）

見通しのよい道なら、そこが周辺より低い窪地かどうか確かめよう

暗渠は上るか下るか、一方的な坂道である

S字形になっていても短かければ暗渠ではない

橋の欄干や親柱の名残

川が町境になることは多い。町境界表示に要注意

マンホールの蓋が多いことに注目

暗渠竣工の石碑

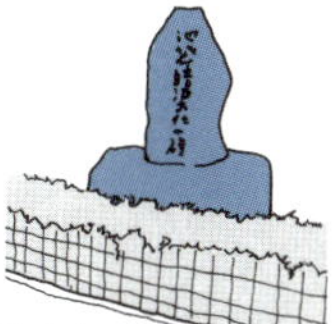

用水路完成碑

暗渠化記念碑など

祠《ほこら》や石仏

川辺には水神、厳島社、弁天社などが祀られるもの。祠を見たら神様の名を確認しよう

地蔵は開渠の時代に水死した子どもの供養のため

川にぶつかったら排水口を確認しよう

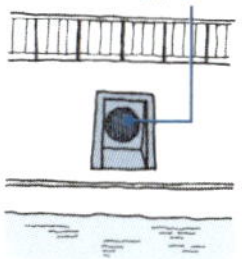

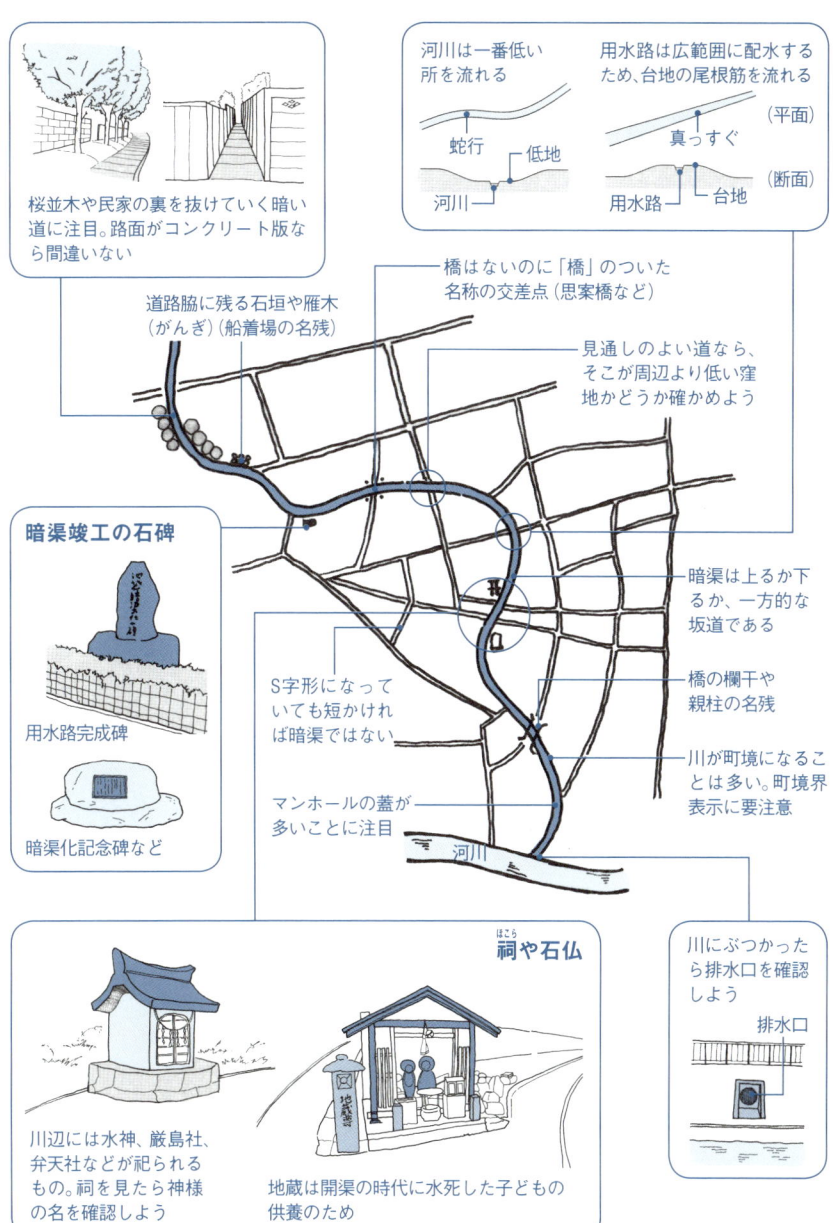

地名と水が導く窪地散歩

東京には、「渋谷」「池袋」など、窪地をイメージさせる地名が多い。普段は高層ビルに隠されている、窪地本来の姿を見つけ出すポイントは「水」にある。

窪地で出会う祠《ほこら》の多くは水神系であり、ふとした路地に湧水《ゆうすい》を発見することもある。また、台風で川が氾濫するのも窪地だからこそ。水は私たちの生活に大きな影響を及ぼすのだ。

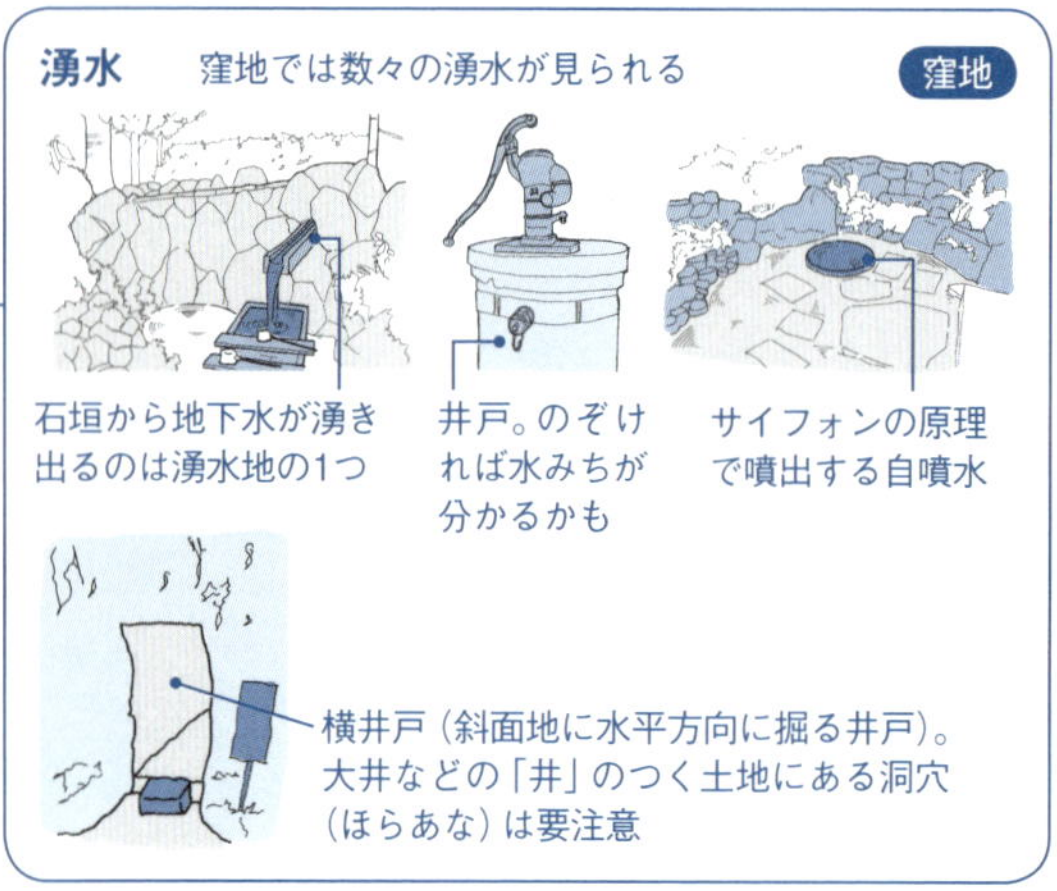
湧水　窪地では数々の湧水が見られる
窪地
石垣から地下水が湧き出るのは湧水地の1つ
井戸。のぞければ水みちが分かるかも
サイフォンの原理で噴出する自噴水
横井戸（斜面地に水平方向に掘る井戸）。大井などの「井」のつく土地にある洞穴（ほらあな）は要注意

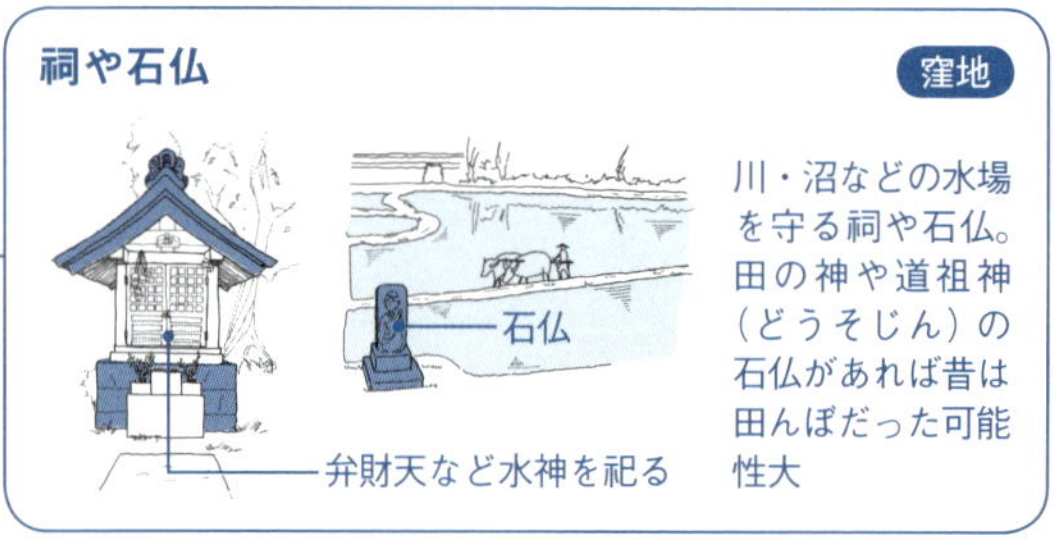
祠や石仏
窪地
石仏
弁財天など水神を祀る
川・沼などの水場を守る祠や石仏。田の神や道祖神（どうそじん）の石仏があれば昔は田んぼだった可能性大

釣り堀
窪地
窪地には湧水を利用したへら鮒の釣り堀や金魚の養殖場がある。金魚養殖は明治になり職を失った武士が始めた

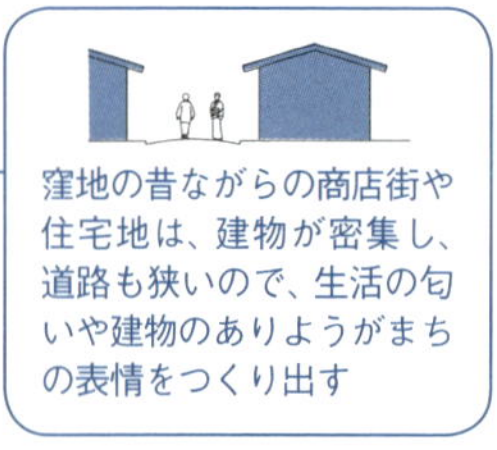
窪地の昔ながらの商店街や住宅地は、建物が密集し、道路も狭いので、生活の匂いや建物のありようがまちの表情をつくり出す

[MEMO] 地名がその土地の地形や性質に由来していることは多い。窪地に関係する地名は「谷」（渋谷、四谷、市谷、神谷町）、「田」（神田、千代田、早稲田、三田）、「池」（池袋、池之端）などのほか、「窪（久保）」や「沢」など多い

窪地の歩き方

窪地発見のコツは「水場」に着目することだ。井戸や湧水、沼、川はもちろんのこと祠や石仏、地名にも水を解く鍵が隠されている。また窪地はやがて台地につながる。台地特有のポイントもチェックしよう

台地

窪地(低地)

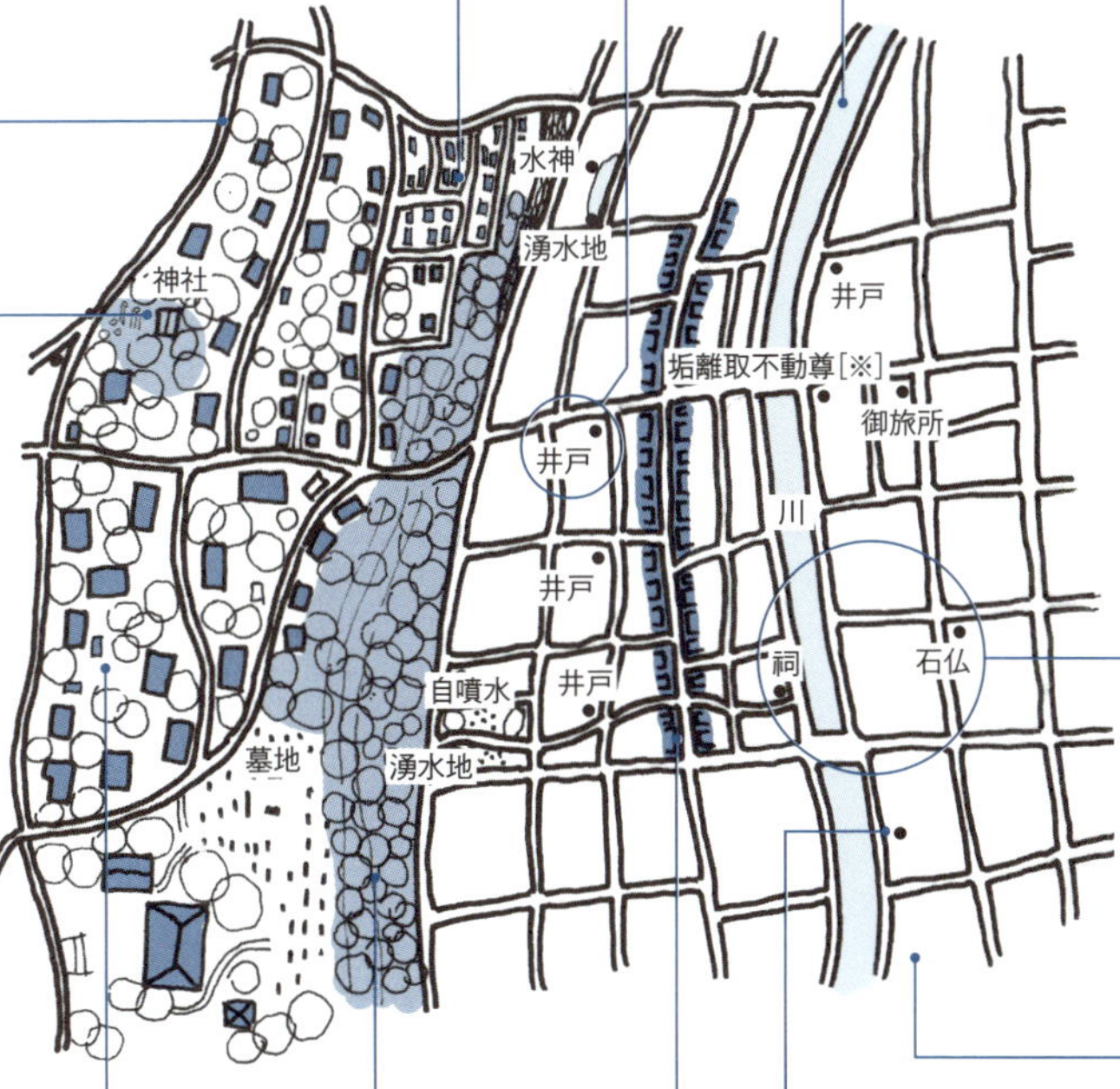

神社 台地

台地の神社に祀られた神様は、祭りの日に窪地にある御旅所(おたびしょ)に出掛ける

かつての武家屋敷 台地

大きな区割りや塀、屋敷林などを備えるのは大名屋敷の名残。現在は高級住宅が建つ

台地に広がる高級住宅地は敷地が広く、道路と建物の距離が遠い。塀や樹木に遮られ屋敷内の気配は感じられない

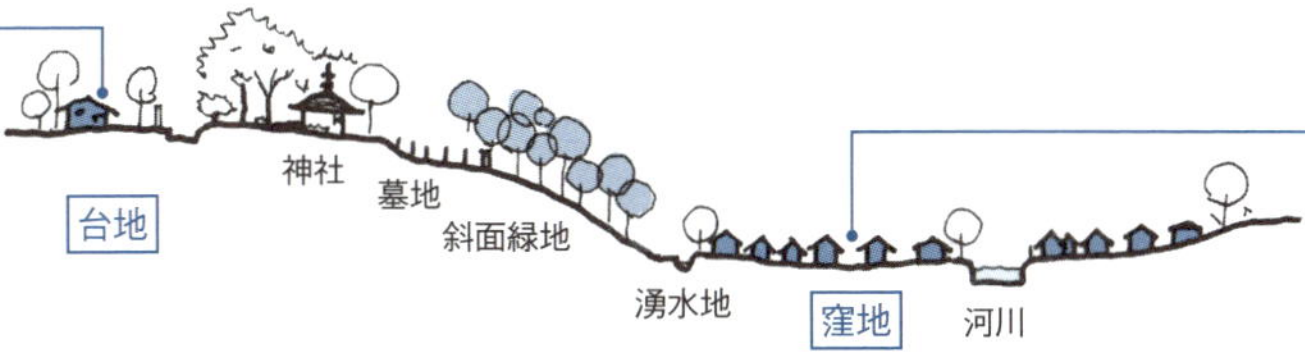

[※]川岸などで見掛ける垢離取(こりとり)不動尊。大山や富士山に詣でる人が水垢離(みずごり:水行)で身を清めた

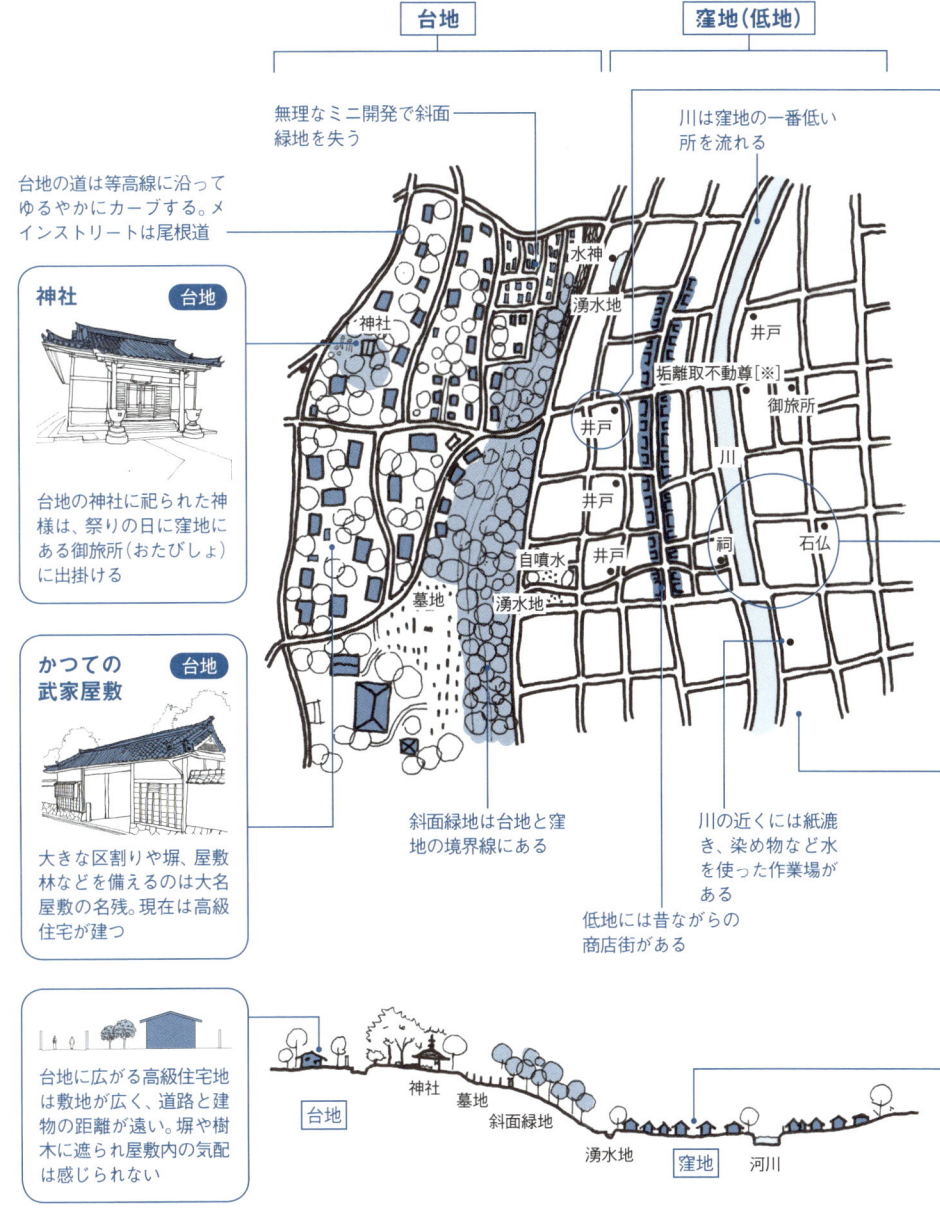

パワースポットに湧水あり

湧《ゆう》水《すい》は、崖地ばかりにあるとは限らない。平地の土から吹き出す湧き水（自噴水）や、井戸を掘ってくむ地下水（井戸水）など、古来より「地下から吹き出した神のエネルギー」であると考えられてきた湧水の場所は、パワースポットとして崇められてきた。都内では、目黒不動尊の独鈷《とっこ》の滝（崖地の滝）や明治神宮の清正《きよまさ》の井（平地の湧き水）など、今も信仰の対象である湧水は多い。

修行にも使われた崖地の滝

雨水は地下の水みちを通り、台地の突端付近（崖など）で湧水として噴出する。そのため崖には滝が多い。神社などにある滝は身を清める修行などに使われていた。図は東京・調布の深大寺《じんだいじ》「不動の滝」。崖から滝として水が湧き出ている

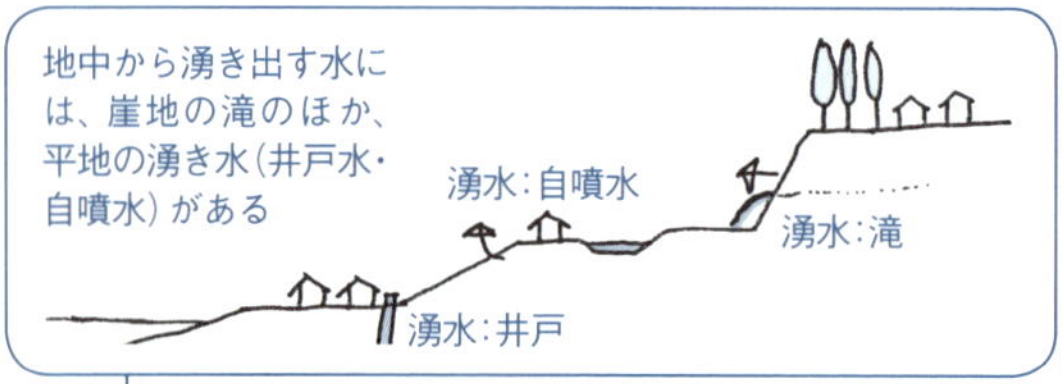
地中から湧き出す水には、崖地の滝のほか、平地の湧き水（井戸水・自噴水）がある
湧水：自噴水
湧水：滝
湧水：井戸

龍口から吐水する。かつてこの滝は山岳信仰の修行の場であった

[MEMO] 東京で見られる崖地の湧水には、上記のほか、国立の国分寺崖線（武蔵野台地の崖下）にある谷保（やぼ）天満宮の「常磐の清水」、中目黒の中目黒八幡神社の「ご神水」がある

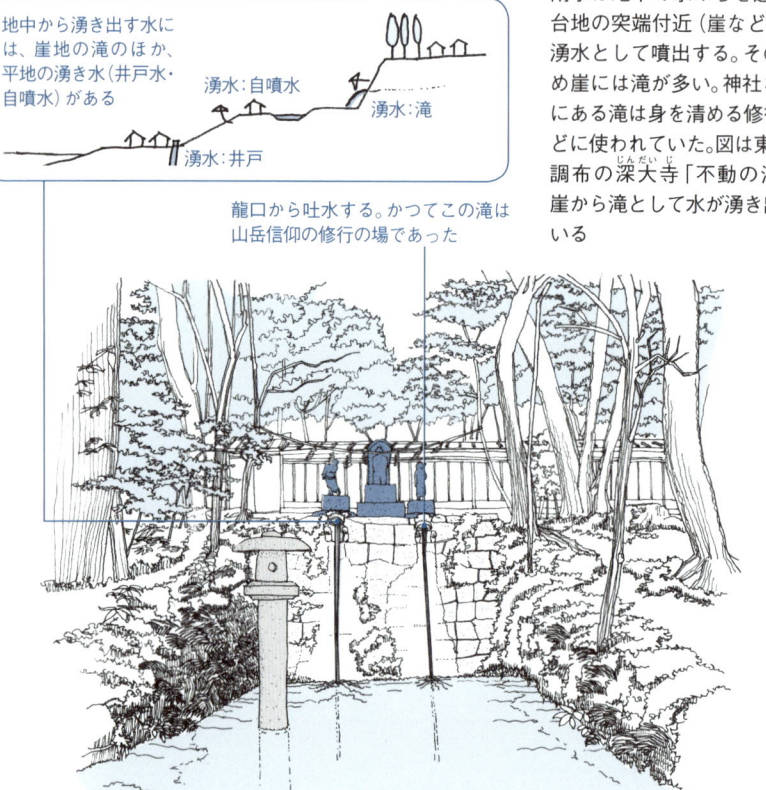

平地の湧き水「井戸の地下水」

（徳川家康の江戸城築城以前の地形）

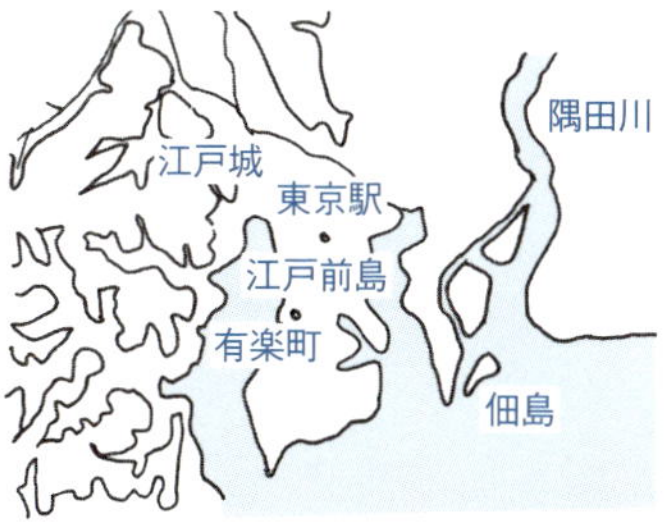

隅田川
江戸城
東京駅
江戸前島
有楽町
佃島

江戸前島（日本橋エリア）は、掘抜き井戸を利用することで、地下深くにある良水（台地からの伏流水）を得ることができた

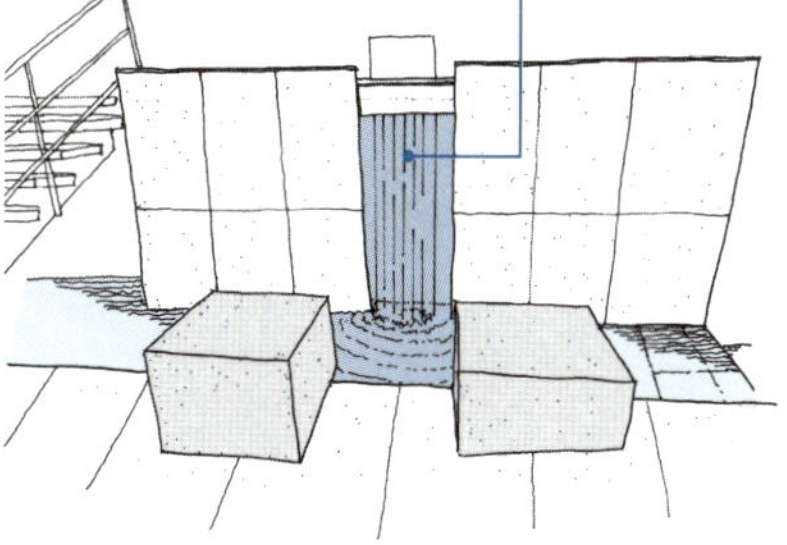

東京・日本橋の白木（しろき）名水（コレド日本橋内に復元）

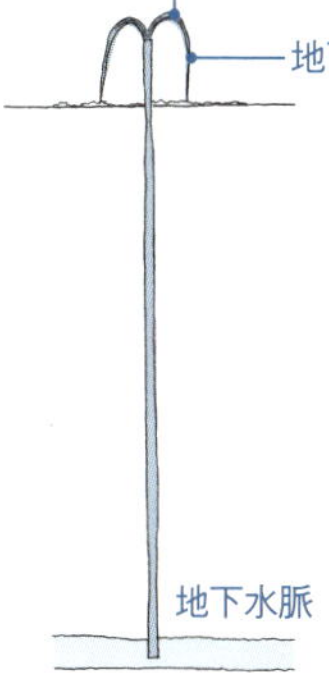

地下水は自噴する
地下水脈

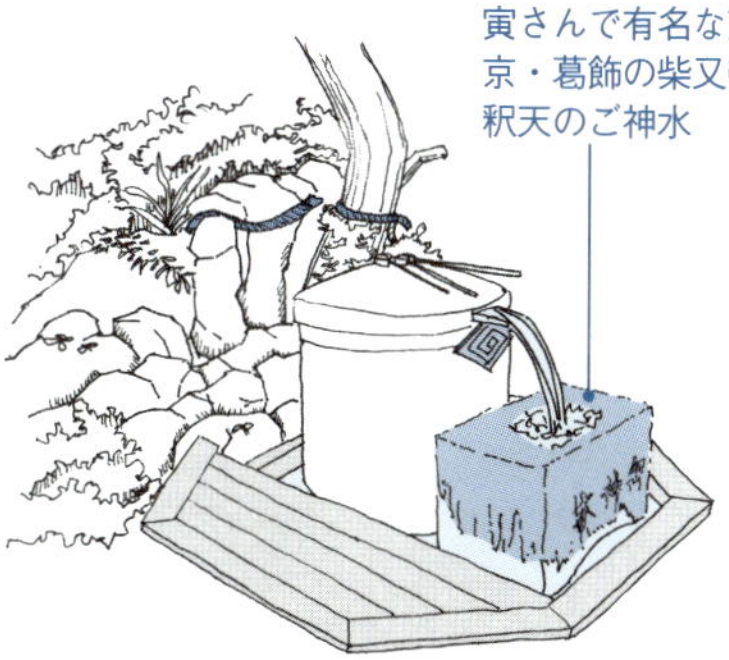

寅さんで有名な東京・葛飾の柴又帝釈天のご神水

掘抜き井戸で自噴する地下水

掘抜き井戸を利用し、地下水脈から水を得る。地下水は自噴し、ポンプは必要ない

井戸の地下水あれこれ

掘抜き井戸をつくるには大金が必要なので、大店や武家・寺社などが用いた [※]

平地に噴き出す湧き水（自噴水）

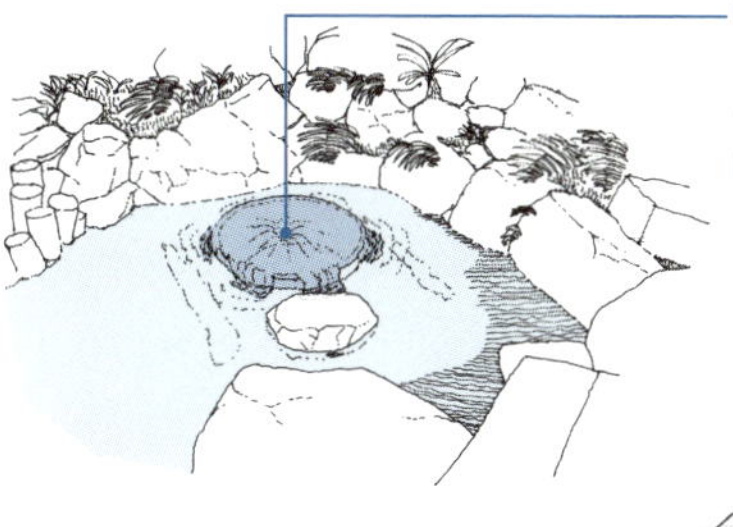

明治神宮の清正の井。ここから水が湧き出る。水量が多く、かつては渋谷川の水源の1つであったが、今では神宮内の菖蒲池に注がれている

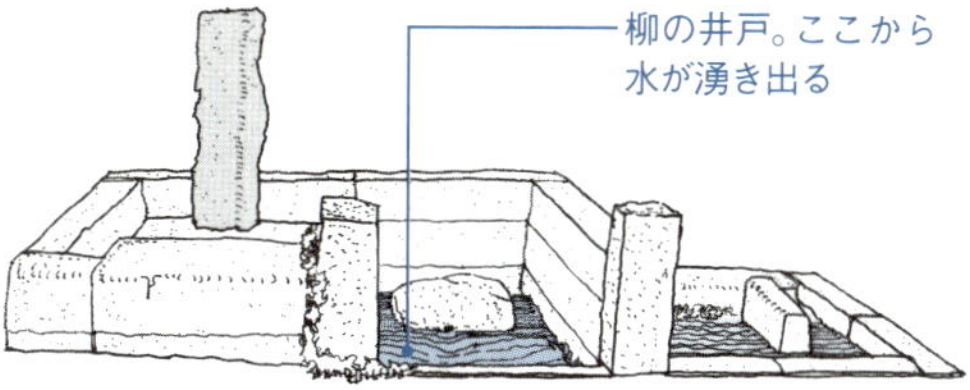

柳の井戸。ここから水が湧き出る

東京にある自噴水

左は明治神宮の清正の井。加藤清正が掘ったといわれる。右は東京・元麻布にある柳の井戸。麻布善福寺の門前にあり、弘法大師が錫杖（しゃくじょう）を突き立てたところ、水が湧き出したという伝説が残る

[※] 一方、江戸市中の町人は、幕府の引いた上水を井戸でくみ上げ、利用した（「井戸」といっても、地下水をくんでいたのではない）

土地の昔を物語る路傍の神仏

まちを歩くと石仏や祠《ほこら》に出会う。地蔵《じぞう》や観音《かんのん》、道祖《どうそ》神《じん》など、小さな神様や仏様だ。

神が違えばご利益も祀る場所も違う。商売繁盛を願う稲荷《いなり》は昔ながらの商店街やかつての花《か》街《がい》に多い。魔除けの道祖神があれば、そこは集落が尽きる境界線だったのだろう。田の神なら昔は田畑だったに違いない。神仏の居場所からその土地の特性が浮かび上がり、隠れている過去の姿が現れるのだ。

神仏が示す土地の記憶

見逃してしまいがちな小道にひっそり佇む神仏も、じっくり観察すればその土地のさまざまな顔が見えてくる

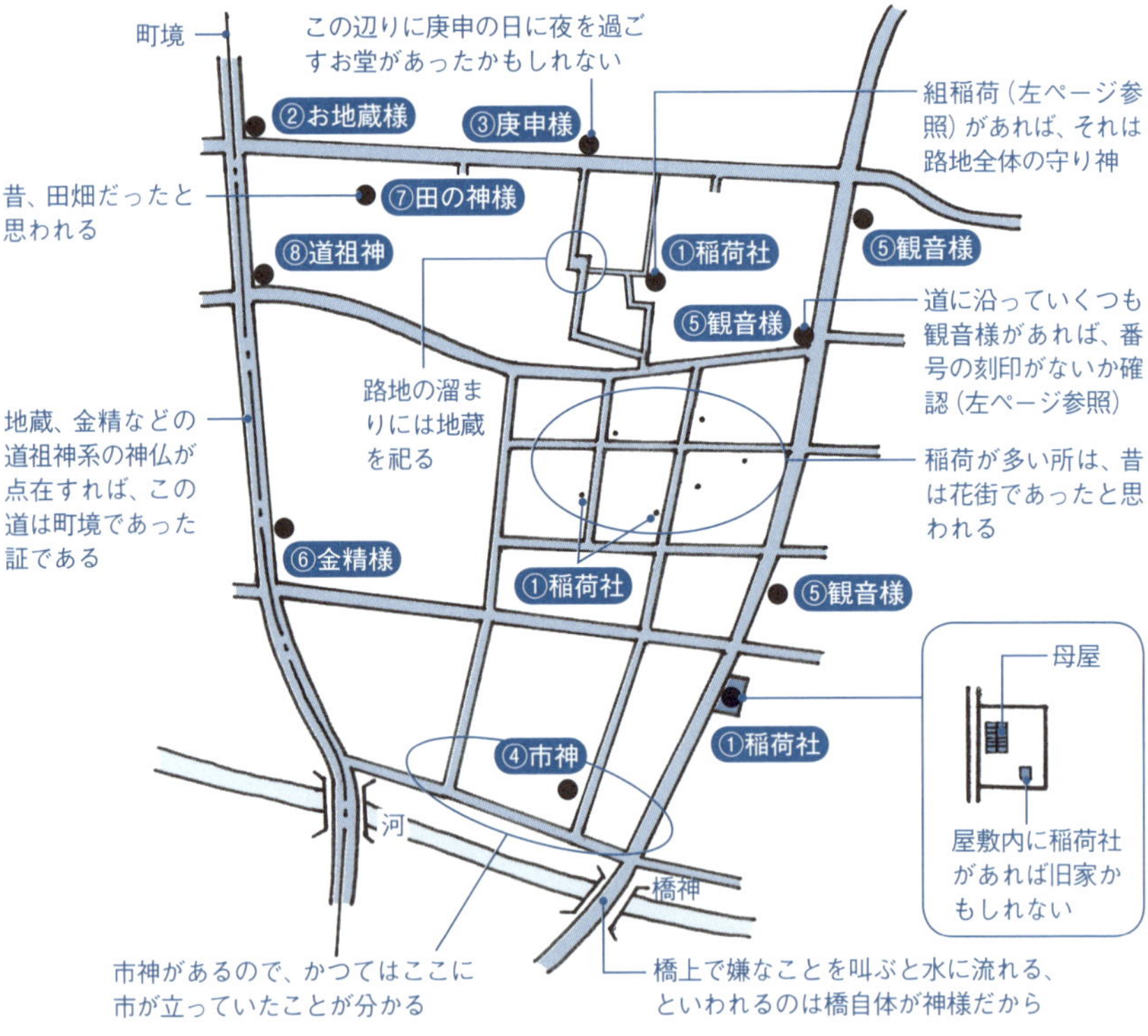
町境
この辺りに庚申の日に夜を過ごすお堂があったかもしれない
②お地蔵様
③庚申様
組稲荷（左ページ参照）があれば、それは路地全体の守り神
昔、田畑だったと思われる
⑦田の神様
⑧道祖神
①稲荷社
⑤観音様
⑤観音様
道に沿っていくつも観音様があれば、番号の刻印がないか確認（左ページ参照）
路地の溜まりには地蔵を祀る
地蔵、金精などの道祖神系の神仏が点在すれば、この道は町境であった証である
稲荷が多い所は、昔は花街であったと思われる
⑥金精様
①稲荷社
⑤観音様
母屋
①稲荷社
④市神
河
橋神
屋敷内に稲荷社があれば旧家かもしれない
市神があるので、かつてはここに市が立っていたことが分かる
橋上で嫌なことを叫ぶと水に流れる、といわれるのは橋自体が神様だから

まち歩きで出会う神仏

①稲荷社

商売繁盛の神。「屋敷稲荷」と「組（くみ）稲荷」がある。前者は屋敷の塀越しに見え、後者は信仰エリアの中心的な所にある

赤い鳥居と狐の置物で
稲荷社と分かる

②お地蔵様

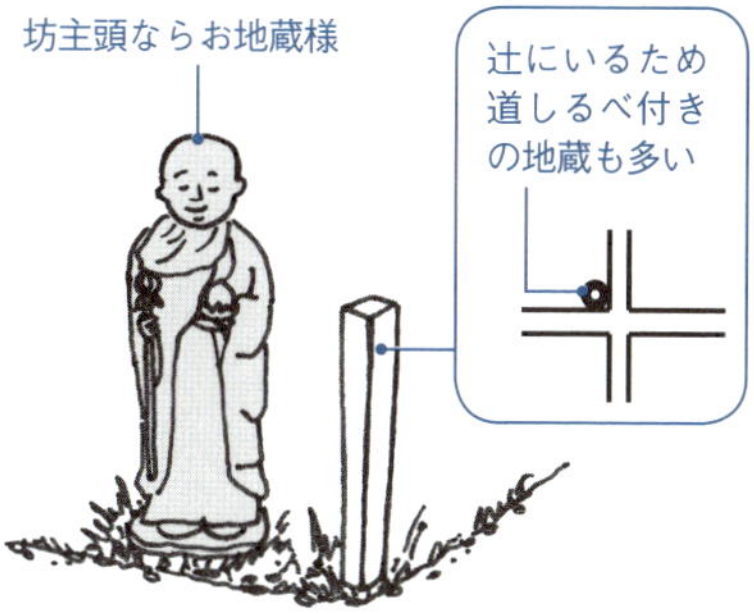
坊主頭ならお地蔵様
辻にいるため
道しるべ付き
の地蔵も多い

③庚申《こうしん》様

庚申の日の夜には、庚申様（青面金剛）を祀って寝ずの番をする。庚申様が手に持つ弓や鶏・猿などは武装の象徴

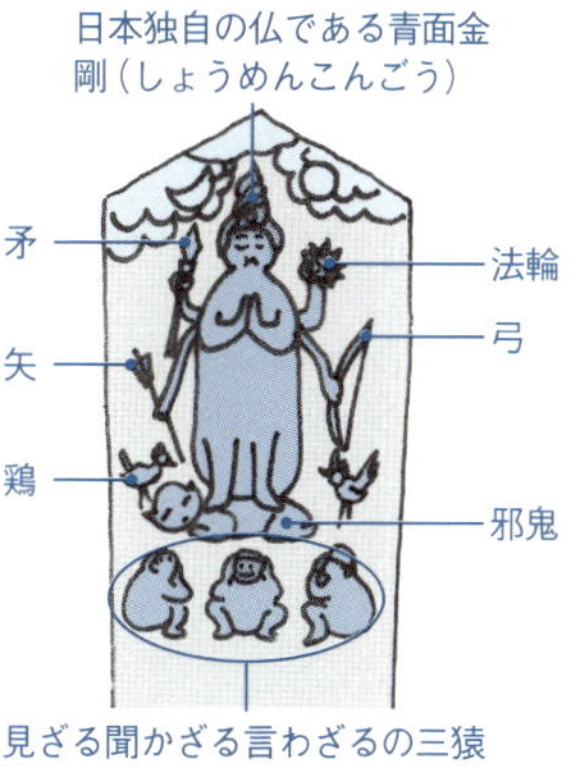
日本独自の仏である青面金
剛（しょうめんこんごう）
矛
法輪
矢
弓
鶏
邪鬼
見ざる聞かざる言わざるの三猿

④市神《いちがみ》

小さな石神でも、かつてそこは三斎市や六斎市などの定期市場[※1]で栄えたことを示す

市
神

⑤観音様

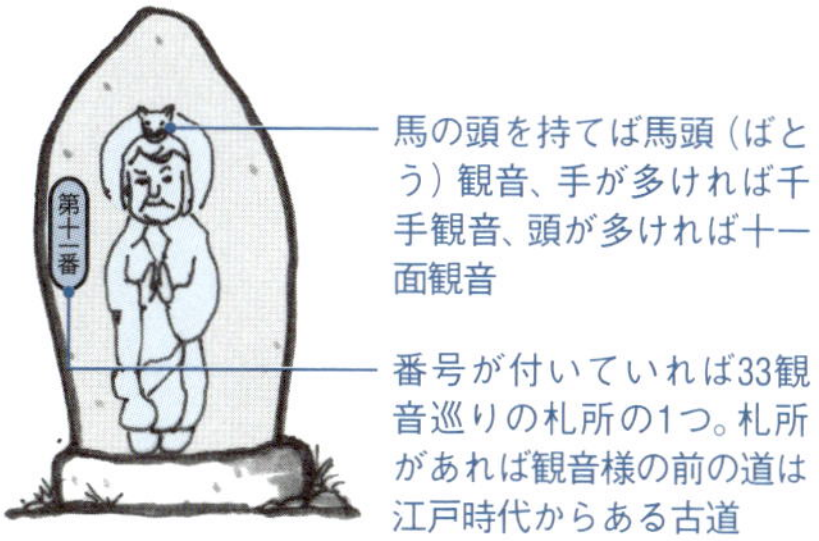
第十一番
馬の頭を持てば馬頭（ばとう）観音、手が多ければ千手観音、頭が多ければ十一面観音
番号が付いていれば33観音巡りの札所の1つ。札所があれば観音様の前の道は江戸時代からある古道

⑥金精《こんせい》様

魔物の侵入を防ぐ

立派な男根で
魔を払い、稲
の豊穣を呼ぶ

⑦田の神様

後ろ姿は
男根

⑧道祖神

塞の神（さえのかみ）とも呼ばれ、村やまちの境にいて道切り[※2]をし、魔物の侵入を防ぐ

仲のよい男女
の姿。子孫繁
栄は五穀豊穣
につながる

[※1] 六斎市とは月に6回市が立つこと
[※2] 村やまちに災厄をもたらすものが侵入しないように行う呪術

神社の社殿はどこを向く

日本全国の神社の社殿が、どちらの方位を向いて建てられているかご存じだろうか？　実は、決まった方位はなく、東西南北いずれにも向いているのである。

浅間《せんげん》神社などは、祭神は同じであっても神体山である富士山の方向が土地により違うから、社殿の向きはそれぞれ異なっている。鎮座する祭神を調べてみると、方位の謎を解く手掛かりがあるかもしれない。

神社の基本的な配置を知ろう

ご神体となる山や木など[※1]に向かう軸線上に社殿や鳥居を配置するのが基本

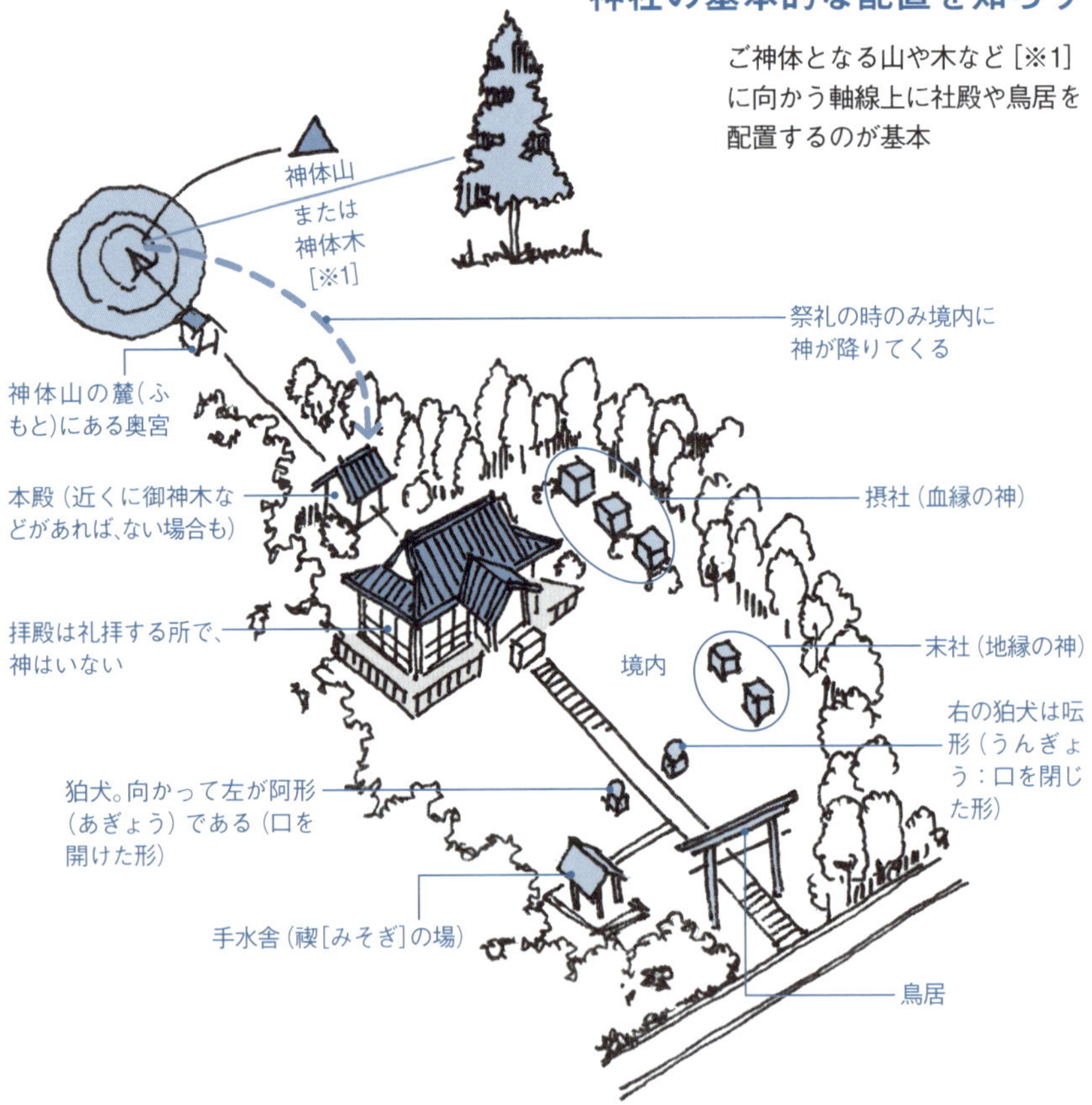
神体山
または
神体木
[※1]
祭礼の時のみ境内に
神が降りてくる
神体山の麓(ふもと)にある奥宮
本殿（近くに御神木などがあれば、ない場合も）
摂社（血縁の神）
拝殿は礼拝する所で、神はいない
境内
末社（地縁の神）
右の狛犬は吽形（うんぎょう：口を閉じた形）
狛犬。向かって左が阿形（あぎょう）である（口を開けた形）
手水舎（禊[みそぎ]の場）
鳥居

[※1] 神は山や木など三角錐状のものに宿ると考えられた

ご神体を背に社殿はどちらを向く？

南を向く社殿が多い

中国の「天子南面［※2］」という思想のもと、社殿を北に配置し南を見る形式を取る

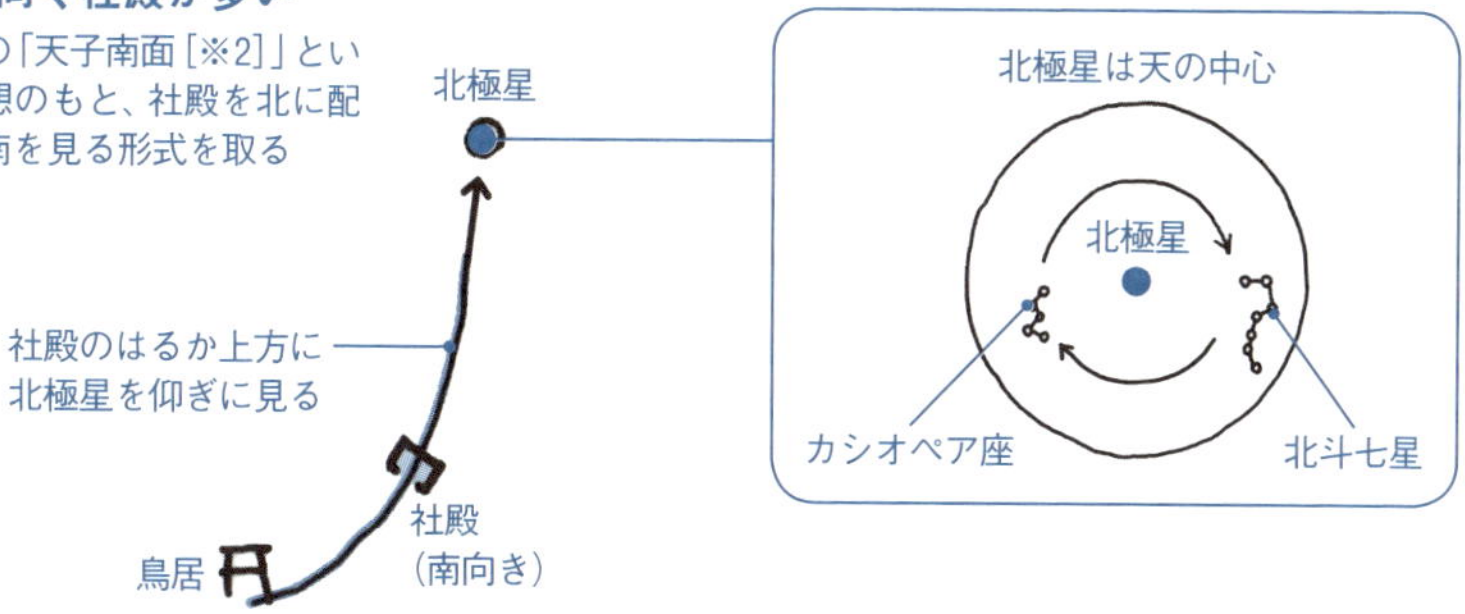

東を向く社殿は古社が多い

太陽が真東から上る春秋分の日、山頂にある社殿に向かって日が差し、真っすぐご神体の鏡を照らす

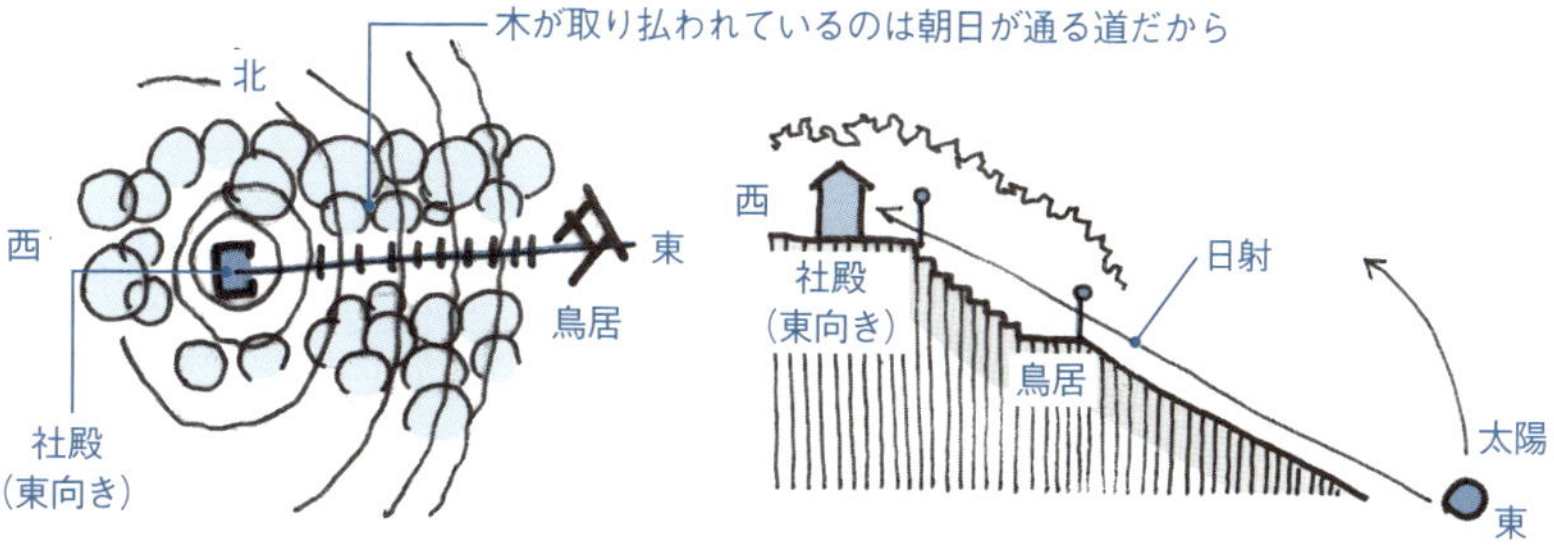

西を向く住吉大社

住吉大社の分社は大社にならい西を向いているものが正式

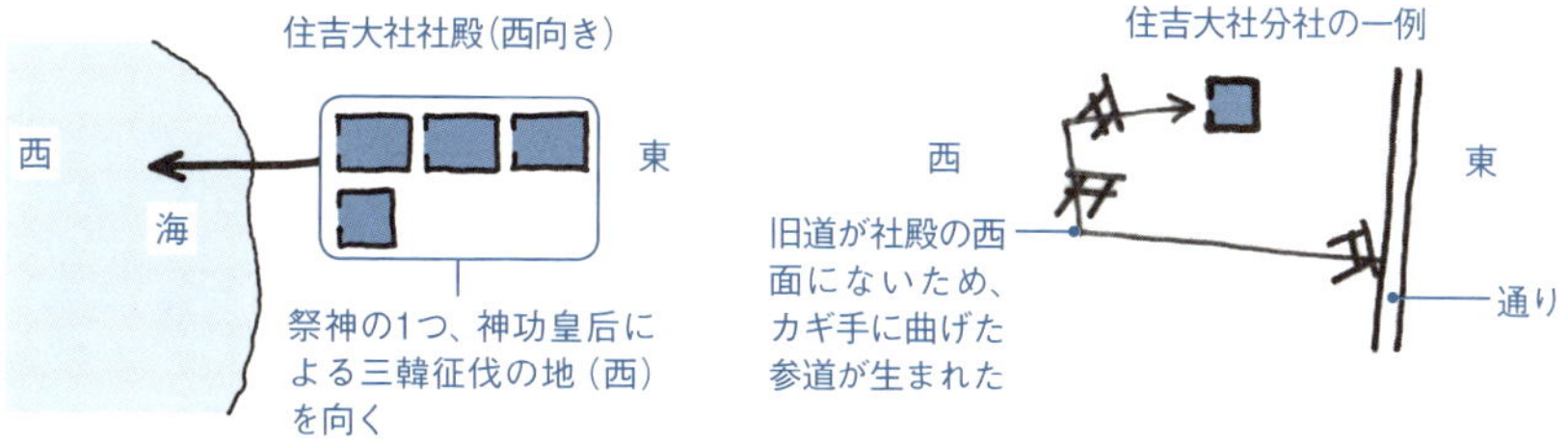

北を向く社殿は少ない

神仏は南にはいないという思想があるため北向きの社殿は少ないが、守るべき神や神体山が北にある場合は北向きになる。北向きは少ないため、冠に北を付け、北向き稲荷、北向き地蔵と呼称する

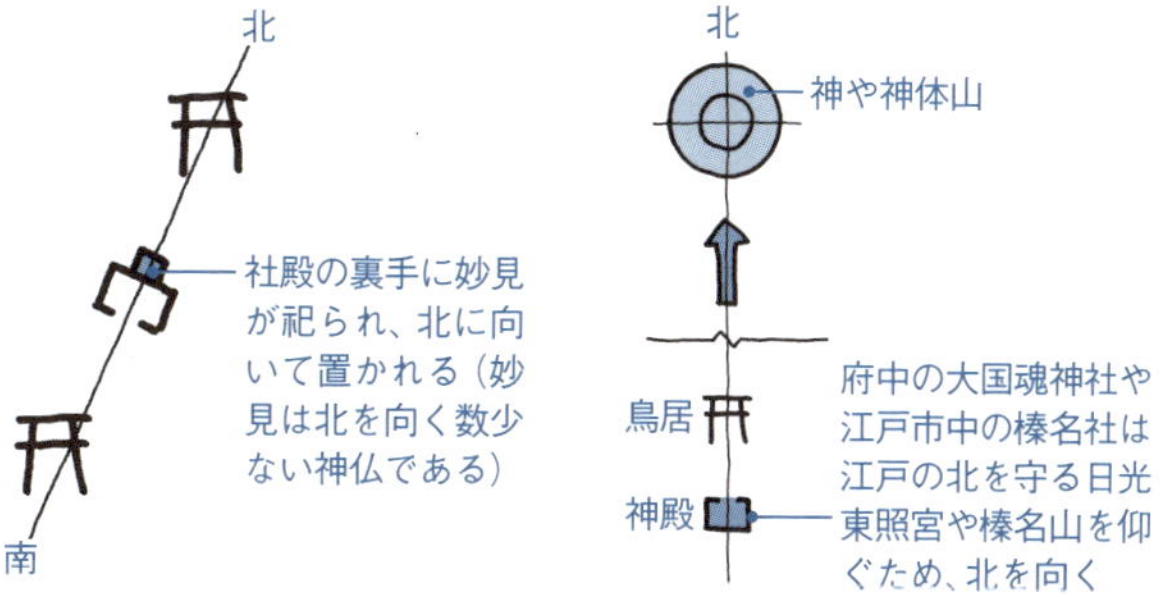

［※2］天の中心は北極星。それを大地に置き換えると北が中心になり、中心である北に君臨する天子は南を向く、という思想

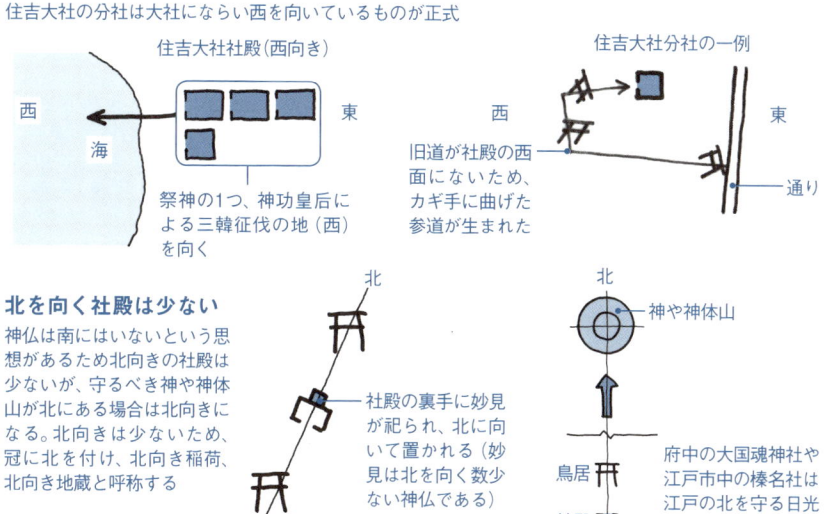

富士塚は小さな富士山

富士山の山体を模してつくられた塚、富士塚。小さくも富士山たらしめるための必須事項は、①頂の御神体の祠《ほこら》、②塚下の里宮、③中腹の小《こ》御嶽《みたけ》社、④烏《え》帽《ぼ》子《し》岩《いわ》、⑤洞穴《ほらあな》である。信仰の山として成立させるという意図が読める

山頂の祠(浅間《せんげん》神社)
富士山の御神体が祀られている。ここから富士に向かって礼拝する。頂上には富士山頂の土が埋められている

小御嶽社
5合目辺りにある。この一帯は富士山でいうと、岩場と樹林帯を分かつ神聖な地帯で「お中道(ちゅうどう)」と呼ばれる

烏帽子岩
富士講中興の祖である食行身禄(じきぎょうみろく)が入定したといわれる、烏帽子岩に見立てた立石を置く

里宮
道案内役の猿田彦(さるたひこ)が祀られている。ほかに「くくり猿」「猿の縫いぐるみ」など猿が関係するものを供え、噴火を鎮めるよう願う

洞穴
洞穴をくぐり(胎内くぐり)、生まれ変わることを願う。修験者の祖である役行者を祀る

富士塚は庭師の腕の見せどころ

江戸の庶民の間で広まった富士信仰。誰でも富士参拝ができるようにと、1779年(安永8年)、江戸に最初の富士塚をつくったのは、植木屋を営む高田藤四郎であった。

富士塚の原型は、江戸時代初期から大名屋敷の庭につくられた富士山形の築山《つきやま》にある。当然、藤四郎もその手法を学んでいただろう。山を築き、植栽と溶岩でかたどる。富士塚の姿は、まさに庭師の職人芸なのだ。

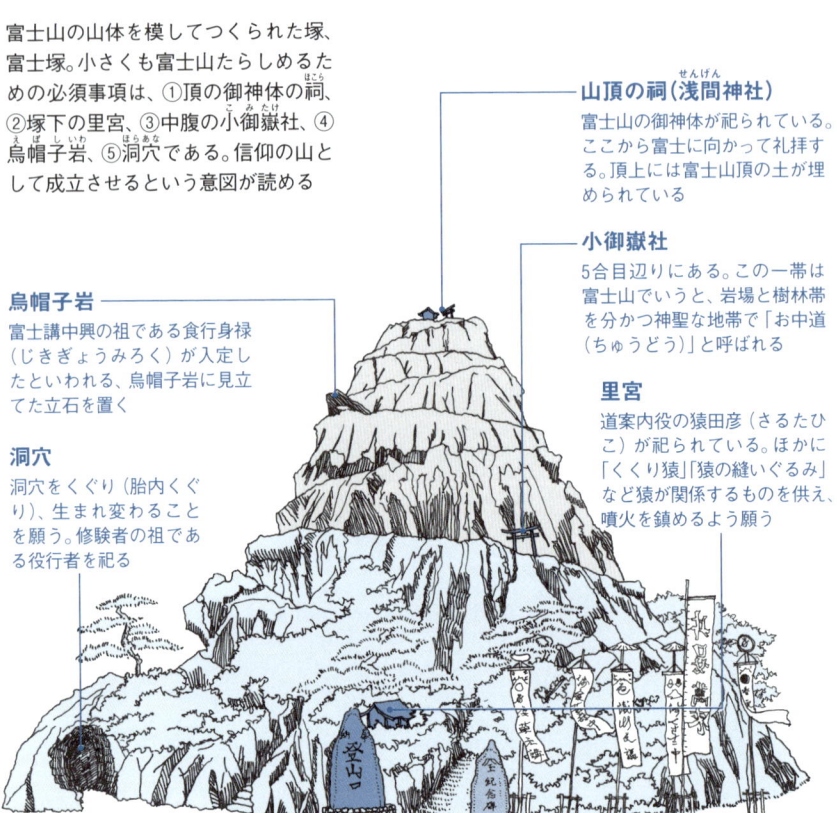

富士塚に凝らされた築山の手法

富士山の5合目にはお中道があり、そこを境に山肌も大きく変わる。富士塚もそれを忠実に再現しようとした

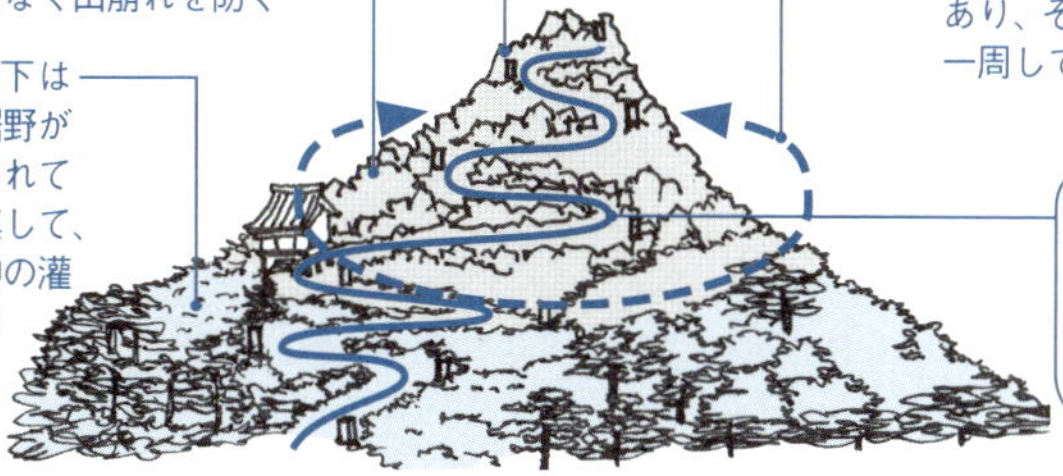

5合目より上は黒ボク石（火山岩）で固める。富士山の容姿を模すだけでなく山崩れを防ぐ
5合目より下は富士山の裾野が樹林で覆われているのを模して、ツツジや榊の灌木を植える
富士塚
お中道
富士山5合目には登山口が5カ所あり、それを巡るかのように道が一周している

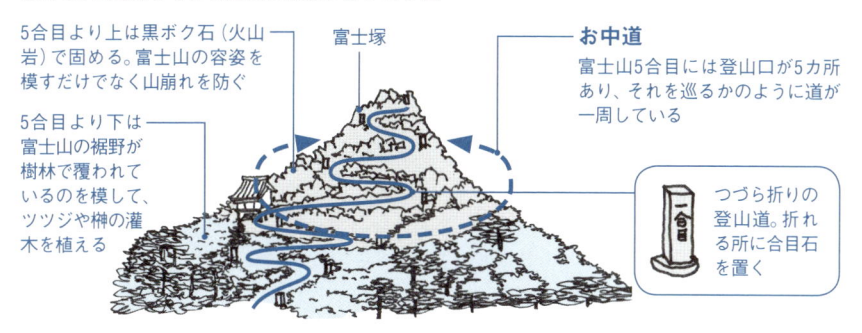

一合目
つづら折りの登山道。折れる所に合目石を置く

鎮火の願いを担う猿と蛇

富士塚では猿の縫いぐるみや藁でできた蛇などに出会う。この2つの動物は水気を呼ぶ水神として、富士山の噴火を防ぐ力があると信じられてきた

猿

庚申（かのえさる）の年、富士山が初めて姿を現したとされているため、60年に一度来る庚申の年は御縁年という

くくり猿。猿は水気を呼ぶといわれる

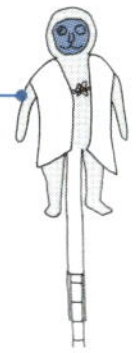

縫いぐるみの猿。猿の赤い顔は火を、黒い体毛は水を表す。水が火を包むことで、鎮火を願う

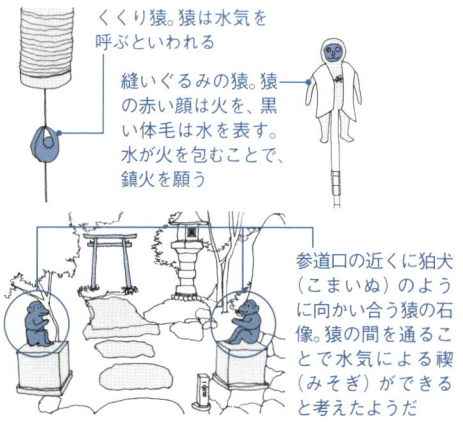

参道口の近くに狛犬（こまいぬ）のように向かい合う猿の石像。猿の間を通ることで水気による禊（みそぎ）ができると考えたようだ

蛇

旧6月1日の山開きの日は、蛇が皮を脱ぐという俗信がある日でもある。脱皮は再生・不死を表す。富士山は不死の山とも書く

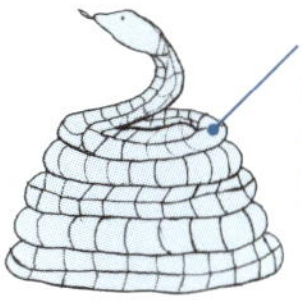

トグロを巻いた姿は富士山に似ている。つづら折りの道は、蛇のトグロを見立てたもの

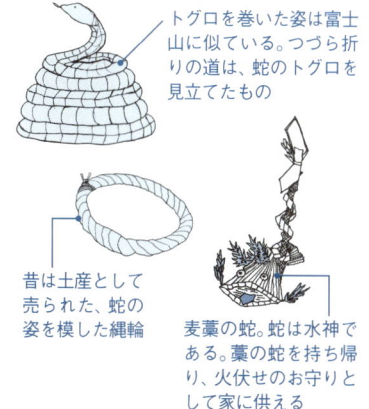

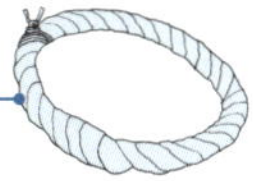

昔は土産として売られた、蛇の姿を模した縄輪

麦藁の蛇。蛇は水神である。藁の蛇を持ち帰り、火伏せのお守りとして家に供える

column｜重要有形民俗文化財の富士塚

現在、国指定で東京にあるものは、江古田富士（練馬区小竹町）、高松富士（豊島区高松）、下谷坂本富士（台東区下谷）の3つ。江戸で流行した富士信仰である富士講の信者は、山開きの日、白行《ぎょう》衣《い》に素足で富士塚を登る。富士塚は江戸の周辺部に多い。人々は都心部から異なる世界の境界である周辺部へ出向いて、礼拝した

「朱引」と「墨引」で江戸を示す

今日、私たちは一口に「江戸」というが、実際、どのあたりまでが「大江戸八百八《はっぴゃくや》町《ちょう》」だったのだろうか。

徳川幕府の城下町として拡大し続けた江戸のまちの範囲が確定されたのは、1818年（文政元年）。江戸城を中心に、徒歩で往復1日行程の範囲を「朱《しゅ》引地《びきち》」＝「御府内《ごふない》」、町奉行支配の範囲を「墨引地《すみびきち》」と定めた。これにより、府内・府外が明確に分けられることになったのだ。

朱引・墨引の範囲

現代の地図に朱引・墨引地を示したもの。1698年（元禄11年）に町奉行の支配範囲を示す「傍示杭《ぼうじぐい》」が打たれ、1818年（文政元年）に朱引・墨引地が定められた

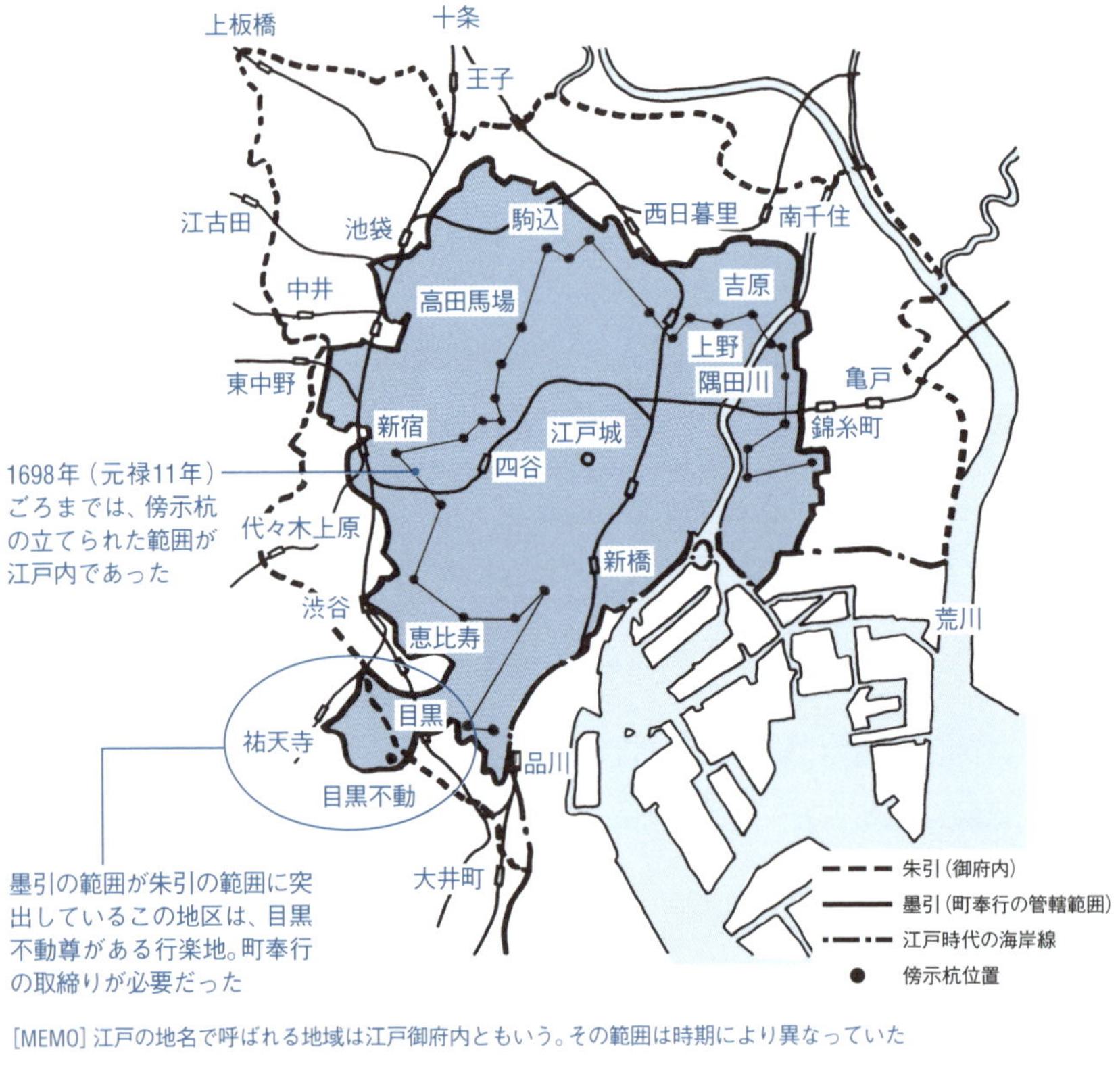
上板橋
十条
王子
江古田
池袋
駒込
西日暮里
南千住
中井
高田馬場
吉原
上野
東中野
隅田川
亀戸
新宿
江戸城
錦糸町
四谷
1698年（元禄11年）ごろまでは、傍示杭の立てられた範囲が江戸内であった
代々木上原
新橋
渋谷
荒川
恵比寿
目黒
祐天寺
品川
目黒不動
墨引の範囲が朱引の範囲に突出しているこの地区は、目黒不動尊がある行楽地。町奉行の取締りが必要だった
大井町
朱引（御府内）
墨引（町奉行の管轄範囲）
江戸時代の海岸線
傍示杭位置

[MEMO] 江戸の地名で呼ばれる地域は江戸御府内ともいう。その範囲は時期により異なっていた

江戸のにぎわいを支えた周辺部

庶民の物《もの》見《み》遊《ゆ》山《さん》場

江戸の郊外に位置し、江戸っ子がちょっとした物見遊山に出掛ける場所であった

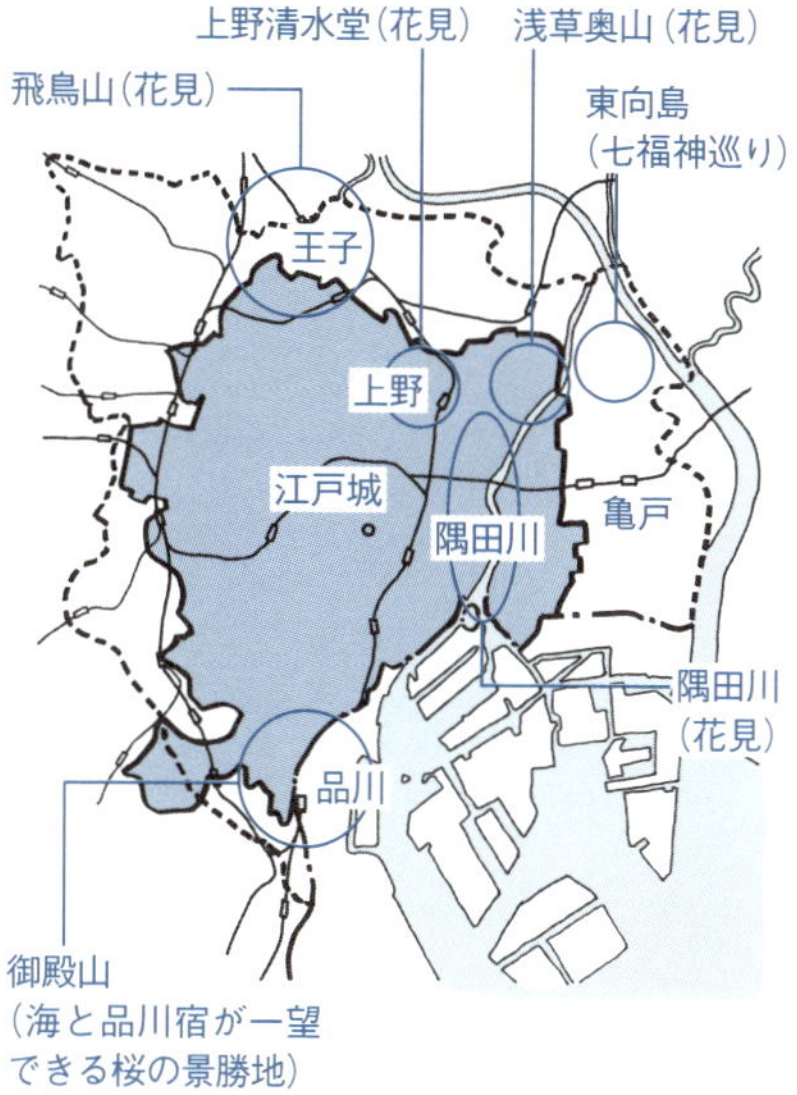

上野清水堂（花見）
浅草奥山（花見）
飛鳥山（花見）
東向島
（七福神巡り）
王子
上野
江戸城
隅田川
亀戸
隅田川
（花見）
品川
御殿山
（海と品川宿が一望
できる桜の景勝地）

宿場（江戸四宿）

江戸のまちから遊びに行ける距離の朱引線上の街道筋宿場町には遊女がおり、男たちでにぎわうようになった

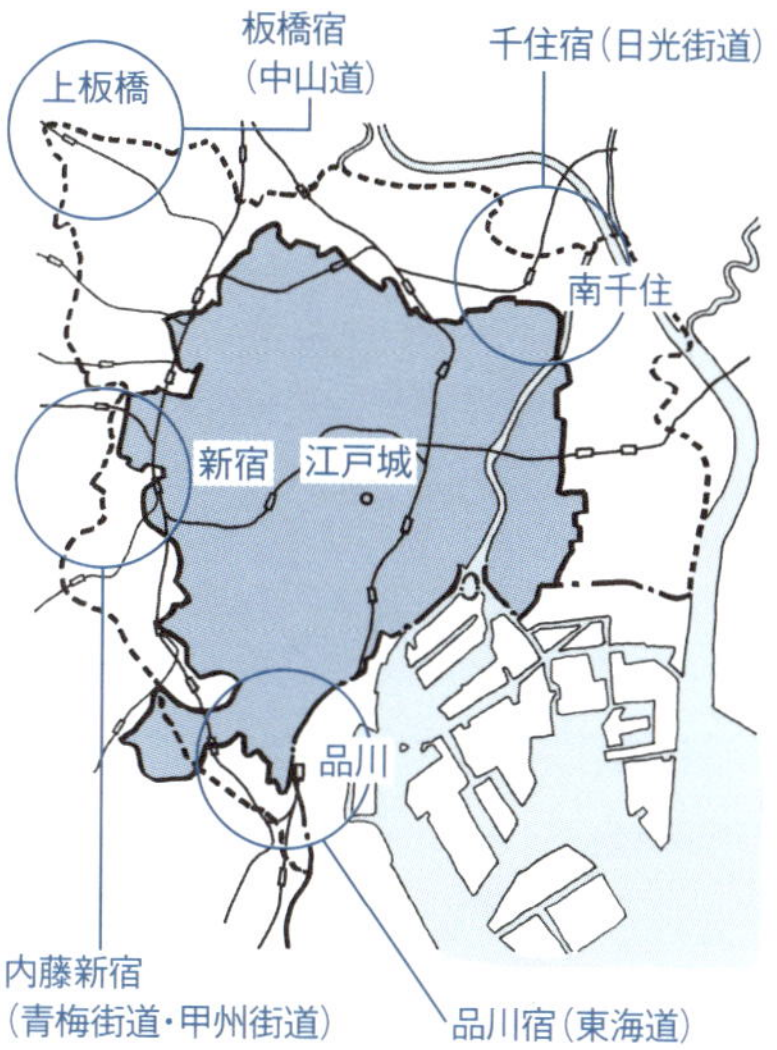

上板橋
板橋宿
（中山道）
千住宿（日光街道）
南千住
新宿
江戸城
品川
内藤新宿
（青梅街道・甲州街道）
品川宿（東海道）

寺院

敵が攻めてきた際、武士は寺に立てこもり戦った。つまり寺は江戸の外郭施設の役割を果たしていたのだ

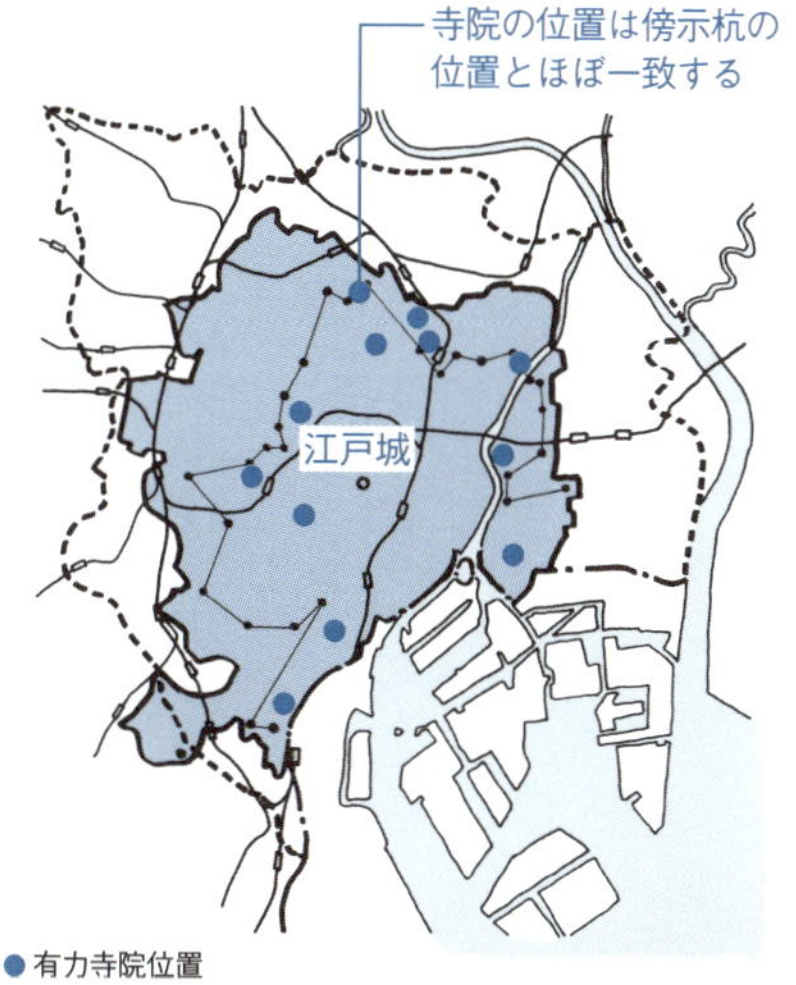

寺院の位置は傍示杭の
位置とほぼ一致する
江戸城
● 有力寺院位置

近郊農業地域

生鮮食料の近郊農業地域は、江戸の中心部から荷車1日で往復可能な場所に成立した。大八車［※］に野菜を載せ、帰りは人糞（ふん）を積んで帰った

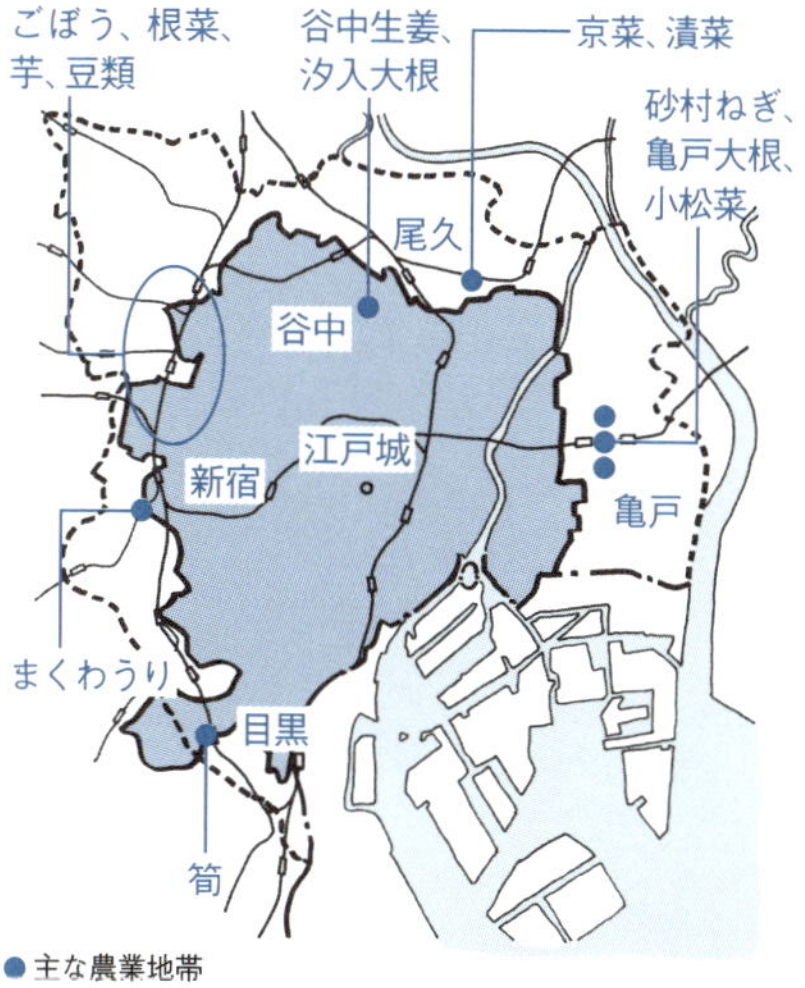

ごぼう、根菜、
芋、豆類
谷中生姜、
汐入大根
京菜、漬菜
砂村ねぎ、
亀戸大根、
小松菜
尾久
谷中
江戸城
新宿
亀戸
まくわうり
目黒
筍
● 主な農業地帯

［※］大八車（だいはちぐるま）は、二輪の大型の荷車

江戸にも存在した碁盤の目

現在の東京の地図を見て、迷路のようだと思っている人は多いようだが、江戸の初期につくられた町人のまちは格子状でできていた。

もちろん京都のように全体が碁盤《ごばん》の目《め》になっているわけではないが、わずかな起伏や川に囲まれた地形を巧みに利用しながら、グリッドパターンを連続させていた。グリッドの境目にある結節点を意識すると、各地区の町割《まちわり》[※]の特性が見えてくる。

江戸下町のグリッドパターン

江戸のまちは、統一されたグリッドパターンではなく、大きさや方向の違う小さなグリッドの集合体でできている。十字路ではない道が現れたら、そこが隣のグリッドとの結節点である

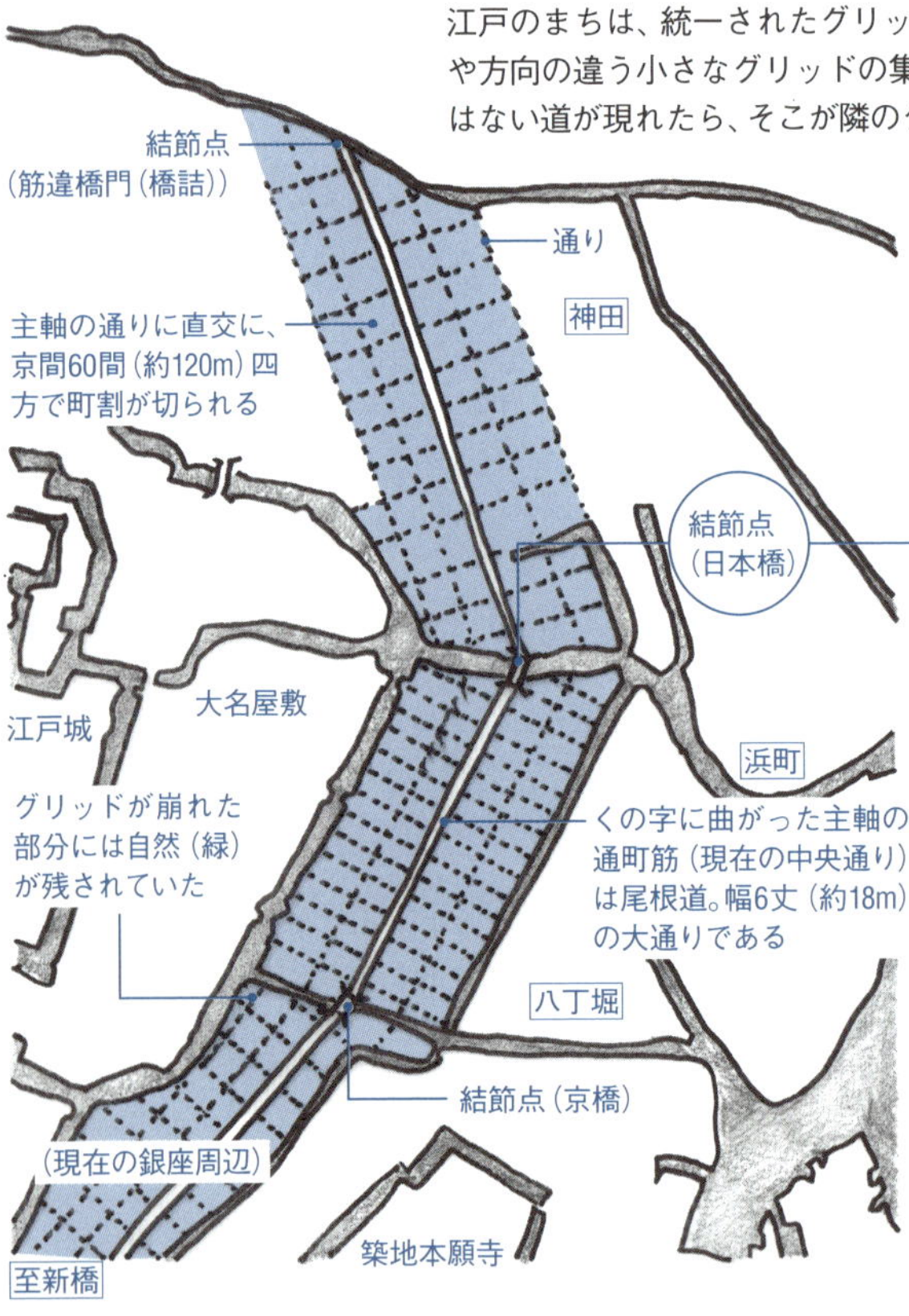
結節点
（筋違橋門（橋詰））
通り
神田
主軸の通りに直交に、京間60間（約120m）四方で町割が切られる
結節点
（日本橋）
大名屋敷
江戸城
浜町
グリッドが崩れた部分には自然（緑）が残されていた
くの字に曲がった主軸の通町筋（現在の中央通り）は尾根道。幅6丈（約18m）の大通りである
八丁堀
結節点（京橋）
（現在の銀座周辺）
築地本願寺
至新橋

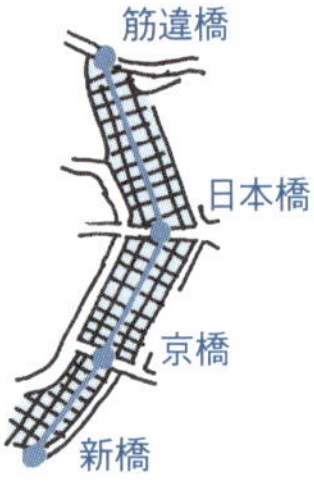
筋違橋
日本橋
京橋
新橋

筋違橋、日本橋、京橋、新橋などの橋が屈曲する通りの結節点になった

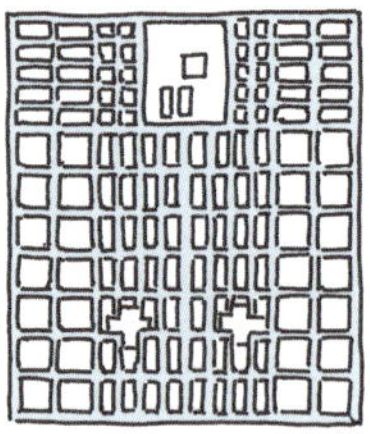

江戸と違い、京都は市中全体がグリッドでできている

[※] まちの区画

メインストリートを尾根筋に設けたワケ

江戸・日本橋周辺は前島《まえしま》と呼ばれ、長くなだらかな丘陵地であった。最高地点の尾根筋にメインストリートを設け、振り分けるように排水を施した。排水の流れ込む掘割《ほりわり》をグリッドの区切りとした

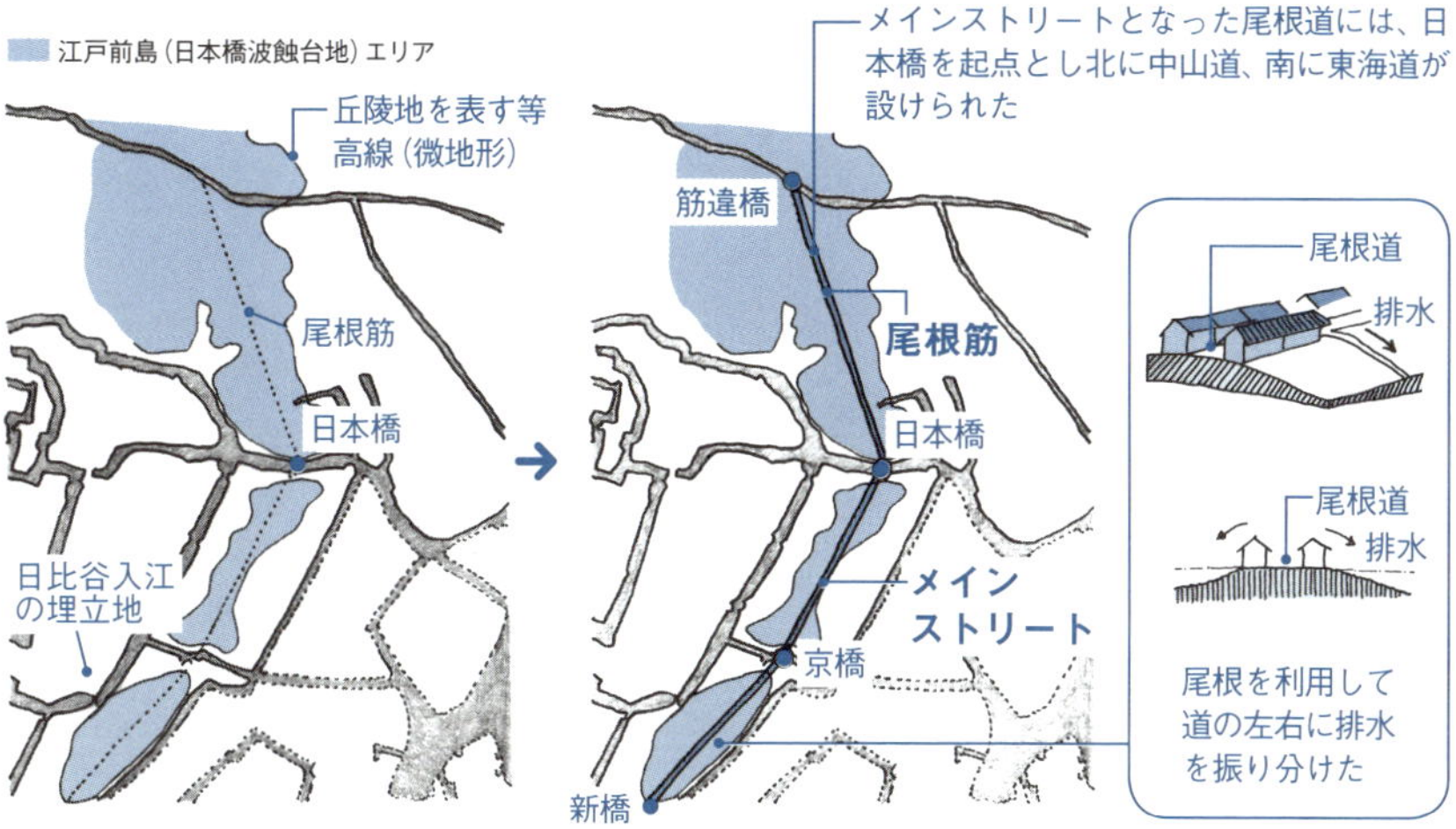

江戸前島（日本橋波蝕台地）エリア
丘陵地を表す等高線（微地形）
尾根筋
日本橋
日比谷入江の埋立地
メインストリートとなった尾根道には、日本橋を起点とし北に中山道、南に東海道が設けられた
筋違橋
尾根筋
日本橋
メインストリート
京橋
新橋
尾根道
排水
尾根道
排水
尾根を利用して道の左右に排水を振り分けた

現代につながるグリッド町割

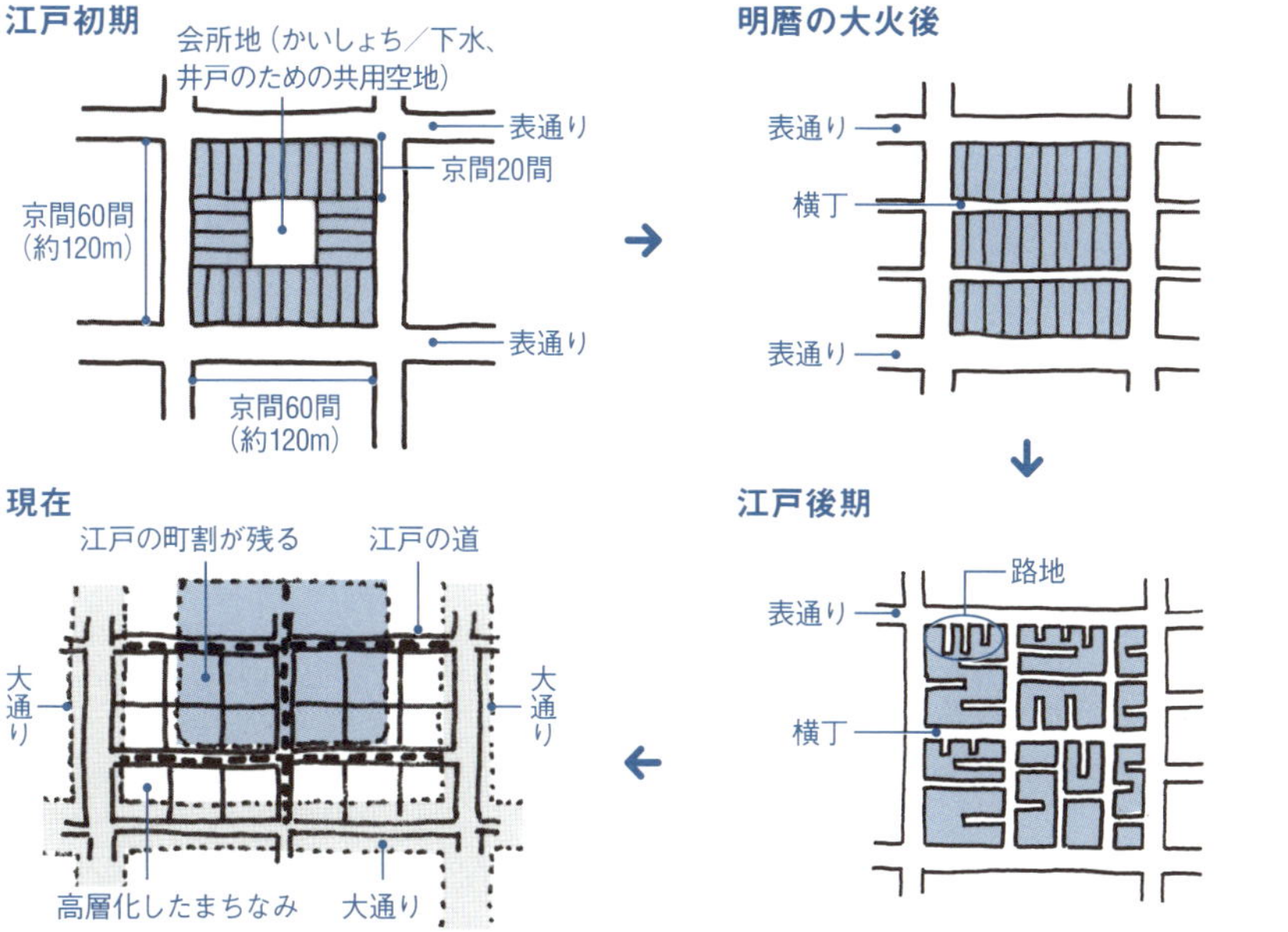

江戸初期
会所地（かいしょち／下水、井戸のための共用空地）
表通り
京間20間
京間60間（約120m）
表通り
京間60間（約120m）
明暦の大火後
表通り
横丁
表通り
江戸後期
路地
表通り
横丁
現在
江戸の町割が残る
江戸の道
大通り
大通り
高層化したまちなみ
大通り

震災後の復興計画によりつくられた大通り以外は、江戸の区画を現在も引き継いでいる

グリッド内は細分化され、横丁から生まれた路地は迷路のように張り巡らされた

[MEMO] 江戸のそれぞれの通りからの軸線は、富士山や筑波山などが見えるように設定されている。景色の変わりめが街区の変わりめであり、景色により自分の居場所が分かる

topics｜まち歩きに必携の地図『江戸切絵図《きりえず》』

江戸の道案内に「切絵図［※］」がある。多色刷りで読みやすく、折り畳むと16.5×9㎝ほどのコンパクトな大きさ。当時の人々はこの切絵図を手に江戸市中を歩いた。今でもこれを持って歩くと、江戸の姿を垣間見ることができる。切絵図は色で区分けされ、白色なら武家地、赤色は社寺地、灰色は町人地、黄色は道や橋、水色は川や堀・池・海、緑色なら土手・馬場・農耕地だと分かる。ここではそのような表現上の約束事を紹介する

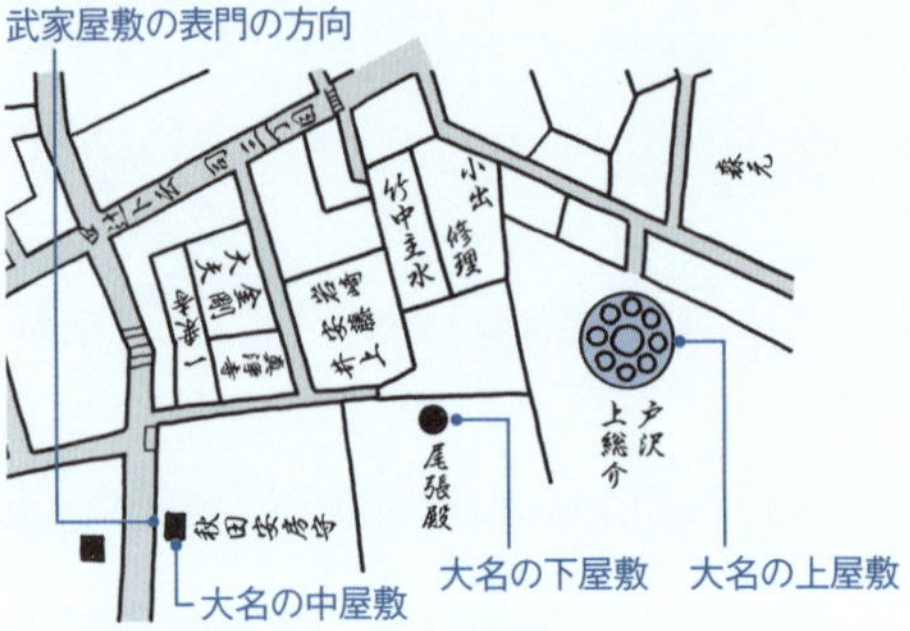

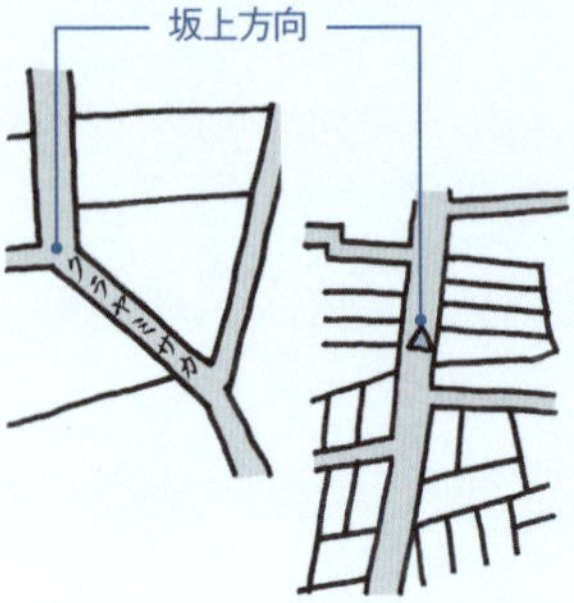

表門の位置まで分かる武家地

江戸のまちの7割は武家地。武家地には家名が記され、文字頭の方向に表門がある。大名は平均5つほどの屋敷をもつので、上屋敷には家紋、中屋敷（隠居・世継ぎの住居）には■印、下屋敷（火災時の別荘）には●印を付けて区別した

坂の上か下か、一目瞭然

著名な坂はその名が記される。文字頭が坂上を表し、坂名がない場合は△印の方向が坂上となる

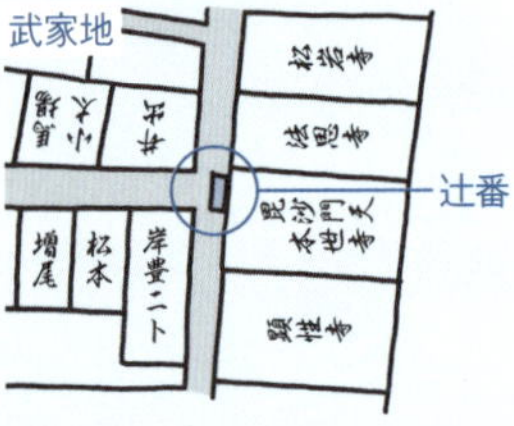

江戸を守る、通りの番所

武家地を警備する辻番は□印で表す。一方、町人地を警備する自身番は小さな■印で表した

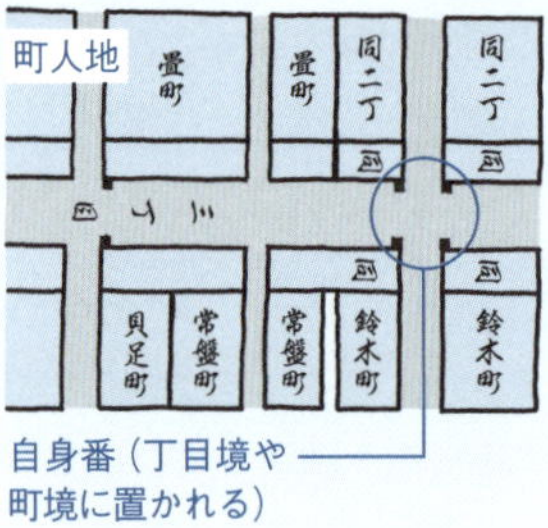

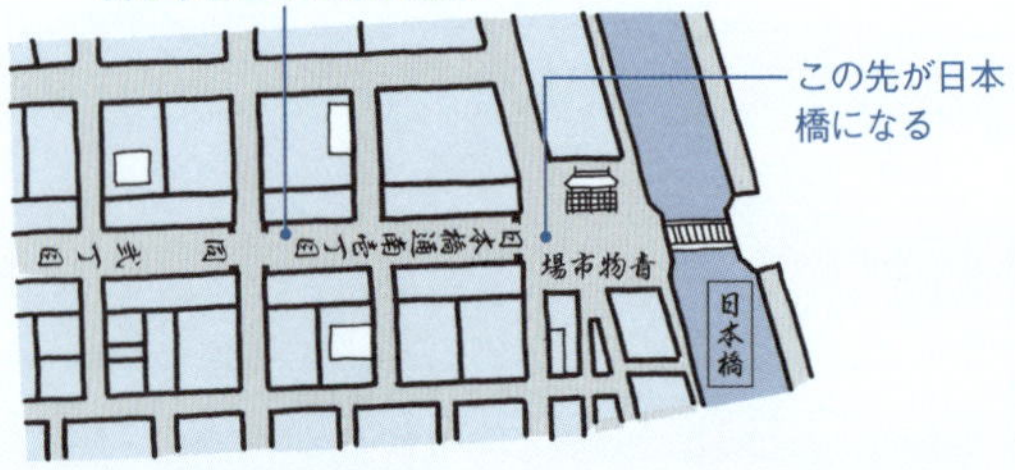

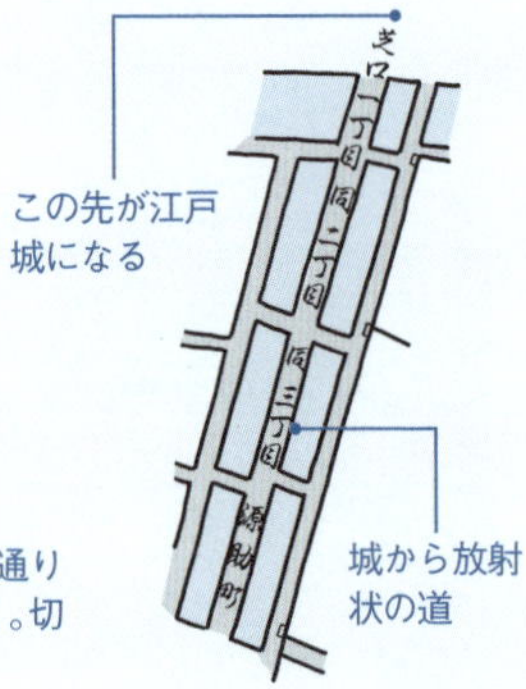

江戸城・日本橋が基点

通りに記された町名の文字頭は、城を中心に放射状に整備された通りの場合、城の方角を向く。環状の通りの場合は日本橋の方角を向く。切絵図中に城や日本橋がなくてもその方向が分かる

［※］『江戸切絵図』は江戸時代につくられた江戸市街の区分地図

2章

まちなみを探る

隅田川の復興橋梁は意匠に注目

関東大震災で被害を受けた東京の復興事業は、その後7年間にわたって行われた。「復興は橋から」と、特に橋梁《きょうりょう》の復興には力が注がれ、当時東京に架けられた橋は425にも及ぶという。この事業を機に、それまでのトラス架構橋一辺倒でなく、多様な構造の橋が誕生した。

特に隅田川の復興橋梁は、さまざまな構造、凝った意匠でつくられた。今でもあちこちにその姿を見ることができる。

第一橋梁に注目

第一橋梁とは、河口からさかのぼって最初に架かる橋。川の入口の目印となるため、目に付きやすいデザインが多い

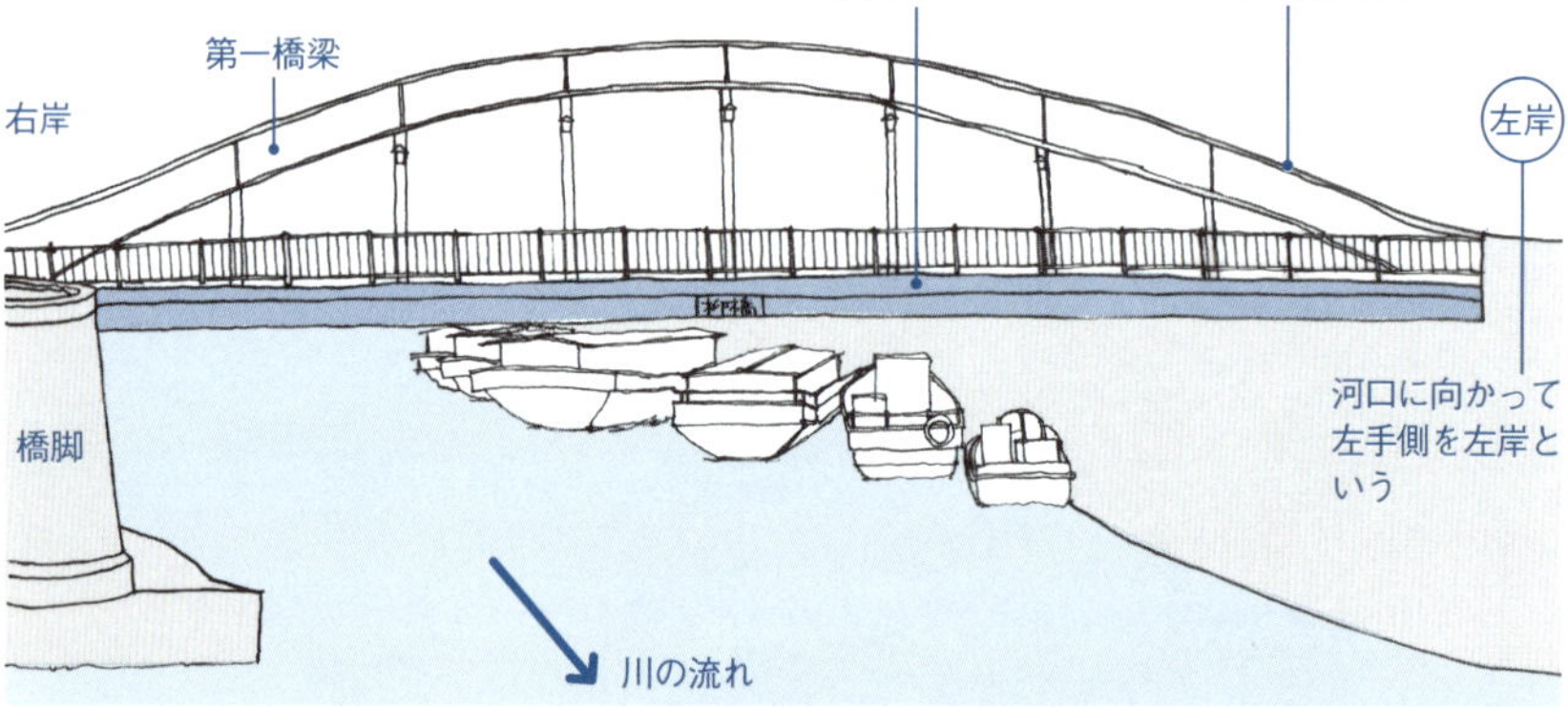
関東大震災前は、架構が鉄製でも床板は木製が多かった
素材が鋼、構造がアーチの橋は鋼アーチ橋と呼ばれる
第一橋梁
右岸
左岸
橋脚
河口に向かって左手側を左岸という
川の流れ

column | 道路の位置で変わる橋の呼び名

同じアーチ橋でも、橋の構造に対して道路がどこを通るかによって、呼び名が異なる。道路がアーチの上を通るものが上路《じょうろ》式、アーチの中間を通るものが中路《ちゅうろ》式、アーチの下を通るものが下路《かろ》式と呼ばれる（トラスや吊りの構造でも同様）

上路式アーチ
中路式アーチ
下路式アーチ

橋は5種類

橋は構造方法により、大きく下記の5つの種類に分けられる。

復興事業により架けられた復興橋梁では、船の大型化と動力化に伴い、径間を広く、橋桁《はしげた》下を高く取るようになった

桁橋《けたばし》

橋脚間に桁を渡した構造をもつ。主な橋は両国橋、言問（こととい）橋

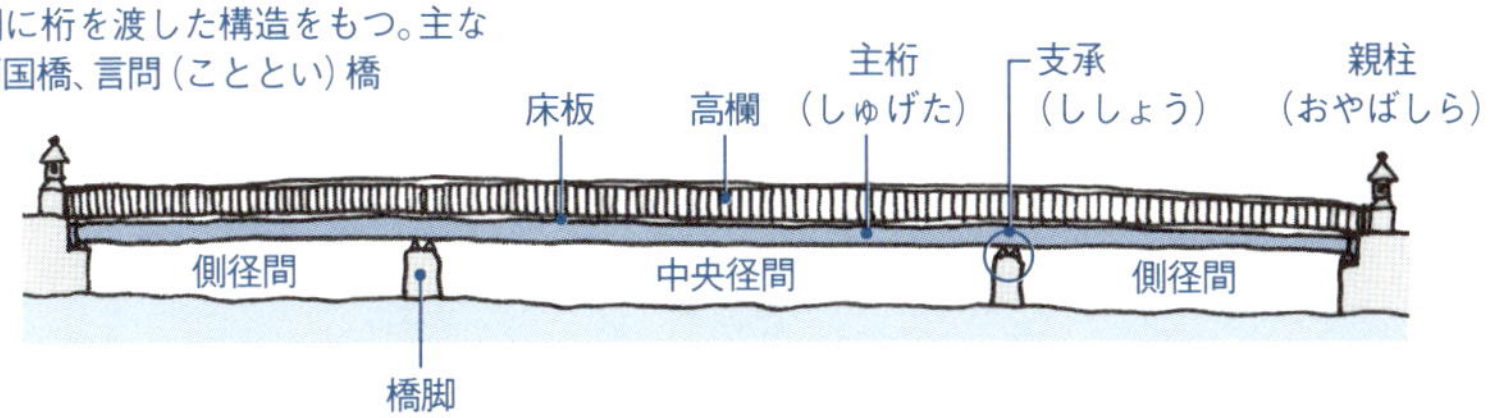

床板
高欄
主桁（しゅげた）
支承（ししょう）
親柱（おやばしら）
側径間
中央径間
側径間
橋脚

アーチ橋《きょう》

弓なりのアーチ状の構造。圧縮力で力を伝達する。主な橋は永代（えいたい）橋、蔵前橋、厩橋、駒形橋、吾妻（あづま）橋

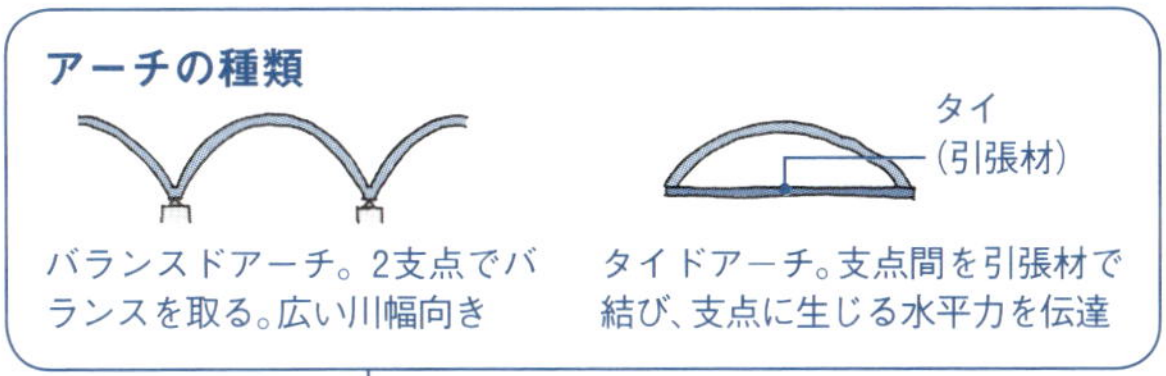

アーチの種類
タイ
（引張材）
バランスドアーチ。2支点でバランスを取る。広い川幅向き
タイドアーチ。支点間を引張材で結び、支点に生じる水平力を伝達

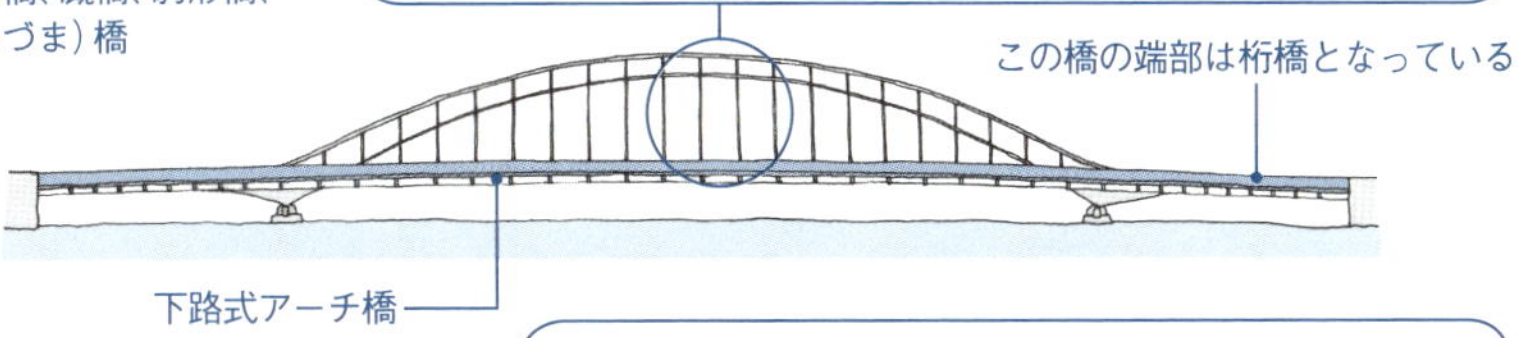

この橋の端部は桁橋となっている
下路式アーチ橋

トラス橋《きょう》

構造的に最も安定する三角形を連ねて桁を構成する。主な橋は相生（あいおい）橋［※］

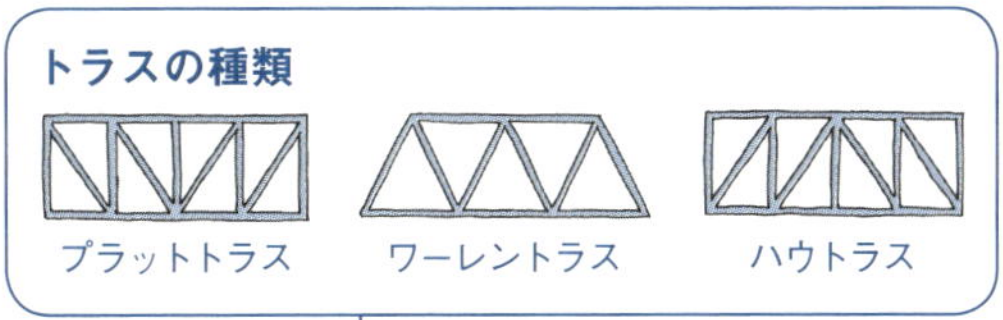

トラスの種類
プラットトラス
ワーレントラス
ハウトラス

吊り橋

塔を建て、橋を吊り下げる。主な橋は清洲（きよす）橋

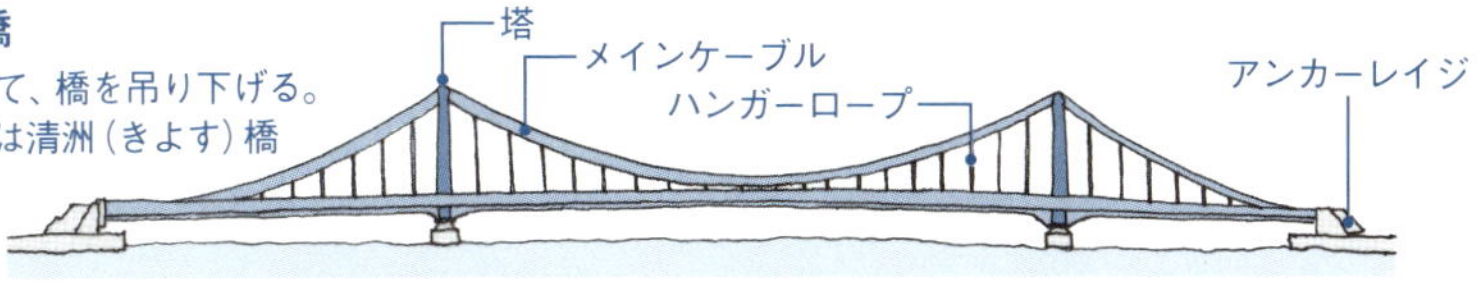

塔
メインケーブル
ハンガーロープ
アンカーレイジ

斜張橋《しゃちょうきょう》

塔を建て、斜材で橋桁を吊る。主な橋は中央大橋、新大橋［※］

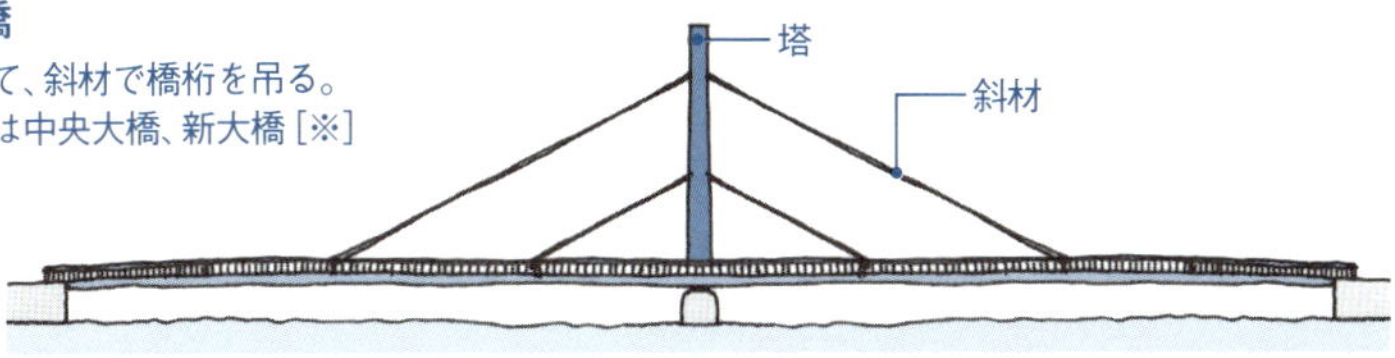

塔
斜材

［※］復興橋梁ではない

親柱に残るアール・デコの香り

東京に大きな被害をもたらした関東大震災。しかし、その復興は近代都市建設のチャンスでもあった。最も力を入れた橋梁《きょうりょう》の再建事業では、橋の親《おや》柱《ばしら》に欧州で流行中の意匠をあしらうことで、近代化の証とした。

橋の本体が架け替えられても、または消滅しても、橋の構造に関係しない親柱はそのまま残されることがある。そのため、当時の香りをまとう親柱を今もあちこちで見ることができる。

デザイン凝った橋の親柱

親柱は、橋の高欄（欄干）の両端に計4本あるのが基本。さまざまな形態をもつ親柱だが、頭部、腹部、脚部と3つに分けてみると、意匠の意図や特徴が見えてくる。四角柱をベースとし、4面を同じデザインとしたのは、道路と河川からの見え方をともに意識したため

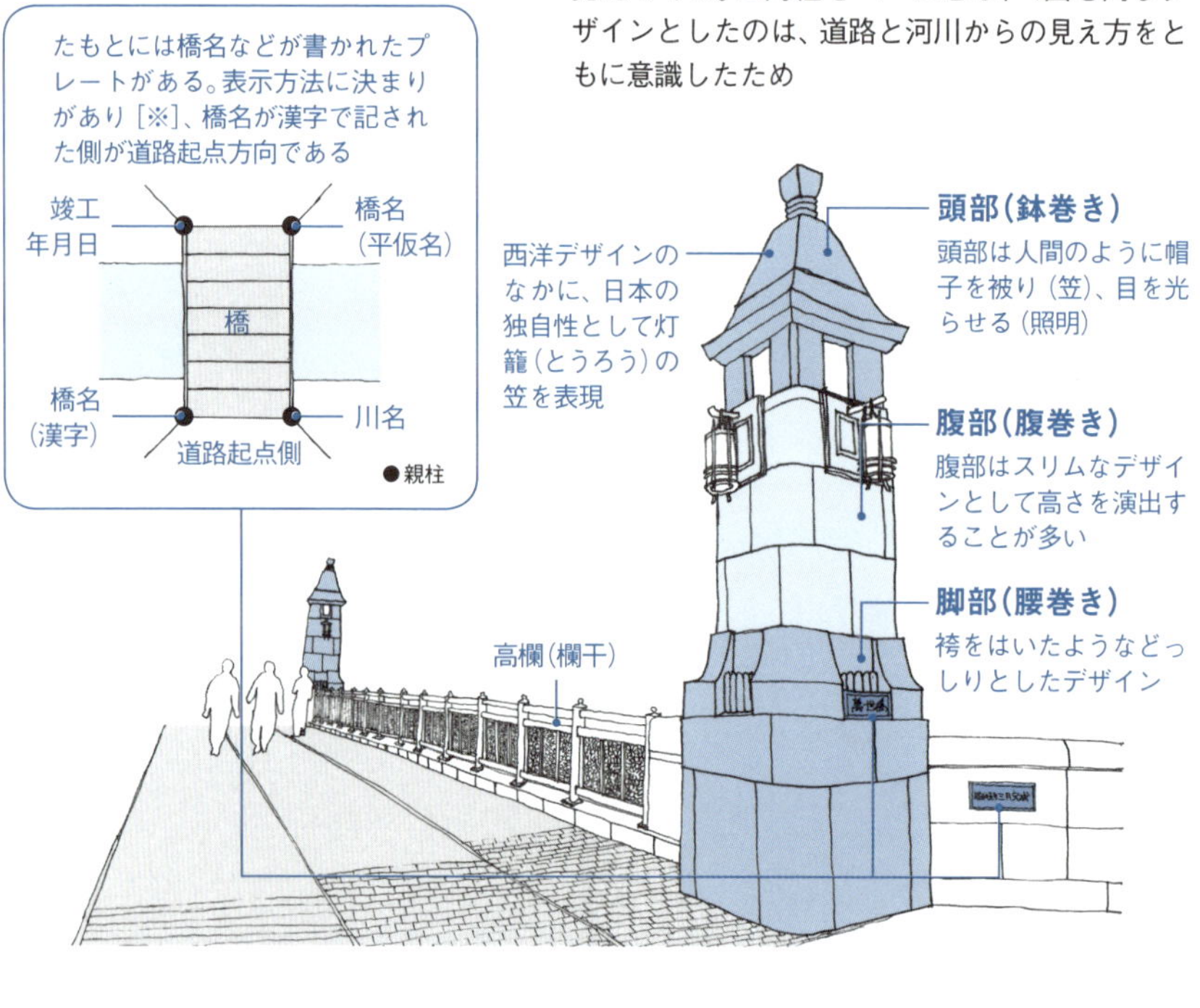
たもとには橋名などが書かれたプレートがある。表示方法に決まりがあり［※］、橋名が漢字で記された側が道路起点方向である
竣工
年月日
橋名
（平仮名）
橋
橋名
（漢字）
川名
道路起点側
●親柱
頭部（鉢巻き）
頭部は人間のように帽子を被り（笠）、目を光らせる（照明）
西洋デザインのなかに、日本の独自性として灯籠（とうろう）の笠を表現
腹部（腹巻き）
腹部はスリムなデザインとして高さを演出することが多い
脚部（腰巻き）
袴をはいたようなどっしりとしたデザイン
高欄（欄干）

［※］地域により例外あり

親柱のデザイン変遷

江戸時代の親柱

幕府直轄の御公儀橋（ごこうぎばし）には擬宝珠（ぎぼし）飾りが許されたため、幕府が管理する橋かどうかは親柱の意匠を見れば分かった。江戸では日本橋、京橋、新橋の3橋

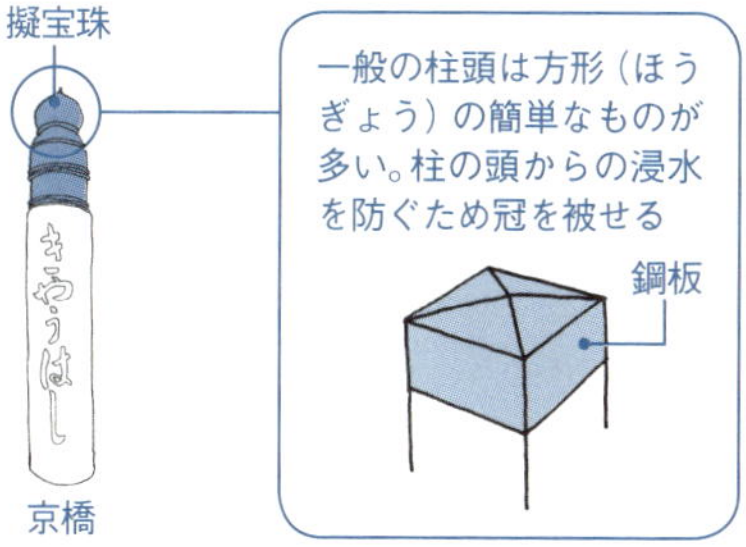

擬宝珠
京橋
一般の柱頭は方形（ほうぎょう）の簡単なものが多い。柱の頭からの浸水を防ぐため冠を被せる
鋼板

明治時代の親橋

多くは石造やコンクリート造で江戸時代の形態をまねたものだったが、後期は主要な橋には新しいデザインが生まれた

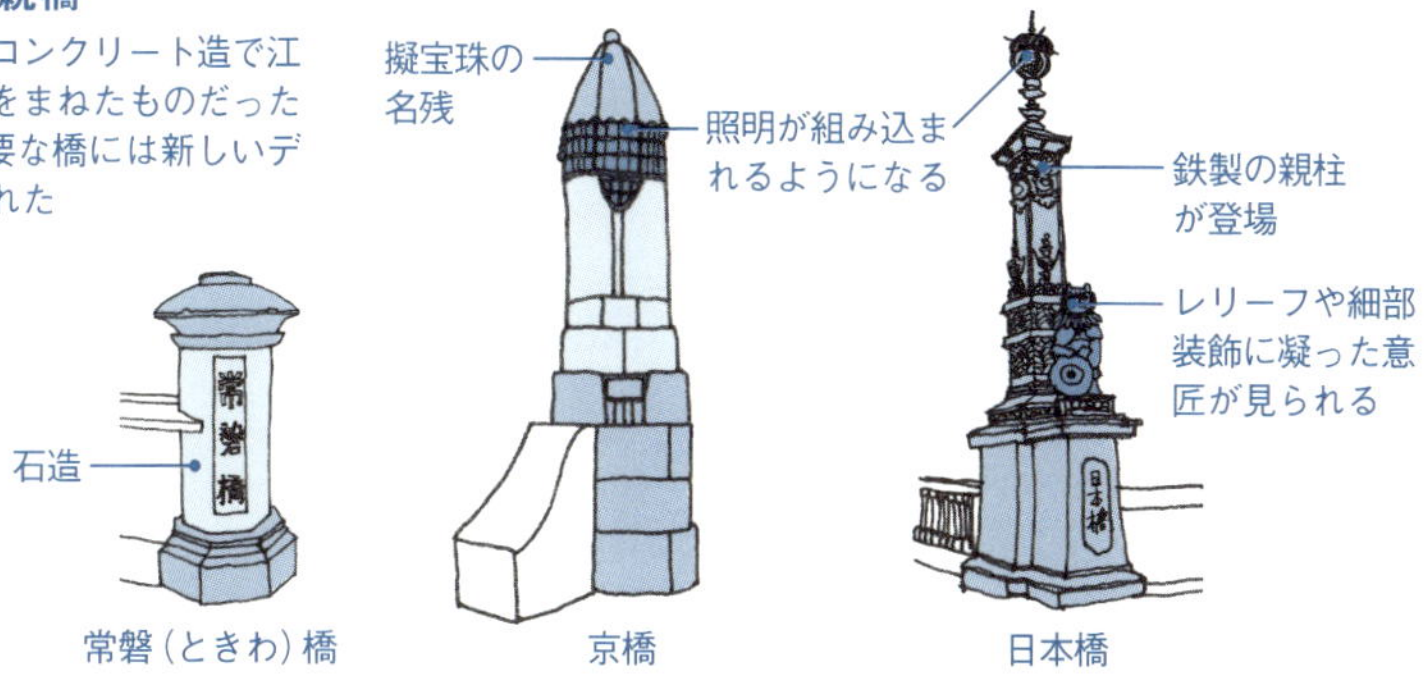

擬宝珠の名残
照明が組み込まれるようになる
鉄製の親柱が登場
レリーフや細部装飾に凝った意匠が見られる
石造
常盤（ときわ）橋
京橋
日本橋

復興橋梁の親橋

近代化の過程で生まれたさまざまなデザイン思潮を表現している

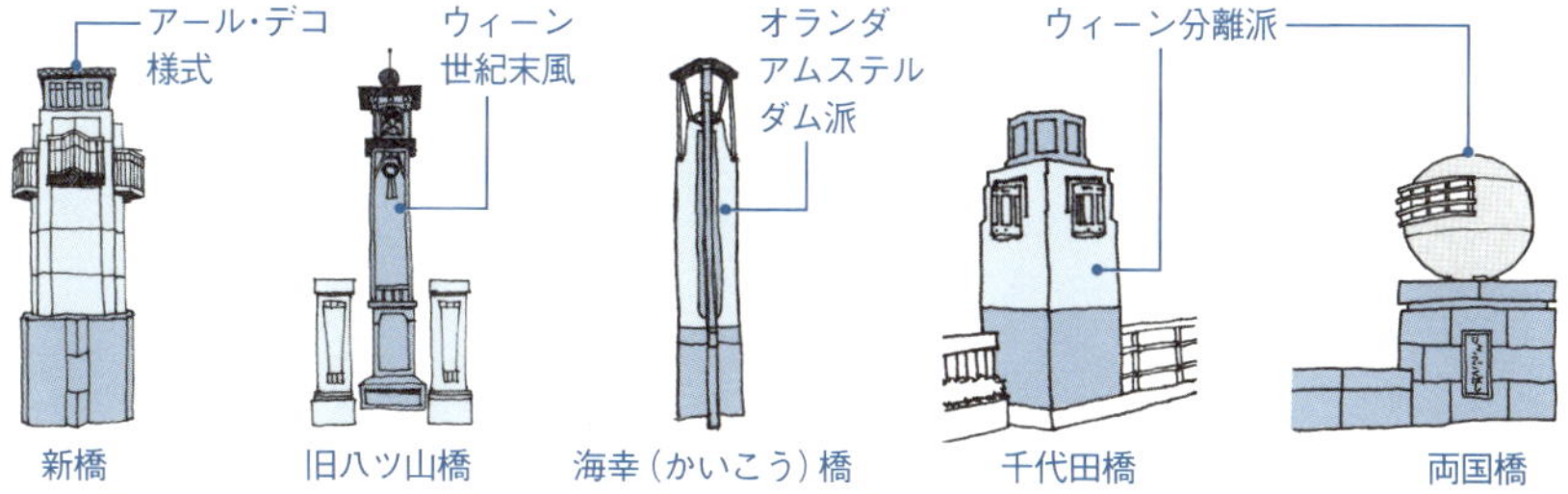

アール・デコ様式
ウィーン世紀末風
オランダアムステルダム派
ウィーン分離派
新橋
旧八ツ山橋
海幸（かいこう）橋
千代田橋
両国橋

column｜橋がなくても残る親柱

橋がないのに京橋などという名の交差点がある。かつての橋名が地名として残ったものだ。そんな所には当時の親柱が立っている。学校などに移設されているものもある

橋がなくなっても親柱だけが残る

中学校の門柱として移設

橋詰広場に記念として残る

駅ナカから始まるまち歩き

まち歩きではしばしば、鉄道で目的地に向かう。その場合まち歩きは、目的地に着いてから始まるのではない、最寄り駅に着いたときに幕が明けるのだ。ホームの上屋には古レールでつくられたものもあり、鉄道好きにはたまらない。昭和ロマンが薫る駅舎も見逃せない。もし、駅構内で昔ながらの改札口・切符売場・売店・待合室に出会えれば、まち歩きを幸先よくスタートできる。

洋風駅舎には見どころがいっぱい

しゃれた古風な洋風駅舎は、その洋風な屋根、壁などの外観が、建設当時計画された新興住宅地のイメージづくりに一役買ったようだ。洋風駅舎に降り立ったら、屋根・軒先・窓を見ることからまち歩きを始めよう

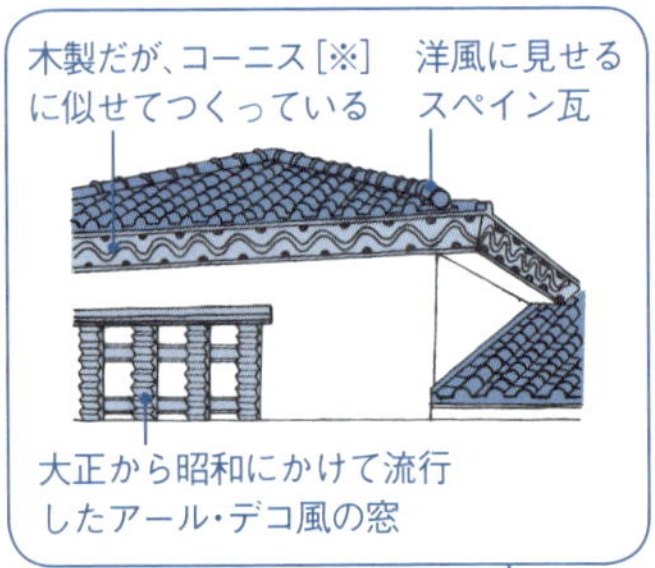
木製だが、コーニス[※]に似せてつくっている
洋風に見せるスペイン瓦
大正から昭和にかけて流行したアール・デコ風の窓

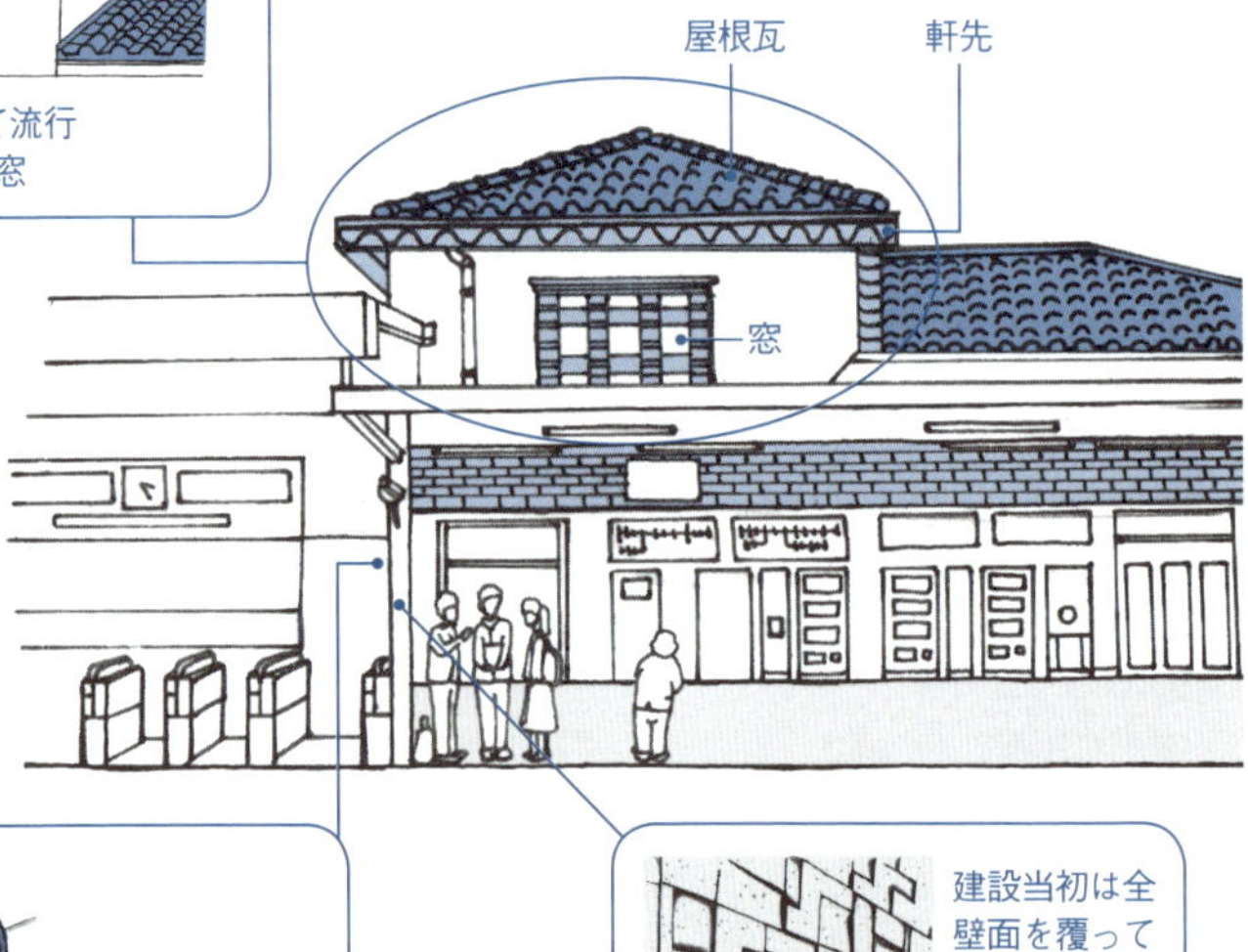
屋根瓦
軒先
窓

東武東上線ときわ台駅（東京・板橋）。背後には国内屈指の高級住宅地「常盤台住宅地」が広がる

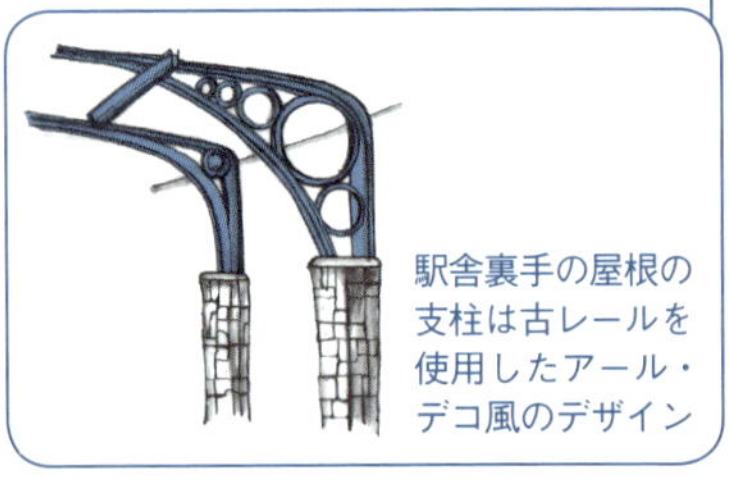
駅舎裏手の屋根の支柱は古レールを使用したアール・デコ風のデザイン

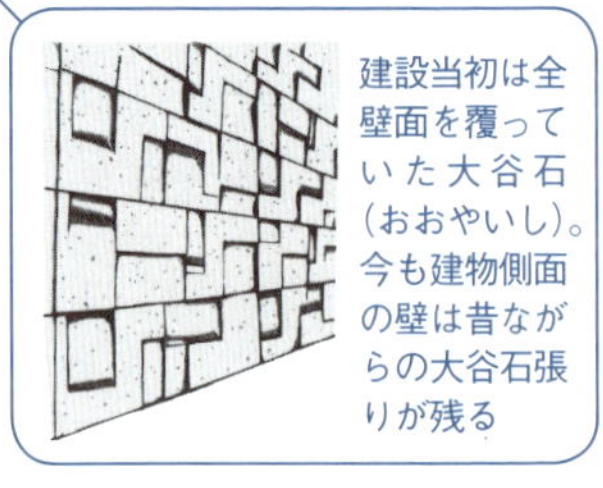
建設当初は全壁面を覆っていた大谷石（おおやいし）。今も建物側面の壁は昔ながらの大谷石張りが残る

[※] コーニスとは、洋風建築において、壁の上端などに設ける帯状の装飾のこと

駅構内に残る懐かしい景色

切符売場

ガラスでできているので姿は見えるが、切符はアーチ形の小さな窓から受け取る

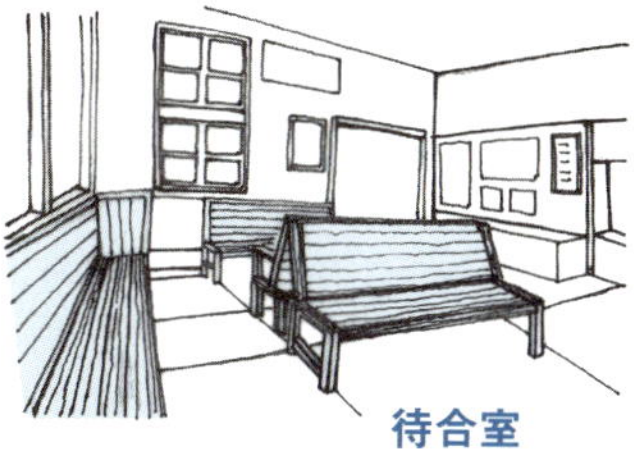

待合室

昔懐かしい駅。ムクの木製ベンチに出会える

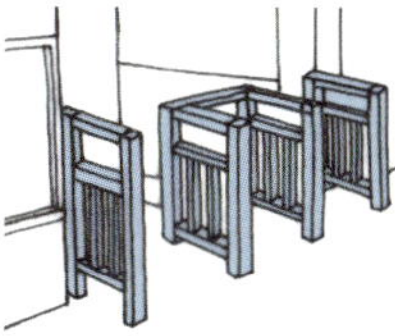

改札

古びた木製のコの字形。このなかに駅員が入ってはさみで切符を切っていた

売店

ごちゃごちゃとして、にぎやかな雰囲気。駅の楽しみの1つ

古レールの上屋

古レールを利用した上屋は、東京・JR山手線の駅ホームでも見られる

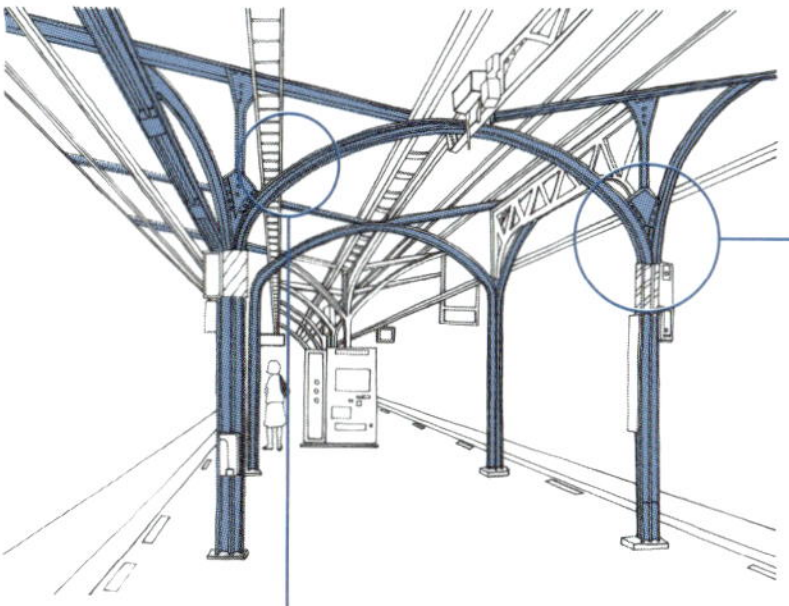

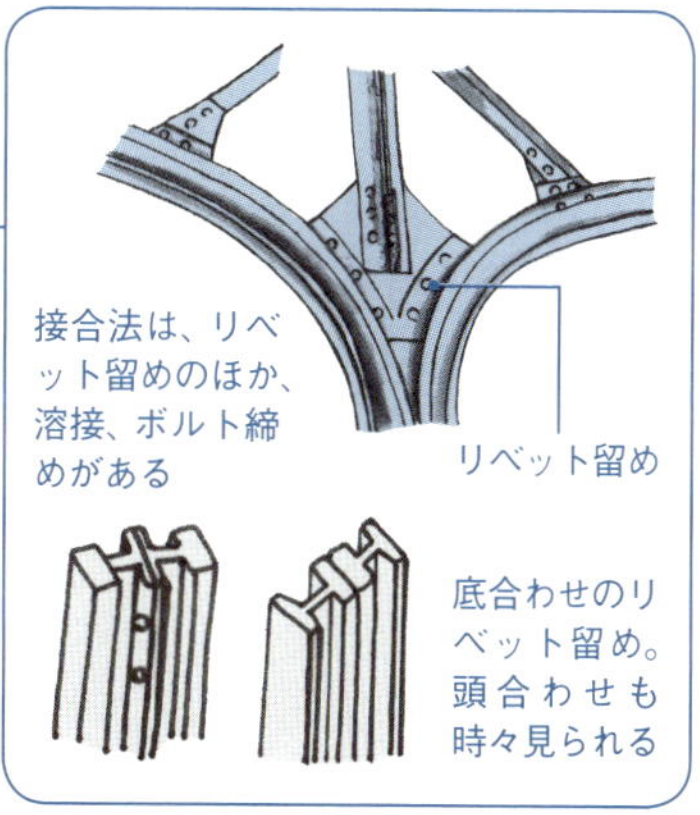
接合法は、リベット留めのほか、溶接、ボルト締めがある
リベット留め
底合わせのリベット留め。頭合わせも時々見られる

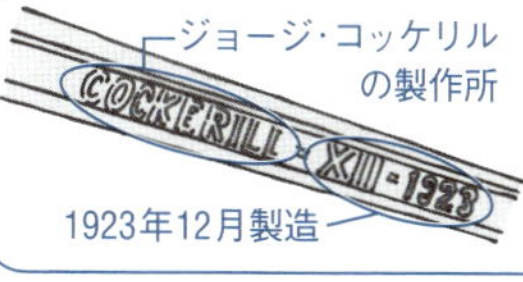
ジョージ・コッケリルの製作所
COCKERILL
XII-1923
1923年12月製造

「60LBS」とあれば、単位長さ当たりのレール重量が60ポンドという意味

column | 駅の位置で変わるまちの広がり

駅の出入口が線路の片側だけにあればまちの表と裏がつくられ、駅の先端にあれば線路をまたいで帯状の繁華街が広がる。駅を見ればまちのつくりも分かるのだ

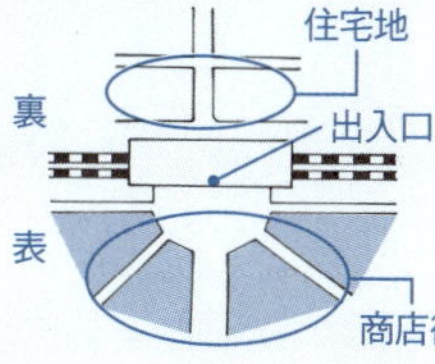
住宅地
裏
出入口
表
商店街

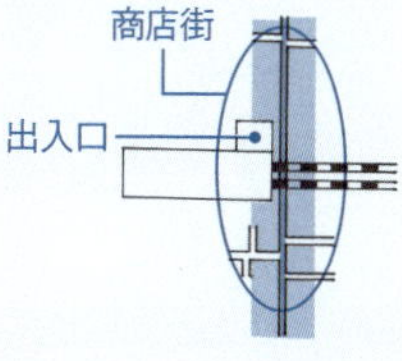
商店街
出入口

止まるのは「駅」ではなく「停留場」

路面電車に駅はない。あるのは停留場だ。道路からいきなりホームで、改札口もない。駅ではないから駅員もいない。バスと同様、車両に乗り込み、運転手に料金を支払うワンマンシステムだ。停留場は出入り自由なので、抜け道として使う人もいる

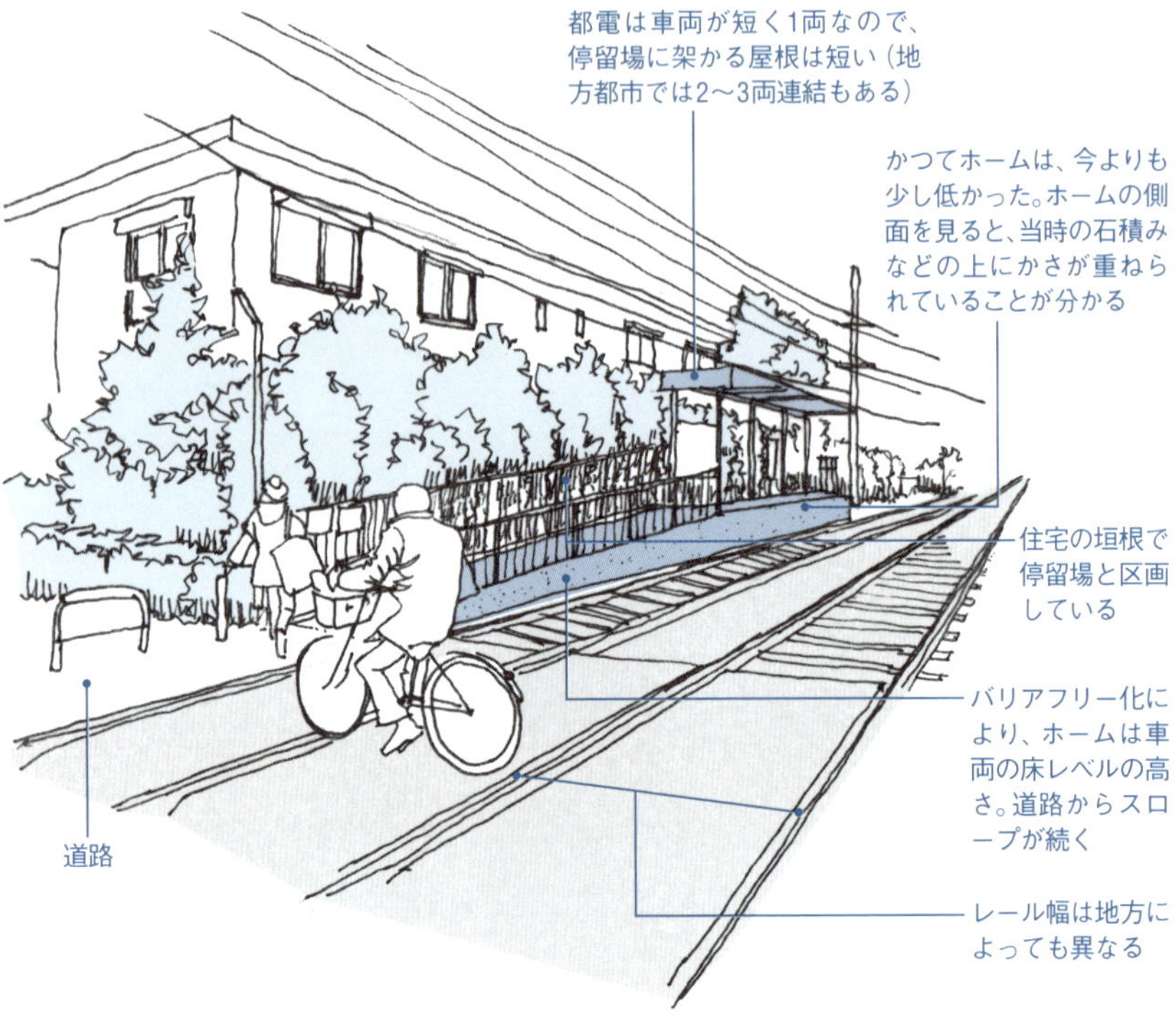
都電は車両が短く1両なので、停留場に架かる屋根は短い（地方都市では2〜3両連結もある）
かつてホームは、今よりも少し低かった。ホームの側面を見ると、当時の石積みなどの上にかさが重ねられていることが分かる
住宅の垣根で停留場と区画している
バリアフリー化により、ホームは車両の床レベルの高さ。道路からスロープが続く
レール幅は地方によっても異なる
道路

路面電車でまち全体を把握しよう

まち歩きで効率よく回るためにお勧めなのが路面電車。東京の下町を走る都電荒川線は、昔の家なみが残る小さな道を縫うように走る。下町の輪郭に触れるなら、この路面電車に乗るのが早道だ。

運転台脇に陣取り、進行方向を窓からチェック。坂や切通《きりどお》しなどをマークし、土地の高低差を把握する。ほかにも見どころは多い。地図を片手に乗車すれば下町が身近になるはずだ。

［MEMO］レール幅は新幹線が1,435㎜で標準軌といい、広島や長崎などの路面電車も同幅。一方、都電は1,372㎜幅で、やや狭い。JR在来線はさらに狭い1,067㎜の狭軌で、富山・岡山・高知などの路面電車も同じ軌道敷き幅である

路面電車に乗って、見つけよう

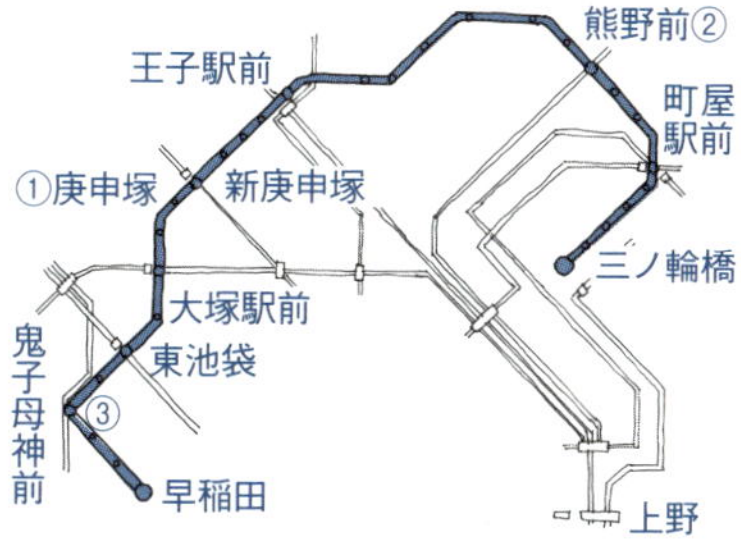

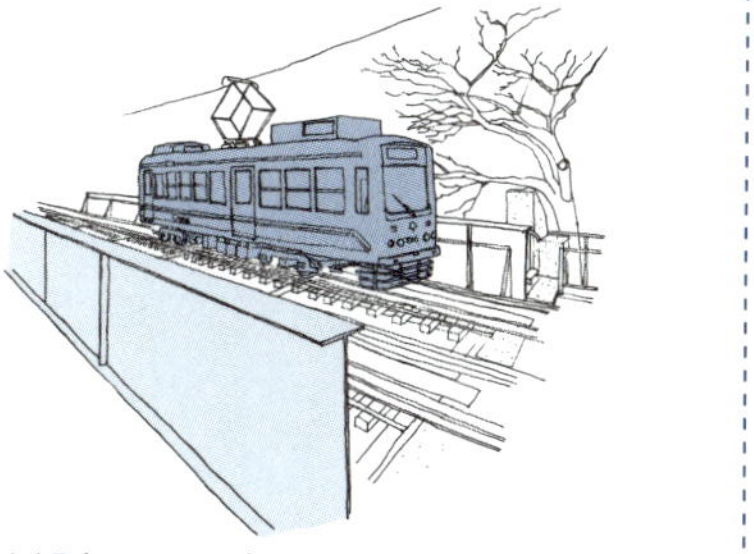

車窓から土地の高低差だけでなく、軌道敷き脇の状態も観察しよう。家の垣根が軌道敷きに迫る場所、家々の密度、停留場の大きさ、ホームに集まる住民の様子など、まちの全容を効率よく把握できる。都電荒川線を例に紹介する

ホームから直接入れる
甘味処(庚申塚停留場)

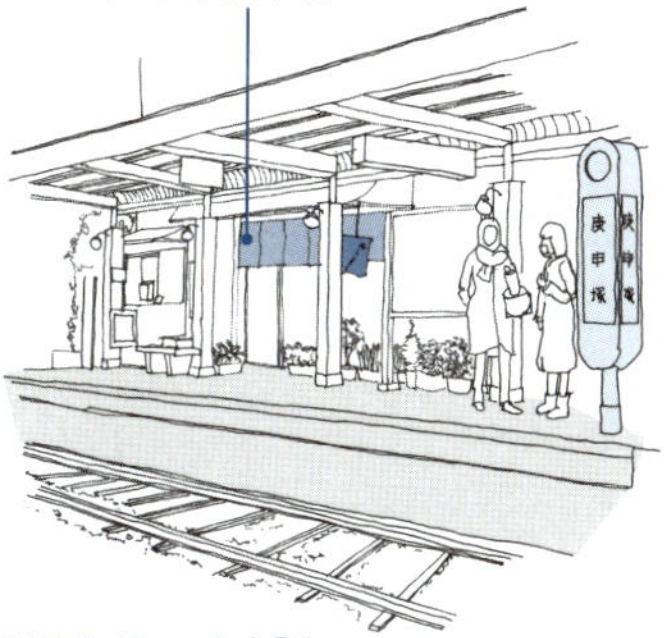

停留場直結の店(①)

ホームから直接アクセスできる店も多い。道路側からの出入りが可能な場合とそうでない場合がある

2本の道路＋軌道敷きで見通しよい道路沿いの店は下町風情(熊野前停留場付近)

気になったら降りてみる(②)

軌道敷き両側に道路がある部分は、商店が続くまちなみ。店の種類を見ると、かつて花街(かがい)であった尾久(おく)付近には三味線屋や料亭がある

両側が切通し(千登世橋切通し)。窪地の早稲田から台地の鬼子母神前まで路面電車を通すには、切通しが必要だった

土地の高低差(③)

坂を下ったり、川が流れていたり、蛇道(へびみち)などは、窪地の可能性が大

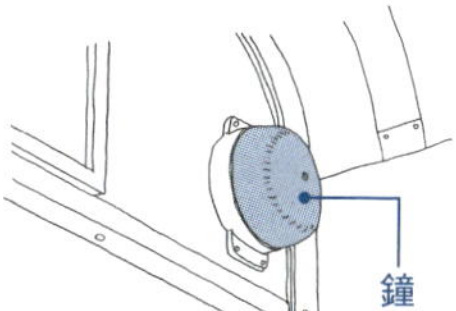

車内で発見!

路面電車の別名、チンチン電車。その由来は、運転席右上方にある鐘の音。今も出発時に心地よい響きを聞ける

復興小学校 モダンな意匠を満喫

東京を壊滅させた関東大震災。しかしその翌日から人々は復興に取り掛かった。建築分野では、欧米の影響を受けながらも日本独自の表現が模索され、さまざまな様式が融合した新たな建築表現が開花した。

東京市はわずか7年で117の小学校をコンクリートで耐震・不燃化。大きく開放的な窓の教室や階段室、造形色濃い玄関の柱列をもつ、モダニズムの小学校が誕生することとなった。

インターナショナルスタイルの小学校

震災復興期の小学校建築には、機能を重視したインターナショナルスタイルと、装飾性を加味したドイツ表現主義やアール・デコスタイル（左ページ参照）の2つの傾向があった

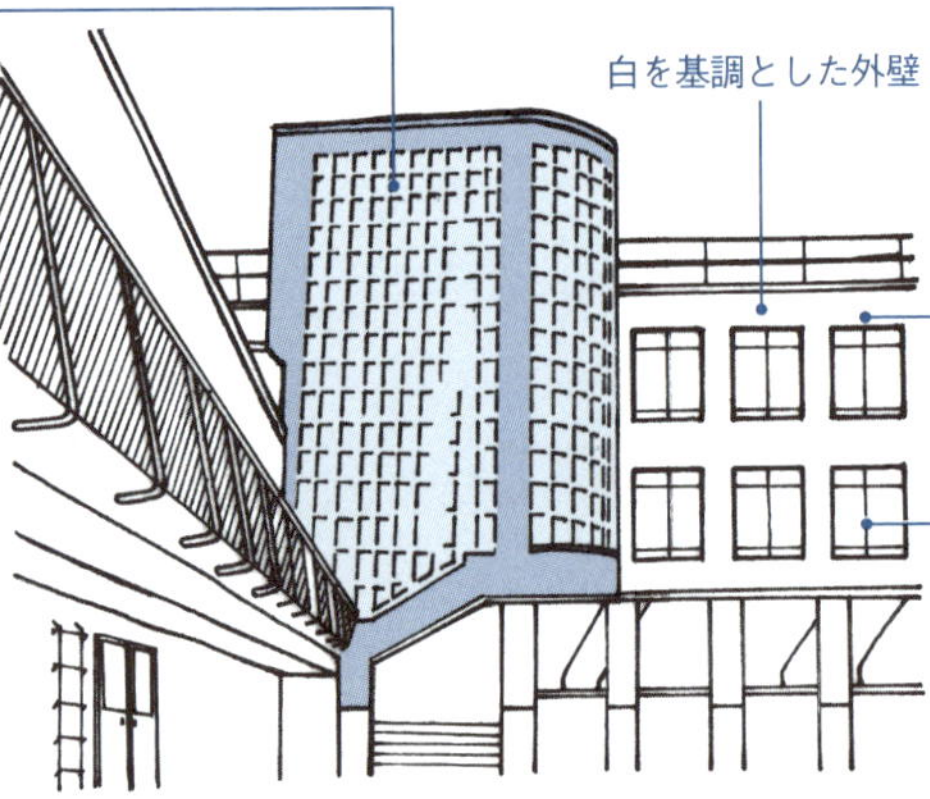
全面ガラス張りの階段室がインターナショナルスタイルの見どころ
白を基調とした外壁
旧四谷第五小学校（東京・新宿区）
全体として立面は無装飾で簡明
窓は矩形で大きい

屋上はインターナショナルスタイルの特徴をもつペントハウス（階段室）が見られる

土を盛った屋上庭園は、フラットルーフとしたことで可能となった

ドイツ表現主義による小学校

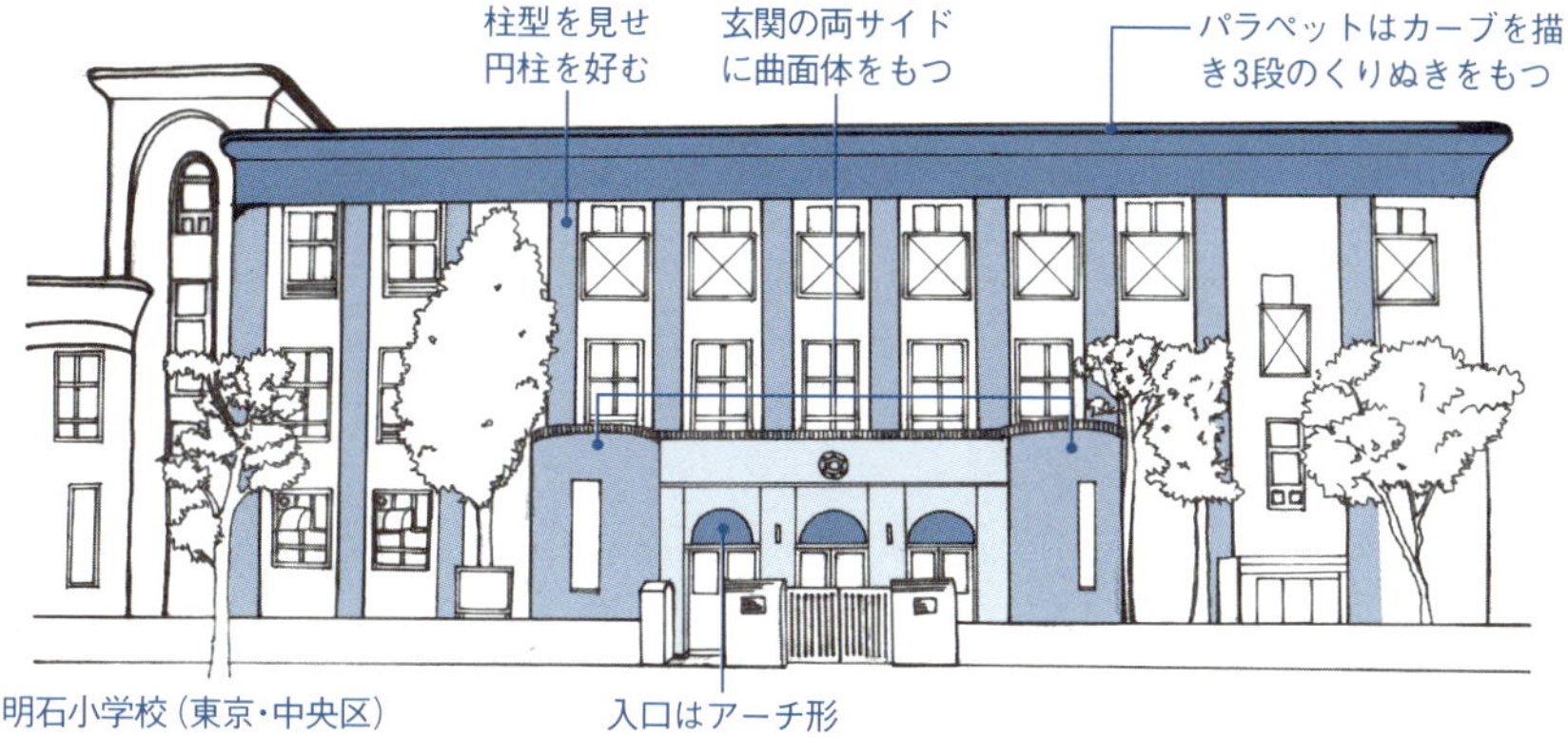

柱型を見せ
円柱を好む
玄関の両サイド
に曲面体をもつ
パラペットはカーブを描
き3段のくりぬきをもつ
入口はアーチ形

明石小学校（東京・中央区）

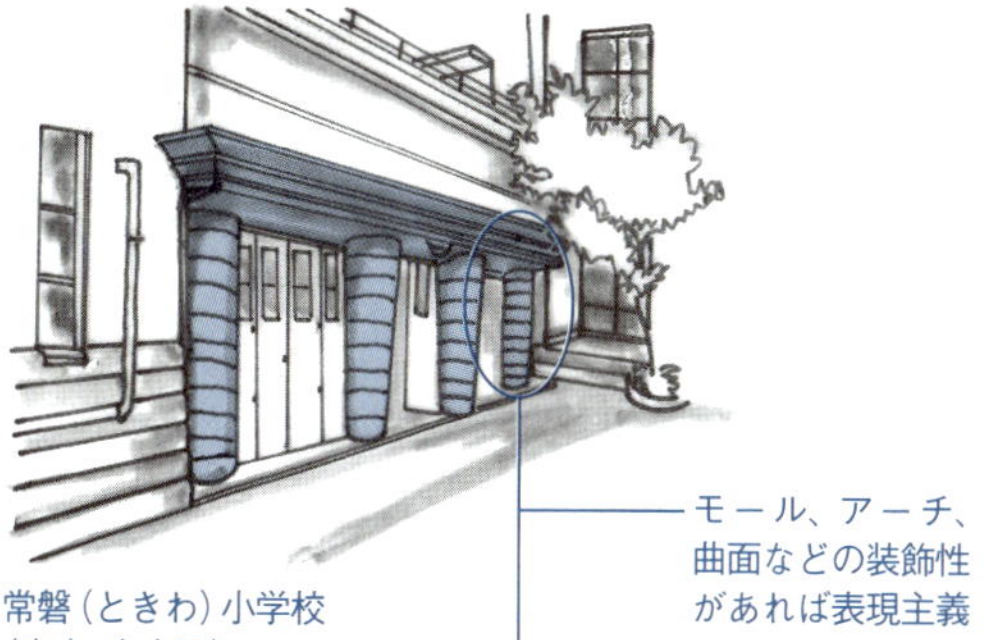

モール、アーチ、
曲面などの装飾性
があれば表現主義

常磐（ときわ）小学校
（東京・中央区）

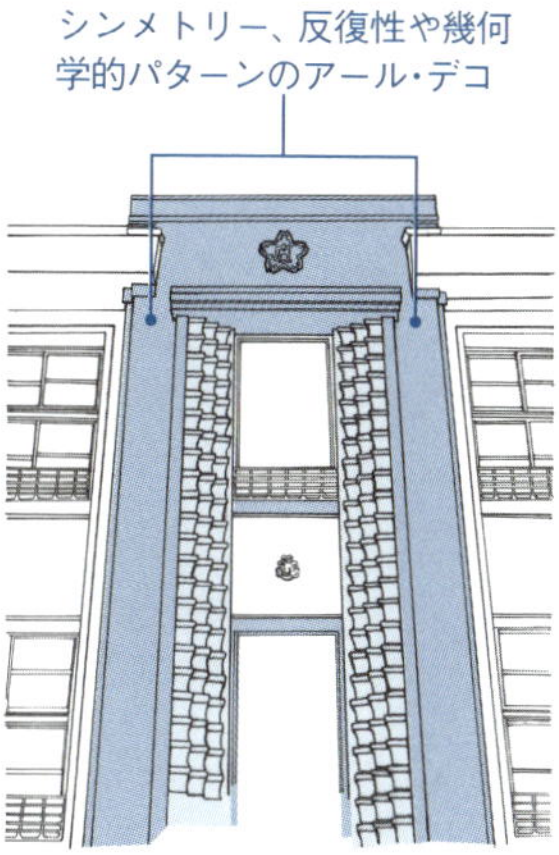

シンメトリー、反復性や幾何
学的パターンのアール・デコ

広尾小学校（東京・渋谷区）

明石小学校（東京・中央区）

窓を高く取るため
天井を張らず、梁・
スラブを露出

泰明小学校（東京・
中央区）の教室窓

西洋公園+鎮守の杜の復興小公園

関東大震災により焼け野原となった東京。大勢収容できる避難広場と延焼防止用地として、それまでの社寺の境内《けいだい》や橋詰《はしづめ》の火除地《ひよけち》に代わって建設された小公園は、隣接する小学校の教材園および運動場補助などの目的とともに、地域の防災拠点としての役割を担うこととなった。モダンな造形と鎮守の森のような場を生み出した52カ所の震災復興小公園は、日本の公園づくりの原点といえる。

復興小公園の注目ポイント

アプローチ、休憩所、自由広場、児童公園の4点で構成される。広場を中心に敷地の40%を植栽地とし、学校教材として多種類の樹木灌木を植栽した。鎮守《ちんじゅ》の杜《もり》をイメージし、自由広場を設けて周囲には防音・防火・防塵に優れた常緑樹を植樹した

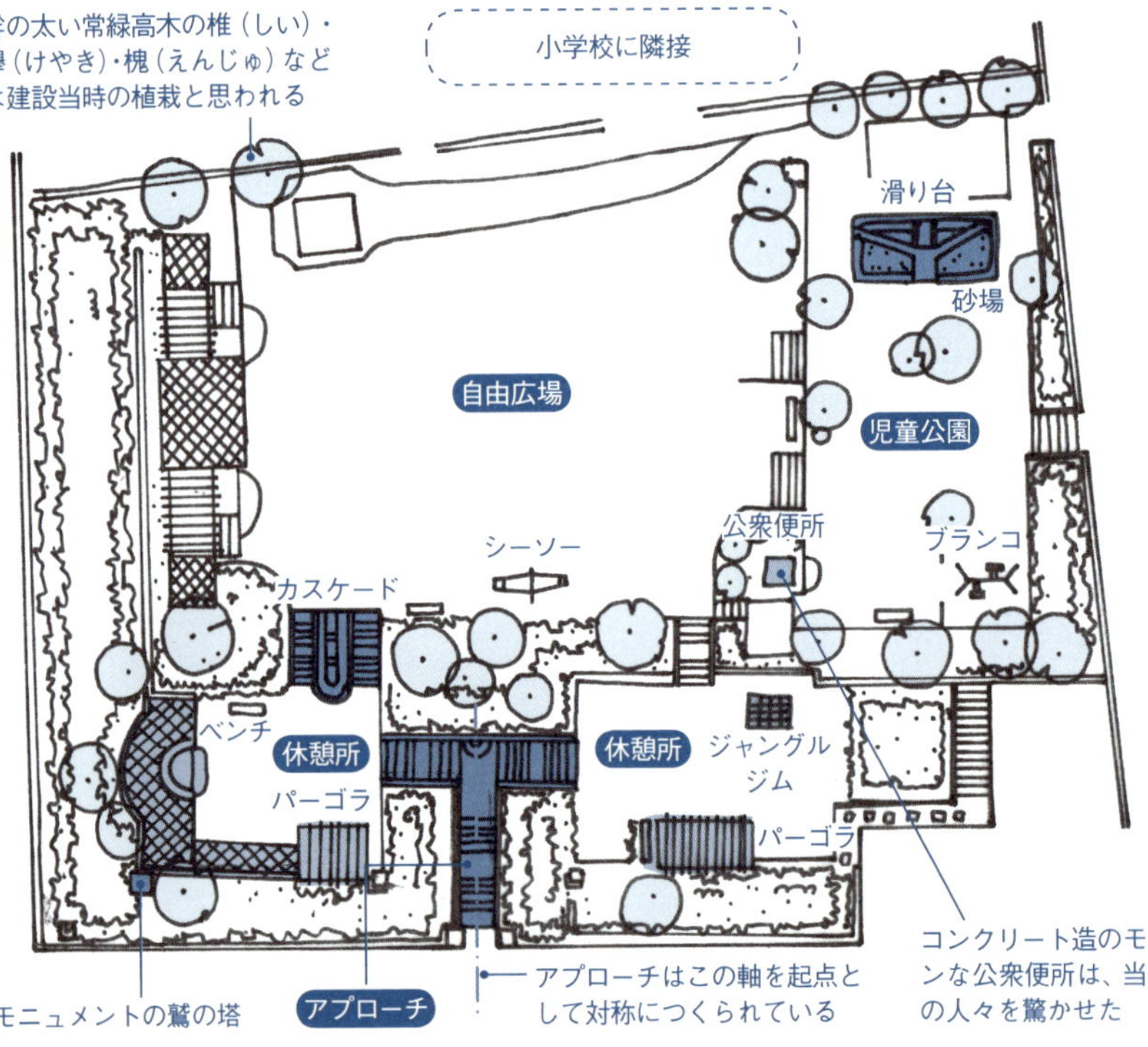
幹の太い常緑高木の椎（しい）・欅（けやき）・槐（えんじゅ）などは建設当時の植栽と思われる
小学校に隣接
滑り台
砂場
自由広場
児童公園
公衆便所
ブランコ
シーソー
カスケード
ベンチ
休憩所
休憩所
ジャングルジム
パーゴラ
パーゴラ
コンクリート造のモダンな公衆便所は、当時の人々を驚かせた
モニュメントの鷲の塔
アプローチ
アプローチはこの軸を起点として対称につくられている

軸性・対称性に優れた造形

公園の入口や遊具など、あらゆる所に左右対称の配置が見られる

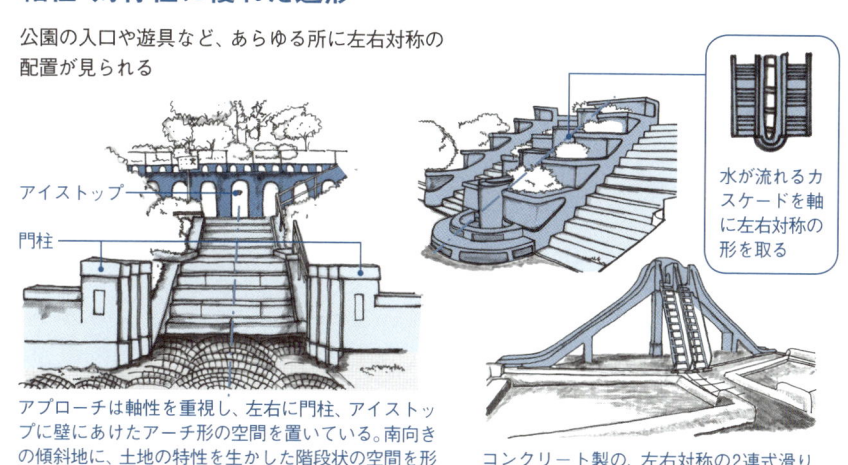

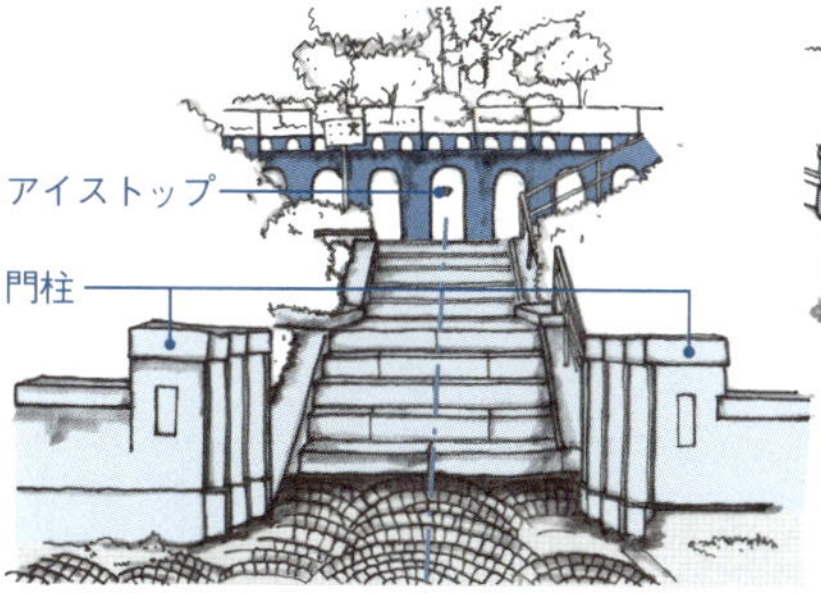

アプローチは軸性を重視し、左右に門柱、アイストップに壁にあけたアーチ形の空間を置いている。南向きの傾斜地に、土地の特性を生かした階段状の空間を形成している

水が流れるカスケードを軸に左右対称の形を取る

コンクリート製の、左右対称の2連式滑り台も復興小公園の特徴

西洋風を演出する休憩所

近代以前、日本には広場の伝統がなかったため、公園も当時の西洋の流行を取り入れて設計された

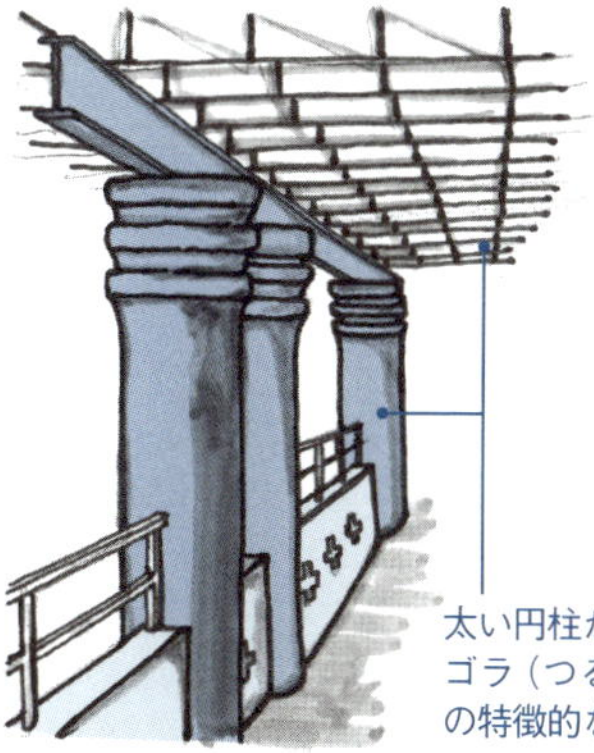

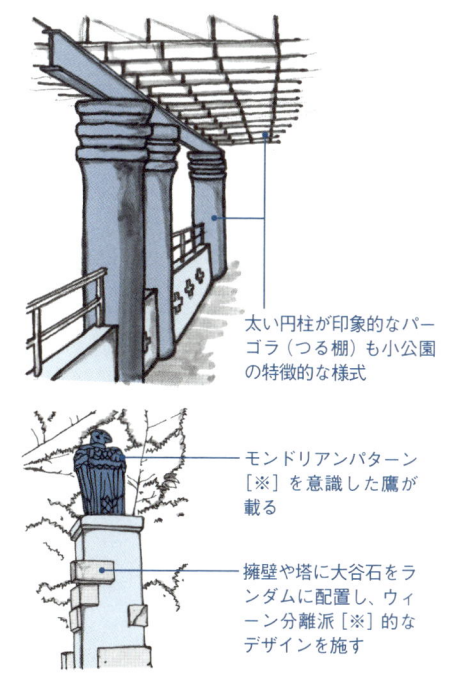

太い円柱が印象的なパーゴラ（つる棚）も小公園の特徴的な様式

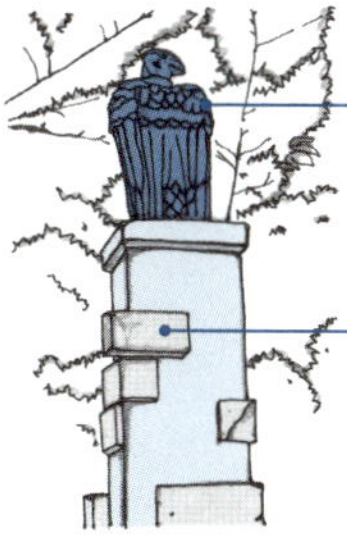

モンドリアンパターン［※］を意識した鷹が載る

擁壁や塔に大谷石をランダムに配置し、ウィーン分離派［※］的なデザインを施す

小さなステップやベンチは自然の地形を利用してつくられている

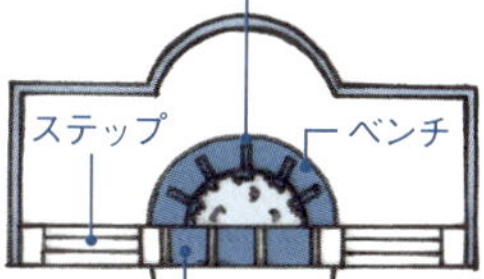

［※］モンドリアンパターン、ウィーン分離派とも、震災復興事業当時流行していたもの。両者とも直線や方形など、幾何学的構成を特徴とする

城の石垣は積み方と勾配に注目

日本の城郭で印象的な石垣。１５７６年（天正４年）、安土城《あづちじょう》に初めて導入され、その後60年ほどの短い間に完成した形が確立された。

城郭の石垣は、堀に積み上げた土塁《どるい》を強化するために、表面を石で固めたことが始まりとされる[※]。その後隅石《すみいし》・根石《ねいし》・天端石《てんばいし》を置く基本構造が完成された。高く急な角度で積んだ石垣は防御を固め、堂々たる風格を城に与えたのだ。

石垣勾配の2つの姿

城郭の石垣の見どころは稜線。勾配の付け方により宮勾配《みやこうばい》と寺勾配《てらこうばい》の2つに大別される。また、稜線をつくる算木《さんぎ》積みにも着目したい

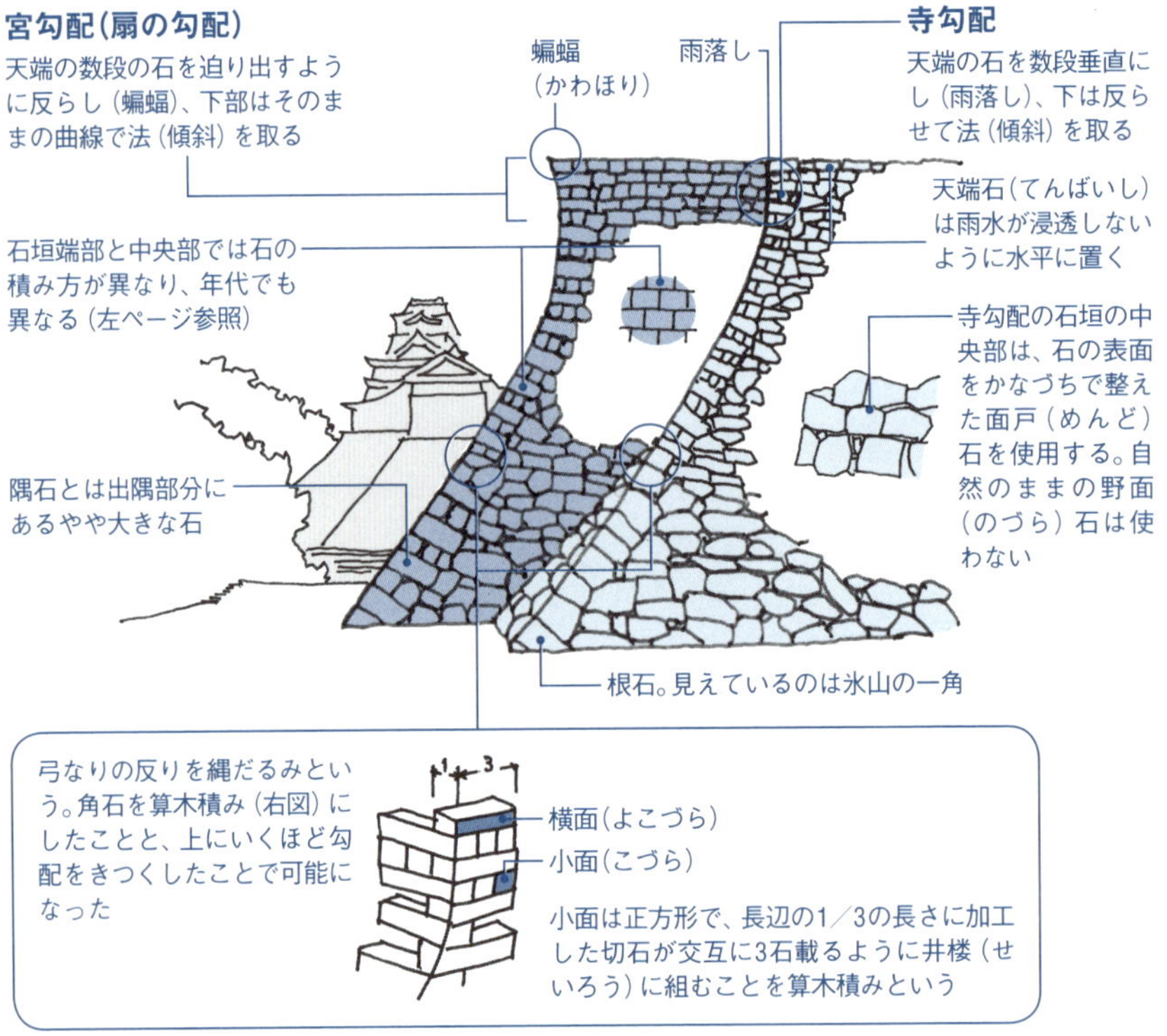
宮勾配（扇の勾配）
天端の数段の石を迫り出すように反らし（蝙蝠）、下部はそのままの曲線で法（傾斜）を取る
蝙蝠
（かわほり）
雨落し
寺勾配
天端の石を数段垂直にし（雨落し）、下は反らせて法（傾斜）を取る
天端石（てんばいし）は雨水が浸透しないように水平に置く
石垣端部と中央部では石の積み方が異なり、年代でも異なる（左ページ参照）
寺勾配の石垣の中央部は、石の表面をかなづちで整えた面戸（めんど）石を使用する。自然のままの野面（のづら）石は使わない
隅石とは出隅部分にあるやや大きな石
根石。見えているのは氷山の一角
弓なりの反りを縄だるみという。角石を算木積み（右図）にしたことと、上にいくほど勾配をきつくしたことで可能になった
1
3
横面（よこづら）
小面（こづら）
小面は正方形で、長辺の1／3の長さに加工した切石が交互に3石載るように井楼（せいろう）に組むことを算木積みという

[※] 土塁の上下を石垣で固めたものが最初といわれる。土塁は水に弱いため、雨水を上部に設けた鉢巻き石垣で防ぎ、堀の水の浸水を下部に設けた腰巻き石垣で防ぐ

城郭石垣の建築年代を見分ける

初期
1576年(天正4年)から

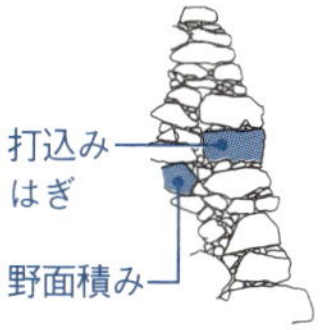
打込み
はぎ
野面積み

隅石は打込みはぎ、その他は野面積み。算木積みが組めず、出隅の稜線に直線(棒法[ぼうのり])が取れない。反りは全くない

中期
関ヶ原の戦い(1600年)以降

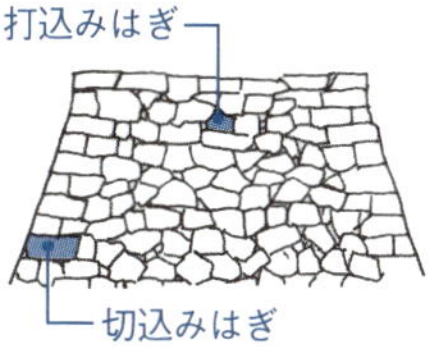
打込みはぎ
切込みはぎ

隅石は切込みはぎの算木積みが組まれ、その他は打込みはぎ。直線(棒法)の稜線に見事な反りが現れる

完成期
1630年ごろ(寛永年間)から

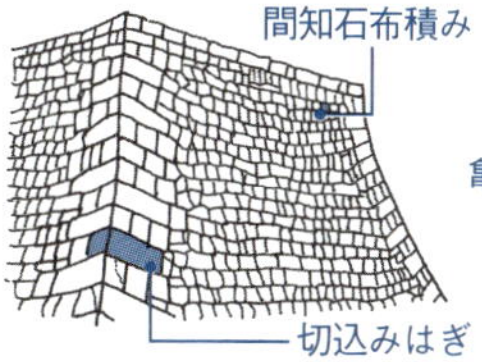
間知石布積み
切込みはぎ

隅石は切込みはぎ、その他は間知石が積まれ、精密さを増した姿になる。野面積みは全く使用されていない

幕末

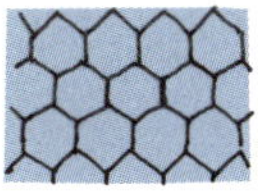

亀甲(きっこう)積み

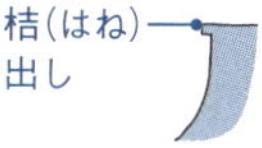
桔(はね)出し

精度を要する亀甲積みや、天端に板状の石材を突出させた桔出しが設けられる

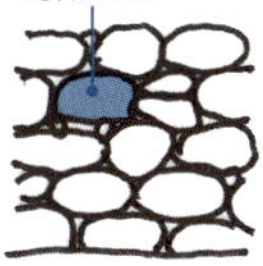
勾配67.5°

野面《のづら》積み

野ざらしの自然石を加工しないで積む

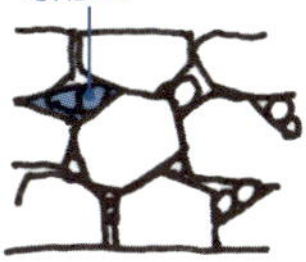
勾配72°

打込みはぎ

角を少々叩き粗加工した石を、歯口が合う程度に積み、隙間には栗石(くりいし)を詰める

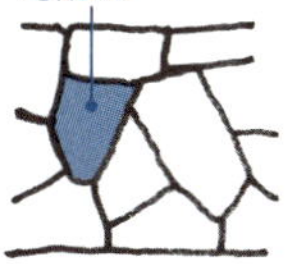
勾配75°

切込みはぎ

切石に近い形で加工した石を、隙間なく積む。出隅や城門の近くに使われる

石の刻字が語るもの

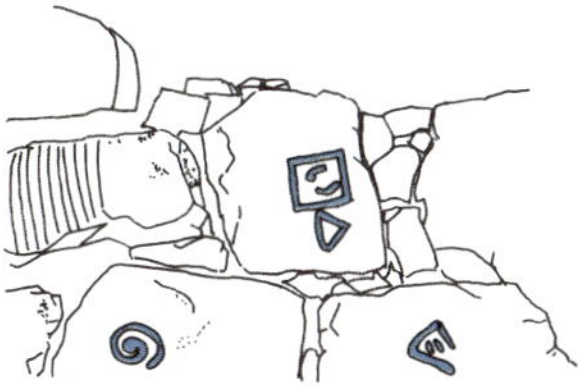

石面を凝視すると、普請(ふしん)にあたった各藩や石工たちの刻印や、線状痕が見られる

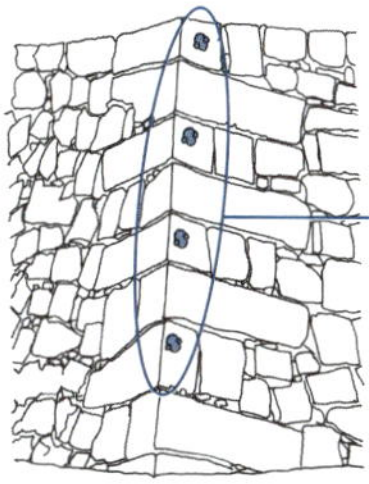

☆印を一筆書きで封じ込めてしまう五芒星(ごぼうせい)の印をはじめ、魔除けの呪符が刻印されている。鬼門や城門近くに多い

column | 石垣の縄だるみのつくり方

高さ1間《けん》に対して敷《しき》を1尺ずつ増していくと、底辺にいくほど緩い勾配になり、縄だるみ曲線がつくられるという説があるが、実際は始めの3段を3寸勾配、次の3段を3寸5分勾配というように、順次積んだようだ

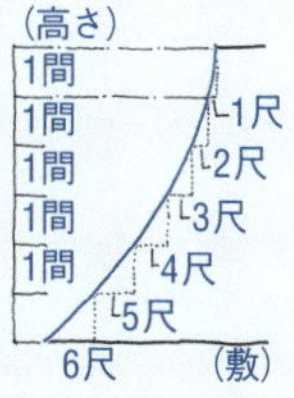
(高さ)
1間
1間
1間
1間
1間
1尺
2尺
3尺
4尺
5尺
6尺
(敷)

路地の居心地よさの秘密

まち歩きの途中で気に入った路地を見つけたら、実測し、スケッチとともに手帳に記録しよう[※]。まずは1歩を60㎝と計算し、全体を大きく測る。家屋を配置し、地蔵《じぞう》・稲荷《いなり》・井戸端などを書き込んで路地の中心を把握。さらに防火用水や植栽などを書き込めば、生活の匂いまでにじみ出てくる。実測してその路地のスケールを感じれば、居心地よい理由が身体を通して伝わってくる。

路地を記録しよう

まず調査日とルートの場所を明記し、スケッチや写真、気が付いたことなどをこまめに手帳（野《や》帳《ちょう》）に記載する。野帳のなかに自分だけの宝物が増えるのも路地歩きの楽しみの1つだ

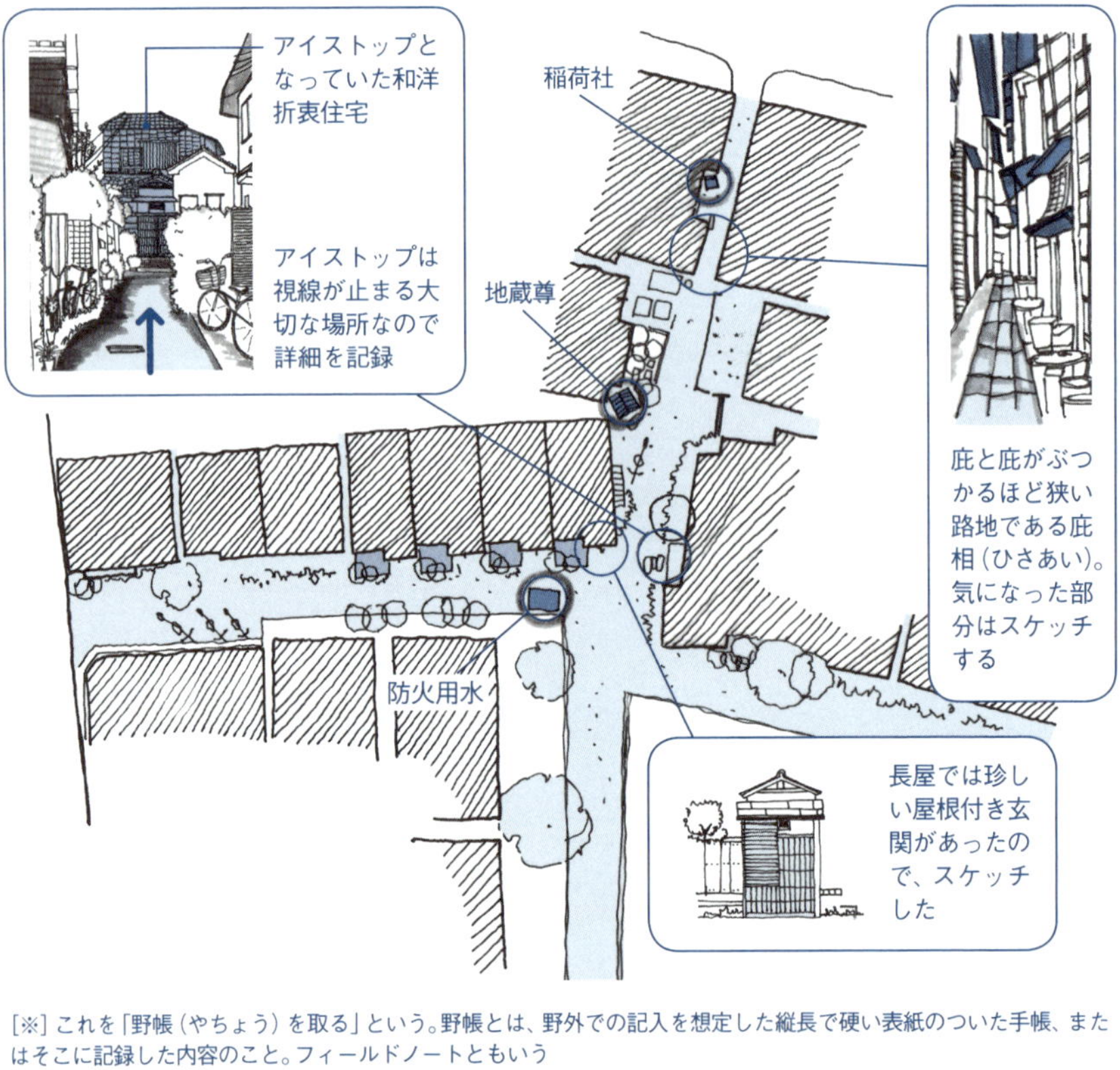
アイストップとなっていた和洋折衷住宅
アイストップは視線が止まる大切な場所なので詳細を記録
稲荷社
地蔵尊
防火用水
庇と庇がぶつかるほど狭い路地である庇相（ひさあい）。気になった部分はスケッチする
長屋では珍しい屋根付き玄関があったので、スケッチした

[※] これを「野帳（やちょう）を取る」という。野帳とは、野外での記入を想定した縦長で硬い表紙のついた手帳、またはそこに記録した内容のこと。フィールドノートともいう

路地の主役たち

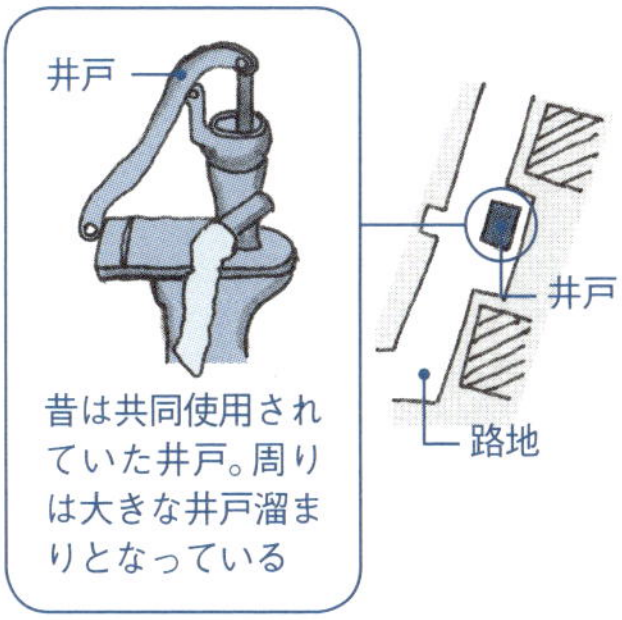
井戸
井戸
路地
昔は共同使用されていた井戸。周りは大きな井戸溜まりとなっている

稲荷社

個人の屋敷稲荷と町内の組（くみ）稲荷がある。周りの環境により「個人」か「組」か読み取ろう

井戸端

井戸端会議という言葉のとおり、井戸周りにスペースがあるか確認しよう

地蔵尊

地蔵前の溜まりは子どもたちの遊び場だった。大きな溜まりがあれば地蔵盆などの行事がなされていた証

管理している町内会の名前が書かれている

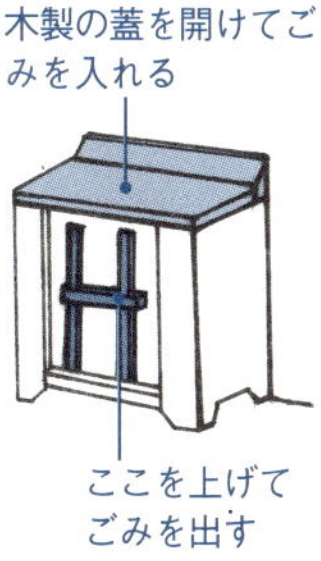
木製の蓋を開けてごみを入れる
ここを上げてごみを出す

消火器

狭い路地には消防車が入りにくく、まちぐるみで数多くの消火器を管理している

防火用水

昔ながらのもの。空襲への備えだった。今はごみ箱や金魚池に代用

コンクリート製のごみ箱

多くは東京オリンピックのころに姿を消した

路地の車止め効果

幅狭く、段差があるような路地には車が入れない。古きよきものが残り、とても豊かな場になっていることが多い

このわずかな段差で車が止まる

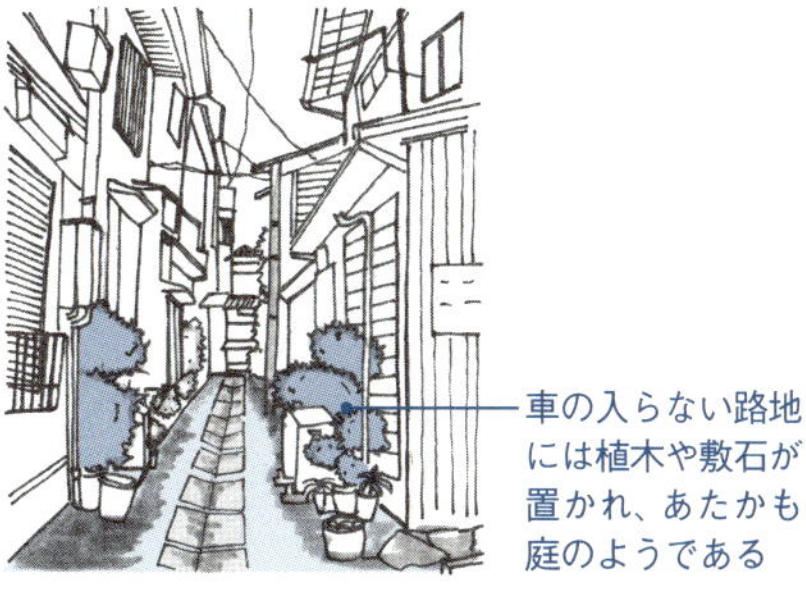
車の入らない路地には植木や敷石が置かれ、あたかも庭のようである

路地はみんなで使う庭

まちを歩いていると、つい引き寄せられてしまう路地に遭遇する。そんな路地はたいがい、両側の建物の顔＝表が向き合っている。みんなの家の顔が並ぶ路地だから、各住戸は調和を図る。連続する格子や並ぶ物干しは、光や風を共有している証だ。

平等で調和を重んじる住まい方が、路地を1つの大きな庭として形づくっていく。

顔が向き合う路地

下見板や格子、簾《すだれ》、物干しなどが連続する路地の景観には統一感がある。顔（表）が向き合う路地では、各戸口を飾る植栽や、置かれる私物がアクセントとなり、路地空間に個性を生む。生活の音や夕餉《ゆうげ》の匂いなどが、暮らしの気配を共有する

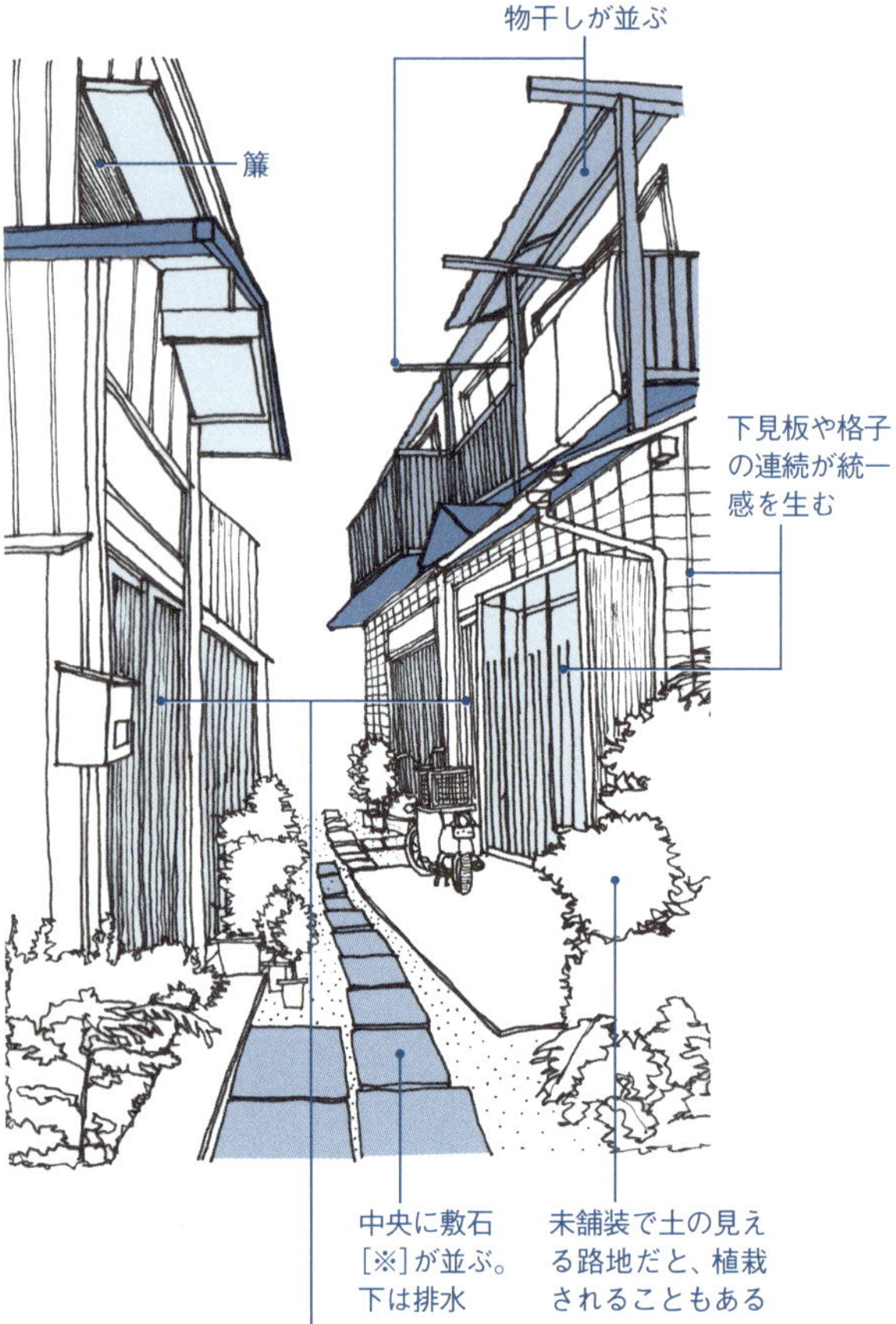
物干しが並ぶ
簾
下見板や格子の連続が統一感を生む
中央に敷石[※]が並ぶ。下は排水
未舗装で土の見える路地だと、植栽されることもある

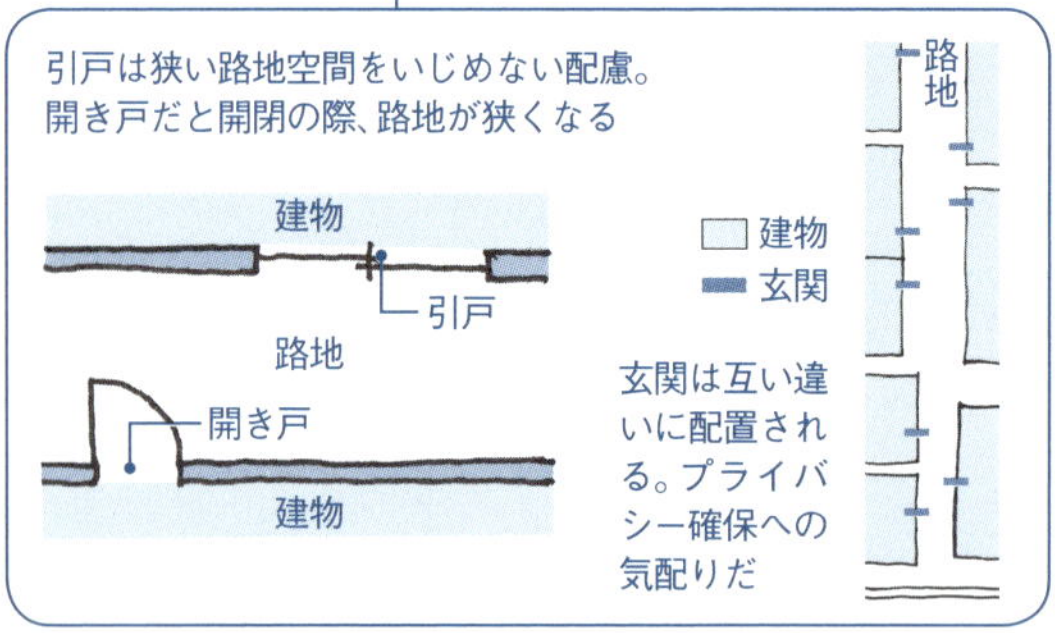
引戸は狭い路地空間をいじめない配慮。開き戸だと開閉の際、路地が狭くなる
建物
引戸
路地
開き戸
建物
建物
玄関
玄関は互い違いに配置される。プライバシー確保への気配りだ
路地

[※] 東京の路地で、敷石が厚みのある御影石（みかげいし）なら、都電の敷石を再利用したもの

光と風を得る工夫

プライバシーを確保しつつも光と風を得るため、格子や簾を多用する。また、路地は唯一の日溜まりのため、本来裏側に置く物干しも表路地に並ぶ

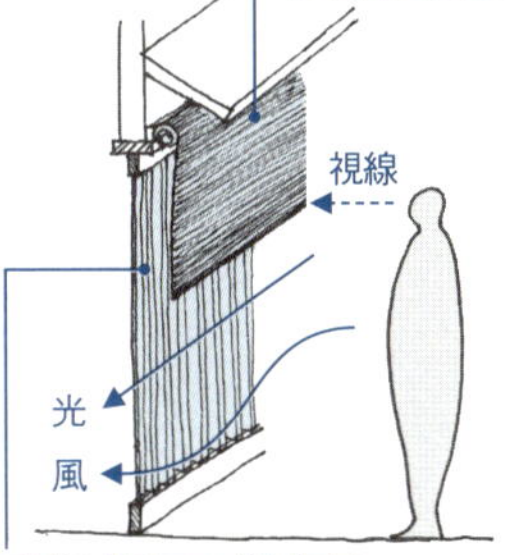

簾で視線を遮りながら光と風を確保
視線
光
風
夏場は玄関口の格子戸を開け放ち風を取り入れる

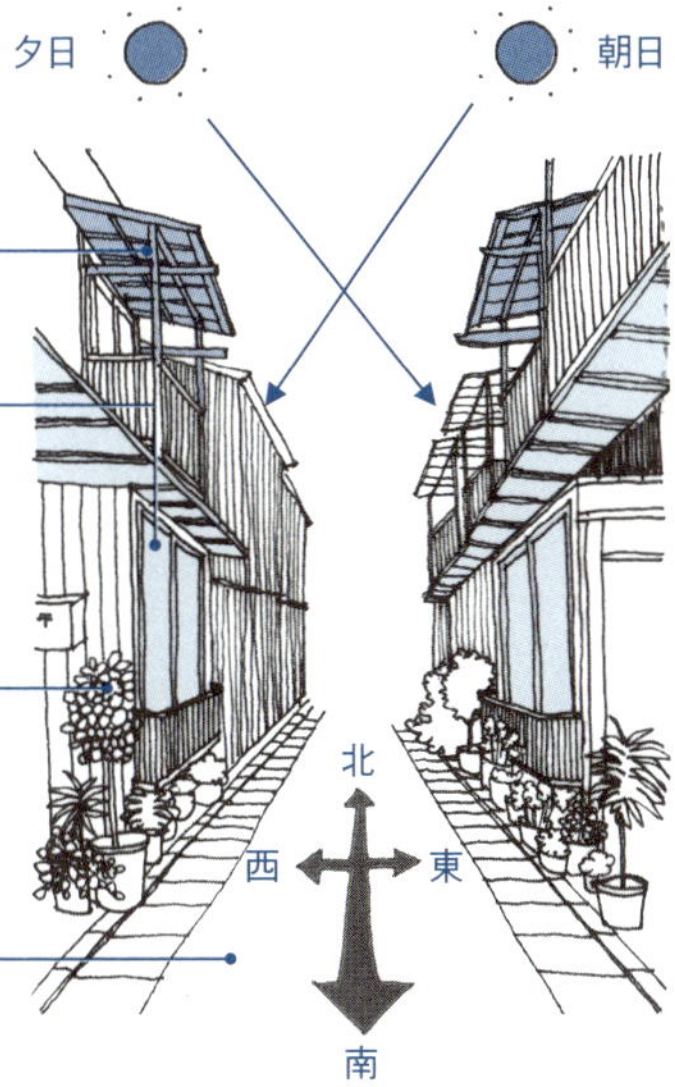

夕日
朝日
物干し
光を取るために床まで下げた掃出し窓
日溜まりには植栽も並ぶ
北
西
東
南

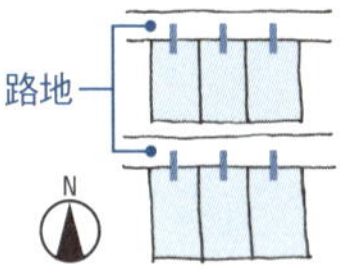

路地
N

右図のような南北軸の路地では、両側の建物が共に光と風を確保しやすい。左図のような東西軸では、日当たりが重視されるため、顔が向き合わない殺風景な路地となることもある

路地はみんなの庭

ただの通路ではない。植栽も物干しも、排水、ごみ箱もすべて路地に集まる。整理整頓の状況で、近所付き合いの密度が分かる

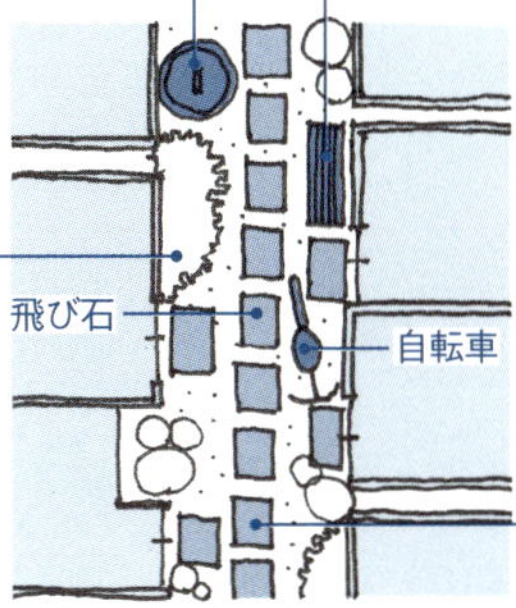

飛び石
自転車

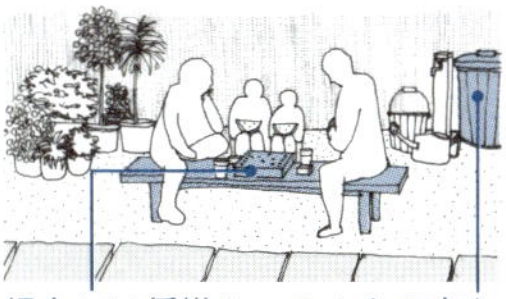

縁台には将棋や夕涼みなども。する人、見る人が自然と集う

みんなの庭なので、ごみ箱などもきれいに整頓

各戸口の植栽には個性が出る

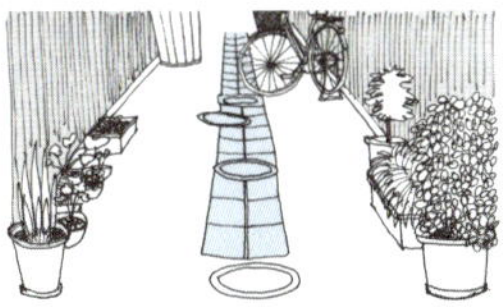

排水は中央に通し、建物から湿気を遠ざける。昔はドブ板が置かれていた

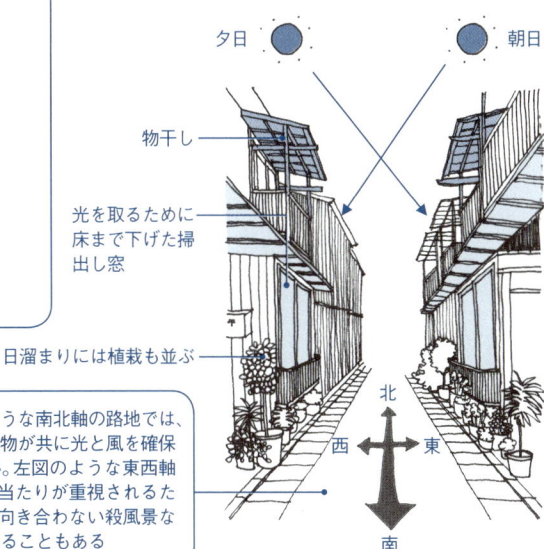

上も下も、はみ出さずにはいられない

場末の店舗はあちこちで路地への「はみ出し」が見られる。はみ出しが猥雑さを生み、場末の風情を醸し出す

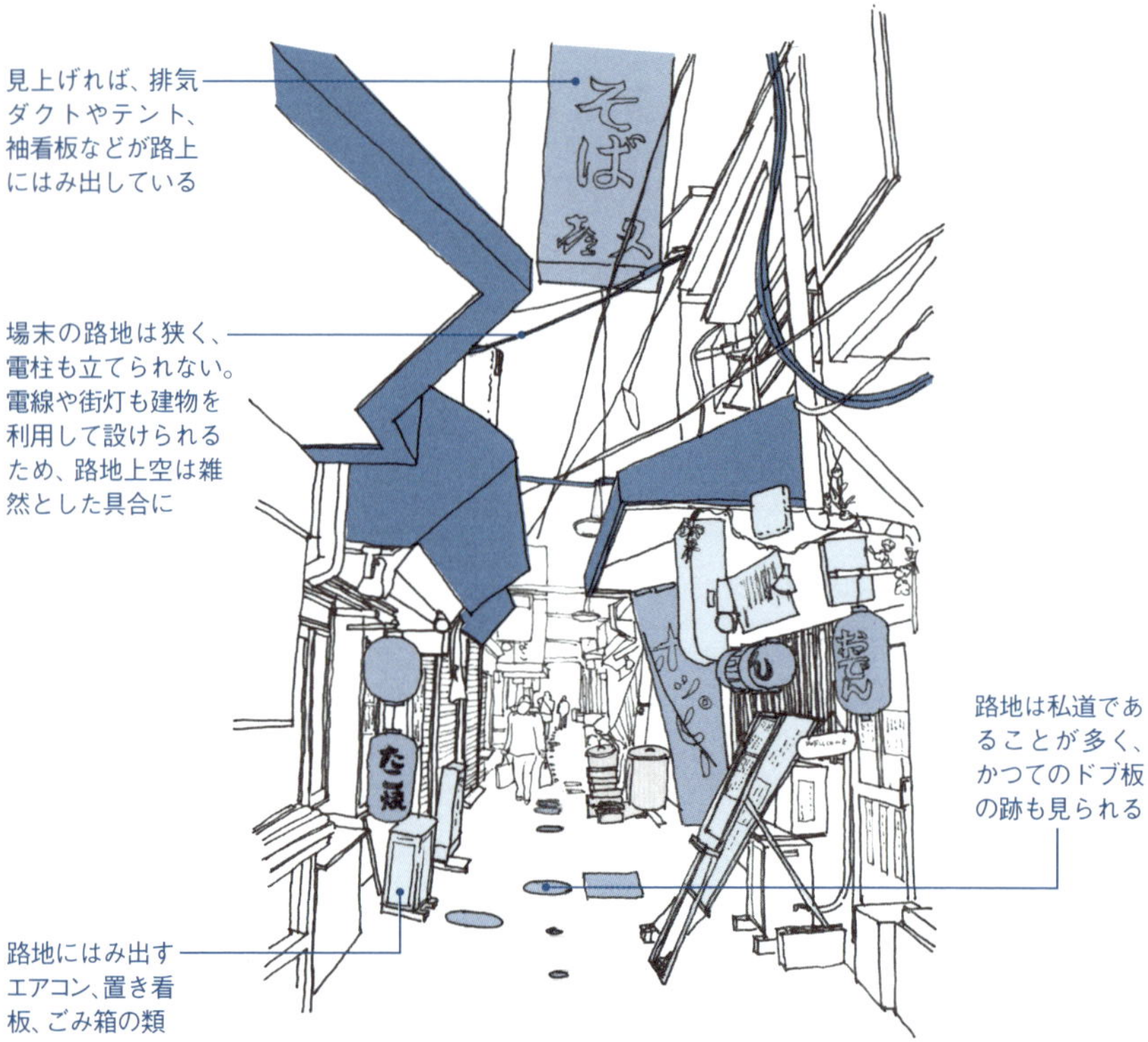
見上げれば、排気ダクトやテント、袖看板などが路上にはみ出している
場末の路地は狭く、電柱も立てられない。電線や街灯も建物を利用して設けられるため、路地上空は雑然とした具合に
路地は私道であることが多く、かつてのドブ板の跡も見られる
路地にはみ出すエアコン、置き看板、ごみ箱の類
そば
おでん

場末の迷路にもルールあり

場《ば》末《すえ》とは、繁華街(商店街)の中心から外れた所。表通りから1本入った細い路地沿いに所狭しと店舗が並ぶ。場末の最大の特徴は、路地が狭く、奥が見通せない構造をもっていること。これにより空間は濃密になり、迷路性が生まれる。

「場末の飲み屋」と聞くと、まちなかから随分遠く離れた所にある気がするが、思ったより近場にある。足を踏み入れ、異次元の空間を体験してみよう。

[MEMO] 場末といえば、東京・新宿駅西口にある思い出横丁が有名。中通りから脇道が何本もあり、共同便所を探すのは一苦労。これらの路地街は戦後のバラックから発展したもの。天井の低い2階住居をもつ職住接近型の都市型建築群だ

迷路性を生み出す 場末の構造

場末といえば、「路地幅が狭い」「見通しが利かない」「共同便所がある」。
見通しの利かない路地の構造は大きく3つに分類できる

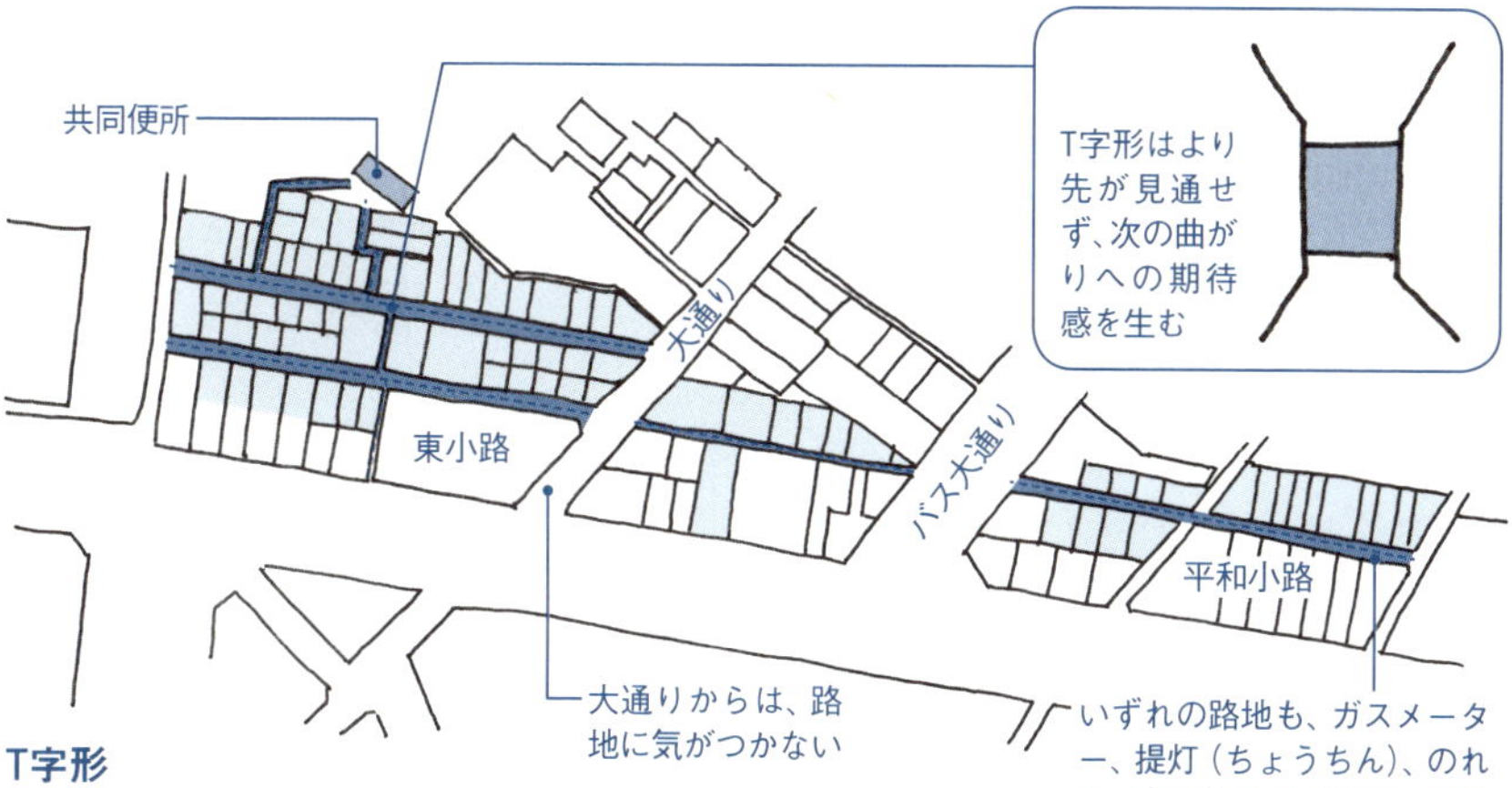

共同便所
T字形はより先が見通せず、次の曲がりへの期待感を生む
大通り
東小路
バス大通り
平和小路
大通りからは、路地に気がつかない
いずれの路地も、ガスメーター、提灯（ちょうちん）、のれん、空き箱などがあり、見通しは利かない

T字形

東京・大井町の東小路と平和小路。東小路は2本のT字形路地をつなぐように路地がある

大通りとは階段で仕切られ、別世界として演出される
大通り
共同便所
階段

階段形

東京・大森の山王小路。表通りから階段を降りていくと別世界のような場末がある。別名、地獄谷

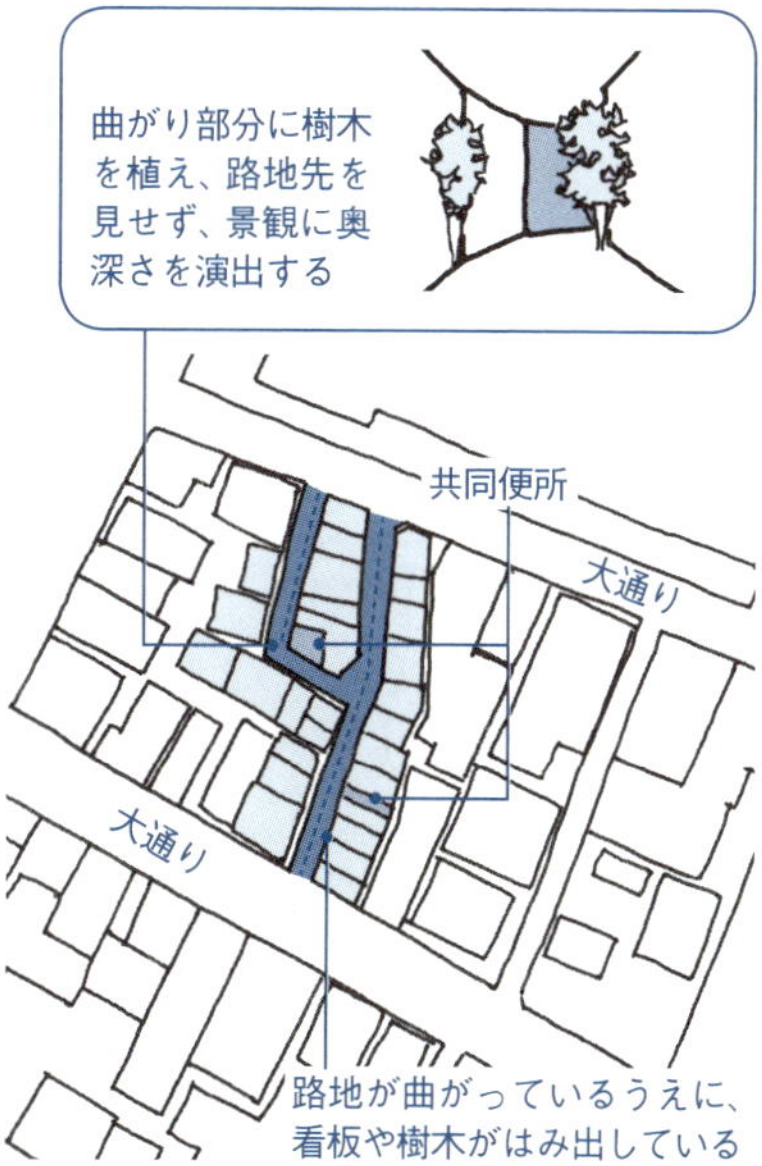

曲がり部分に樹木を植え、路地先を見せず、景観に奥深さを演出する
共同便所
大通り
大通り
路地が曲がっているうえに、看板や樹木がはみ出している

L字形

道が曲がる部分に、見通しを悪くする装置を置くことが多い。東京・門前仲町の辰巳新道（しんどう）では大きな樹木が視界を防げ、先が見えなくなっている

横丁にただよう闇市の香り

大通りを逸《そ》れ、横丁の路地に一歩入ると、異空間が待っている。人と人の距離が近い。安く、旨く、楽しい。

そんな横丁の始まりは戦後の闇市だった。外からまる見えの店内、路地にはみ出す品々……。開口部を広く取ったつくりや商品の配置・看板などが、今の横丁の店にそのまま受け継がれ、終戦直後の猥雑な活気を伝えてくれる。

入り組んだ空間がにぎわいをもたらす

突出し看板や提灯（ちょうちん）は、人々の目線を上に集め、歩みを遅くする

突出し看板は天空をふさぎ、路地を内部化する効果がある

店は開放的にして、路地と一体化させる

置き看板やはみ出した商品は、人の歩速を緩め、足を止めやすくする

見通しは利くが十分ではない

はみ出した看板や商品は、路地幅1.5mを確保して置く

狭い間口は闇市の名残

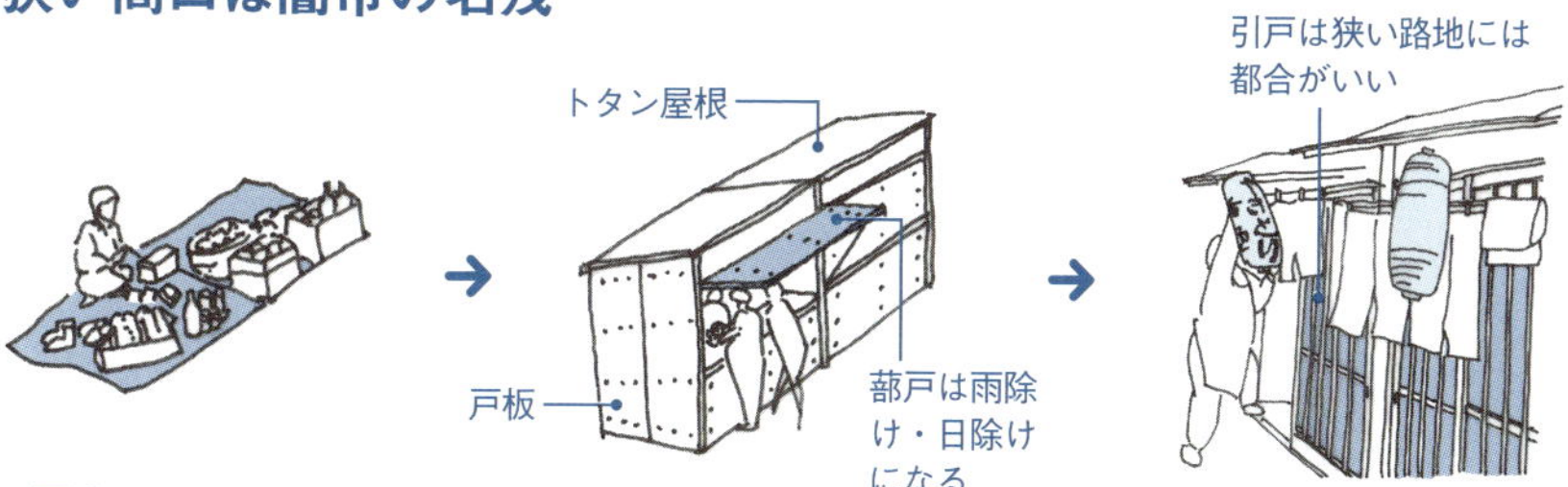
トタン屋根
戸板
蔀戸は雨除け・日除けになる
引戸は狭い路地には都合がいい

露店

終戦直後のムシロ1枚での営業

屋台

間口1間〜1.5間、奥行き1間。蔀戸（しとみど）を上げると開店、下げると閉店

小店

小割の店は戦後の闇市を踏襲したもの

横丁の店の間口の特徴

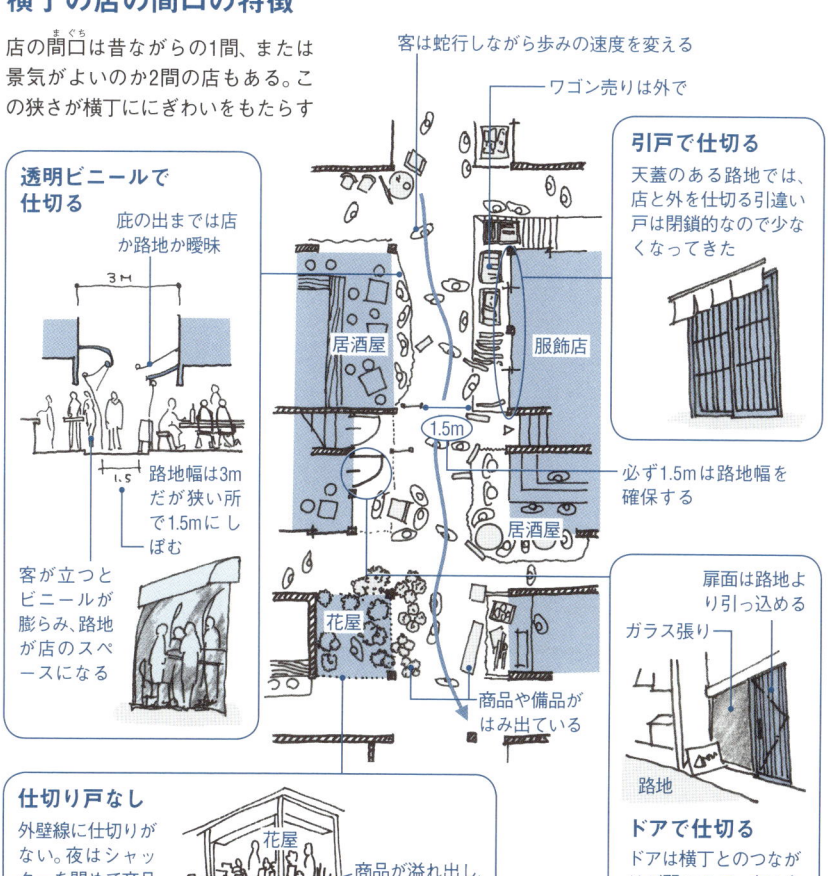

店の間口《まぐち》は昔ながらの1間、または景気がよいのか2間の店もある。この狭さが横丁ににぎわいをもたらす

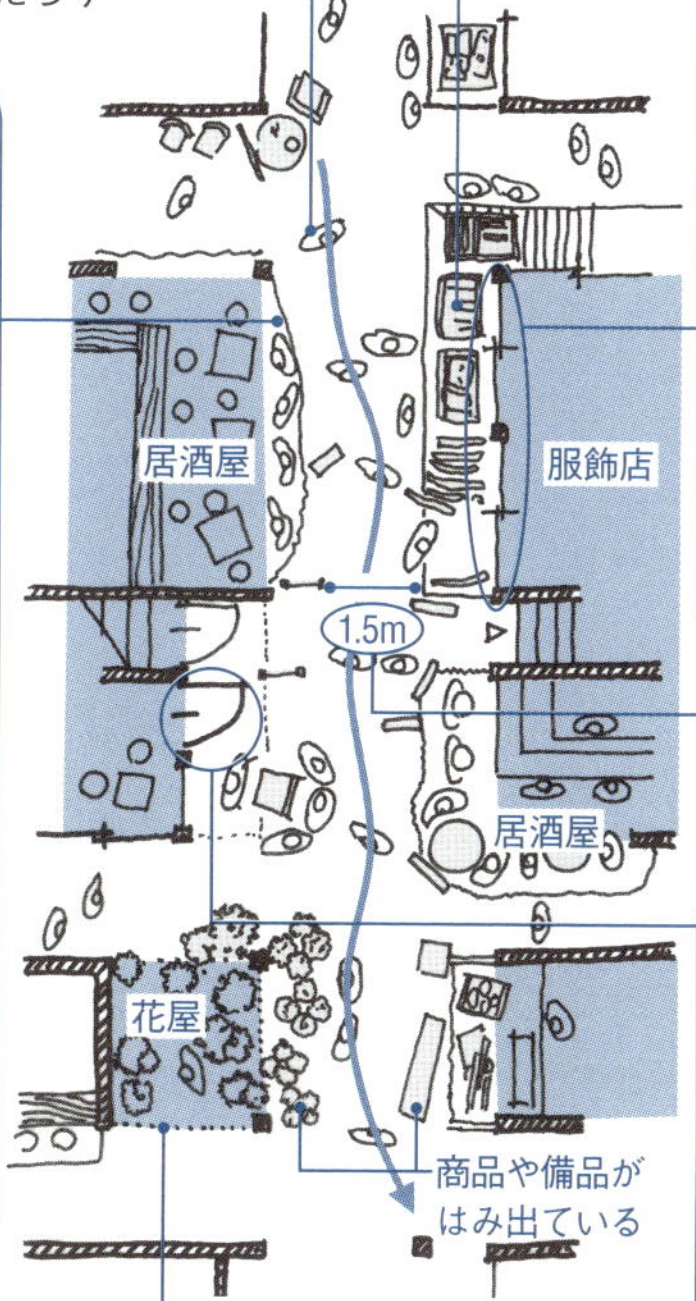
客は蛇行しながら歩みの速度を変える
ワゴン売りは外で
居酒屋
服飾店
1.5m
居酒屋
花屋
必ず1.5mは路地幅を確保する
商品や備品がはみ出ている

透明ビニールで仕切る

庇の出までは店か路地か曖昧
3M
1.5
路地幅は3mだが狭い所で1.5mにしぼむ

客が立つとビニールが膨らみ、路地が店のスペースになる

引戸で仕切る

天蓋のある路地では、店と外を仕切る引違い戸は閉鎖的なので少なくなってきた

仕切り戸なし

外壁線に仕切りがない。夜はシャッターを閉めて商品をしまう

花屋
商品が溢れ出し、店と路地が一体化する

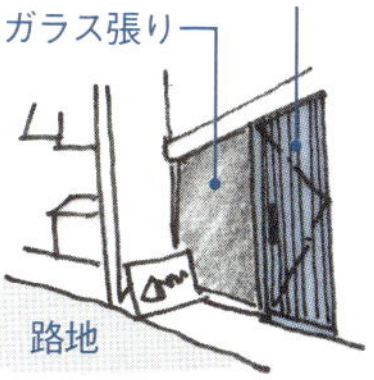
扉面は路地より引っ込める
ガラス張り
路地

ドアで仕切る

ドアは横丁とのつながりが弱いので、店は全面ガラス張りにするなど工夫する

井戸は台地の端を探せ

井戸を探すには、まず台地の端をマークする。台地に降り注いだ雨は、その先の低地に流れ出る。地下へ浸透する雨水は水みちを通り、崖などの台地端部で湧き出たり、谷底の小川へしみ出たりする。この水みちまで掘り下げて、地下水をくみ上げたのが井戸。台地の端では今もきれいな水が生きている。井戸のある場所などを調べてみると、現役で利用されている理由が読み解けてくる。

崖下の井戸 ── 一葉《いちよう》の井戸

東京の地形図で台地を把握しよう。本郷台の端（崖下・坂下）に行くと、とある路地の端っこに図の「一葉の井戸」がある。井戸は、さまざまな所に隠れているが、路地の端や真ん中、お堂前などを手掛かりにすると見つけやすい

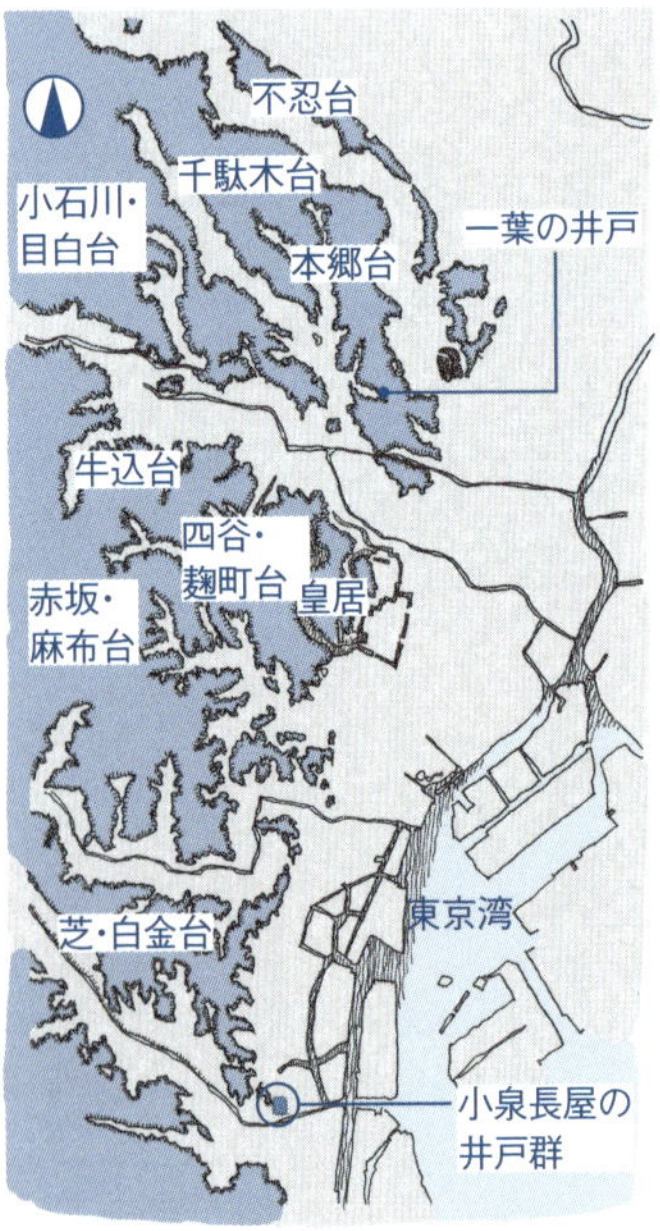

東京の地形（一部）。いくつもの台地があるが、井戸をたくさん見たいなら、東京・北品川2丁目の「小泉長屋」がお勧め。品川台の崖下に当たるエリア

坂下にある一葉の井戸。元来はポンプ式でなく、つるべ式の筒井戸であった

井戸の位置から生活が分かる

階段
路地の端にある一葉の井戸（右ページ）
路地

路地端
── 2〜3軒で使う

他人に使われないように、路地の端っこに設置する。現在多く見られる井戸

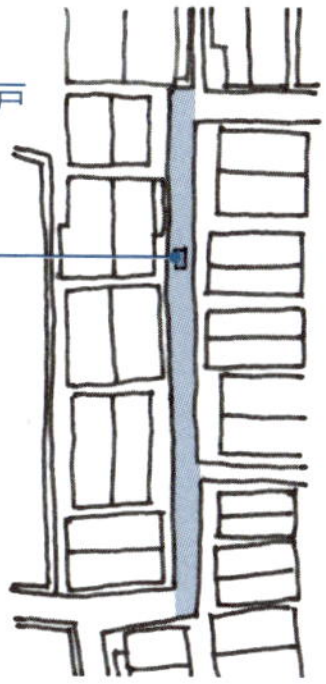
井戸

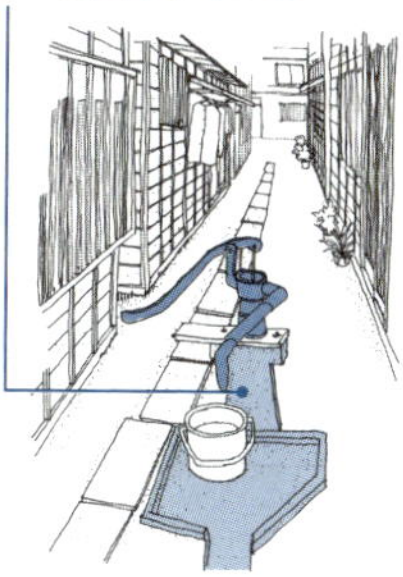
このタイプの井戸の手押柄（ハンドル）と吐口は、道と平行になっているのが特徴。通る人の邪魔にならないように設置されている

路地の真ん中 ── 7〜8軒で使う

より多くの家で使うので、路地溜まりに設置する

column | ポンプの印も探せ

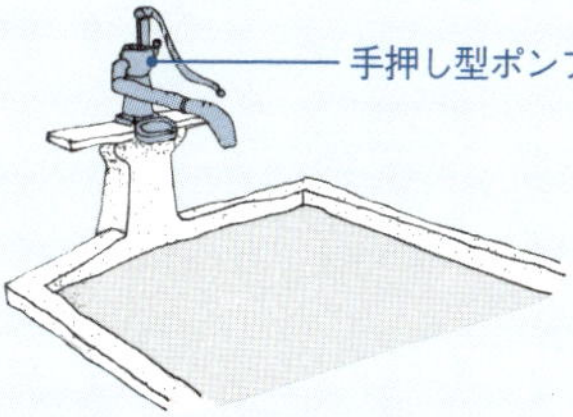
手押し型ポンプ

手押し型ポンプ（俗称：ガチャポン）は上部がオープンで、そこから呼び水を差す。製造元によって異なるガチャポンの印を見るのも楽しみの1つ

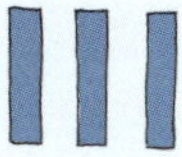

川本第一製作所の印。よく見掛ける

東邦工業の印。今もよく見掛ける

桜印。なかなか見つけることが難しい

慶和製作所の印。あまり見掛けない

川本製作所の印

庚申塚と井戸

庚申堂

このタイプは、吐口が道路側にあるのが特徴。皆で使いやすい位置にセットされている

お堂前 ── 周辺の掃除用

かつては辻（交差点）に庚申塚などがあり、その周りの清掃に使う井戸があった

[MEMO] 井戸は、黄泉（よみ）の国に通じるといわれてきた。そのためお祓いをし、邪気を追い払う桃の木を近くに植える。正月には新しい御幣（ごへい）で水神を祀る。桃の木や御幣を見つけたら、現役の井戸である

暗闇の洞窟にいる弁財天

不夜城といわれる東京。真夜中を過ぎても照明がこうこうと輝いているが、昼でも全く光の届かない暗闇の空間がある。洞窟である。

ロームで覆われた東京の土は掘りやすく、洞窟はローム層の厚い地域につくられた。先人はその暗闇に身を置き、再び外の世界に出ることで、生まれ変わる(胎内《たいない》くぐり)ことができると考えた。洞窟は水の神である弁天様を祀る社とすることが多い。

洞窟は向こうの世界への入口

ローム（火山灰起源の赤土）層の厚い東京・多摩地区につくられた洞窟（稲城市・威光寺　弁天洞窟）は全長65m、面積60㎡の暗闇空間。ろうそくをもって右回りに進んでいく

新東京百景に選ばれた洞窟。
向こうの世界への入口のような暗闇である

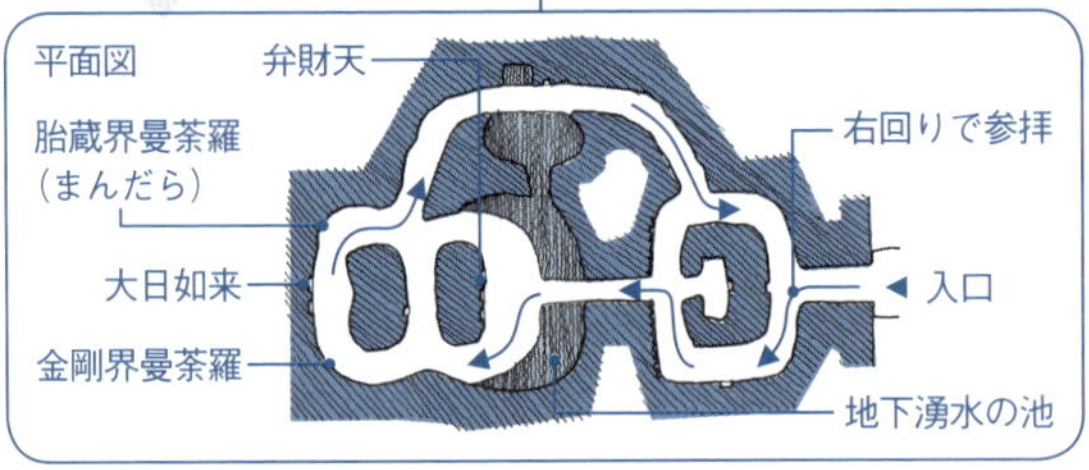
平面図
弁財天
胎蔵界曼荼羅（まんだら）
大日如来
金剛界曼荼羅
右回りで参拝
入口
地下湧水の池

[MEMO] 一般的に参拝を右回りで行うのは仏教、左回りで行うのは神道。ただし、神仏分離令で社域に取り込まれた所は旧来からの右回りで行うことが多い

怖がりな方は小さめの洞窟を

現在は入口にも弁財天が祀られている

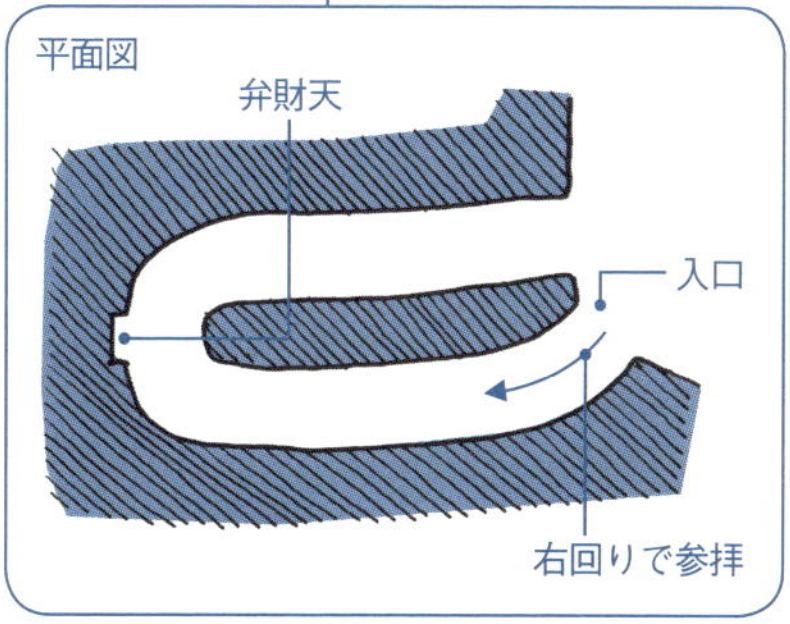
平面図
弁財天
入口
右回りで参拝

奥行き10mで生まれ変わる

奥行き10mほどの小さな洞窟。神仏分離令により右ページの威光寺から分離した穴澤天神社（東京・稲城市）にある

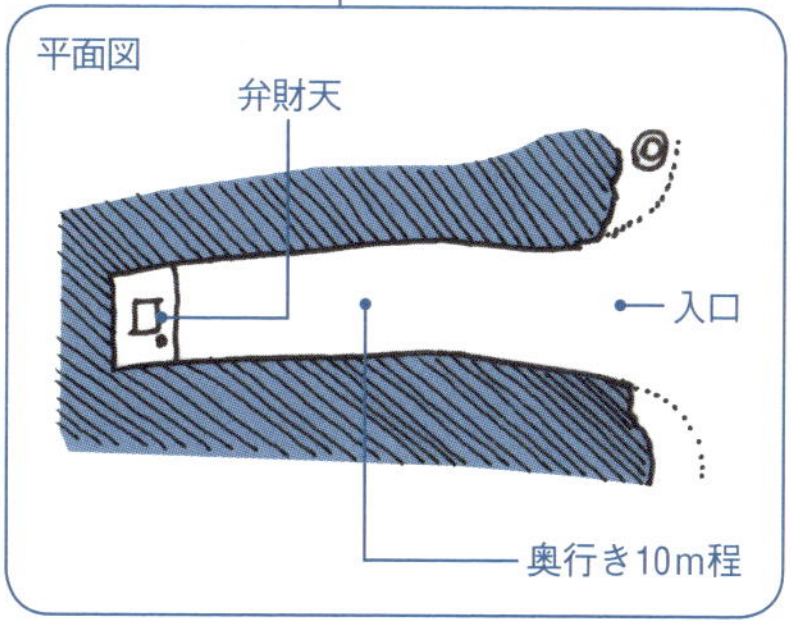
平面図
弁財天
入口
奥行き10m程

都心でお手軽に生まれ変わる

東京・芝は赤土の厚いエリア。芝にある増上寺子院の松蓮社（しょうれんじゃ）にも、江戸時代に弁天洞窟がつくられた

column | 麹室《こうじむろ》としての洞窟

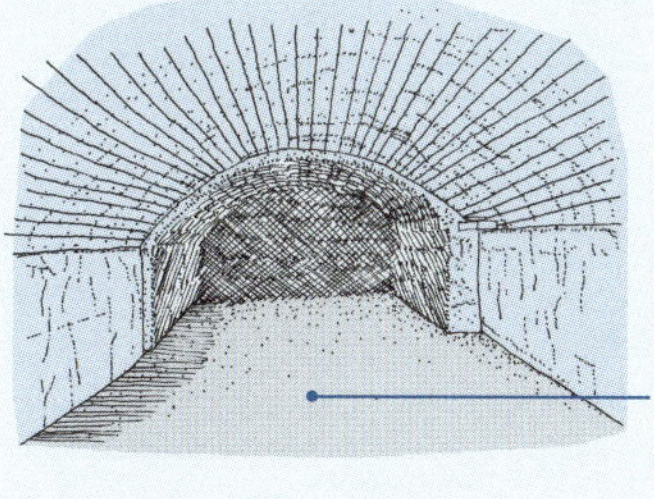

総面積90坪、幅2.5m、高さ1.5mほどで、全長が200mもあった天野屋の麹室。明治期にレンガで補強され、戦時中は防空壕に使用されたという

江戸城下では芝だけでなく神田明神前もローム層が厚く、洞窟をつくりやすいエリア。洞窟は麹室としても利用された。文政年間には麹屋が百数十軒あったが、現在では老舗の天野屋を含め2軒のみとなった

［MEMO］洞窟より大規模な地下霊場が東京・世田谷の玉眞院にある（玉川大師）。深さ5m、通路全長100mほどの空間に祀られた四国霊場八十八本尊の石像の写し300体を巡ることができる

鳥居の顔は「神明」系と「明神」系

鳥居をくぐると、そこはもう神社の境内《けいだい》。宗教用語では結界《けっかい》と呼ばれ、俗域と聖域を仕切る印の1つが鳥居である。

一口に鳥居といっても、各部を見比べると、各神社によりさまざまな違いがあるが、その系統は「神明《しんめい》」「明神《みょうじん》」の2つに大別できる。まち歩きの途中で鳥居を見つけたら、「神明」「明神」どちらの系統のものか、その鳥居独自の特徴的な点はないか、笠木《かさぎ》や貫《ぬき》の形に注目してみよう。

鳥居の系統は「神明」「明神」の2つ

違いのポイントは笠木の反りと柱の転《ころ》び（傾き具合）。そこに注目してみよう

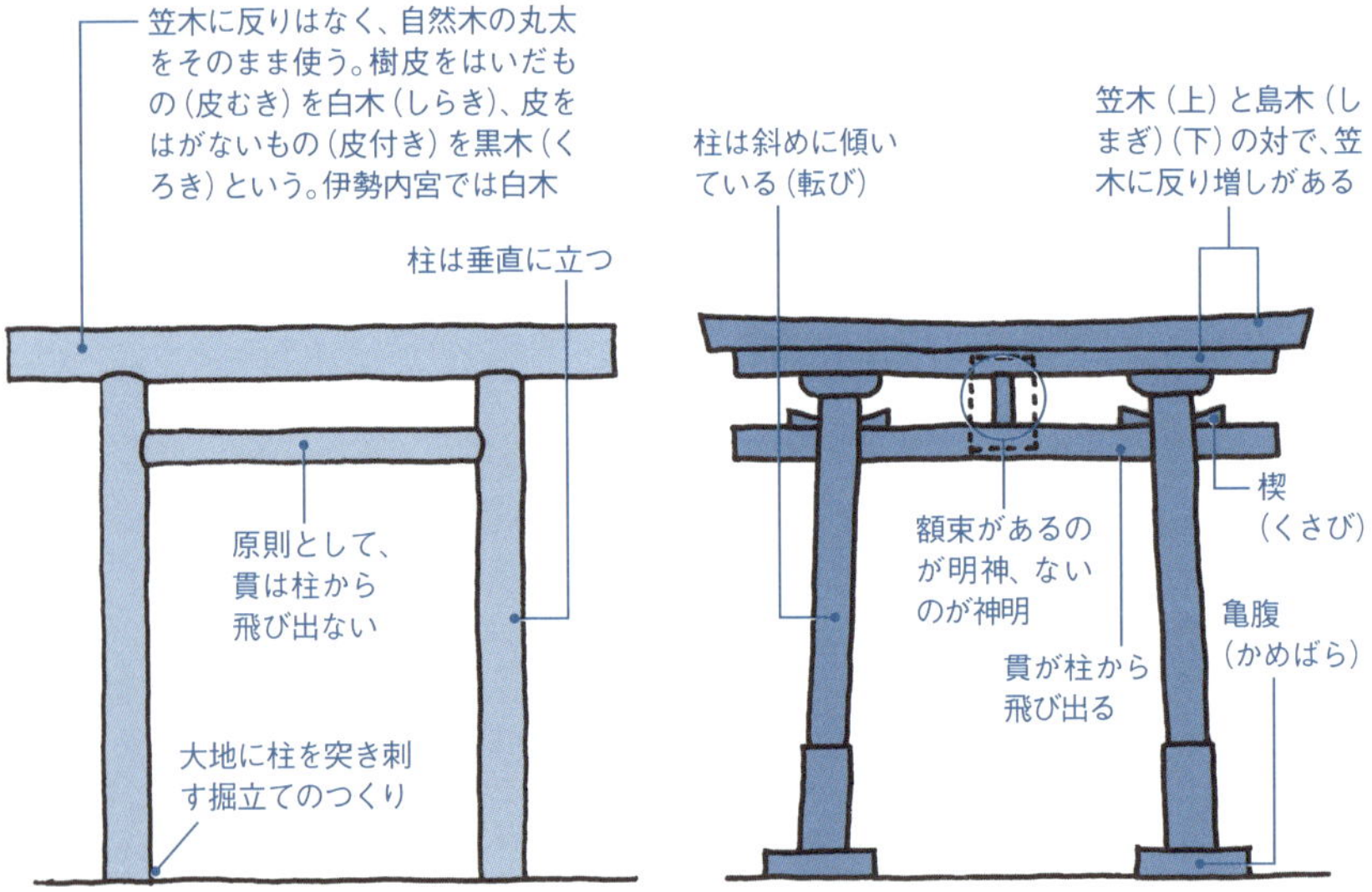
笠木に反りはなく、自然木の丸太をそのまま使う。樹皮をはいだもの（皮むき）を白木（しらき）、皮をはがないもの（皮付き）を黒木（くろき）という。伊勢内宮では白木
柱は垂直に立つ
原則として、貫は柱から飛び出ない
大地に柱を突き刺す掘立てのつくり
柱は斜めに傾いている（転び）
笠木（上）と島木（しまぎ）（下）の対で、笠木に反り増しがある
楔（くさび）
額束があるのが明神、ないのが神明
亀腹（かめばら）
貫が柱から飛び出る

神明鳥居（伊勢内宮［ないぐう］）　　明神鳥居

神明系鳥居

直線性が強くシンプルなものが多い。神明という呼び名は、伊勢内宮の祭神である天照大神（あまてらすおおみかみ）の総称である。そのためこの神を祀る神社はこの形をとる

明神系鳥居

笠木に反り増しがあり、柱が内側に転んでいる。額束（がくづか）はほぼ例外なく付けられている。全国の神社に最も多く見られる鳥居

シンプルな神明系鳥居

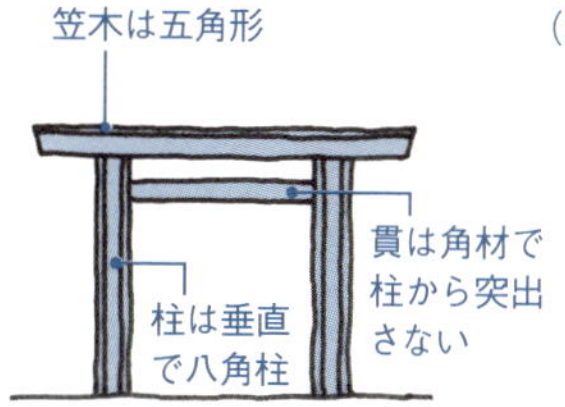
笠木は五角形
貫は角材で
柱から突出
さない
柱は垂直
で八角柱

神明鳥居（外宮《げぐう》鳥居）

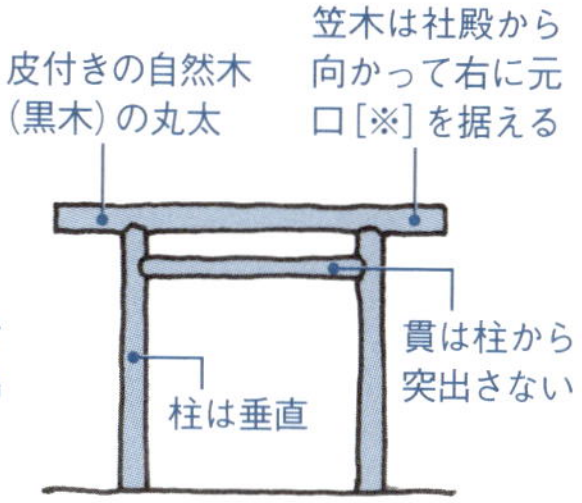
皮付きの自然木
（黒木）の丸太
笠木は社殿から
向かって右に元
口［※］を据える
貫は柱から
突出さない
柱は垂直

黒木鳥居

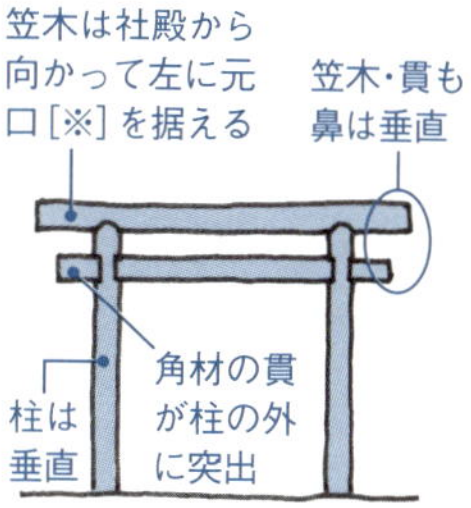
笠木は社殿から
向かって左に元
口［※］を据える
笠木・貫も
鼻は垂直
角材の貫
が柱の外
に突出
柱は
垂直

鹿島《かしま》鳥居

全国でよく見る明神系鳥居

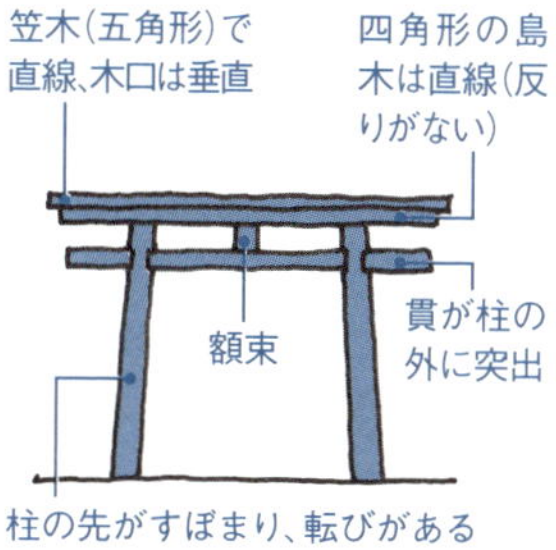
笠木（五角形）で
直線、木口は垂直
四角形の島
木は直線（反
りがない）
額束
貫が柱の
外に突出
柱の先がすぼまり、転びがある

春日《かすが》鳥居（島木明神鳥居）

この鳥居があっても春日社とは限らない

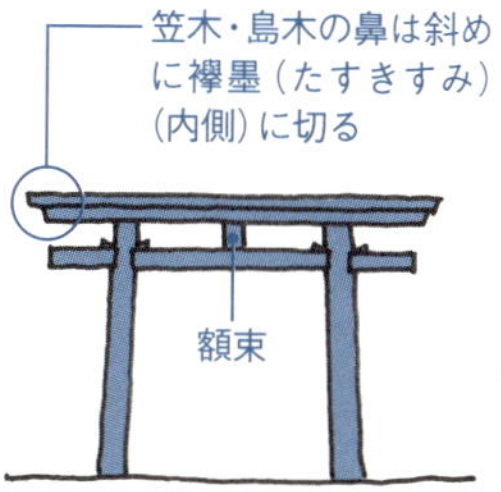
笠木・島木の鼻は斜め
に襷墨（たすきすみ）
（内側）に切る
額束

八幡《はちまん》鳥居（島木明神鳥居）

春日鳥居にほぼ同じ

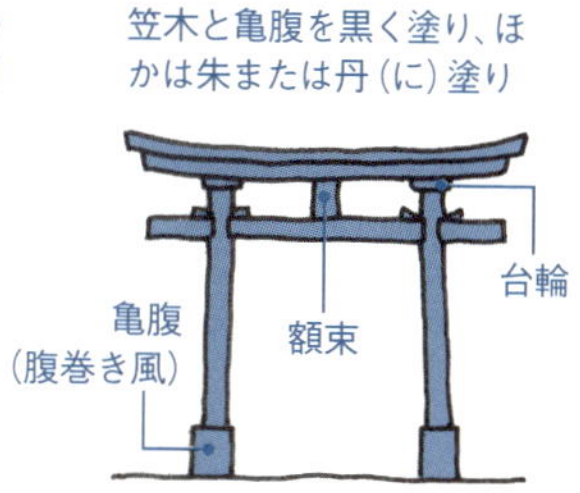
笠木と亀腹を黒く塗り、ほ
かは朱または丹（に）塗り
台輪
亀腹
（腹巻き風）
額束

稲荷《いなり》鳥居

この鳥居の形は稲荷神社を示す

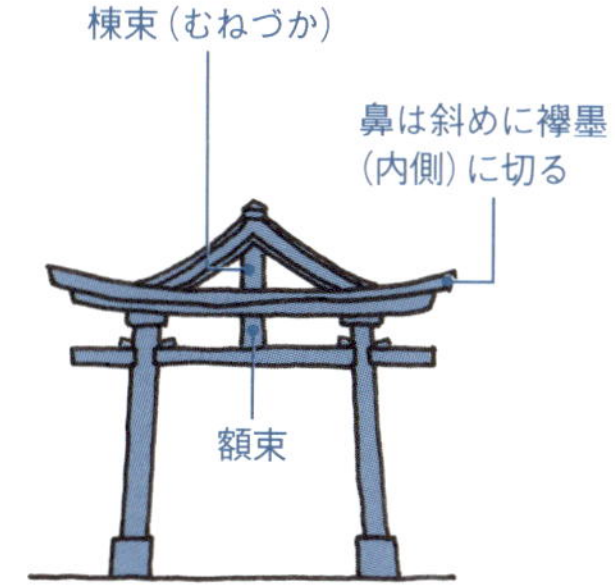
棟束（むねづか）
鼻は斜めに襷墨
（内側）に切る
額束

山王《さんのう》鳥居（合掌鳥居）

稲荷鳥居の笠木上に合掌形の破風（はふ）がある。特殊なもの

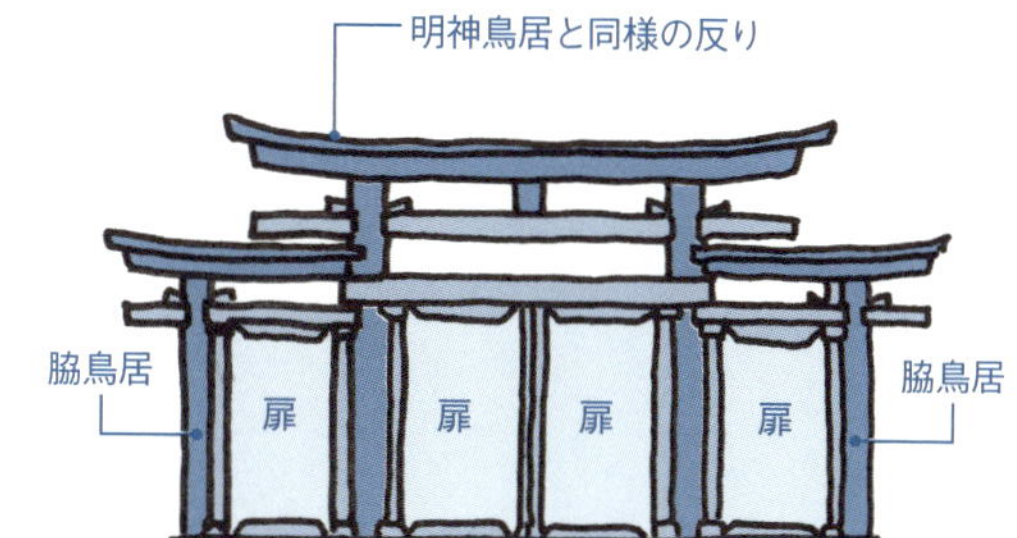
明神鳥居と同様の反り
脇鳥居
扉
扉
扉
扉
脇鳥居

三輪《みわ》鳥居

明神鳥居の左右に脇鳥居が付き、すべてに扉が付く

［※］立木の際、根元に近いほうを元口（もとくち）といい、反対のほうを末口（すえくち）という

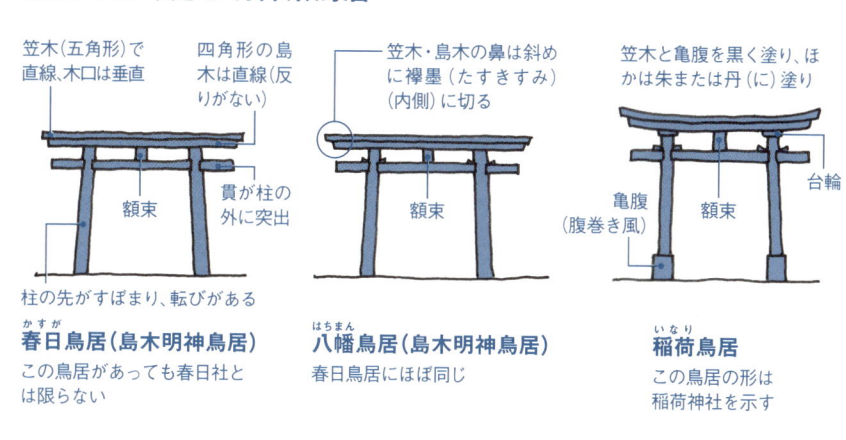

縁日の屋台配置に秘訣あり

縁日とは、神仏と縁がある特別な日。社寺では祭礼や法要が営まれ、多くの参拝者が訪れる。それを目当てに屋台や露店が立ち、境内《けいだい》は大にぎわいだ。

一見、何の法則性もなく立ち並ぶ屋台だが、実は巧妙に配置されている。これは、露天商の「親方」の采配《さいはい》により決まる。これによって、にぎわいの演出も屋台の売上げも大きく変わるのだ。

隠語で学ぶ 屋台配置の基本

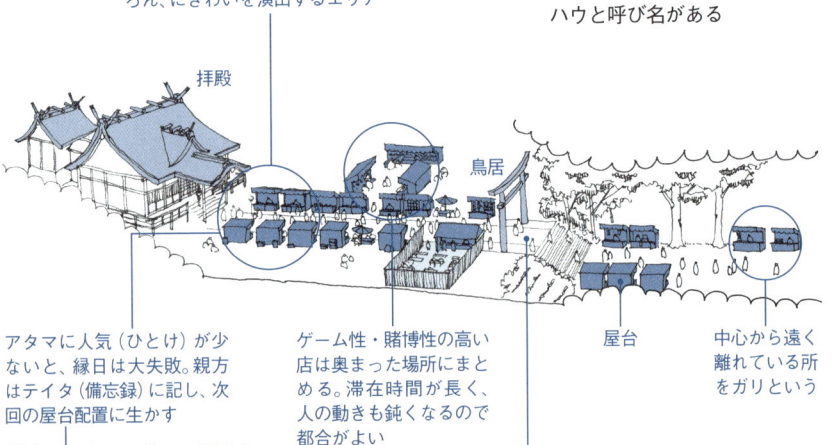

屋台を巡るのは、参拝が終わってから。そのため拝殿前はアタマ（カシラ）といわれる一等地。物が売れるのはもちろん、にぎわいを演出するエリア

露天商は「テキ屋」とも「香具師《やし》」とも呼ばれ、屋台配置はその親方が行う。配置には独自のノウハウと呼び名がある

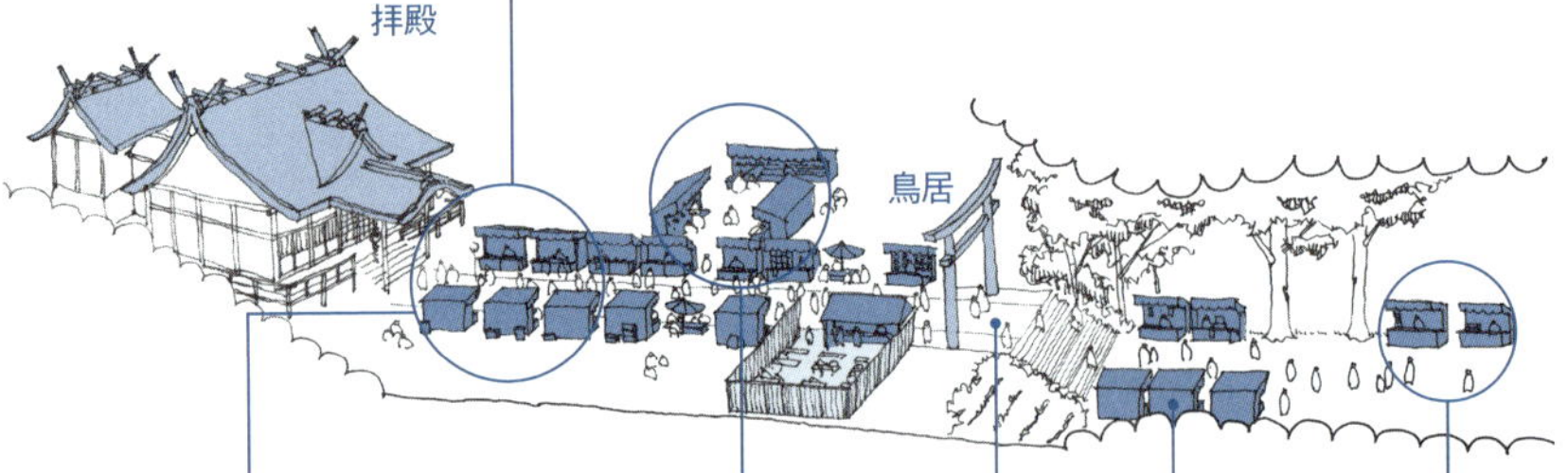

アタマに人気（ひとけ）が少ないと、縁日は大失敗。親方はテイタ（備忘録）に記し、次回の屋台配置に生かす

ゲーム性・賭博性の高い店は奥まった場所にまとめる。滞在時間が長く、人の動きも鈍くなるので都合がよい

中心から遠く離れている所をガリという

上図のような一本道の参道（イッポンドバ）と違い、右図のように参道が複数ある場合はアタマが分かりづらい。そのときには鳥居の周りをアタマの代わり（オヤブンショバ）にする

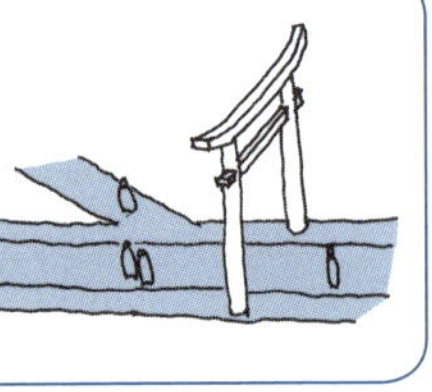

にぎわいをつくる屋台の配置

拝殿前は子どもの目を引く商品を扱う。ピカピカ光るスーパーボールや、あんず飴。参拝が済むまではと我慢していた子どもたちが一斉に集まる
拝殿
綿あめはあめが周囲に散るので、少し離れている
鳥居
参道
鳥居は神社への出入口。参詣帰りの客を引き止めるように、「香り」で誘う屋台を並べる。焼きそば、たこ焼き、おでん屋などが代表格。粉もの（焼きそば、お好み焼きなど）どうしは隣合うのを避けるのが肝
メインストリートから外れている奥まった場所には、射的や輪投げなどゲーム性の高い、いわば賭け事の店が集まる
鳥居
境内のなかでも人が溜まることのできる場所には、人気の屋台を集める

column | もっと知りたい テキ屋の世界

バナナの叩き売りのように口上やタンカを切って商売をする人を「タンカバイ」という。一気に場をつくりあげるプロである。フーテンの寅さんがその代表格だ。

テキ屋が寺社で活躍する機会は縁日などで、全国の寺社を回っている

符《ふ》丁《ちょう》（隠語）の例

ホーエー：縁日（規模は小さいが、月に3回行われることが多い）
タカマチ：神社の例大祭など定期的に行われる祝祭
デキマチ：イベントなど定期的に行われない祝祭

[MEMO] 地域や組織によって商慣行は異なり、符丁（隠語）も変わってくる

縁日を彩る屋台

参道に並ぶ屋台は、色鮮やかでにぎやかな雰囲気を醸し出す。売上げを伸ばすために人目を引く工夫も見られる

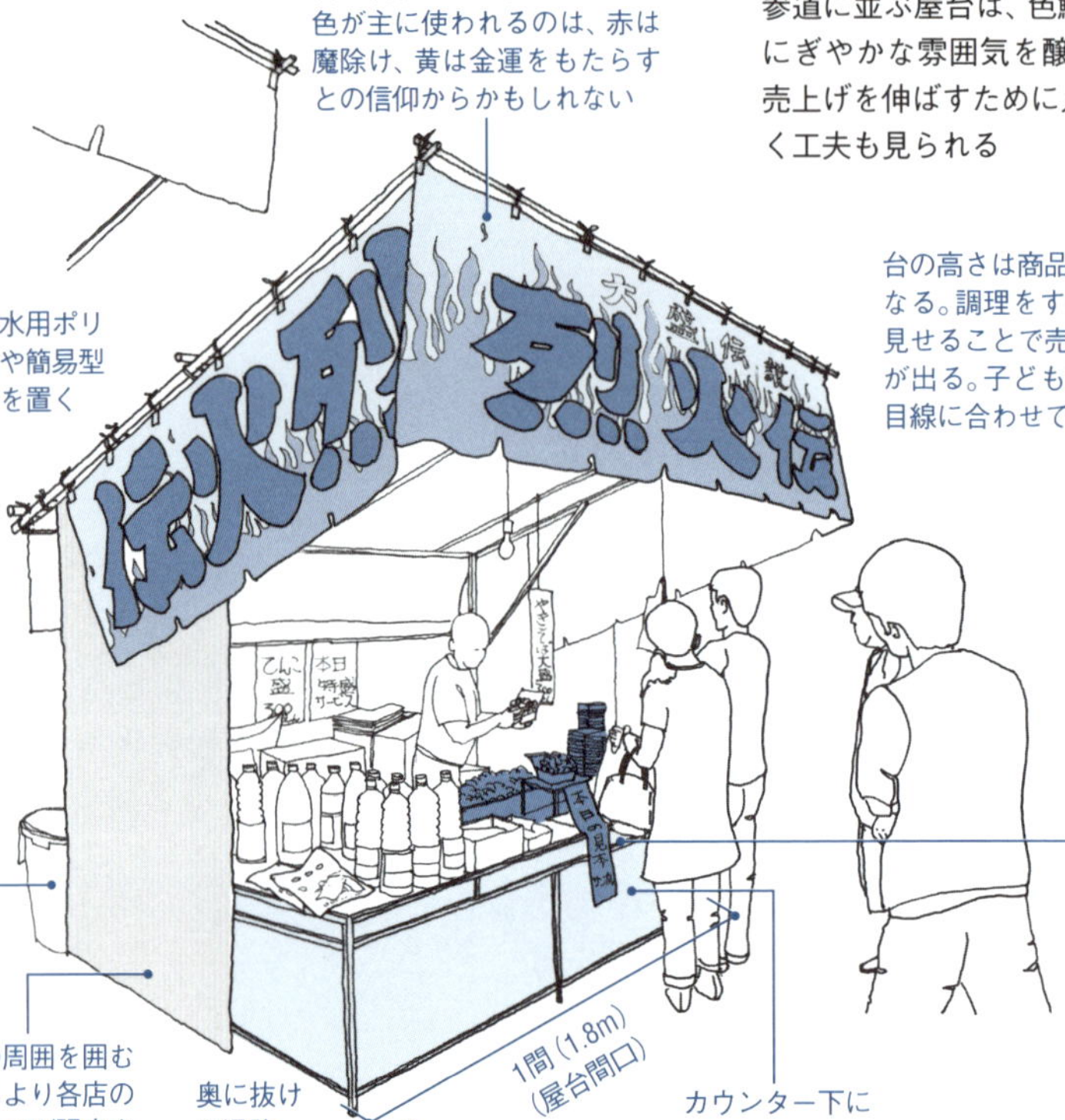
店の看板となる部分。赤や黄色が主に使われるのは、赤は魔除け、黄は金運をもたらすとの信仰からかもしれない
台の高さは商品により異なる。調理をする手元を見せることで売上げに差が出る。子ども向けなら目線に合わせて低くする
裏には水用ポリバケツや簡易型発電機を置く
屋台の周囲を囲むことにより各店のスペースが限定され、安心して商売ができる
奥に抜ける通路
1間（1.8m）
（屋台間口）
2尺（0.6m）
（屋台どうしの間隔）
カウンター下に材料を収納

楽々設置 楽々撤去 屋台の秘密

縁日や祭礼の期間、寺社の境内《けいだい》や参道に設置される屋台。何もないところに忽然と現れ、祭りが終われば夢だったかのように何もなくなる。

同じ場所での営業期間は2・3日、長くて1週間。設置にも撤去にも手間をかけないため、構造はいたってシンプルだが、強度はしっかり考えられている。使いやすく工夫された構造には、仮設住宅にも使えるヒントがつまっているのだ。

屋台のシンプルな仕組み

屋台は三寸（サンズン）と呼ばれ、かつては木材とヨシズでつくられていた。現在はアルミパイプにビニールテント張りが主流で、持ち運びにも便利

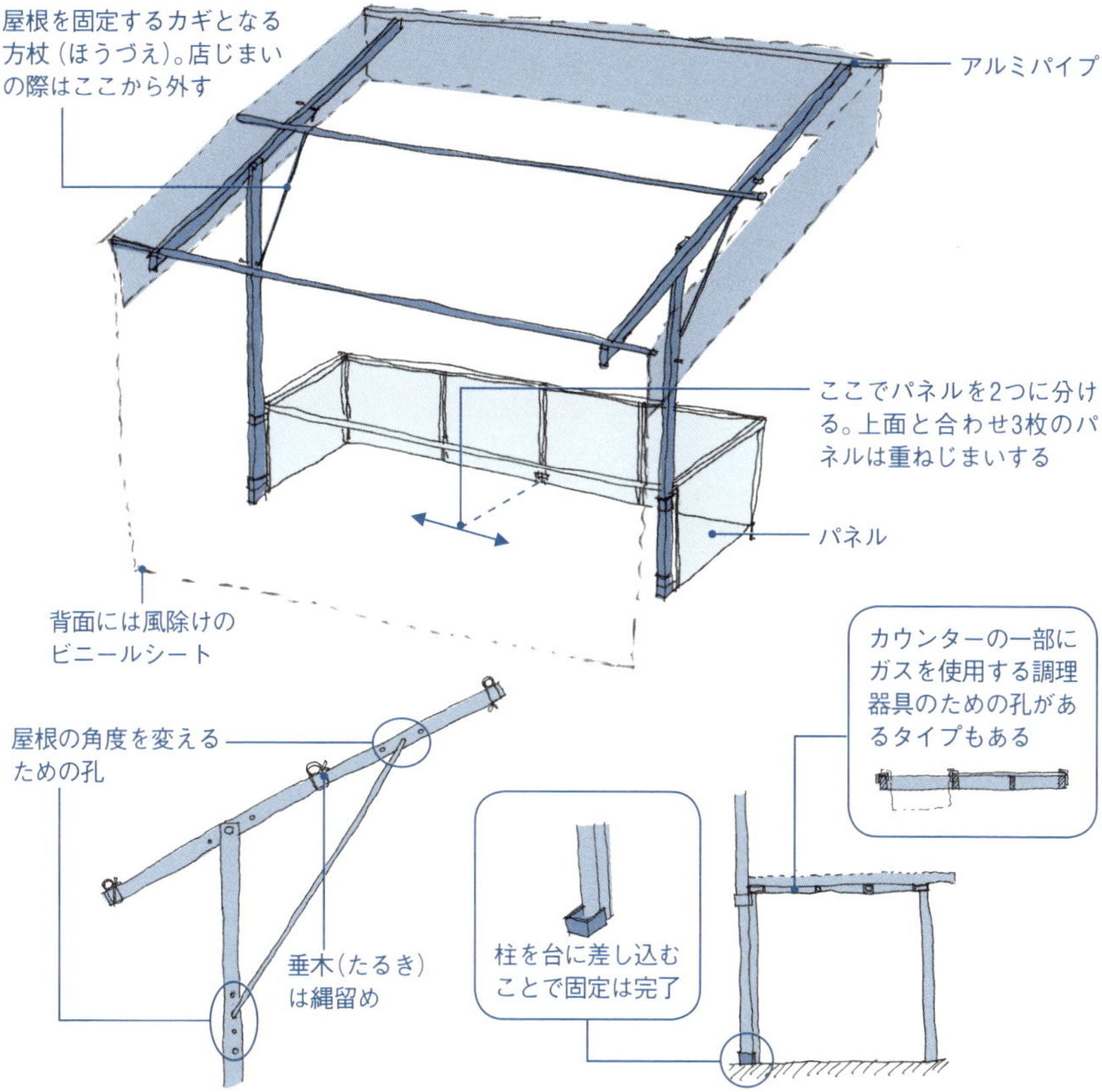

屋根を固定するカギとなる方杖（ほうづえ）。店じまいの際はここから外す
アルミパイプ
ここでパネルを2つに分ける。上面と合わせ3枚のパネルは重ねじまいする
パネル
背面には風除けのビニールシート
屋根の角度を変えるための孔
垂木（たるき）は縄留め
柱を台に差し込むことで固定は完了
カウンターの一部にガスを使用する調理器具のための孔があるタイプもある

column｜屋台で使える隠語

屋台を出しているテキ屋の間では、特徴的な隠語が使われる。その一部を紹介しよう

スイネキ：果物を箸に差しシロップ漬けにしたもの（あんず飴など）
レルメン：セルロイド製のお面
スノー：かき氷
ボク：植木屋
サンズン：組み立て式屋台
アゲチカ：ガス入り風船
ショバ：場所

くじ
当
びき

仏像を4つの姿で見分ける

われわれ日本人が日ごろから親しんでいる仏様。しかし、仏様の呼び名やお姿の違いなど、深い部分を学ぶことは敬遠しがち。

　実は、仏の世界は如来《にょらい》・菩《ぼ》薩《さつ》・明王《みょうおう》・天部《てんぶ》の4つに大別できる。個々の仏を見分けることは難しいが、この4つを見分けることはそう難しいことではない。それが分かれば仏様の役割も分かる。仏像に親しむきっかけとしてマスターしてほしい。

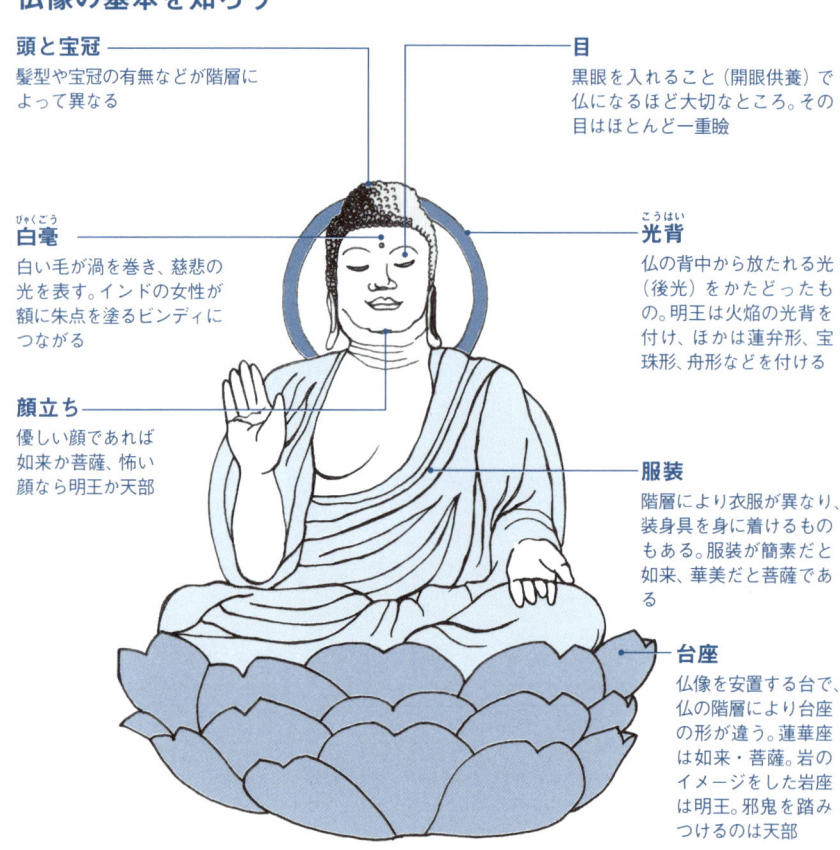

仏像の基本を知ろう

頭と宝冠
髪型や宝冠の有無などが階層によって異なる

目
黒眼を入れること（開眼供養）で仏になるほど大切なところ。その目はほとんど一重瞼

白毫《びゃくごう》
白い毛が渦を巻き、慈悲の光を表す。インドの女性が額に朱点を塗るビンディにつながる

光背《こうはい》
仏の背中から放たれる光（後光）をかたどったもの。明王は火焔の光背を付け、ほかは蓮弁形、宝珠形、舟形などを付ける

顔立ち
優しい顔であれば如来か菩薩、怖い顔なら明王か天部

服装
階層により衣服が異なり、装身具を身に着けるものもある。服装が簡素だと如来、華美だと菩薩である

台座
仏像を安置する台で、仏の階層により台座の形が違う。蓮華座は如来・菩薩。岩のイメージをした岩座は明王。邪鬼を踏みつけるのは天部

仏は4つに大別できる

盛り上がった頭形の「肉髻（にっけい）」
ぼろぼろの布をつないだ粗布である「衲衣（のうえ）」[※]
カールした「螺髪（らほつ）」
如来に持ち物はほとんどない

観音菩薩などは宝冠をかぶる
頭の上に束ねた「宝髻（ほうけい）」
「条帛（じょうはく）」と呼ばれる布を巻き、その上に天衣（てんね）を着ける
下半身は「裙（くん）」を着ける
豪華な装身具をまとう

如来

悟りを開いた後の釈迦（しゃか）を示し、物欲を断った簡素な姿。装身具などは身に着けない

菩薩

出家前の釈迦の姿であり、欲を捨て切れていない。豪華な装身具や宝冠を身に着けるのが特徴

菩薩と同じような服装と装身具を身に着ける
怒りを表した、燃え上がるような炎髪
岩のイメージをした岩座が多い。図は木を組み合わせた瑟瑟座（しつしつざ）

髪は結い上げ（五山髻［ごさんけい］）、冠や兜をかぶる
戦うために甲冑（鎧）を着る姿が多い。シール状の細長い布でできた天衣を身に着ける姿もある
忿怒相（ふんぬそう）。怒りの形相で人間や動物を説き伏せ、救済する
邪鬼を踏みつけている姿をよく見掛ける

明王

悪を打ち砕くために、如来が念奴相に変えて現れた姿。不動明王、愛染（あいぜん）明王、五大（ごだい）明王などがいる

天部

釈迦が生まれる以前からの神様で、仏法を守る役目をしている。四天王、毘沙門天、弁才天などがいる

[※] 1枚の大きな布で全身を包み込む。糞掃衣（ふんぞうえ）、大衣（だいえ）ともいう

お地蔵様のいる場所はあの世の境

お地蔵様は地蔵菩薩《じぞうぼさつ》といい、観音、不動明王《ふどうみょうおう》など庶民の信仰を集める仏のなかでも、最も親しまれている仏様である。

あの世では人を天国へ導き、この世では土地の豊穣、家内安全、長寿、水・火の厄払いに至るまで、その御利益《ごりやく》は実にバラエティに富む。このオールマイティな力も、庶民に多く信仰されている証だろう。困ったときはお地蔵様に祈願。まるでスーパーマンのような仏である。

一般的なお地蔵様の姿

仏教でいう6つの世界（六道《りくどう》［※1］）において人々の苦しみを救う地蔵菩薩。一般的に子どもの守り神として信仰される

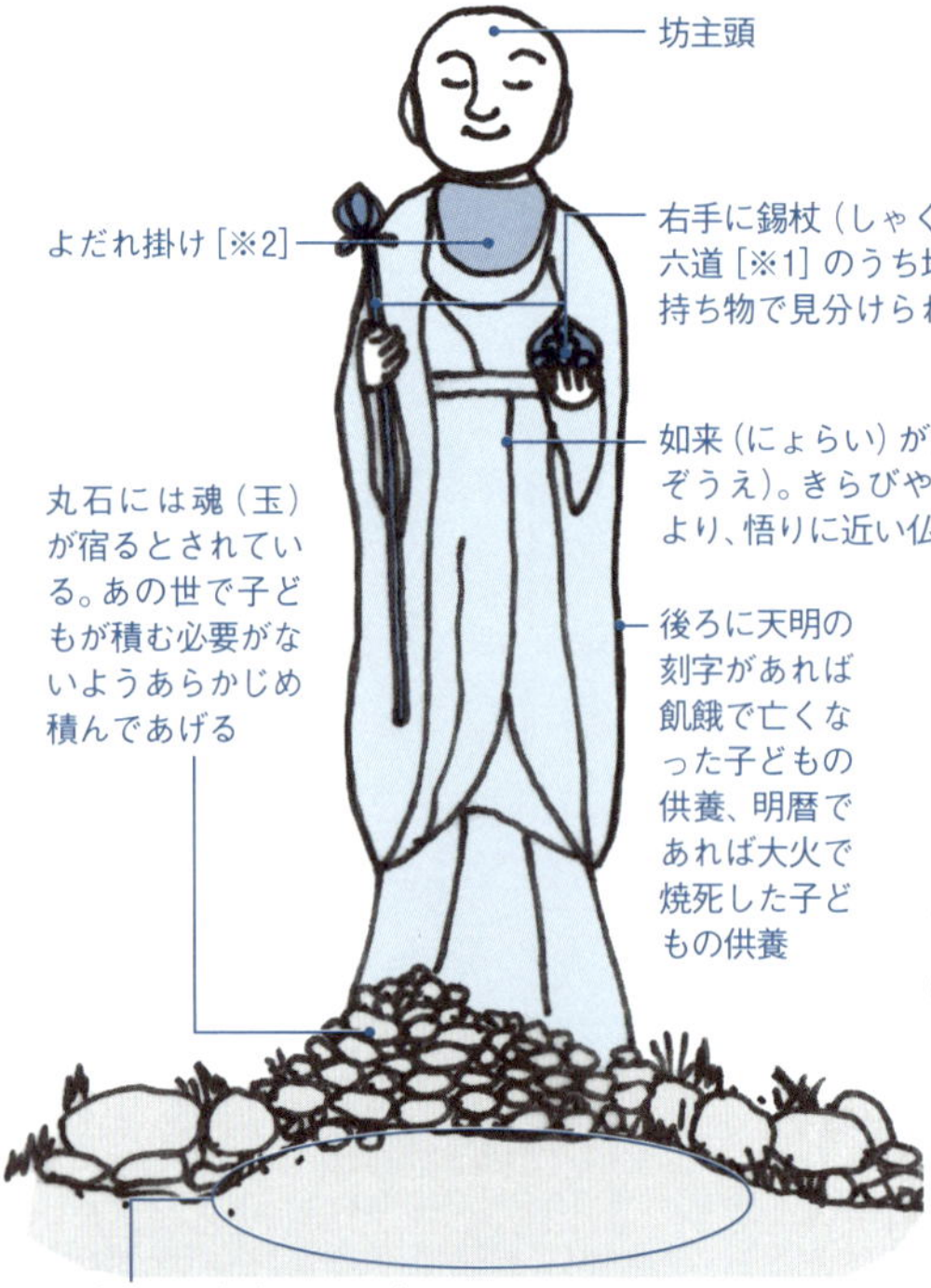
坊主頭
右手に錫杖（しゃくじょう）、左手に宝珠を持つのは六道［※1］のうち地獄道（じごくどう）を司る地蔵。持ち物で見分けられる
よだれ掛け［※2］
如来（にょらい）が着衣する粗末な糞掃衣（ふんぞうえ）。きらびやかな衣装を着るほかの菩薩より、悟りに近い仏といえる
丸石には魂（玉）が宿るとされている。あの世で子どもが積む必要がないようあらかじめ積んであげる
後ろに天明の刻字があれば飢餓で亡くなった子どもの供養、明暦であれば大火で焼死した子どもの供養
地蔵前に空地があれば回り場といって死者の棺をここで回す

六地蔵

必ずしもこの並び順や持ち物とは限らないが、1つの目安として覚えておこう

宝珠と錫杖
宝珠
幢幡
合掌
数珠
香炉
金剛願地蔵（地獄道）
金剛宝地蔵（餓鬼道）
金剛悲地蔵（畜生道）
金剛幢地蔵（修羅道）
放光王地蔵（人道）
預天賀地蔵（天道）

［※1］地獄道、餓鬼道、畜生道、修羅道、人道、天道

お地蔵様にまつわる儀式

六地蔵巡り

京都六地蔵は、京のエリアに結界をつくっている。地蔵盆の日に時計回りに巡ると多くの現世利益を授かるといわれる。江戸六地蔵もある

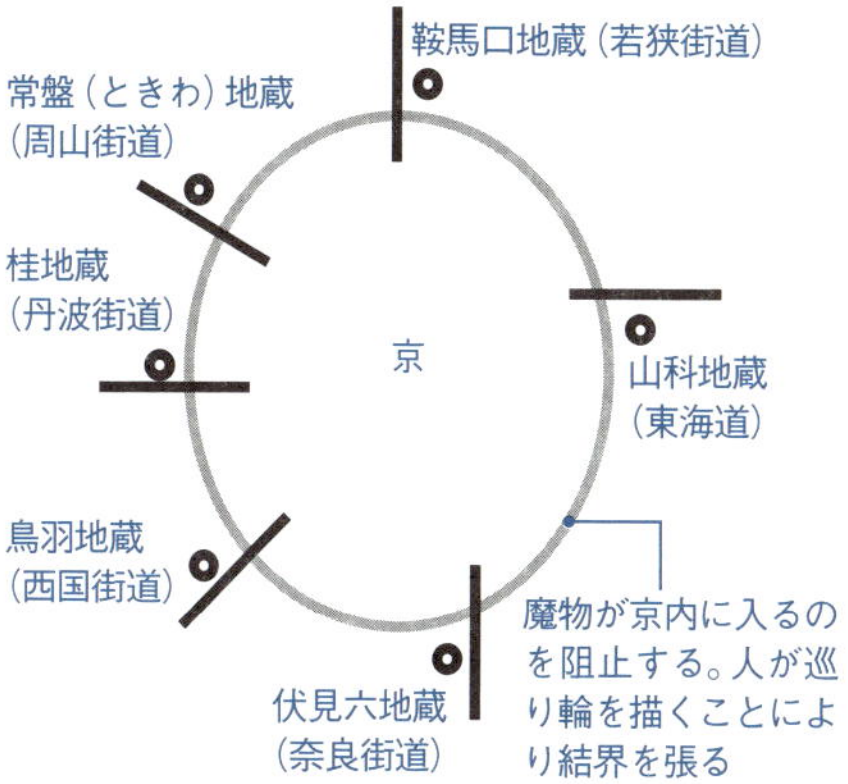
鞍馬口地蔵（若狭街道）
常盤（ときわ）地蔵
（周山街道）
桂地蔵
（丹波街道）
京
山科地蔵
（東海道）
鳥羽地蔵
（西国街道）
伏見六地蔵
（奈良街道）
魔物が京内に入るのを阻止する。人が巡り輪を描くことにより結界を張る

地蔵盆

子どもたちが地蔵に化粧をし（＝霊力をよみがえらせる）、組立て堂に安置すると、そこは子どもだけの世界となる。道行く人の賽銭や供物で溢れる

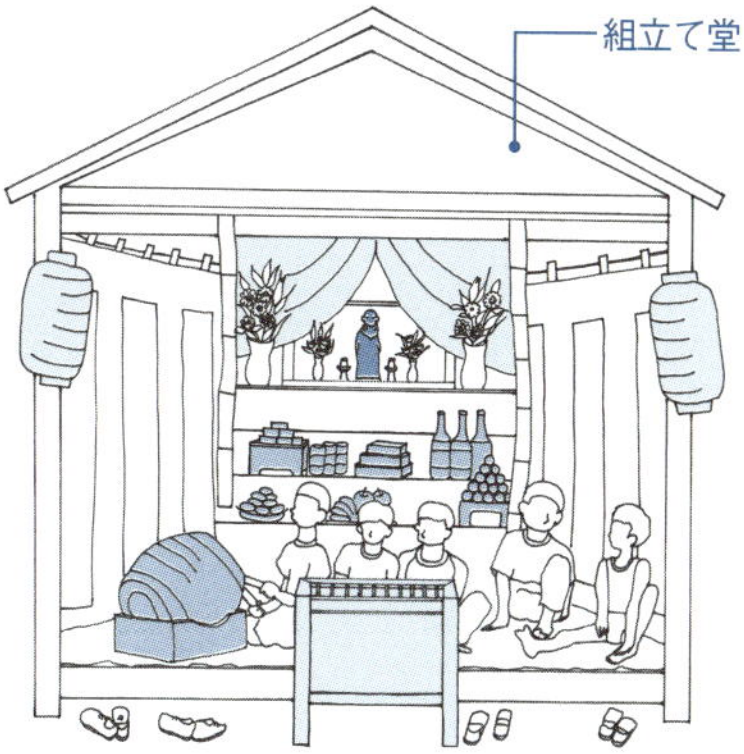
組立て堂
福井・小浜市の地蔵盆の様子

さまざまなお地蔵様

縛られ地蔵

苦痛を与え、願いが叶うと縄を解く

塩地蔵

病んでいる所に塩をこすりつける。治れば2倍の塩を供える

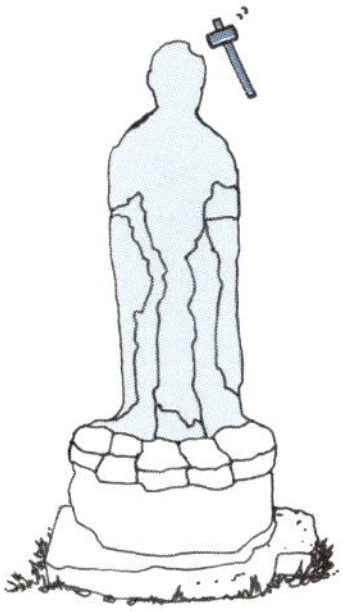

カンカン地蔵

患っている個所を叩くと治るという。同様に水を掛けると治るという水掛け地蔵もある

column | 地蔵を探してみよう！

寺の門前、墓地の入口、賽ノ河原（さいのかわら）、村の境、事故現場、辻や峠など、あの世とこの世の境をイメージする場所に鎮座する

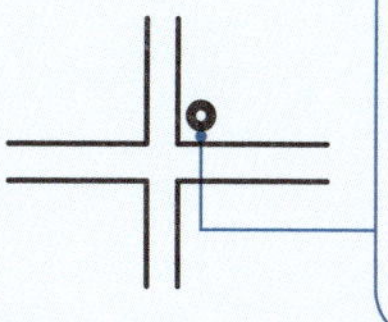

辻の地蔵

交差点は事故が多い。子どもが亡くなると地蔵を辻に祀り供養する。辻はあの世とこの世の交差する所。2つの世界を行き来する地蔵にはふさわしい場所である

［※2］よだれ掛けの寄進の理由は諸説ある。子どもが生まれると掛けて地域に参入した証とする説、地蔵のものを借りて赤ん坊に掛けると元気になるという説。借りた翌年は2枚納める

高架下にひしめく8軒飲み屋

図は東京・神田の高架下の飲食店。看板の数から8軒の飲み屋が入っていることが分かる（通称：神田ガード下8軒飲み屋）

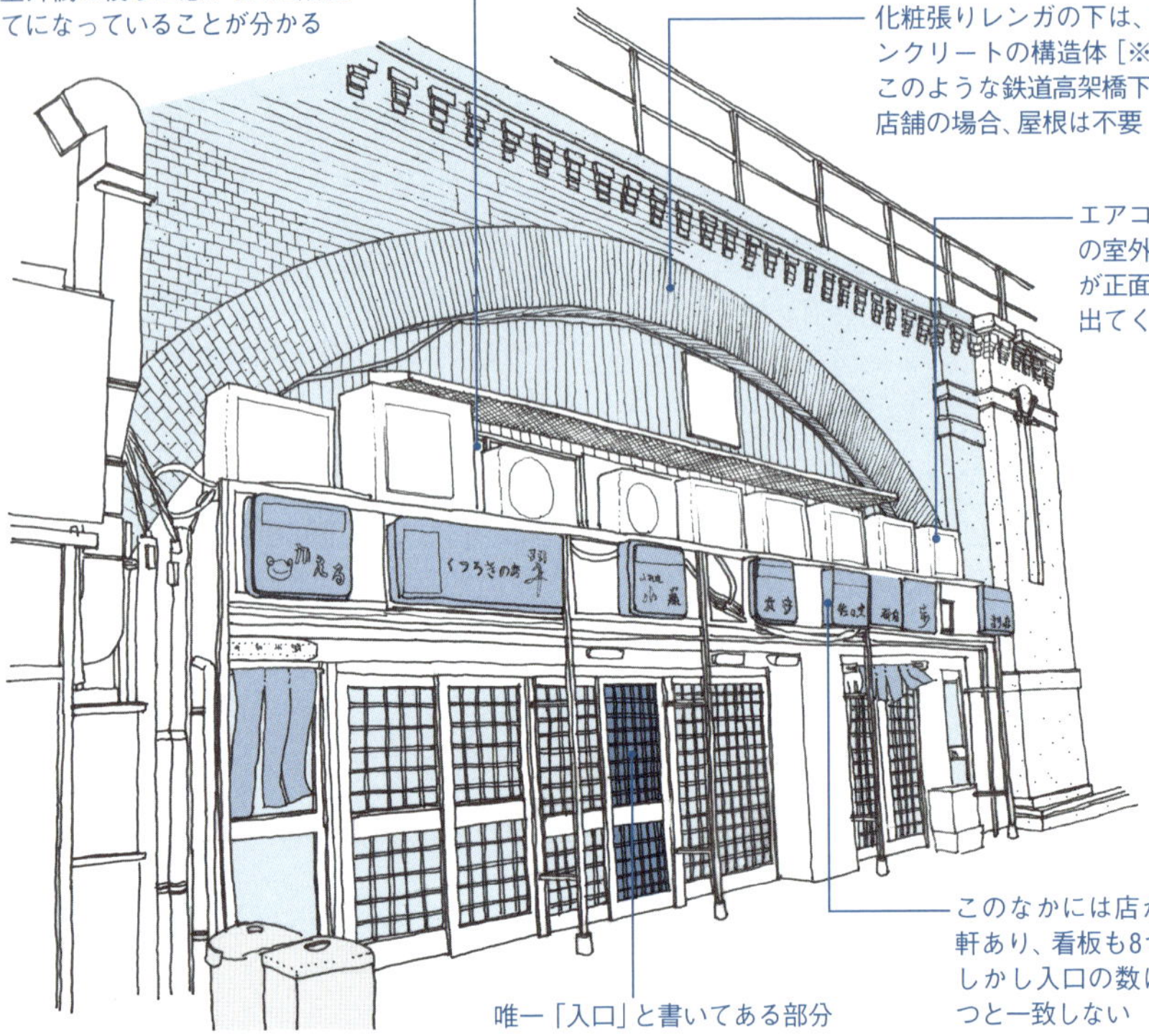
室外機の後ろに窓があり2階建てになっていることが分かる
化粧張りレンガの下は、コンクリートの構造体［※］。このような鉄道高架橋下の店舗の場合、屋根は不要
エアコンの室外機が正面に出てくる
このなかには店が8軒あり、看板も8つ。しかし入口の数は5つと一致しない
唯一「入口」と書いてある部分

ガード下の建物に屋根は不要？

東京の東側では、鉄道は高架化され、高架下空間は戦前から賃貸借物件として流通していた。

神田では、高架下に飲食店がひしめき合う。店に入ったら、天井を見上げてほしい。高架下建築は屋根あり・なしの2つに大別される。上図のような鉄筋コンクリート製の軌道敷きはしっかりした構造で屋根は不要なので、軌道敷き裏を眺めながら酒を飲むことができる。

［※］明治期のまま、レンガ積みの構造体のものが残っている区間もある

屋根あり・なしはココが違う

屋根あり型は鉄橋下

線路が鉄橋上にある場合、高架下空間に雨をしのぐための屋根が必要になる。屋根がある分、2階の天井高は低くなり、雨樋なども必要になる

高架橋の鉄骨の側桁（構造体）。高架下には屋根付きの建物
2階住居部分は天井が低い
塩ビ製の雨樋。上部に設けた屋根に降った雨水を受ける
1階店舗、2階住居の町家型建築

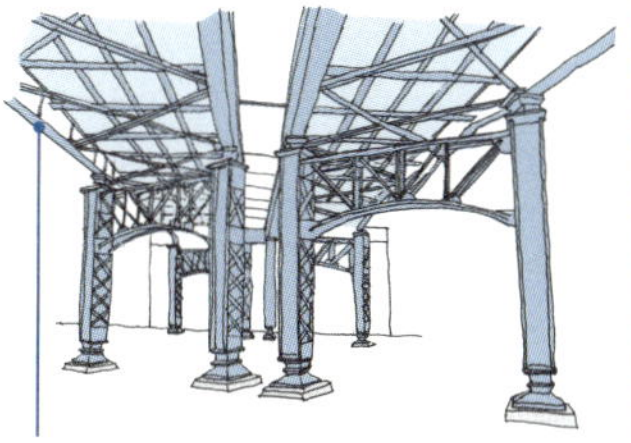

鉄骨を組み合わせた構造体は隙間が多いので、高架下空間の建物には屋根が必要

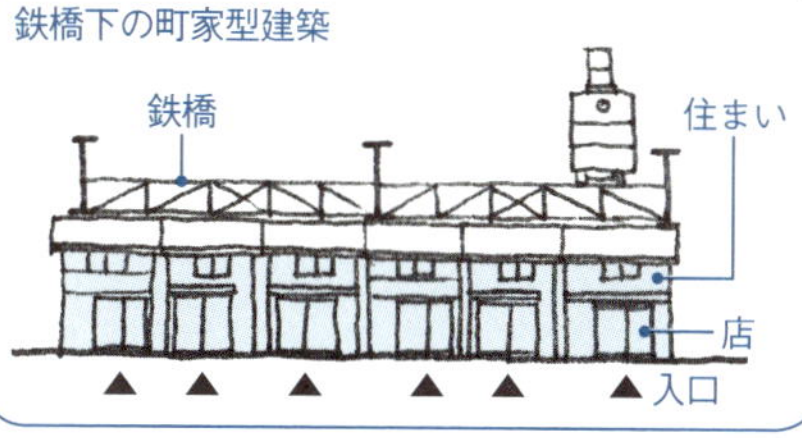

鉄橋下の町家型建築
鉄橋
住まい
店
入口

屋根なし型はコンクリート橋下

高架橋がコンクリート製の場合は、雨の心配もなく、高架下の空間に屋根は不要

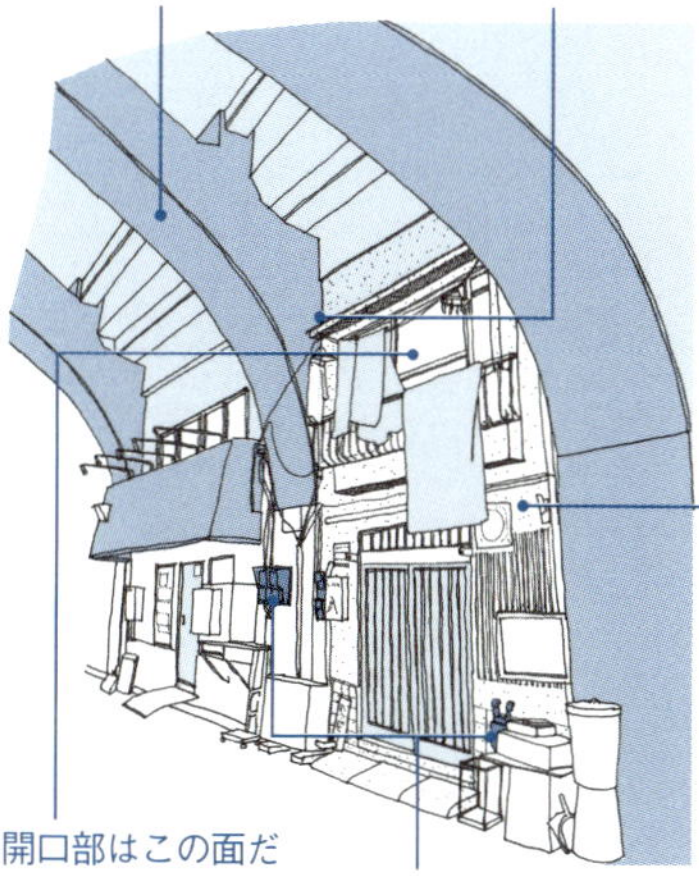

コンクリート造のダイナミックな構造体
屋根が必要ないので、雨樋もない
開口部はこの面だけにしか設けられないので、生活感がにじみ出る
電気メーターやガスメーターも建物間口（まぐち）に出てくる

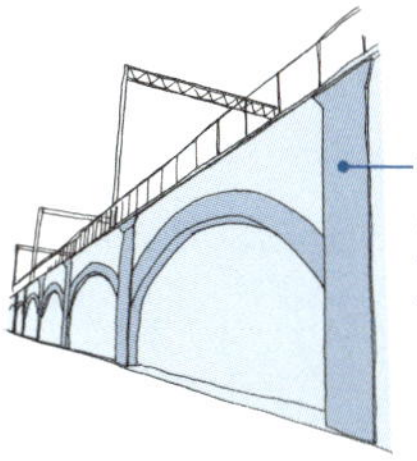

鉄筋コンクリートの構造体は、柱・梁・床が一体化されており、高架下空間に屋根は不要

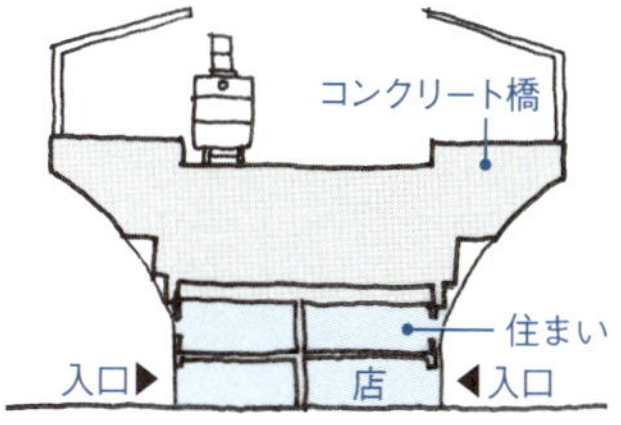

片持ち構造のコンクリート橋の下にある建物
コンクリート橋
住まい
入口
店
入口

[MEMO] 戦後は、高架に沿って闇市が開かれた。有名なアメ横（アメヤ横丁）は東京・御徒町（おかちまち）の闇市が発祥の商店街である

粋な黒塀はお茶屋のサイン

昔はにぎわいをみせた花街《かがい》も、今やまちなかに埋もれてしまった。目安となるお茶屋も、料理屋との区別が難しい。そんなときには、塀に当たりを付けて歩いてみるとよい。お茶屋は建物を通りに見せず、塀で囲っているからだ。「粋な黒塀[※]」ではないが、粋な塀が見分けられる術を会得できればお茶屋が分かるし、近隣にある三味線《しゃみせん》屋や履物屋などの花街特有の店も見えてくる。

「粋な黒塀、見越しの松」

通りと建物の間がわずかでも、2.1mほどの背の高い塀を設け、植樹するのがお茶屋の定番だ

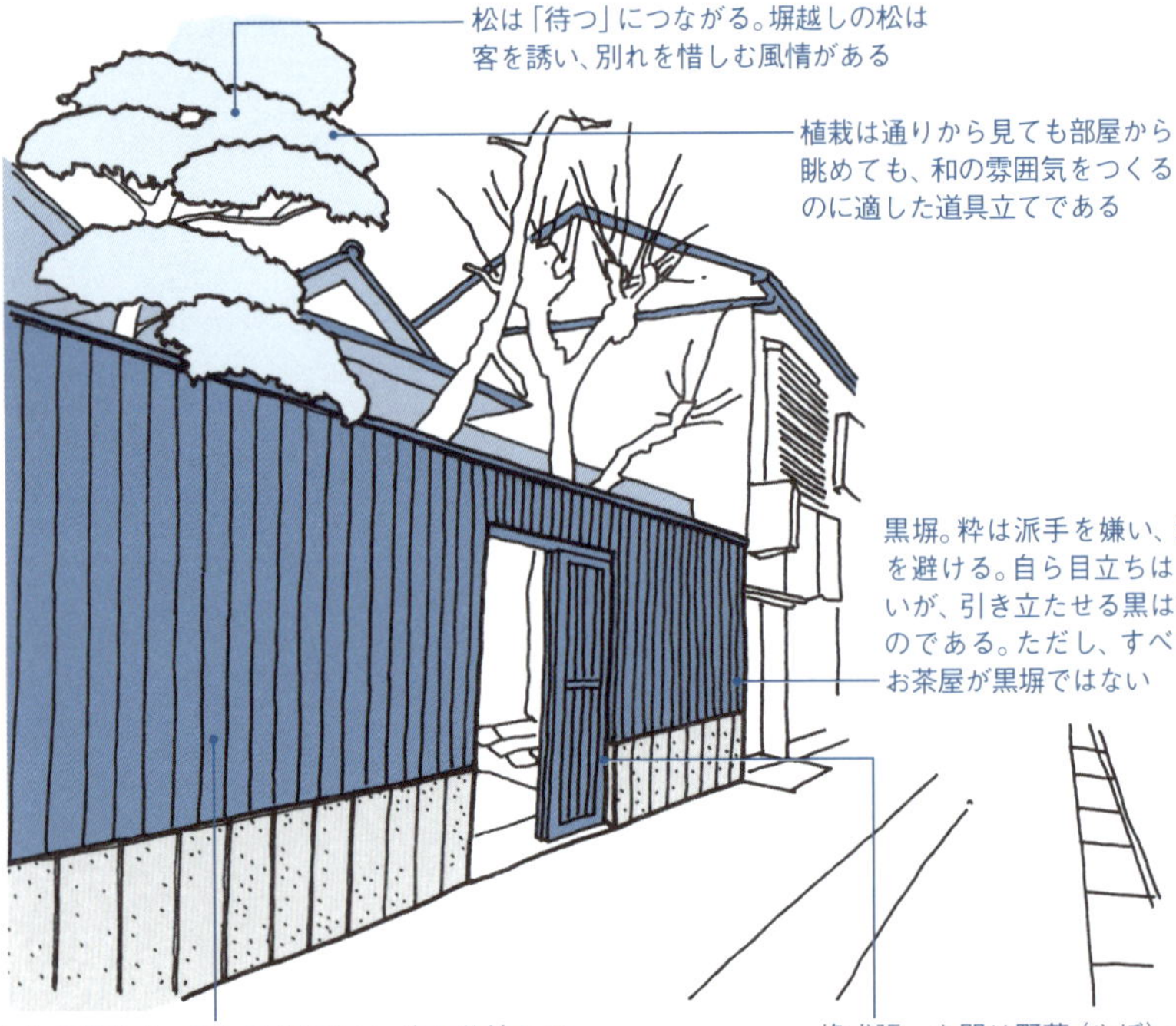
松は「待つ」につながる。塀越しの松は客を誘い、別れを惜しむ風情がある
植栽は通りから見ても部屋から眺めても、和の雰囲気をつくるのに適した道具立てである
黒塀。粋は派手を嫌い、地味を避ける。自ら目立ちはしないが、引き立たせる黒は粋なのである。ただし、すべてのお茶屋が黒塀ではない
「たとえ好きあっても実りのない、客と芸妓との平行線の愛」を粋とした。着物の縦縞は男女の暗示といわれるが、お茶屋の板塀も縦張りとした
格式張った門は野暮（やぼ）である。塀の一部を切り取り、格子戸を付けたさり気なさがよい

[※] 昭和29年の流行歌「お富さん」のなかの一節。また、歌舞伎「与話情浮名横櫛」の一場面で、「源氏店」という店が黒塀だとして、高級料理屋であることを比喩している

花街を見分けるサイン

粋な2階の窓

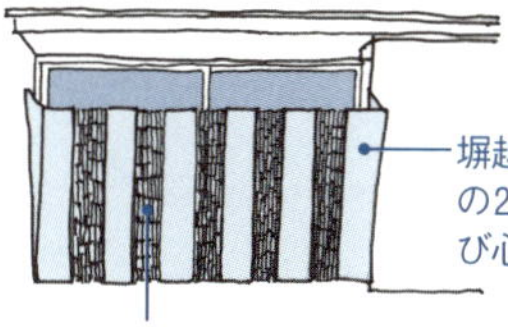

塀越しに見えるお茶屋の2階の窓や手摺は遊び心に溢れている

目隠し板の間に竹を使い、全体を軽やかにする

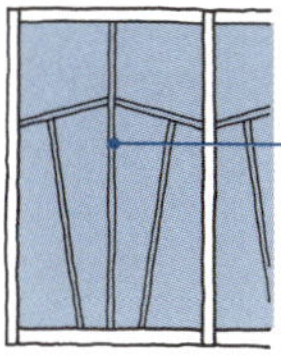

ガラス窓の骨は細くし、軽く見せる

塀の灯《とも》り

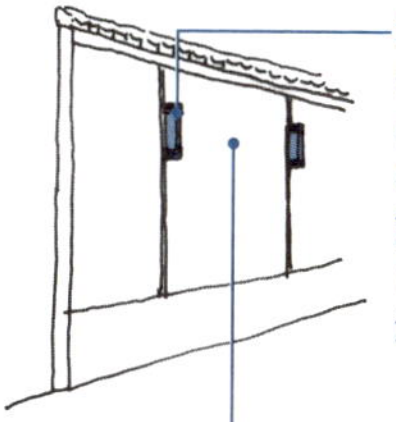

塀に「灯り」を付けるのも花街の印。江戸時代の塀に外灯用に設けられた聖（ひじり）窓の流れをくむ

塀に穴をあけ、竹の横桟に、目隠し用に萩の簾（すだれ）掛けを設けることも。のぞけるようでのぞけないのが男心をくすぐる仕掛け

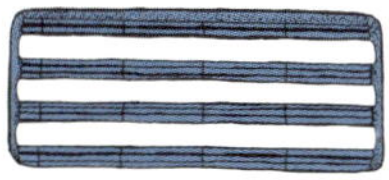

花街の稲荷《いなり》を探せ

茶屋の門口には屋敷稲荷を祀る。水商売には欠かせない神様である

町内の稲荷社の石柵には、お茶屋、芸妓（げいぎ）の名が刻まれている

芸妓遊びに必要なものは?

履物屋の看板

ふぐ屋の提灯

和菓子屋ののれん

花街ならではの店

花街では三味線、呉服、履物の屋根看板に、ふぐ、天ぷら、和菓子などの吊り提灯（ちょうちん）やのれんが目に付く

三味線を抱えた流し（新内［しんない］流し）も舟でまわった

舟が交通

花街は川の近くにある。芝居、花街への遊びは陸路駕籠（かご）ではなく、舟を使った

レトロ交番 細部に宿る職人の手技

警察官が24時間交代勤務してまちの治安維持に当たる「交番」は、日本独特のシステムだ。交番には江戸時代の番屋《ばんや》制度[※]が取り込まれている。

関東大震災後の復興事業や昭和天皇の即位令記念事業の1つとして、各所に新たな交番ができた。その特徴に、当時流行していたインターナショナルスタイルの影響がある。「和」の制度に「洋」の意匠が混在した当時の交番の見どころを紹介する。

和と洋のミックス レトロ交番

震災後、木造に変わってコンクリートで石造り風の交番が各所に建てられた。主に2室で構成され、間口2.4m、奥行き4.5mという広さも江戸時代の自身番とほぼ同じ。随所に和風を取り入れているのが、レトロ交番の特徴だ。図は東京・本所の厩橋旧交番（現地域安全センター）

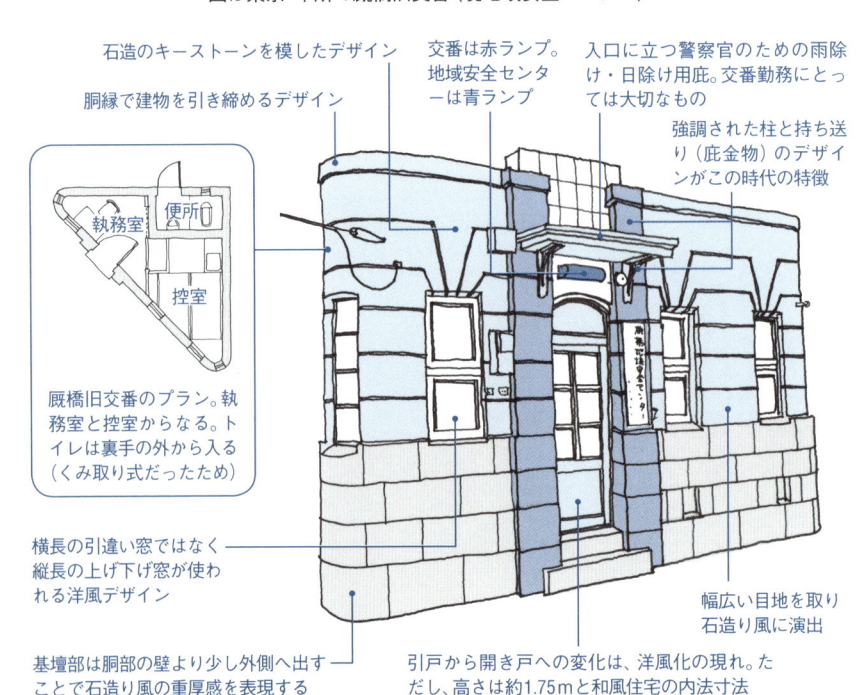

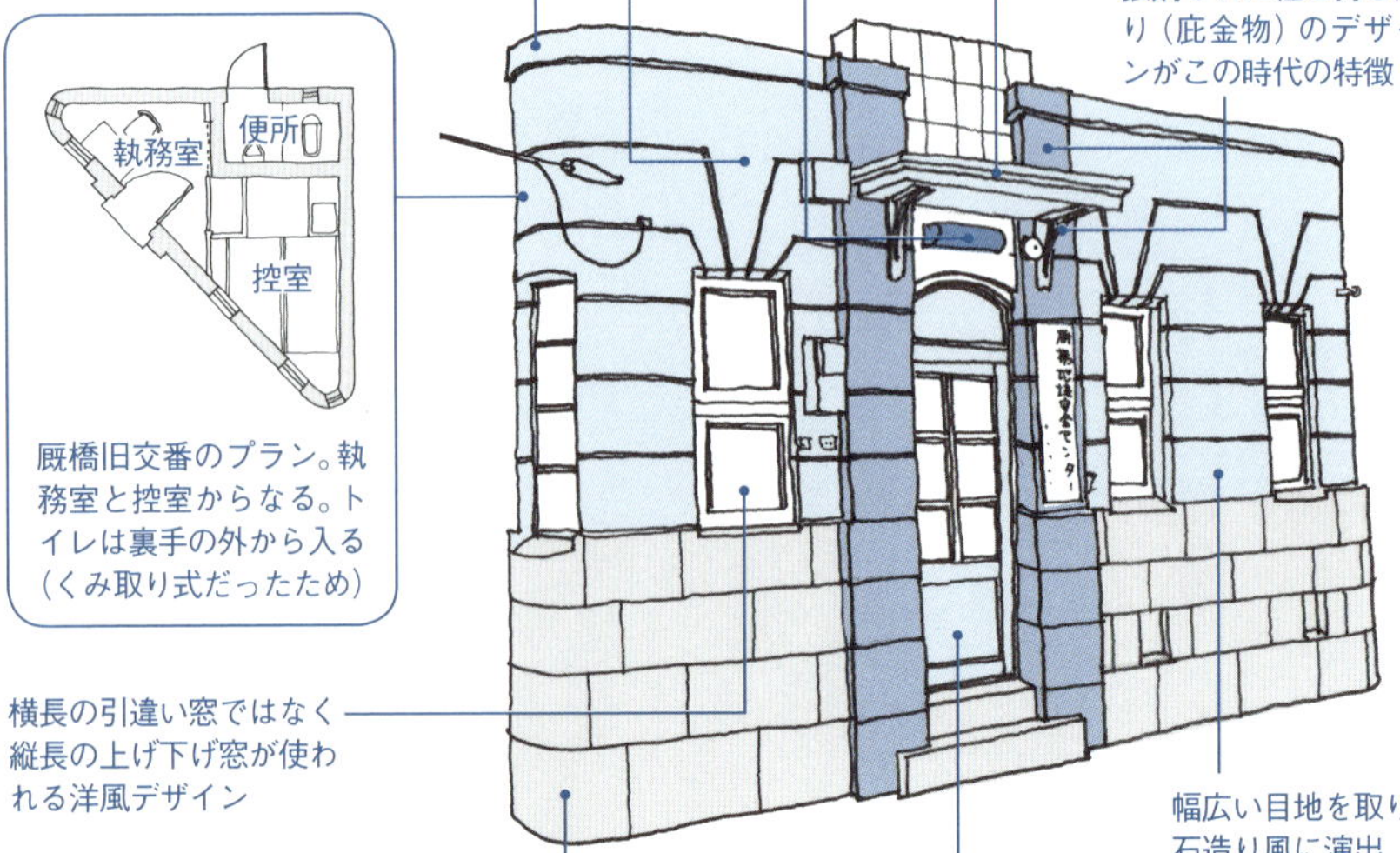
石造のキーストーンを模したデザイン
胴縁で建物を引き締めるデザイン
交番は赤ランプ。地域安全センターは青ランプ
入口に立つ警察官のための雨除け・日除け用庇。交番勤務にとっては大切なもの
強調された柱と持ち送り（庇金物）のデザインがこの時代の特徴
執務室
便所
控室
厩橋旧交番のプラン。執務室と控室からなる。トイレは裏手の外から入る（くみ取り式だったため）
横長の引違い窓ではなく縦長の上げ下げ窓が使われる洋風デザイン
幅広い目地を取り石造り風に演出
基壇部は胴部の壁より少し外側へ出すことで石造り風の重厚感を表現する
引戸から開き戸への変化は、洋風化の現れ。ただし、高さは約1.75mと和風住宅の内法寸法

[※] 番所制度ともいう。町人地では表通りの町境ごとに「自身番（じしんばん）」が、武家地には通りの交差点などに「辻番」が置かれ、治安警備に当たっていた

交番が受け継ぐ「番屋制度」

江戸時代

番屋制度。自身番は2室からなり、大きさは当初間口9尺（2.7m）、奥行き2間（3.6m）と決められていた

↓

明治前期

明治7年、「交番所」を配置することが決定（同14年に「派出所」と改称）。自身番、辻番と同様、交差点や橋詰（はしづめ）などに設置された

新吉原京町の交番建物（現存しない）

↓

明治・大正期

明治45年、建築家辰野金吾（たつのきんご）により、万世橋駅の一部として建てられたレンガ造りの交番（江戸東京たてもの園に移築）。火に強いレンガ造りの建物は優雅だったが、地震に弱く、その後、姿を消した

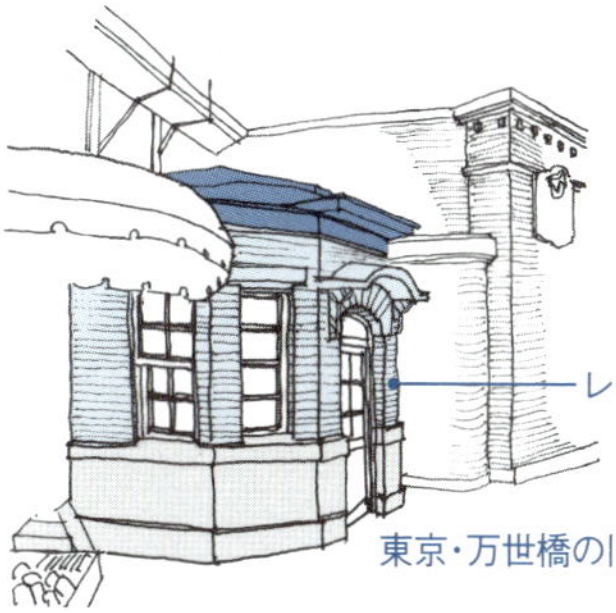

東京・万世橋の旧交番

↓

昭和前期

図の左側の建物は規格化された定型の交番。同タイプが数カ所現存する

東京・月島の旧交番（大正15年）

東京・吾妻橋東詰の旧交番（昭和3年）

↑

現在

現在の交番にも江戸時代以来の、2室プランが受け継がれている。立地も交差点が多い

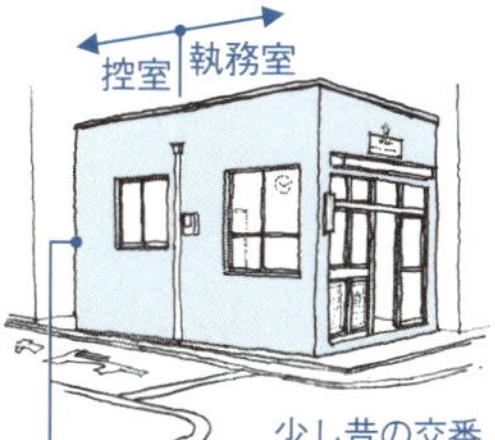

少し昔の交番

職人の技術が光る、庇金物

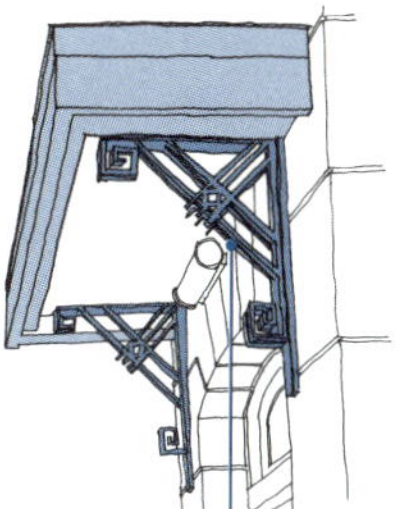

見どころの1つは庇金物。和の風格をもちながら洋風のデザインに仕立て上げている

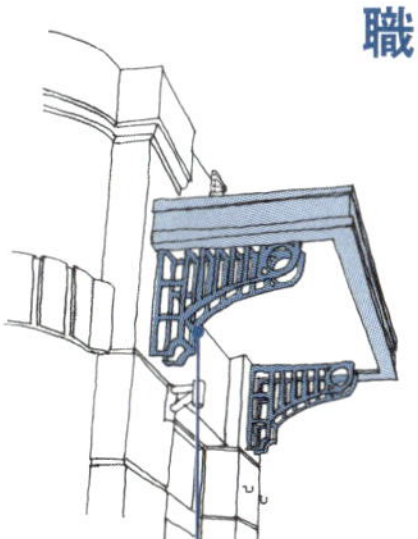

庇金物の意匠は交番ごとに異なる

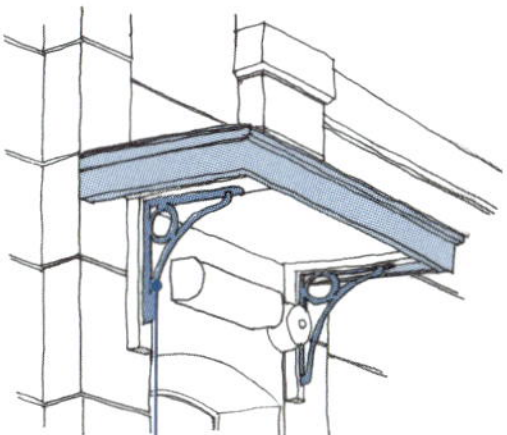

当時の職人の技術の高さを物語るデザイン

銭湯のデザインは寺社風

日本人は風呂が好き。入浴は単なる生活習慣ではなく、禊《みそぎ》の意味合いも帯びていた。

入浴するために衣服を脱ぎ、身をきれいにし、上がったら新しい下着に着替える。蛇の脱皮にも似たこの一連の動作が、再生の儀式のように考えられていたのだ。そんな禊の場となる銭湯に、聖なる意匠があしらわれているのもうなずける。特徴的な外観をもつ宮造《みやづく》り型銭湯を見てみよう。

銭湯は宮造り型が基本

千鳥破風《ちどりはふ》の大屋根に、唐破風《からはふ》の入口を備えた構えは、寺院の本殿を思わすもの。その外観から宮造り型銭湯と呼ばれる。この形式は関東大震災後の大正末から昭和の初めに生まれた

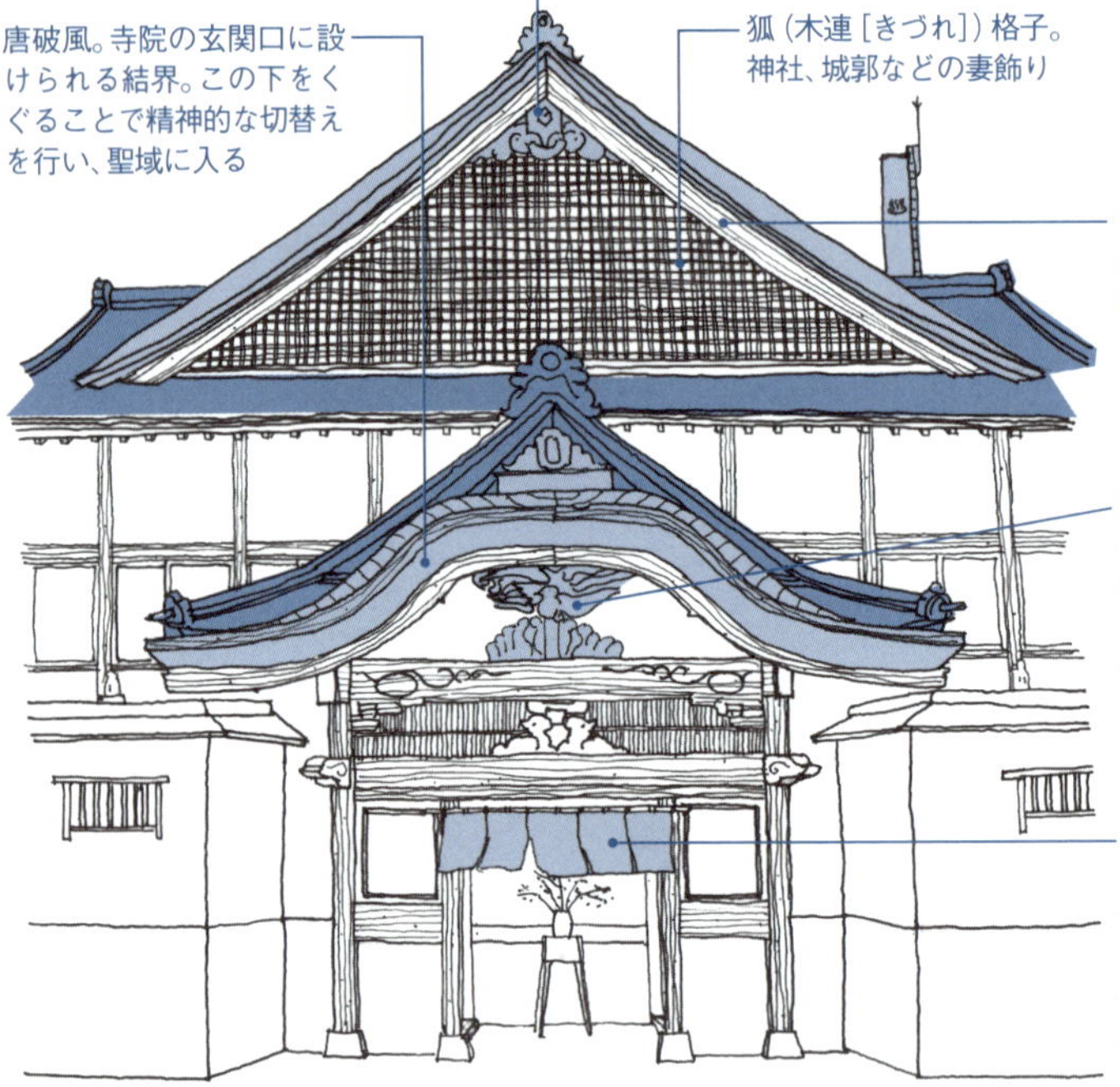
懸魚（げぎょ）［※1］。そこに彫られた魚が水を吹く姿は、防火への願い
唐破風。寺院の玄関口に設けられる結界。この下をくぐることで精神的な切替えを行い、聖域に入る
狐（木連［きづれ］）格子。神社、城郭などの妻飾り
千鳥破風とは屋根の斜面に設ける破風（三角形の部分）
兎毛通し（うのけとおし）［※1］。目に付く所にあるこの細やかな飾り彫刻は、職人の腕の見せどころ
のれん。風水でいうヒンプンで、邪気の侵入を防ぐまじない。関東は半のれん、関西は長のれんを用いる

［MEMO］本項では主に関東の銭湯を取り上げた。関西では、また違った意匠をもつ銭湯が見られる。洋風（近代建築風）銭湯なら大阪・生野区の「源ヶ橋温泉」。美しい町家風銭湯なら京都・北区の「船岡温泉」など

宮造り型銭湯内部の見どころ

折上げ
格（ごう）天井。図はより格の高い折上（おりあ）げ格天井。壁からの四面を立上り曲面でもち上げたもの。最も格式が高いのが二重折上げ格天井
高窓は傷みにくく、レトロな建具に出会える
関東では板張り、関西ではすのこ張り床

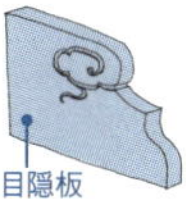
目隠板

番台。江戸時代は高座といい、盗み（板の間稼ぎ）がないか監視した。雲形（くもがた）の目隠板があれば相当な歴史があり、座も畳の可能性

脱衣所 ── 格式ある空間

吹抜けの大空間と格式高い格天井が特徴的。間近に観察できる番台も要チェック

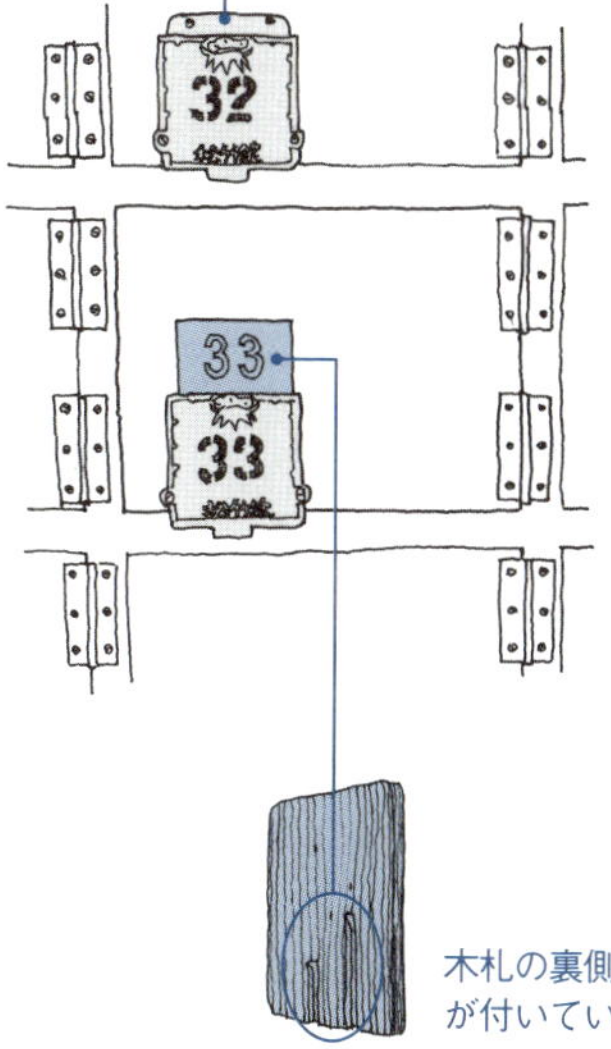
木札がないと使用中
32
33
33
木札の裏側に溝が付いている

下足箱 ── 木札が鍵

鍵は木札で、引き抜くと閉まる仕組み。溝の深さの違いが鍵になる。傘立てに木札鍵が使われることも

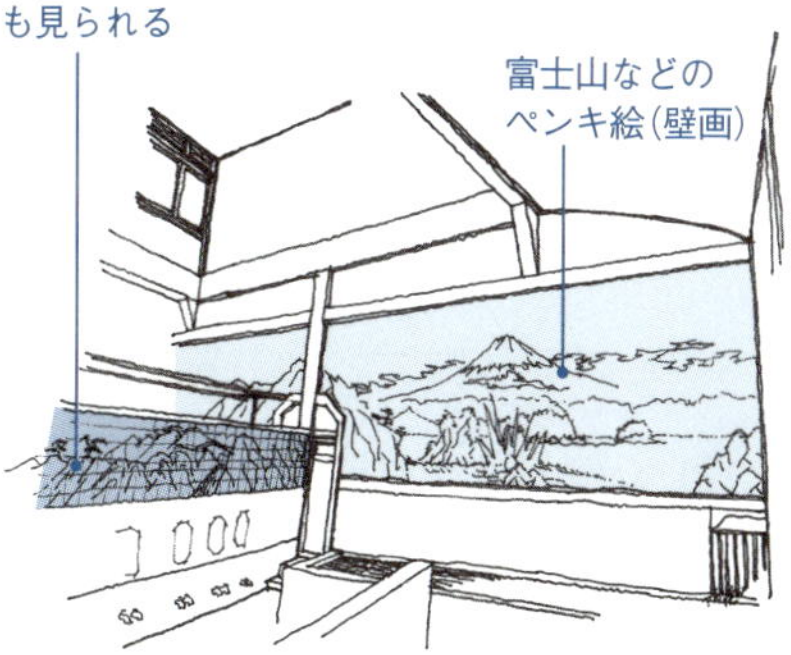
タイル絵は男湯と女湯の境にある。鯉や宝舟など趣向を凝らした絵が多い。関西では装飾性が高く高級なマジョリカタイル[※2]も見られる
富士山などのペンキ絵（壁画）

浴室 ── 絵画鑑賞

奥の釜場と防火壁で仕切るため、モルタルやトタンによる大きな壁が生まれた。そこに描かれたペンキ絵は必見

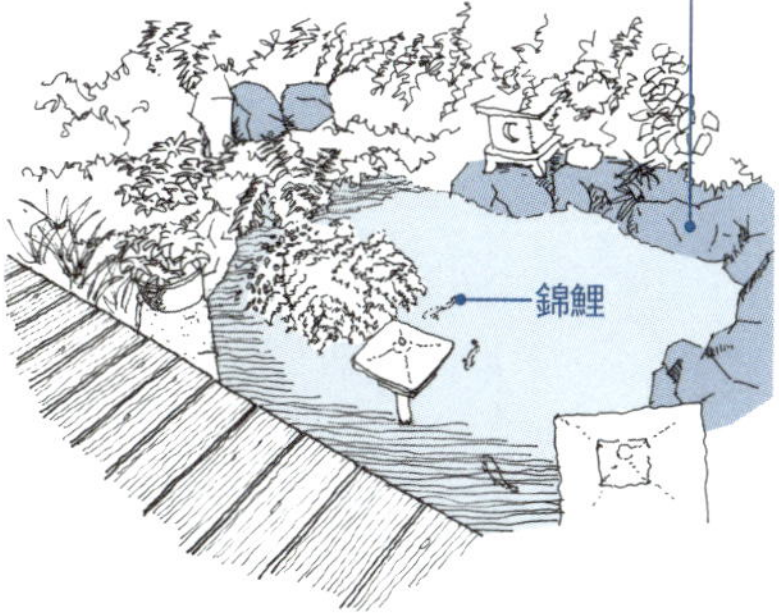
火山岩が多く使われる
錦鯉

坪庭 ── 汗落としの場

湯上がりの汗落としにも、池の鯉の観賞にもよい。銭湯経営者の出身地は北陸が多く、なかでも新潟は錦鯉の生産地

[※1] 懸魚と兎毛通し、この2つの飾り彫刻にかけるお金だけで、普通の家が1軒建ってしまうような建物もある
[※2] 15世紀、イタリアで発達した陶器

たばこ屋のショーケースに注目

たばこが専売だった時代[※1]、たばこ屋は原則、通りの角でなければ営業許可が下りなかった。今でも四つ角でたばこ屋を見掛けるのはその名残だ。

たばこ屋のショーケースの奥にいるのは店の看板娘。そのほか、たばこ屋には三種の神器《じんぎ》といわれるものがあった。「たばこの看板」「公衆電話」「郵便ポスト」[※2]である。いずれも赤色で、目を引いたものだ。

たばこ屋の三種の神器を探せ

神奈川・鶴見の現役のたばこ屋。たばこ屋の三種の神器も現役である。たばこ屋はまち角の通信・情報ステーションでもあった。郵便・電話が使え、まちの案内人でもある看板娘がいたからだ。古くからのたばこ屋には「塩」の看板なども加わる。まちには欠かせない店である

1. 看板
なくてはならない商売道具。屋根の大看板は目立てば売れた時代の名残
たばこ屋には、昭和40年ごろから自動販売機が設置された
3. 郵便ポスト
切手・ハガキもたばこ屋で買えた
国産・外国
たばこ
マルミ屋商事
み
たばこが並ぶショーケース。奥には看板娘がいる。ショーケース周りには、そのたばこ屋の歴史が分かる手掛かりがある
2. 公衆電話
昔は赤電話。角のたばこ屋にあれば人目に付きやすい

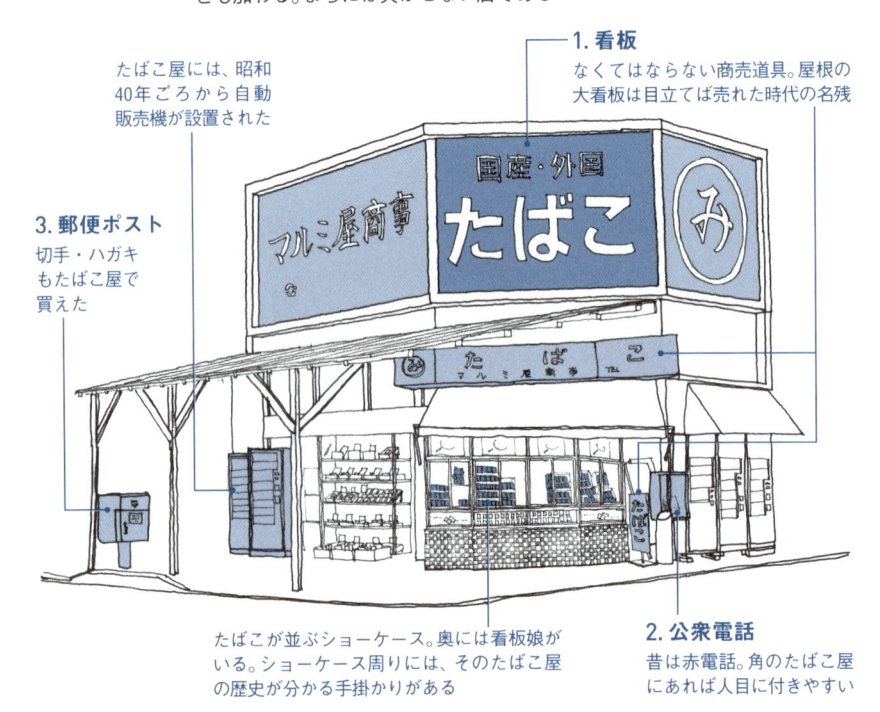

[※1] たばこ・塩は日本専売公社の独占製造・販売であった(1985年に改組)
[※2] 電信・電話事業は旧電電公社の、郵便事業は旧日本郵政公社の独占事業であった

ショーケースから歴史が分かる

ボーダー（着色看板）と袖ウィンドウ、窓口のレイアウトは昔からほぼ変わらない

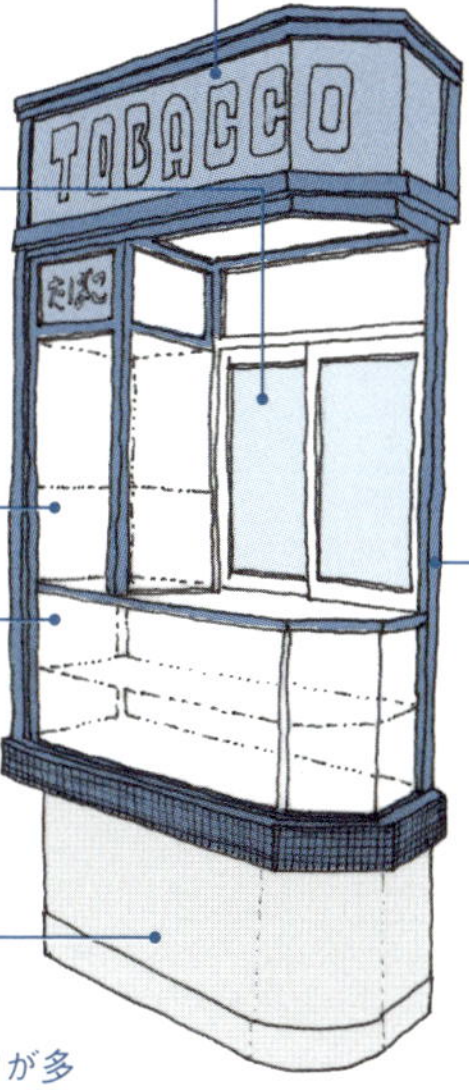

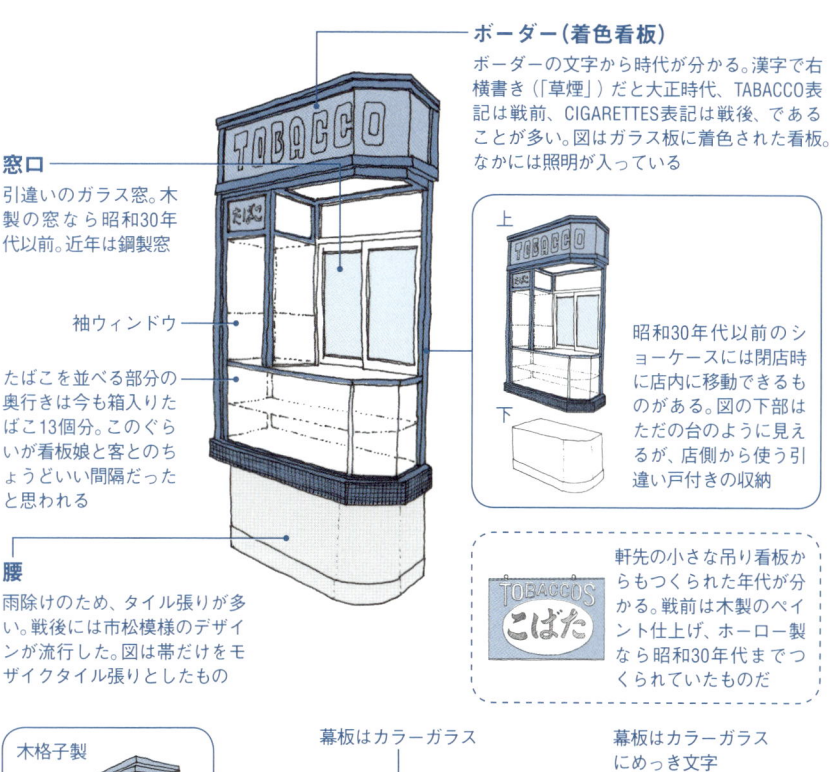

ボーダー（着色看板）

ボーダーの文字から時代が分かる。漢字で右横書き（「草煙」）だと大正時代、TABACCO表記は戦前、CIGARETTES表記は戦後、であることが多い。図はガラス板に着色された看板。なかには照明が入っている

窓口

引違いのガラス窓。木製の窓なら昭和30年代以前。近年は鋼製窓

袖ウィンドウ

たばこを並べる部分の奥行きは今も箱入りたばこ13個分。このぐらいが看板娘と客とのちょうどいい間隔だったと思われる

腰

雨除けのため、タイル張りが多い。戦後には市松模様のデザインが流行した。図は帯だけをモザイクタイル張りとしたもの

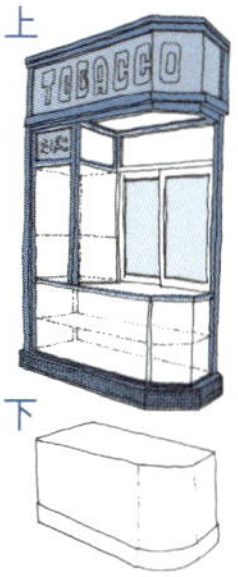

昭和30年代以前のショーケースには閉店時に店内に移動できるものがある。図の下部はただの台のように見えるが、店側から使う引違い戸付きの収納

軒先の小さな吊り看板からもつくられた年代が分かる。戦前は木製のペイント仕上げ、ホーロー製なら昭和30年代までつくられていたものだ

木格子製

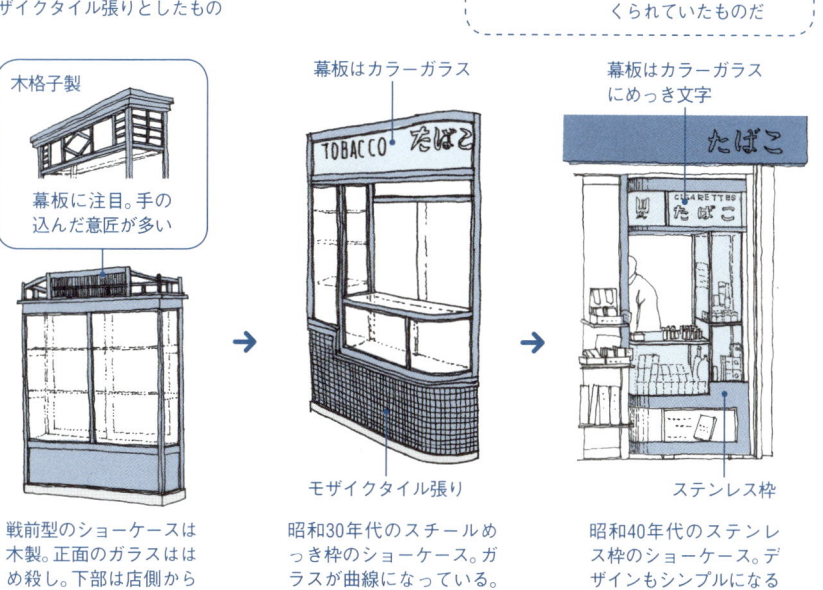

幕板に注目。手の込んだ意匠が多い

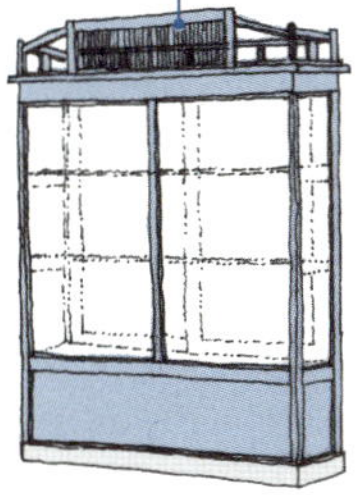

戦前型のショーケースは木製。正面のガラスははめ殺し。下部は店側からの引出しとなっている

幕板はカラーガラス

モザイクタイル張り

昭和30年代のスチールめっき枠のショーケース。ガラスが曲線になっている。下部はモザイクタイル張り

幕板はカラーガラスにめっき文字

ステンレス枠

昭和40年代のステンレス枠のショーケース。デザインもシンプルになる

今も残る駄菓子屋の立地条件

まち歩きの途中、路地裏に迷い込むと、子どもたちの元気な声が聞こえてくることがある。駄菓子屋だ。

店内では所狭しと並べられている商品から、好みのものを選んでお金を払う。子どもは駄菓子屋で社会経験を積むのだ。また駄菓子屋の周りは、年長者と年少者がともに遊ぶ社交場でもある。店内からはみ出すように、子どもの空間が広がっているのを見逃してはいけない。

駄菓子屋は周りも子どもの社交場

その数が激減するなか、現代まで生き残ることができた駄菓子屋の条件の1つに、場所性がある。交通量が少なく、路上で遊べる立地が大切。店内だけでなく通りも子どもたちの遊び場となる

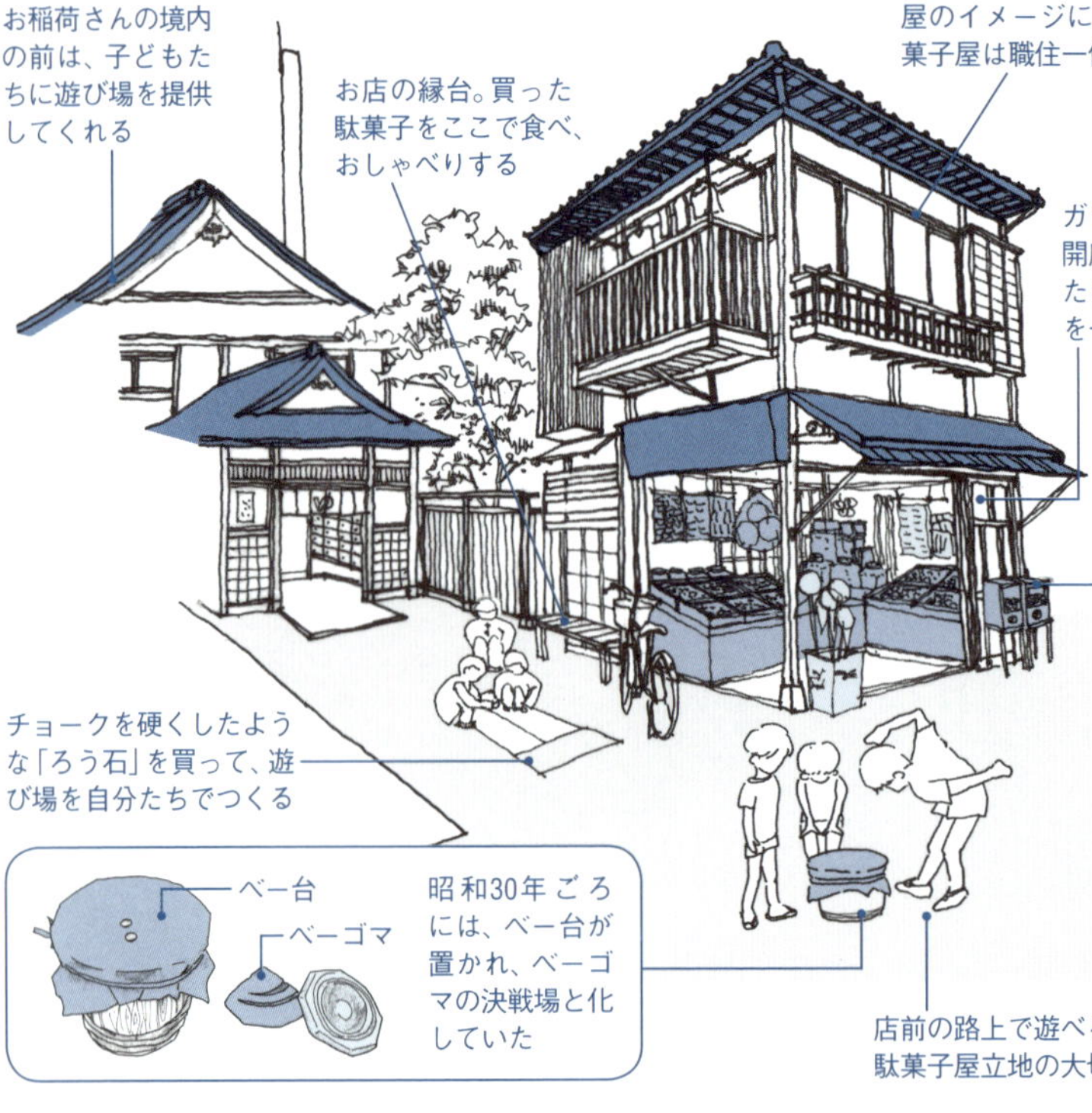
銭湯前の通りや、お稲荷さんの境内の前は、子どもたちに遊び場を提供してくれる
お店の縁台。買った駄菓子をここで食べ、おしゃべりする
昔ながらの木造住宅。駄菓子屋のイメージにぴったり。駄菓子屋は職住一体である
ガラスの引戸。開店時は開け放たれ、内と外とを一体化する
ガチャガチャは外部から使う
チョークを硬くしたような「ろう石」を買って、遊び場を自分たちでつくる
ベー台
ベーゴマ
昭和30年ごろには、ベー台が置かれ、ベーゴマの決戦場と化していた
店前の路上で遊べるかどうかは、駄菓子屋立地の大切なポイント

狭い店に広がる子どもの宇宙

2間（1.8m）四方の狭い店。「出《だ》し子」「吊り菓子」「ガラス瓶」の配置をどうするかでその駄菓子屋の個性が決まる

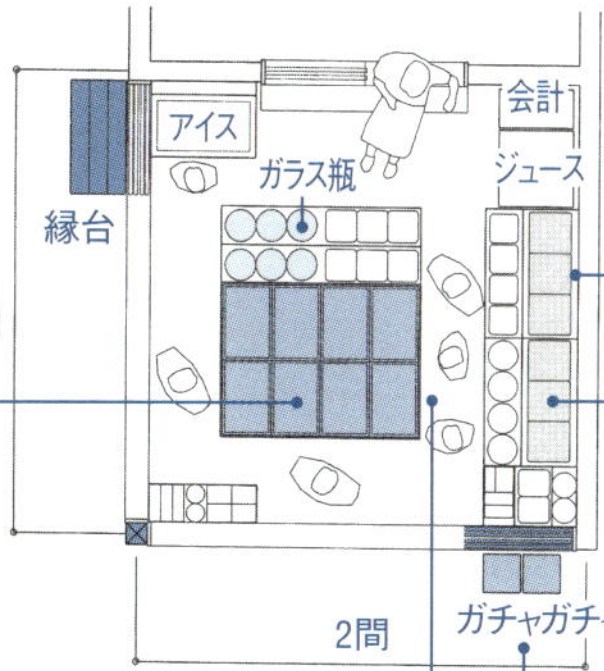

子どものスケールでも狭い通路

なかには小分けされた色とりどりの菓子が並ぶ

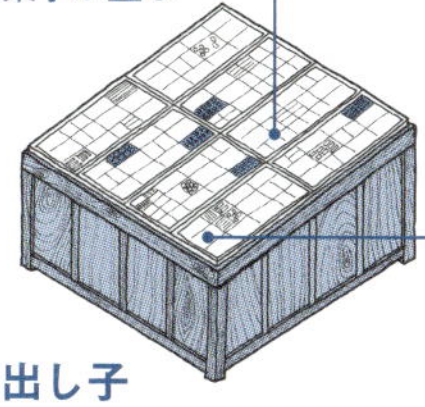

手前が低く小さな子でも指差せる

出し子

ガラス蓋付きの木製ケース。バラバラな駄菓子が詰められていて、ガラス蓋の上から指差せる

駄菓子が溢れているように陳列する

一斗缶《いっとかん》

小分けする前のケース。「大人買い」はいかにも野暮（やぼ）な買い方

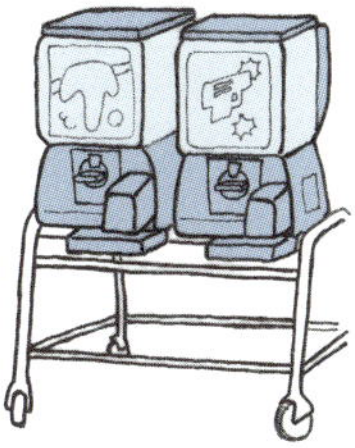

ガチャガチャ

手動の自動販売機。取手をガチャガチャと回せばおもちゃが出てくる。電飾もなく、小さい

ガラス戸付きの木製棚

ここにある駄菓子は少し高級品

吊り菓子

小分けの菓子袋が連結され、天井からぶら下がっている。切り取って買うのが楽しい

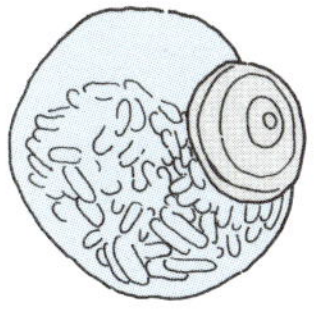

ガラス瓶（地球瓶）

カラフルな中味が透けて見える。少量でも買えるように、なかには小さなアルミのスコップが付いている

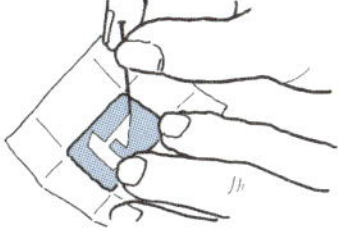

型抜き

見事に切り抜くと景品がもらえる

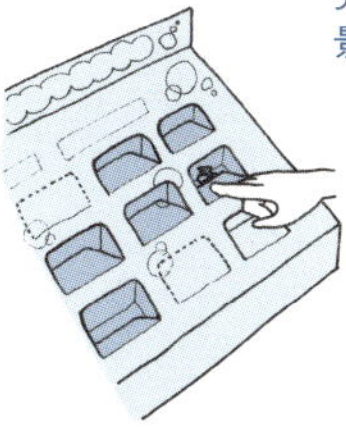

当たりくじ

なかなか当たりが出ない

町家カフェを見つけよう

東京・白金にある6軒長屋の一角を改装したカフェ。町家が立ち並ぶ景観を壊さずリメイクした手法にも着目したい。まち歩きの際、息抜き場所にも、内部空間の観察ポイントとしても使える

当時の材料をそのまま使用している
簾（すだれ）を使い、町家の雰囲気を演出する
cafe tenement
のれんを張り、建築との一体性をもたせている

町家は見どころお休み処

まち歩きで、感じのよい町《まち》家《や》建築に出会ったときには、間取りや使用材料など内部の様子も観察したい。今も住宅として使われているなら諦めるしかないが、近ごろはカフェなどの店舗にリメイクされていることも多い。ぜひお邪魔して、コーヒーでも飲みながら内部空間を堪能しよう。長屋や旧店舗・個人住宅など対象はさまざま。疲れた足を休めつつ、建物内部を観察できる絶好の機会だ。

リメイク町家の見どころ

東京・神楽坂という茶屋街にあるので、
新しく黒塀を造作し調和させている

和室の内部は補修した程度。かつての
住まい手のセンスを生かしている

外の騒がしさとは裏腹に、純和風のもつ落ち
着いた空間を生かして食事処にしている

改修部分に着目

リメイクの際、既存のまちなみにどのように
合わせたか、既存のものをどう生かしたかも
チェックしたい

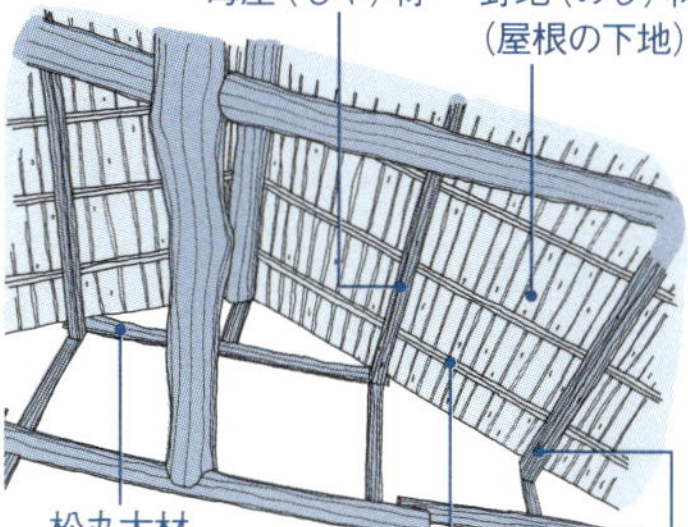
母屋（もや）材
野地（のじ）材
（屋根の下地）
松丸太材
垂木（たるき）材
角梁材

小屋組みが分かる

2階に入って見上げると、天井板が除かれ、構造
材がむき出しになっていることがある。屋根裏
の架構美は見せ場の1つ

モルタル看板建
築を利用したカ
フェ。外装は石
入りモルタル目
地（めじ）によ
る石造り風仕上
げが当時のまま
使われている

2階の床板、根太
（ねだ）や梁は当
時のまま。床板や
梁が美しい

当時の材料を探す

商店建築を改装したカフェなどでは、外装材や構
造材のほか、棚なども当時そのままの造作であ
ることも多い。上の2つの図は東京・入谷のカフェ

topics | 橋にも押し寄せた西洋化の波

江戸から明治への時代の大きな転換期、建物や人々の生活だけでなく、橋にも大きな変革の波が押し寄せた。それまでの木橋は石橋や鉄橋に架け替えられ、近代的な技術と西洋風の意匠の粋を集めた橋梁《きょうりょう》が誕生することとなる

進化する橋のカタチ

江戸時代

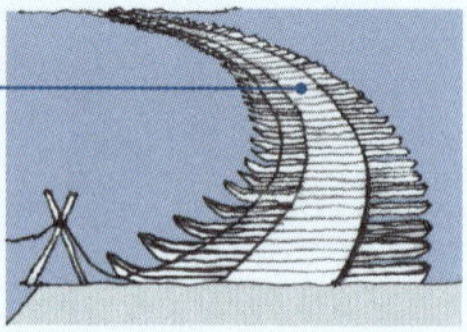

並べた舟に板を載せて人が通れるようにした舟橋。各地に「ふなばし」という地名が多いのは、この橋が由来とされる

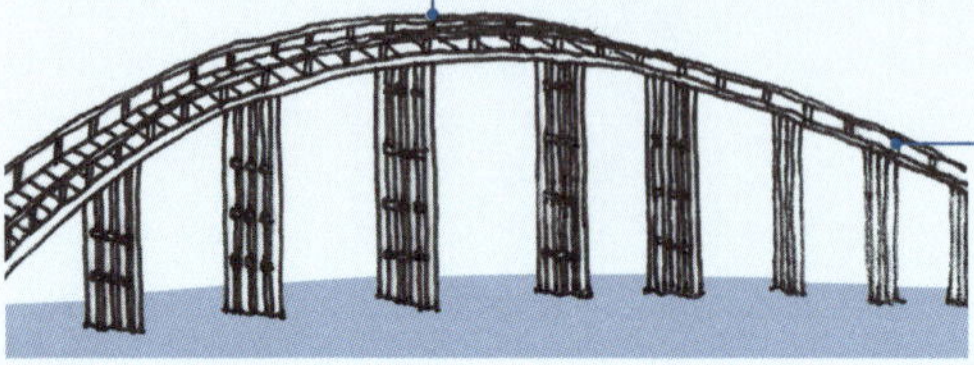

太鼓橋

江戸時代の橋は耐久性に劣る木でつくられたため、約20年ごとに架け替えられた。舟の通行のため桁下高さが必要なので、太鼓橋が架けられた

↓

明治～大正時代

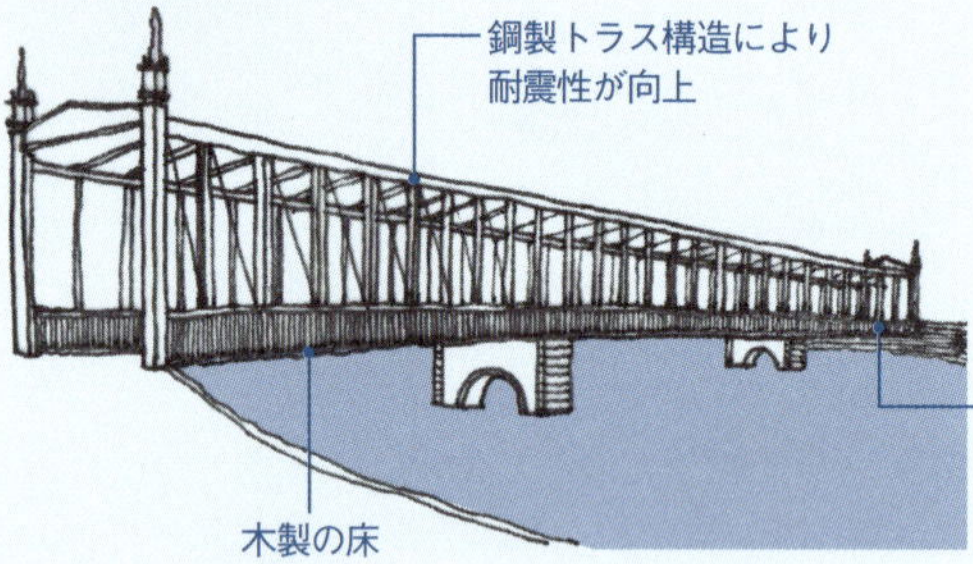

鋼製トラス構造により耐震性が向上

木製の床

木橋は鉄橋に改架され、明治中ごろにはさまざまな橋が鋼製トラス橋となった。しかし、床は木製のままの場合が多かったため、関東大震災では、多くの橋が火災被害を受けた

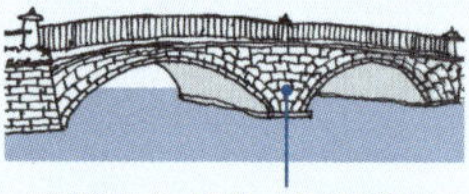

石やコンクリートの橋もつくられるようになる [※1]

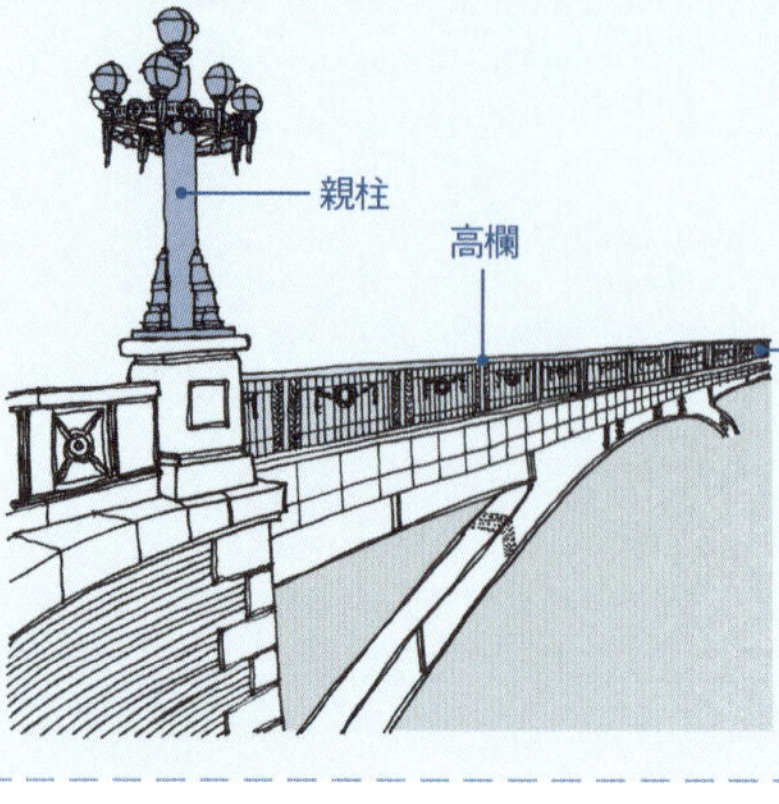

親柱

高欄

時代が下ると親柱や高欄に意匠が凝らされるようになる。四谷見附橋（東京・千代田区）は赤坂離宮（現迎賓館）への入口として、離宮にならった装飾を橋のデザインに取り入れている [※2]

[※1] 九州では肥後（熊本）の石工の活躍で、江戸時代にも石橋が多く存在した
[※2] 現在の四谷見附橋は1991年（平成3年）に架け替えられたものだが、親柱や高欄などは初代の意匠を踏襲している

3章

建築探訪のススメ

西洋を模倣した擬洋風建築

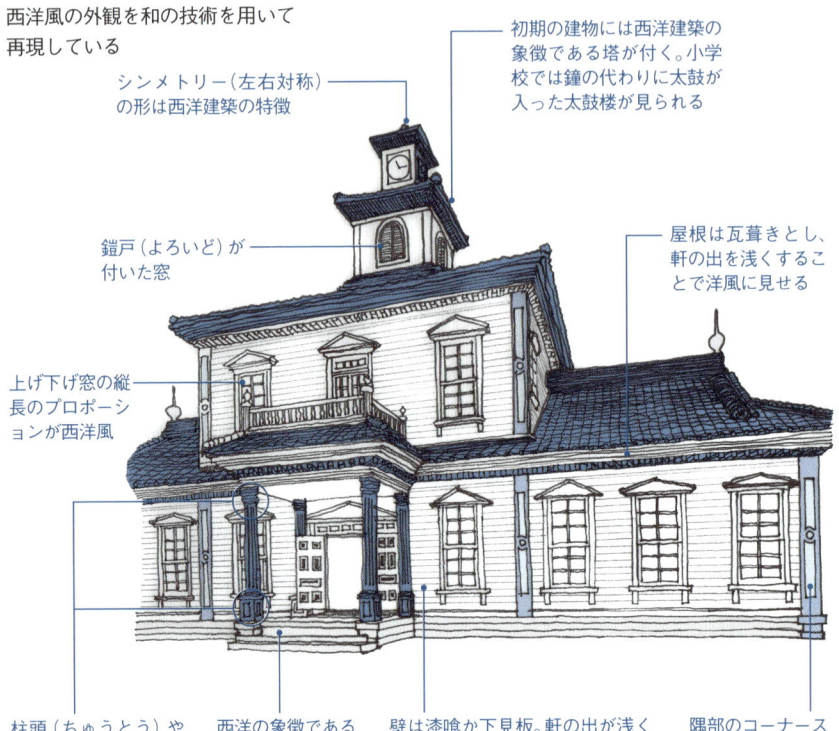

西洋風の外観を和の技術を用いて再現している

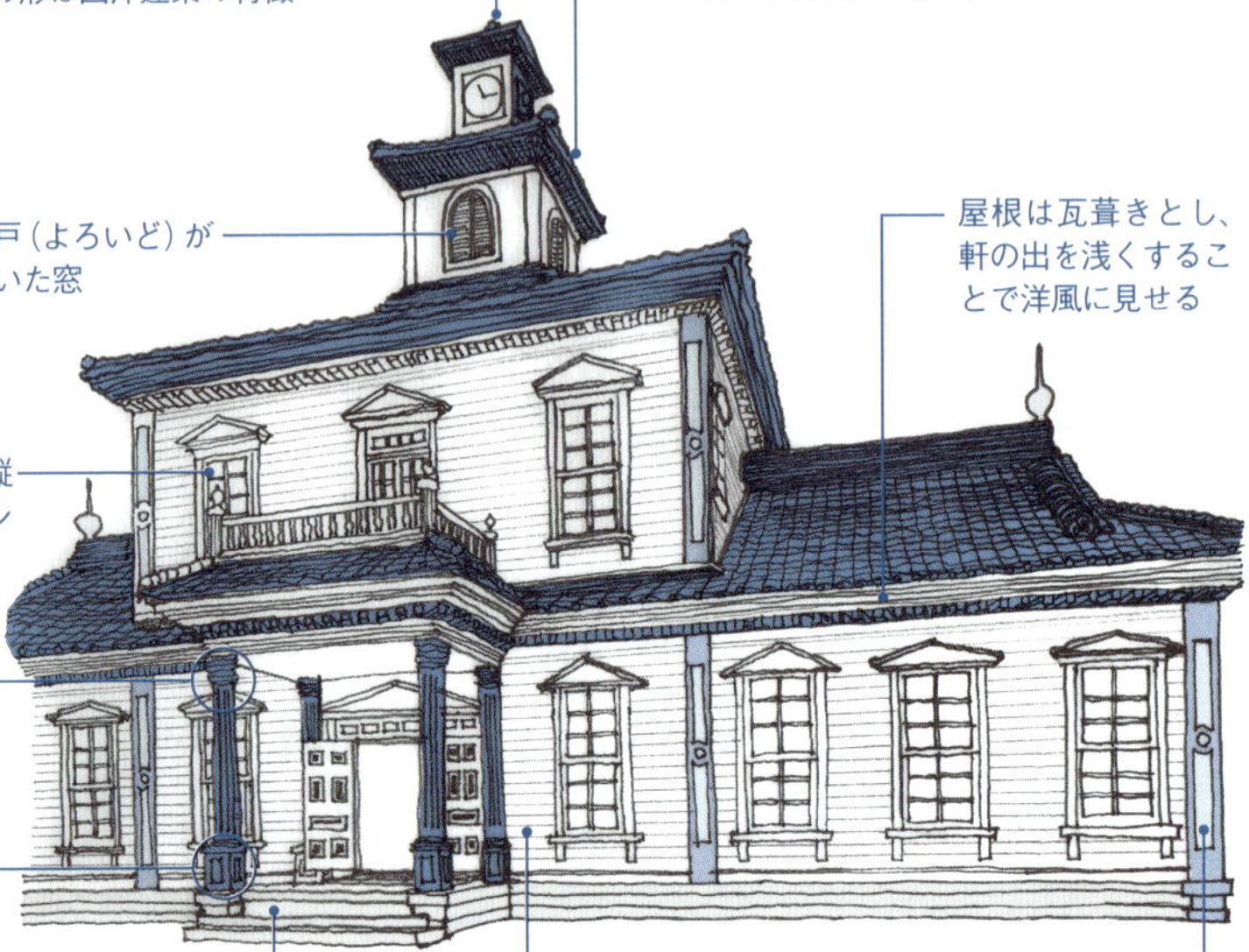
シンメトリー（左右対称）の形は西洋建築の特徴
初期の建物には西洋建築の象徴である塔が付く。小学校では鐘の代わりに太鼓が入った太鼓楼が見られる
鎧戸（よろいど）が付いた窓
屋根は瓦葺きとし、軒の出を浅くすることで洋風に見せる
上げ下げ窓の縦長のプロポーションが西洋風
柱頭（ちゅうとう）や柱脚（ちゅうきゃく）の意匠で石柱風に見せる
西洋の象徴である車寄せにも和の技が凝らされる
壁は漆喰か下見板。軒の出が浅く雨にさらされるため、漆喰から下見板に変更されたものもある
隅部のコーナーストーンを意識し、石造風を表現

木の建物を石に変える擬洋風建築

幕末から明治初期につくられた、西洋建築を模した建物を「擬《ぎ》洋風《ようふう》建築」と呼ぶ。完全な洋式の建築ではなく、和の技術で洋を再現した点が最大の特徴だ。一見して石造に見えるものもあるが、実はほとんどが木造である。

本物の石造りに見せるために活躍したのが、左官職人や木彫刻師だ。伝統的な和の技を駆使し、見事な工夫で彼らが表現した細部に注目したい。

細部には和風が見えてくる

全体の印象は洋風であるが、細部を見ると和風が見えてくるところに擬洋風建築の面白さがある

コーナーストーン

西洋建築において隅部のコーナーストーンは、力学的にも大切な部分で、特別な石の積み方をする。木造でありながら石造を表現する職人たちの技に注目

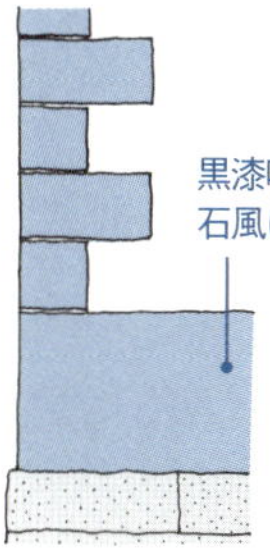
黒漆喰で盛り上げて
石風に見せている

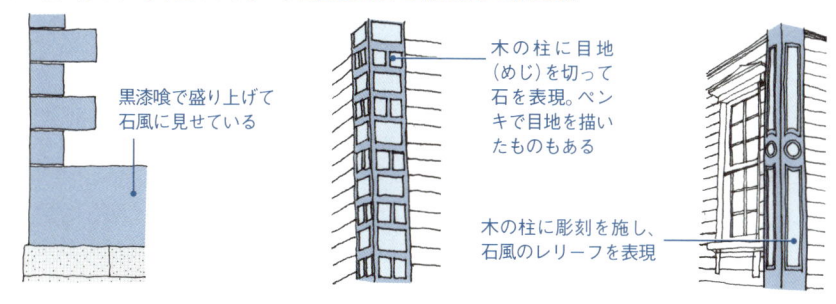

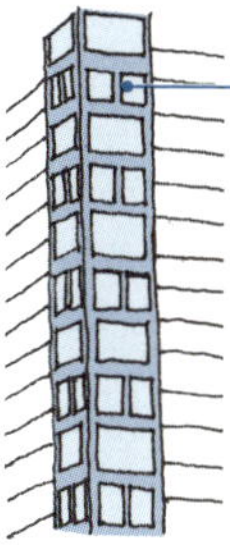
木の柱に目地
(めじ)を切って
石を表現。ペン
キで目地を描い
たものもある

木の柱に彫刻を施し、
石風のレリーフを表現

柱頭

ギリシャ・ローマ様式の柱頭のオーダーを見よう見まねで模している

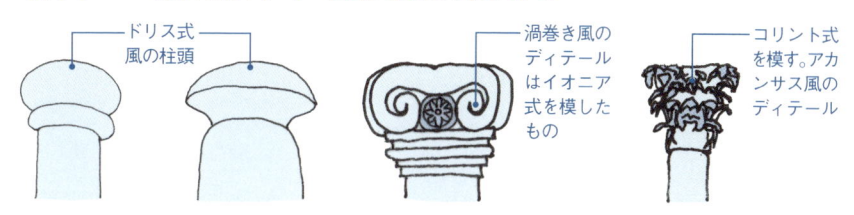

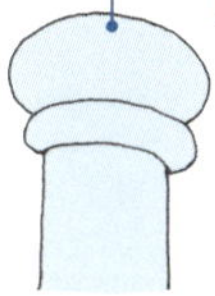
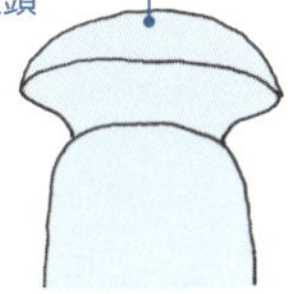
ドリス式
風の柱頭

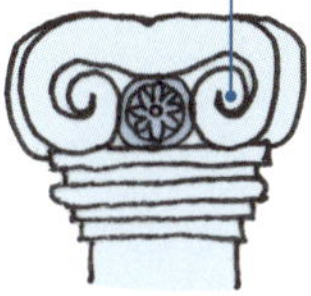
渦巻き風の
ディテール
はイオニア
式を模した
もの

コリント式
を模す。アカ
ンサス風の
ディテール

和の技術で再現したさまざまな意匠

職人の技を駆使し、西洋風に見せようとしたものと、和のつくりをそのまま組み込んだものとがある

入母屋(いりもや)屋根の破風(はふ)でペディメントを再現

唐破風(からはふ)の庇
バルコニーの
手摺は雲型の
欄間風意匠

なまこ壁

木彫りの
ブラケット

装飾は漆喰の上に彩色した
鏝絵(こてえ)で再現

交差点の顔 隅丸建築は入口に注目

江戸時代、交通の節目であり、人々が交差する場所であった辻。明治の中期ごろになると、この四つ角に円筒形の隅丸《すみまる》建築が現れた[※1]。

隅丸建築の塔屋には時計台やシンボリックなデザインが施され、通りに名のない日本のまちで、それぞれの辻のランドマーク的役割を担った。今も交差点にはこうした隅丸建築やその名残を残す建物が、人々の待ち合わせスペースとして生きている。

隅丸建築のチェックポイント

隅丸建物は角地の隅切《すみきり》[※2]が法令化される前から存在した。隅丸建築を見るときは、①昭和初期における西洋の建築様式をどのように取り入れたのか、②入口の位置はどこか（建物の円弧中央にあるか否か）、③建物は左右対称か（交差点からの視線を意識）、④時計台はあるか（道しるべとしての役割）、の4点に注目すると面白くなる

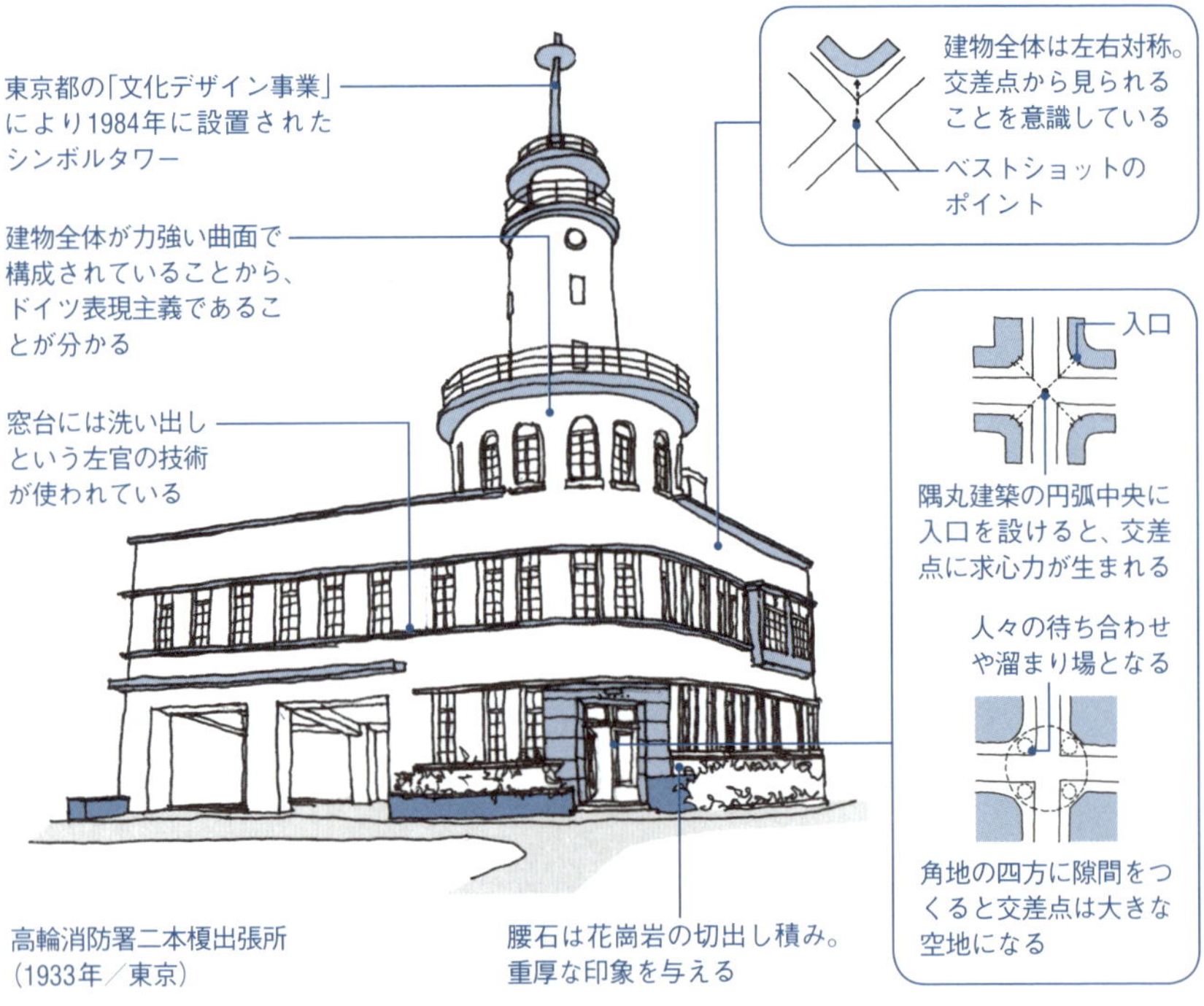
東京都の「文化デザイン事業」により1984年に設置されたシンボルタワー
建物全体が力強い曲面で構成されていることから、ドイツ表現主義であることが分かる
窓台には洗い出しという左官の技術が使われている
建物全体は左右対称。交差点から見られることを意識している
ベストショットのポイント
入口
隅丸建築の円弧中央に入口を設けると、交差点に求心力が生まれる
人々の待ち合わせや溜まり場となる
角地の四方に隙間をつくると交差点は大きな空地になる
腰石は花崗岩の切出し積み。重厚な印象を与える

高輪消防署二本榎出張所
（1933年／東京）

[※1] 隅丸とは、箱などの隅や床面の隅の角などが丸味をおびているもの
[※2] 直交する道路の曲がり角の部分を円弧や直線で切り取ること

ディテールから隅丸建築の古《いにしえ》の趣を感じる

東京・新橋の堀商店（1932年）は、昭和初期に建築された隅丸建物。窓やパラペットの細部にはこの時代のデザインが読み取れる。各部の仕上げやディテールにも注目してみよう

表面に小さなくぼみをもつスクラッチ風タイル張りの外壁

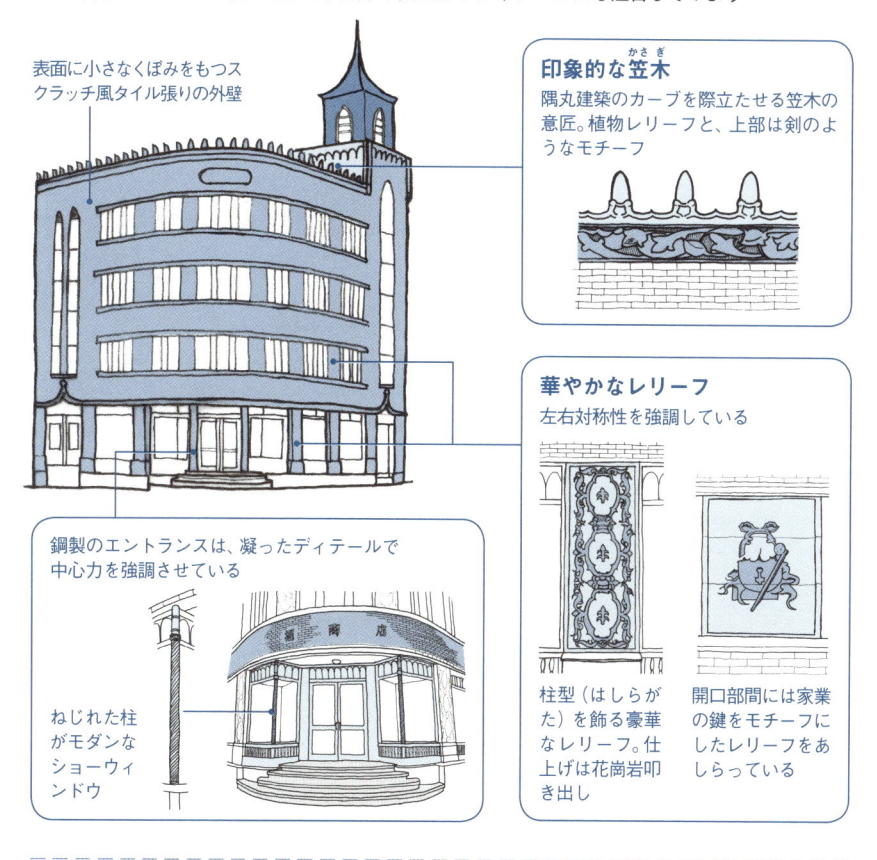

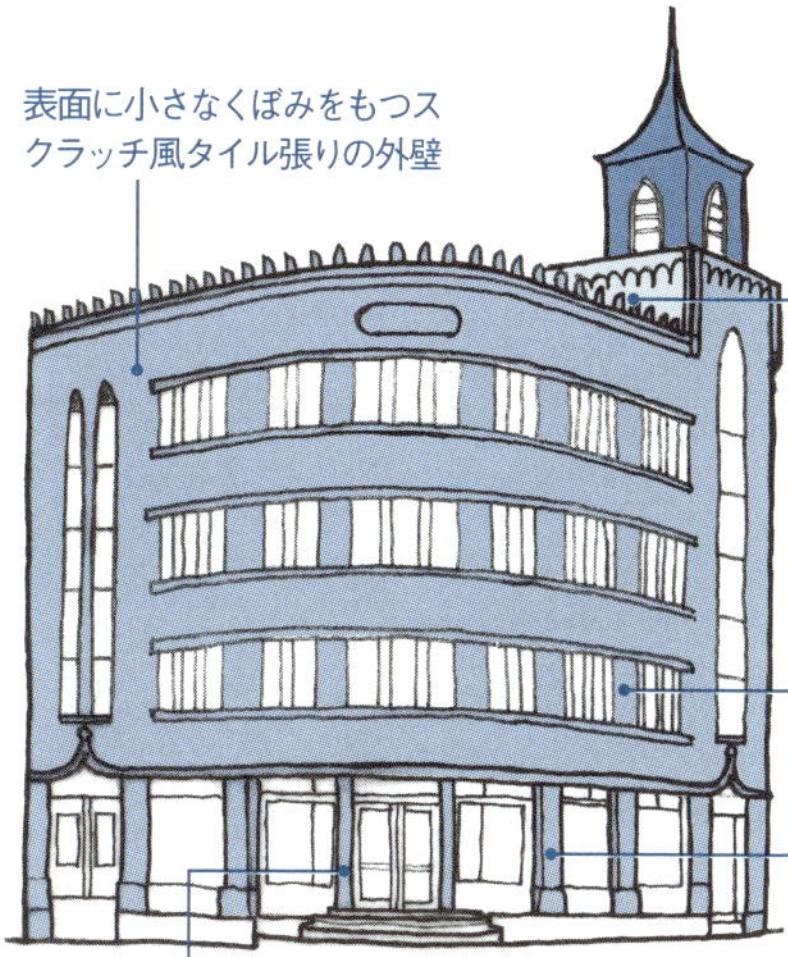

印象的な笠木《かさぎ》

隅丸建築のカーブを際立たせる笠木の意匠。植物レリーフと、上部は剣のようなモチーフ

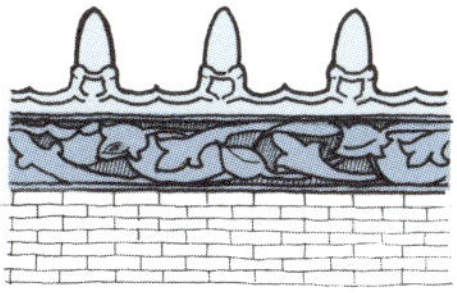

華やかなレリーフ

左右対称性を強調している

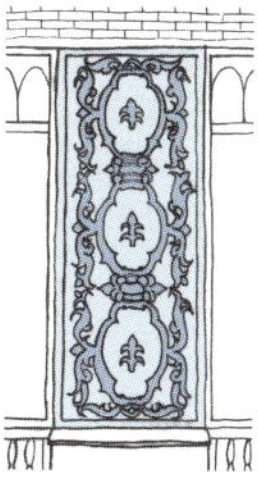

柱型（はしらがた）を飾る豪華なレリーフ。仕上げは花崗岩叩き出し

開口部間には家業の鍵をモチーフにしたレリーフをあしらっている

鋼製のエントランスは、凝ったディテールで中心力を強調させている

ねじれた柱がモダンなショーウィンドウ

ランドマークとなる隅丸建築

服部時計店（1894年／東京）。現在の銀座和光（右図）に建て替える前の時計塔。明治の銀座の象徴であった

銀座和光（1932年／東京）。ネオ・ルネッサンス様式の中央に時計台をもつ隅丸建物の代表。今も銀座のシンボル

高田馬場 日本館（1936年／東京）。今も現役の男子学生専用の下宿。木造2階建てと低層でありながらモダンな建築

分かりやすい カフェー建築の見分け方

カフェー建築の特徴は、①入口が2つある、②装飾過多、の2点に尽きる。住宅地にありながら、住宅とは全く異なる外観をもっていた

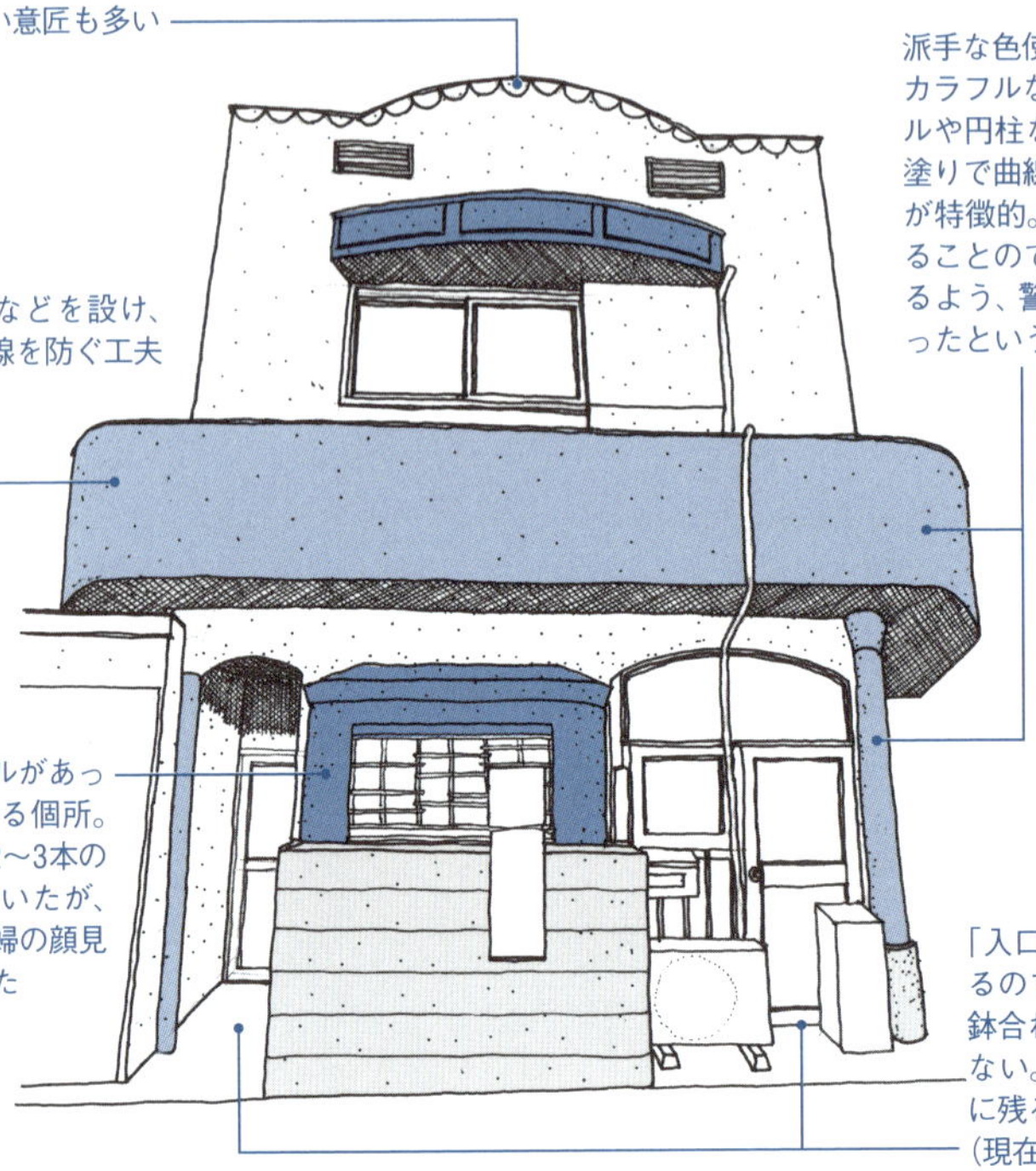
かわいらしい意匠も多い
派手な色使いと建物造形。カラフルなモザイクタイルや円柱など、モルタル塗りで曲線を用いた意匠が特徴的。容易に見分けることのできる意匠であるよう、警察の指導があったという
バルコニーなどを設け、下からの視線を防ぐ工夫
ダンスホールがあったと思われる個所。見せ掛けに2〜3本の酒を置いていたが、実際は従業婦の顔見世場所だった
「入口」「出口」があるので、客どうしが鉢合わせすることがない。東京・北千住に残るカフェー建築（現在はアパート）

遊郭跡のカフェー建築を探せ

江戸時代の色里《いろざと》は、第二次世界大戦後には赤線《あかせん》と呼ばれ、遊女屋は「特殊飲食店」となった。店はカフェーと称し、それらしくダンスホールなどをもつ建物がつくられたが、1958年（昭和33年）をもって赤線は廃止。店舗の多くは飲食店、旅館やアパートに業種替えした。現在その姿を見ることができるカフェー建築は住宅地に多いが、住宅とは異なる独特な意匠が特徴的である。

[MEMO] 外壁の色や材料は、リフォームなどを経て、変わってしまっていることもある。その場合は、隣家に面する側の壁をチェックしよう。以前のままピンクなど派手な色の外壁が残されていることも多い

カフェー建築のバリエーション

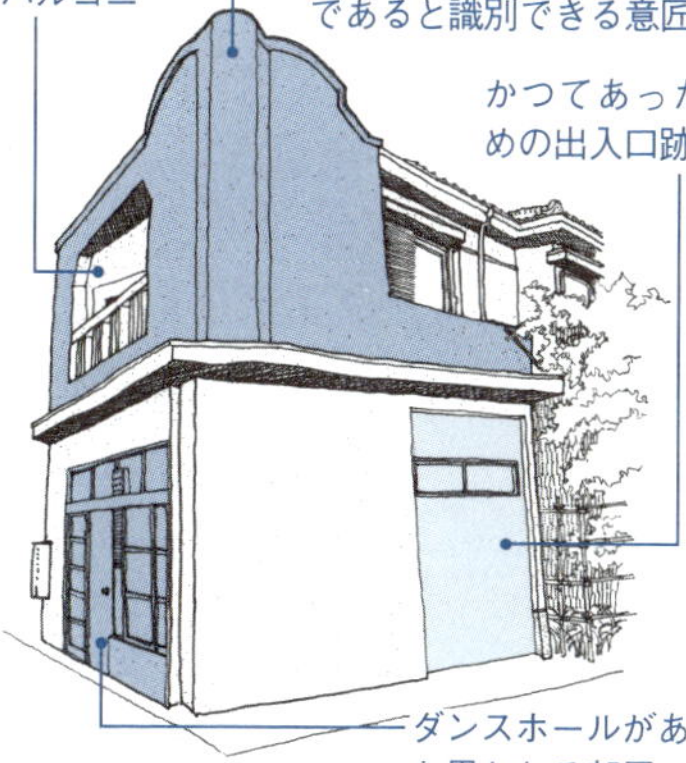
バルコニー
遠方からでもカフェー建築であると識別できる意匠
かつてあった2つめの出入口跡
ダンスホールがあったと思われる部屋

ザ・スタンダード

波打つ曲線が特徴的。東京・東向島（旧地名：玉の井）のカフェー建築

和風の建物もある

2階戸袋（とぶくろ）の富士山の意匠が派手。出入口も2カ所以上ある。東京・千束（旧地名：吉原）に残る建物は、現在はアパート

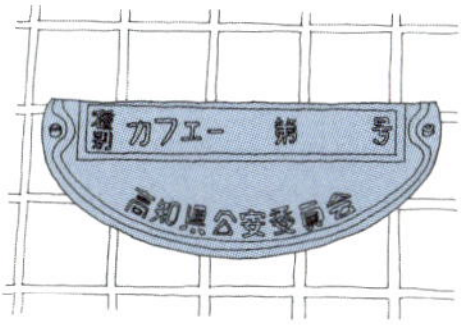
カフェー 第 号
高知県公安委員会

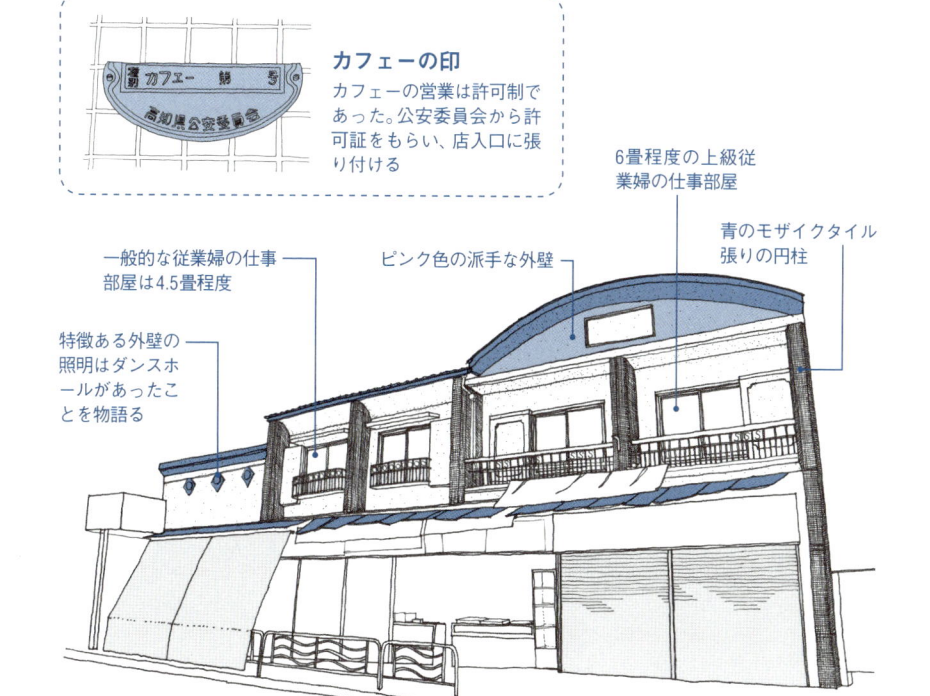

カフェーの印

カフェーの営業は許可制であった。公安委員会から許可証をもらい、店入口に張り付ける

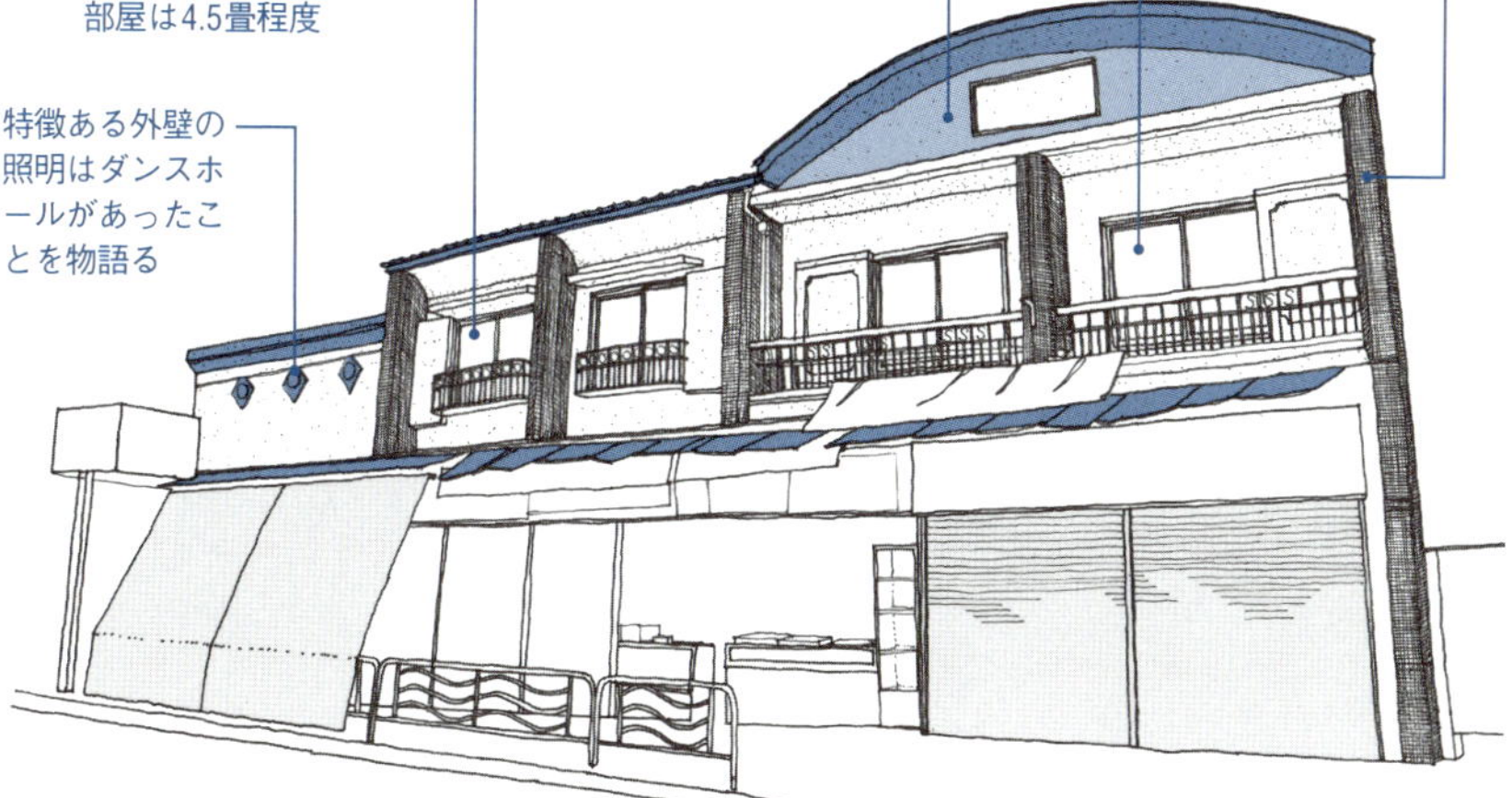
6畳程度の上級従業婦の仕事部屋
青のモザイクタイル張りの円柱
一般的な従業婦の仕事部屋は4.5畳程度
ピンク色の派手な外壁
特徴ある外壁の照明はダンスホールがあったことを物語る

大規模カフェー建築　3棟続きの大型カフェー建築。左奥からダンスホール、一般的な従業婦用の仕事部屋、上級従業婦の仕事部屋のある建物からなる。東京・東陽（旧地名：洲崎）

火に強い店蔵造り・塗屋造り

大火が頻発した江戸時代。1720年（享保5年）には火事対策として、庶民にそれまで禁止されていた瓦屋根に店蔵《みせぐら》造りの普請《ふしん》が許されるようになった。これ以降、土や漆喰で建物を厚く塗りこめた重厚なつくりの建物によるまちなみへと変化していった。

江戸の周辺では店蔵造りが、西日本では塗屋《ぬりや》造りが発達した。その違いは土壁の塗り厚、開口部に見られる。

店蔵造りは重厚な耐火建築

店蔵造りは、建物全体を土や漆喰による土蔵造りとしたもの（総塗りごめ）。塗り厚も12〜18cmと厚い。延焼を防ぐため、2階は観音開きの土窓《つちまど》（蔵窓《くらまど》）とし、火災時には外から閉めて火が回るのを防いだ。江戸の風情をまとう重厚なつくり

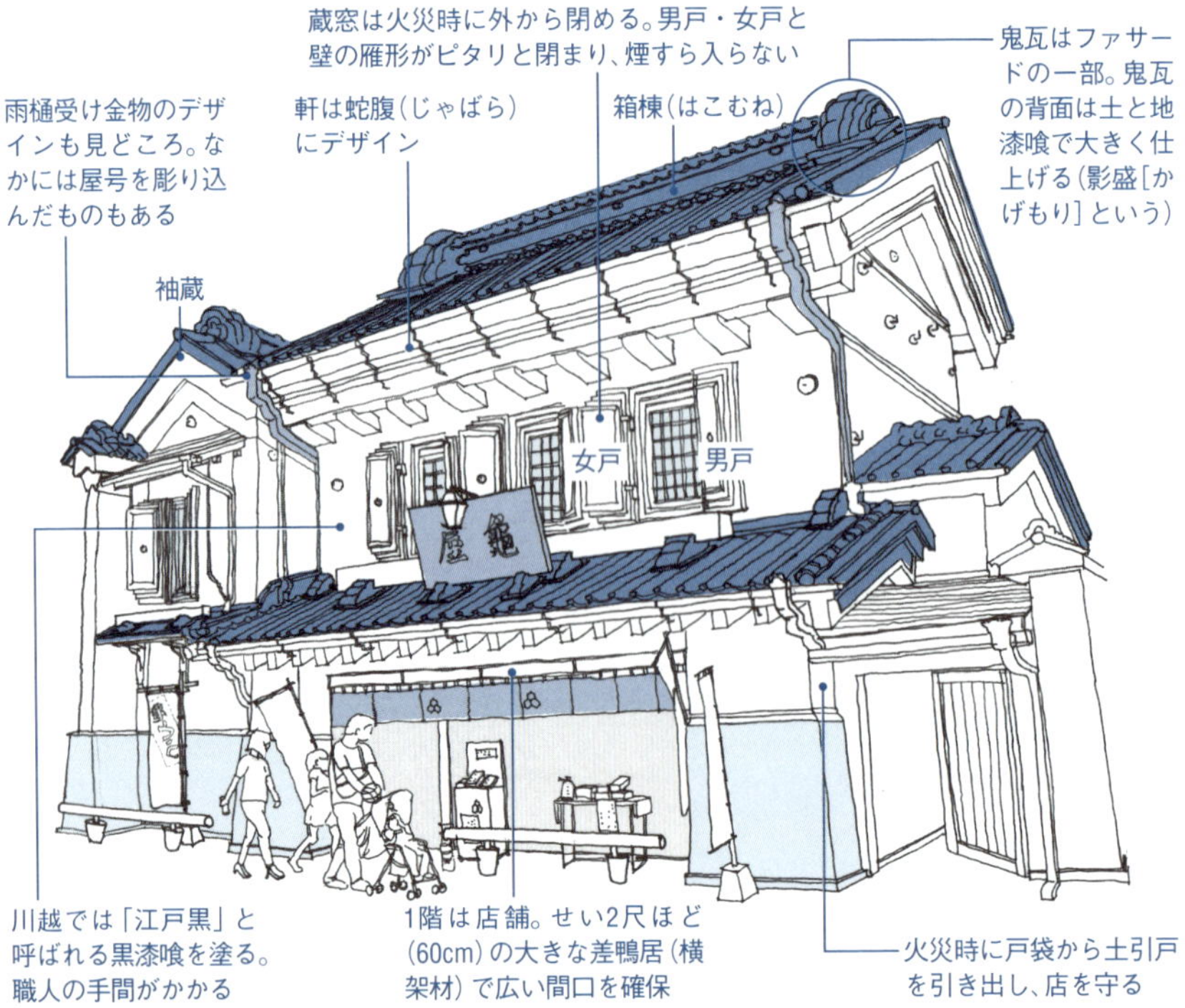
蔵窓は火災時に外から閉める。男戸・女戸と壁の雁形がピタリと閉まり、煙すら入らない
鬼瓦はファサードの一部。鬼瓦の背面は土と地漆喰で大きく仕上げる（影盛［かげもり］という）
雨樋受け金物のデザインも見どころ。なかには屋号を彫り込んだものもある
軒は蛇腹（じゃばら）にデザイン
箱棟（はこむね）
袖蔵
女戸
男戸
川越では「江戸黒」と呼ばれる黒漆喰を塗る。職人の手間がかかる
1階は店舗。せい2尺ほど（60cm）の大きな差鴨居（横架材）で広い間口を確保
火災時に戸袋から土引戸を引き出し、店を守る

［MEMO］現在、関東地方で店蔵造りの建物が数多く残るのは埼玉・川越。1893年（明治26年）の大火後にできたまちなみである。東京では関東大震災で壊滅してしまった

蔵造りの防火デザイン

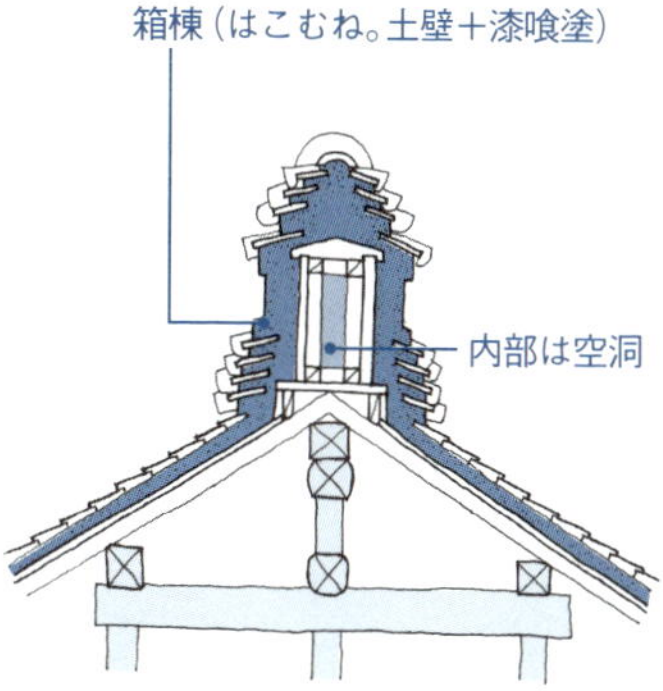
箱棟（はこむね。土壁＋漆喰塗）
内部は空洞

棟の防火構造

棟は立ち上げ、土と漆喰で塗りこめる（箱棟）。棟が大きいので端部の鬼瓦も大きくなる

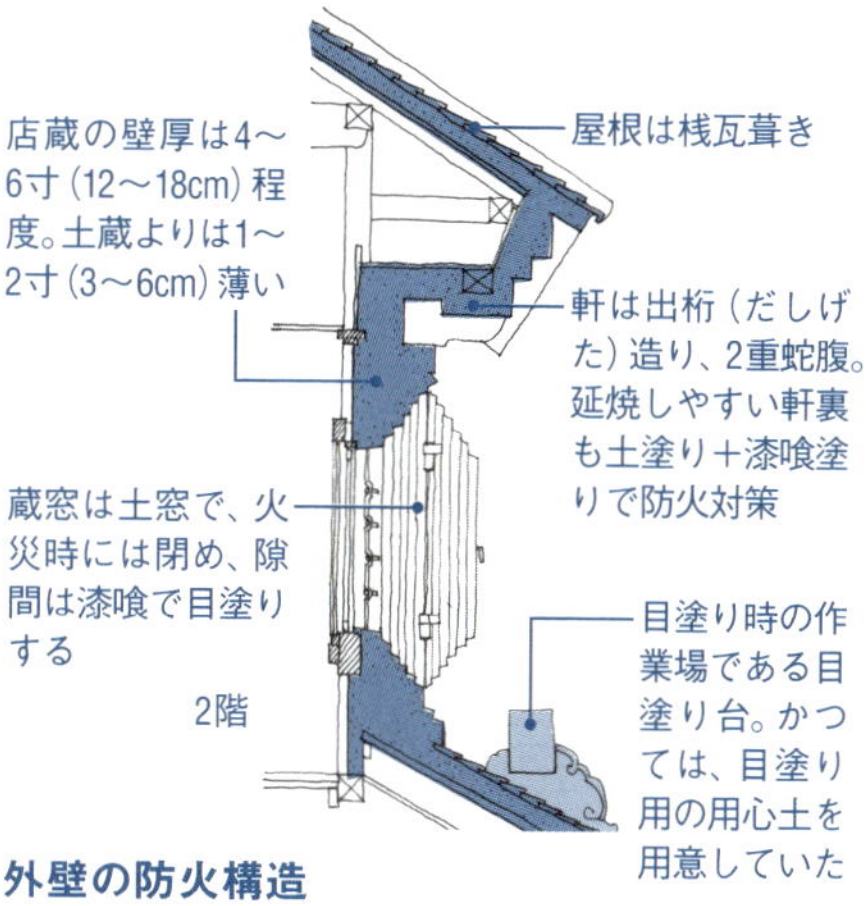
店蔵の壁厚は4～6寸（12～18cm）程度。土蔵よりは1～2寸（3～6cm）薄い
屋根は桟瓦葺き
軒は出桁（だしげた）造り、2重蛇腹。延焼しやすい軒裏も土塗り＋漆喰塗りで防火対策
蔵窓は土窓で、火災時には閉め、隙間は漆喰で目塗りする
2階
目塗り時の作業場である目塗り台。かつては、目塗り用の用心土を用意していた

外壁の防火構造

外壁・軒・屋根・下屋とすべて土と漆喰で塗りこめている

塗屋造りは軽やかな防火建築

延焼を防ぐため、2階（外壁・軒裏）と建物側面を漆喰で塗り固め、屋根を瓦葺きとしたのが塗屋造り。塗り厚が薄く、店蔵造りほどの重厚さはない。2階の開口は木格子に漆喰を塗りこめた虫《むし》籠《こ》窓《まど》となる。図は京都の杉本家住宅

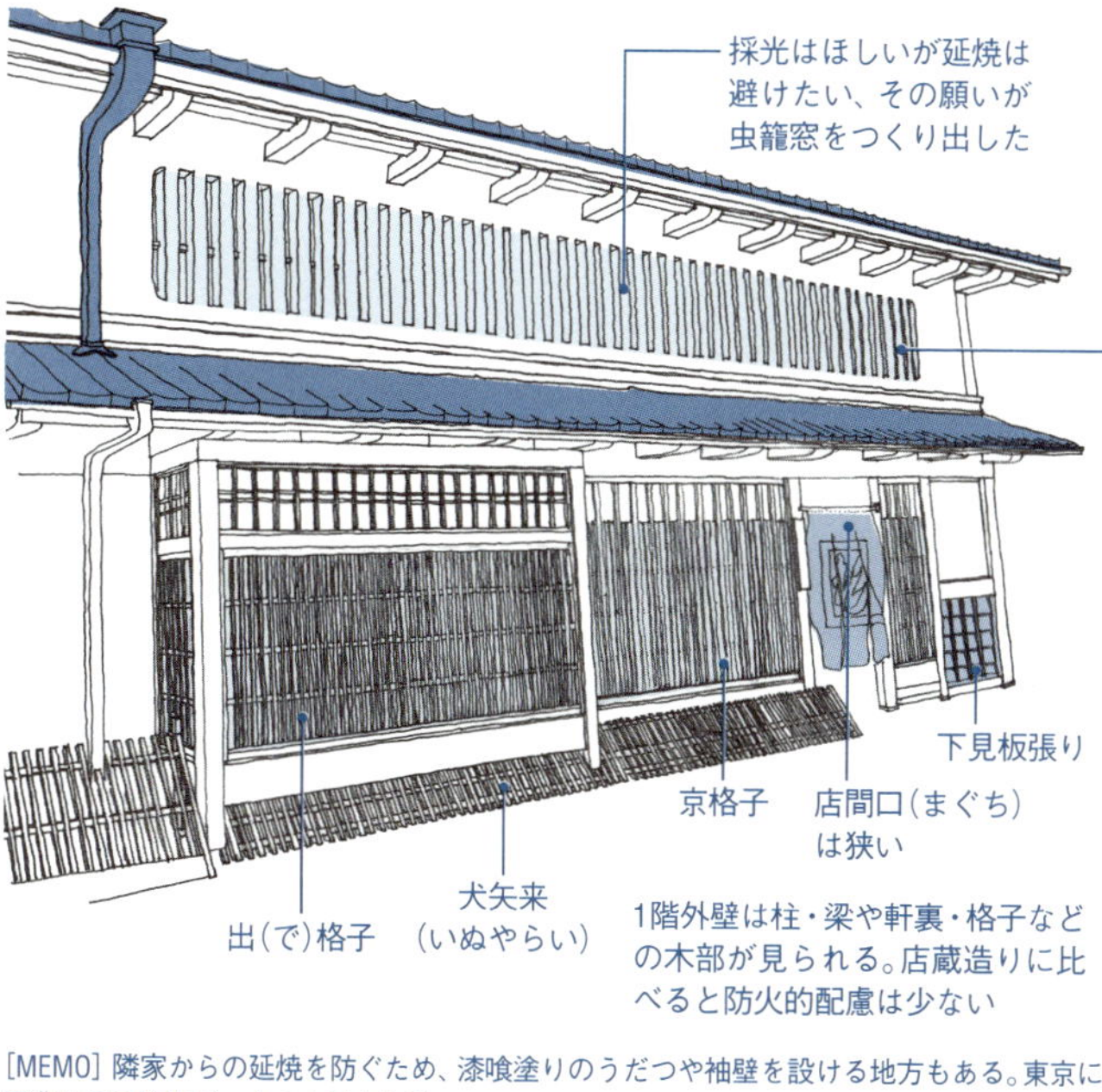
採光はほしいが延焼は避けたい、その願いが虫籠窓をつくり出した
下見板張り
京格子
店間口（まぐち）は狭い
犬矢来（いぬやらい）
出（で）格子
1階外壁は柱・梁や軒裏・格子などの木部が見られる。店蔵造りに比べると防火的配慮は少ない

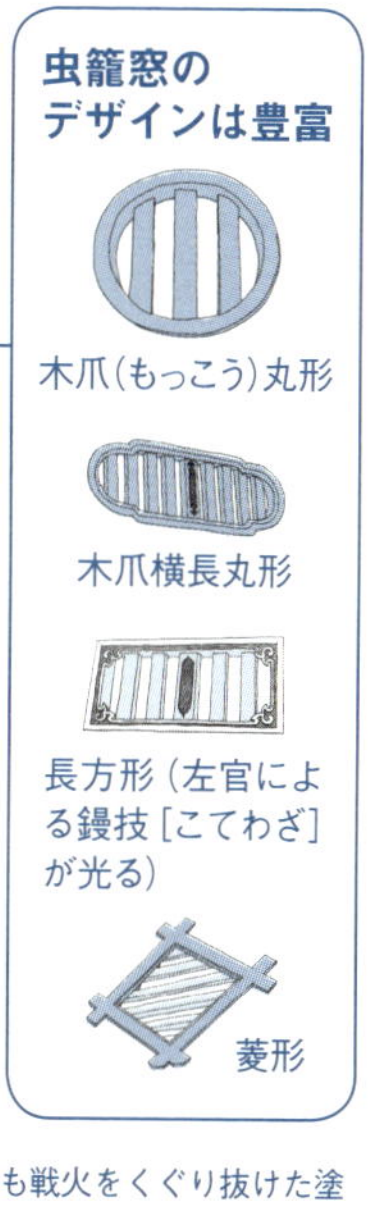
虫籠窓のデザインは豊富
木爪（もっこう）丸形
木爪横長丸形
長方形（左官による鏝技［こてわざ］が光る）
菱形

［MEMO］隣家からの延焼を防ぐため、漆喰塗りのうだつや袖壁を設ける地方もある。東京にも戦火をくぐり抜けた塗屋造り風の建物がいくつか見られる

ファサードがキャンバス 看板建築

伝統的な建築物には屋根と庇による特徴的な顔（ファサード）がある。ところが昭和初期、関東大震災後に生まれた看板建築といわれる店舗兼住宅には庇がなく、前面が立て板状。内部は伝統的な町家建築だが、外部はモルタルや銅板、タイルなどで仕上げ、ベランダなどを付けるなど、自由で装飾的なデザインが特徴である。

職人芸の粋を見せる看板建築

銅板張りの看板建築は多い。江戸小紋［※］の伝統意匠を受け継いだ、銅板の装飾加工はとても細やかで、ぜひ注目してほしい。銅板張りでは一文字葺きが最も多く、檜垣《ひがき》葺き、亀甲《きっこう》葺きと続く。図は東京・月島3丁目の店舗

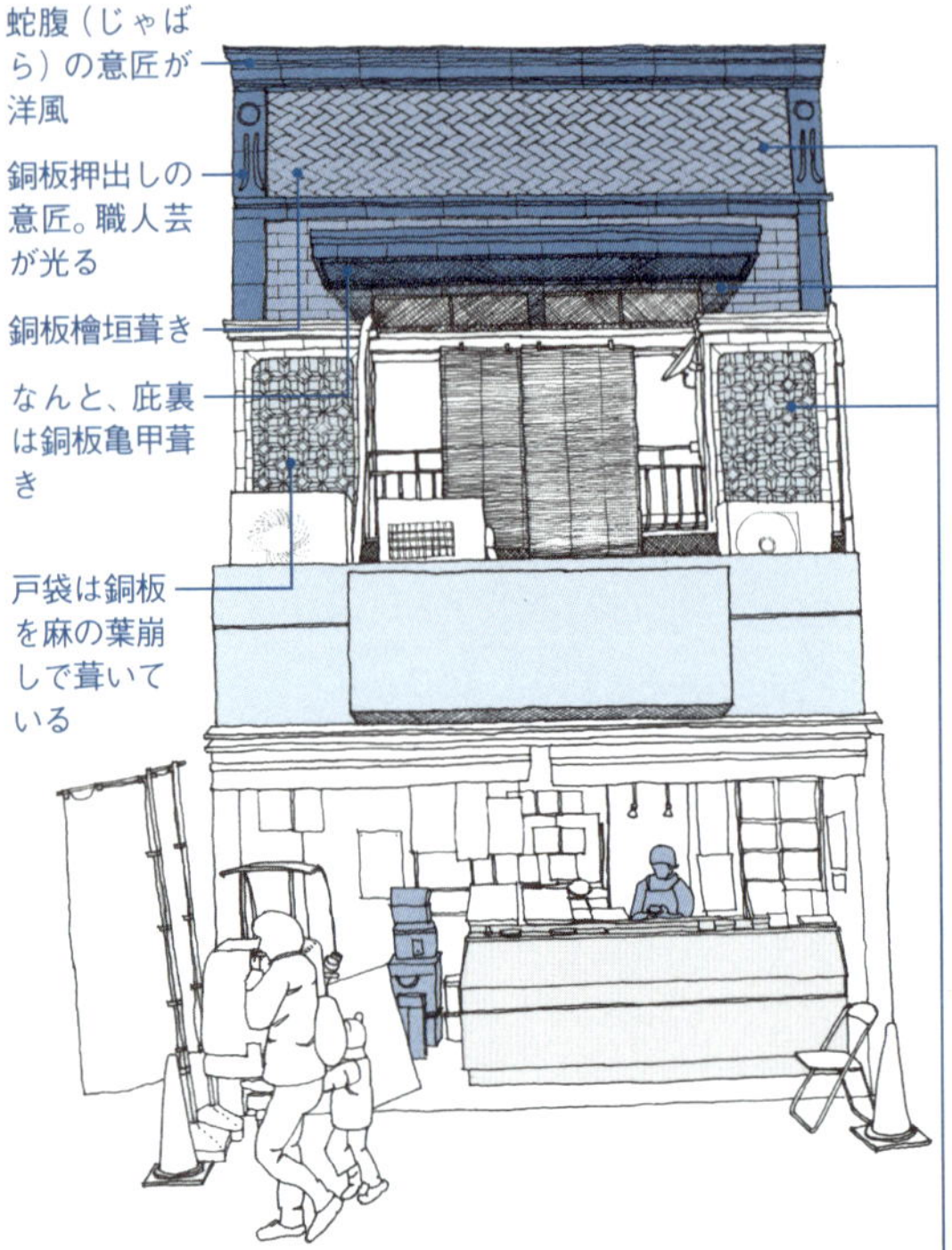
蛇腹（じゃばら）の意匠が洋風
銅板押出しの意匠。職人芸が光る
銅板檜垣葺き
なんと、庇裏は銅板亀甲葺き
戸袋は銅板を麻の葉崩しで葺いている

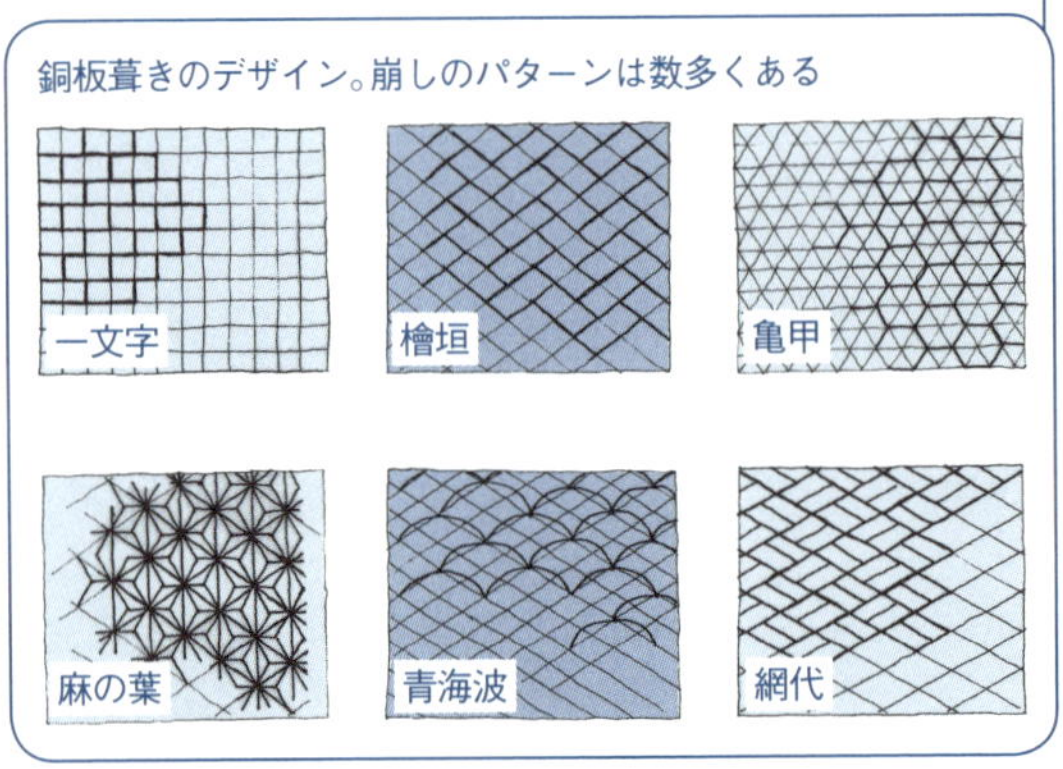
一文字
檜垣
亀甲
麻の葉
青海波
網代
銅板葺きのデザイン。崩しのパターンは数多くある

［※］江戸幕府の倹約令の裏をかくように、町人は模様の細かい江戸小紋を生み出した

洋風意匠にも注目したい

看板建築の仕上げは銅板や鉄板葺きのほか、洋風意匠に適したタイル張りやモルタル塗りなども。屋根の見えないかたちは鉄筋コンクリート造のようだが、隣地との隙間からのぞくと軒裏の垂木（たるき）が見え、木造であることが分かる。昭和30年代以降になると、シンプルなデザインのモルタル仕上げのパラペット立上り型が主流になった

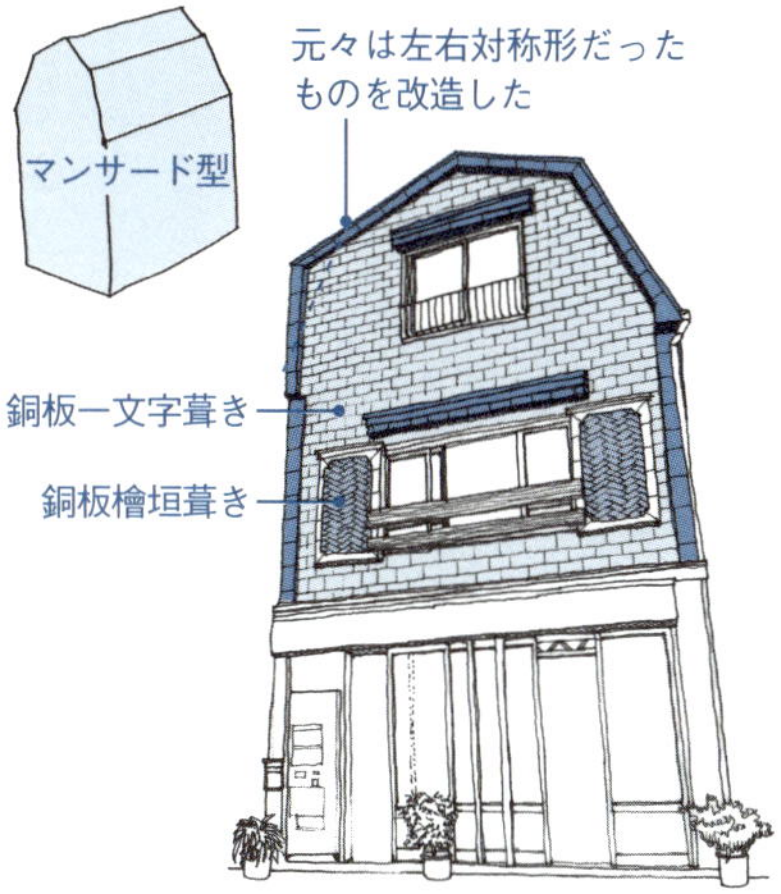

マンサード型
元々は左右対称形だったものを改造した
銅板一文字葺き
銅板檜垣葺き

昭和初期のマンサード型

昭和初期、マンサード型のいわゆる看板建築が流行した。主流は銅板葺き（柏木家／東京・神田）

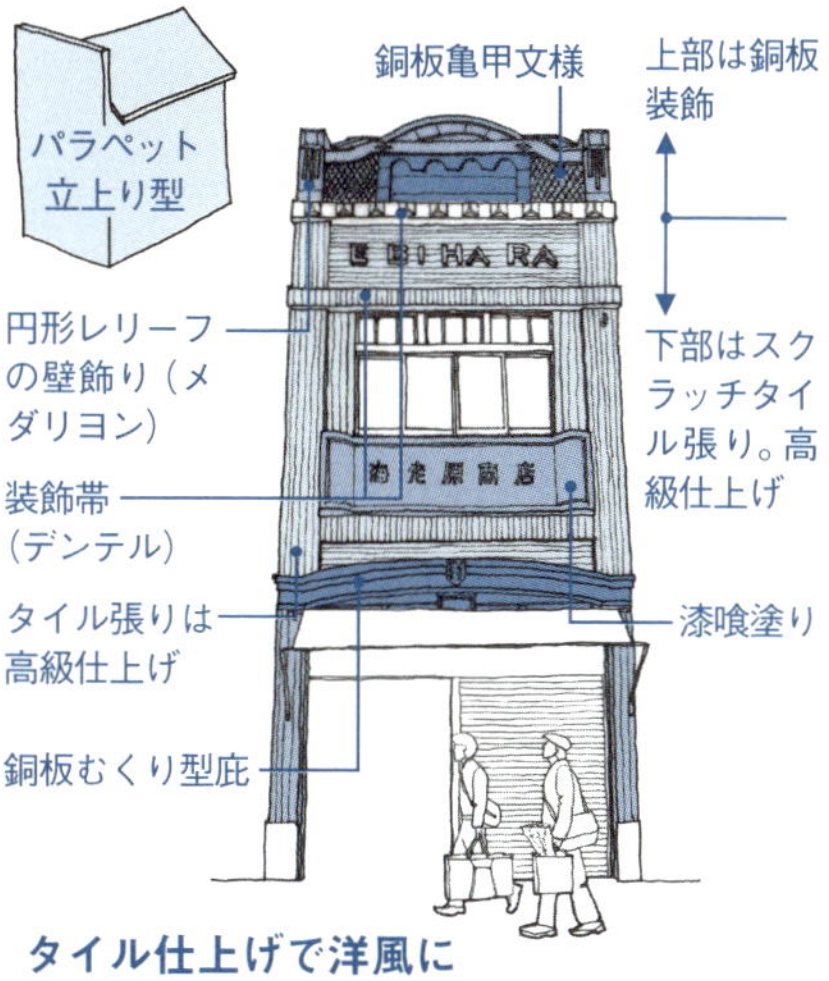

パラペット立上り型
銅板亀甲文様
上部は銅板装飾
EBIHARA
円形レリーフの壁飾り（メダリヨン）
装飾帯（デンテル）
タイル張りは高級仕上げ
銅板むくり型庇
下部はスクラッチタイル張り。高級仕上げ
漆喰塗り

タイル仕上げで洋風に

昭和初期のパラペット立上り型。タイル仕上げに洋風モチーフが特徴的（海老原商店／東京・神田）

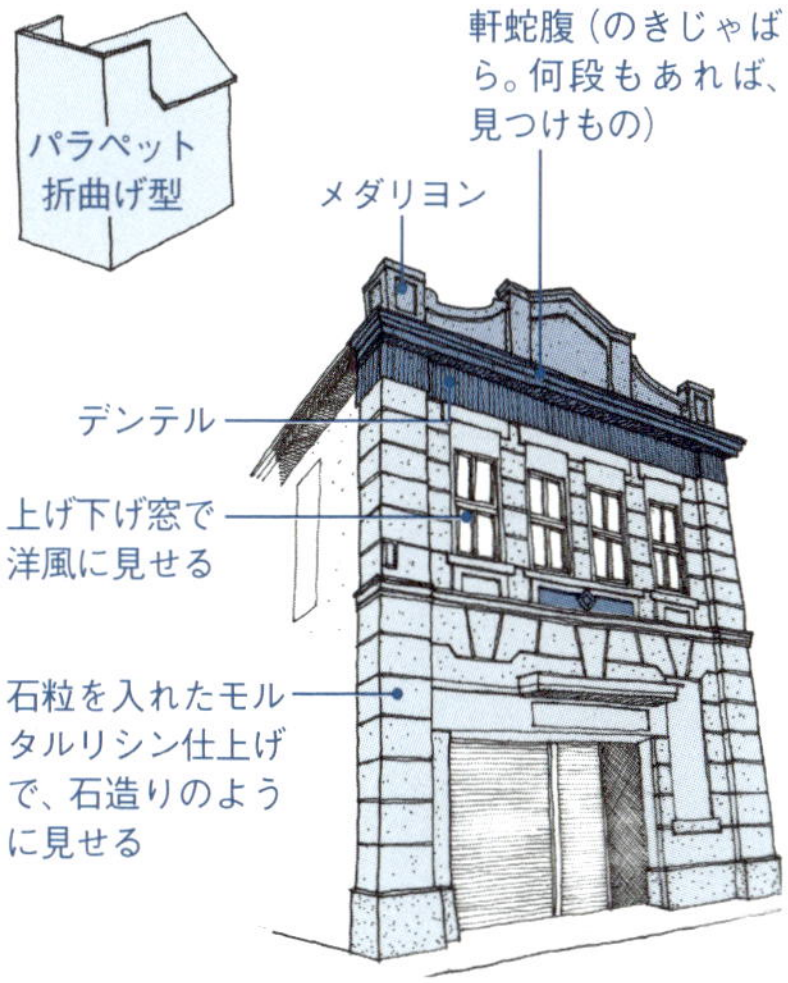

パラペット折曲げ型
軒蛇腹（のきじゃばら。何段もあれば、見つけもの）
メダリヨン
デンテル
上げ下げ窓で洋風に見せる
石粒を入れたモルタルリシン仕上げで、石造りのように見せる

擬石造りの高級仕上げ

パラペット折曲げ型は立上り型より見栄えがよい。より洋風化を極めた重厚感ある意匠（東京・佐賀）

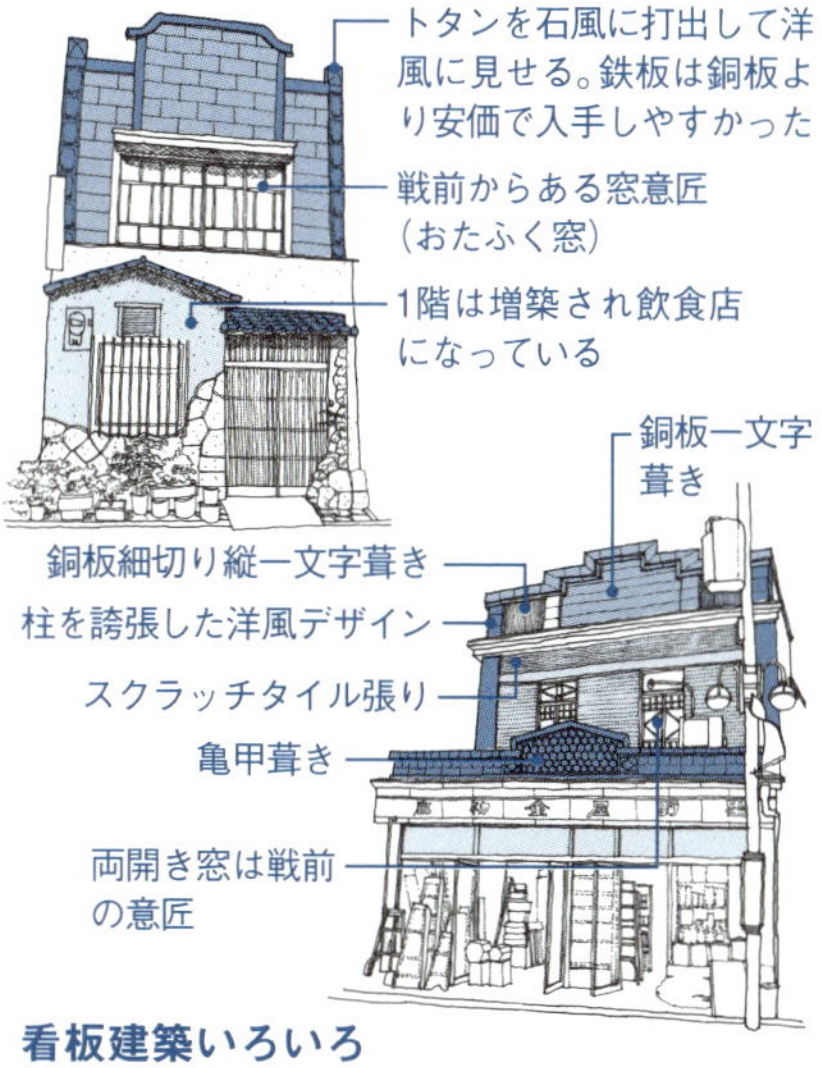

トタンを石風に打出して洋風に見せる。鉄板は銅板より安価で入手しやすかった
戦前からある窓意匠（おたふく窓）
1階は増築され飲食店になっている
銅板一文字葺き
銅板細切り縦一文字葺き
柱を誇張した洋風デザイン
スクラッチタイル張り
亀甲葺き
両開き窓は戦前の意匠

看板建築いろいろ

上は、鉄板で仕上げた建物（東京・神田）。下は、2階がセットバックした建物（同・品川）

[MEMO] モルタル仕上げの看板建築は今でも数多く残る。大正4年に下地ラスが本格製造されると、モルタル仕上げは全国に普及した。型を使えば壁飾りなどの洋風モチーフも再現でき、安価に洋風趣味の建物をつくることができた

西洋風に化粧した看板建築

関東大震災以降の個人商店の建築様式とされる「看板建築」。和風住宅の表面に洋風の衣をかぶせたようなこの建築は、店主が洋風への憧れと見栄から大工に見よう見まねでつくらせたものである。

洋風なのに戸《と》袋《ぶくろ》があったり、細工が和風だったりと、よく見ると細部に和が見え隠れする。歴史的様式を無視した細かい装飾などもあり、興味深い。

「洋」のお面をかぶった和の店舗兼住宅

表（ファサード）正面を洋風に仕立て上げているが、裏は既存の和風住宅である。看板建築はシンメトリーが基本で、防火のため、表に面する壁は木ではなく銅板やモルタルを用いている。現存する看板建築の1階部分は、改装されてオリジナルは少ない

笠木（かさぎ）を厚みのあるコーニス（左ページ参照）にし、アクセントを付ける

ロゴマーク（レリーフ）は目にとまりやすい軒の高さに置かれ、建物の中心に位置する。建物を対称的に見せる大切なポイント

非構造の偽柱（にせばしら）

欄干（手摺）

モルタル仕上げで石積みのような目地を付ける

アーチを描き洋風に見せる

昭和初期の洋館に多く使われたスクラッチタイル張り

腰壁はモルタル装飾

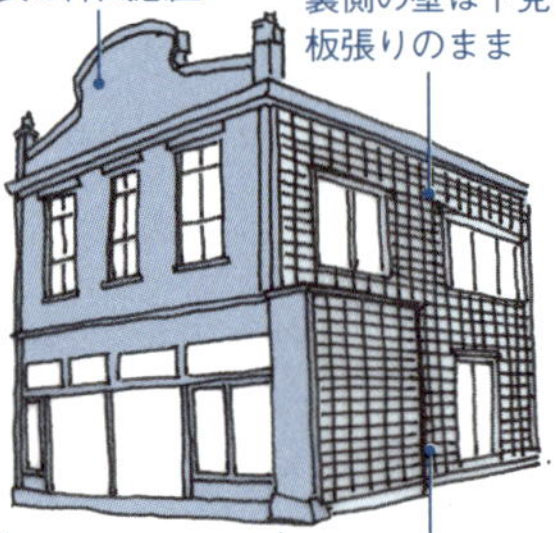
表は洋風意匠
裏側の壁は下見板張りのまま
シンメトリーは看板建築の基本
裏を見ると既存の和風住宅と変わらない

工夫を凝らし、洋風に見せる

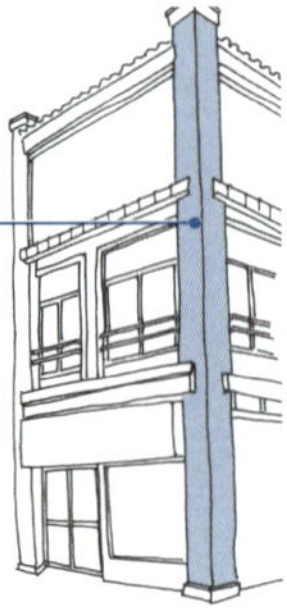
壁をふかし、柱のように見せている偽柱

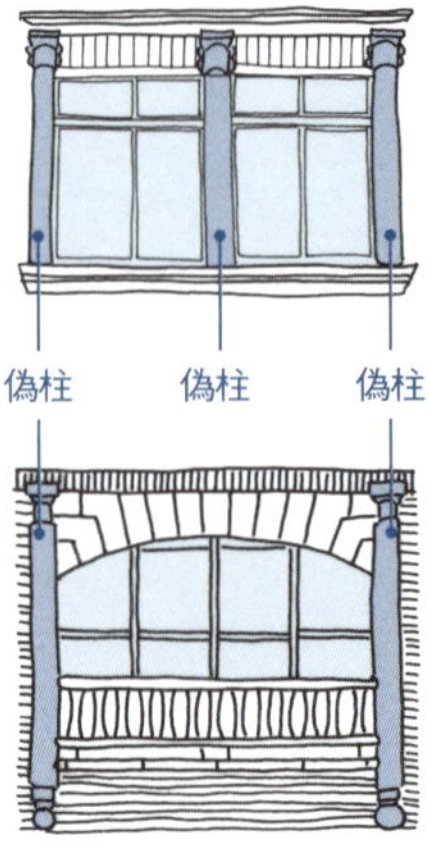
偽柱
偽柱
偽柱

偽柱

モルタル看板建築に多く見られる柱は、西洋風に見せるための装飾用の付け柱

［MEMO］看板建築は店舗併用住宅のため、2階は住宅として使われた。最も採光の取れる正面2階部分の窓を大きく取り、雨戸・戸袋も設置された。洋風に雨戸（戸袋）はおかしいが、生活のほうが大切だった証である

「○○商店」、「○○屋」など店の屋号の表示は、建築当初からの可能性大。右→左の文字列だと戦前。大きな筆一文字ずつの金細工などでつくり込まれる

銅板葺き

タイル＋モルタル仕上げ

笠木・パラペット飾りで厚みを出し、銅板で仕上げる

柱状のものを建築物の両サイドに置き、洋風に見せる

装飾帯（そうしょくたい）は、軒桁（のきげた）の高さに設けられることが多い

戸袋は目立つ部分だが、なぜか和風のデザイン

看板建築といえば外壁は銅板葺きが定番。一文字葺きが多いが江戸小紋なども見られる

軒裏も防火のため銅板平葺き。軒の出が深くなると檜垣（ひがき）など意匠性が増す

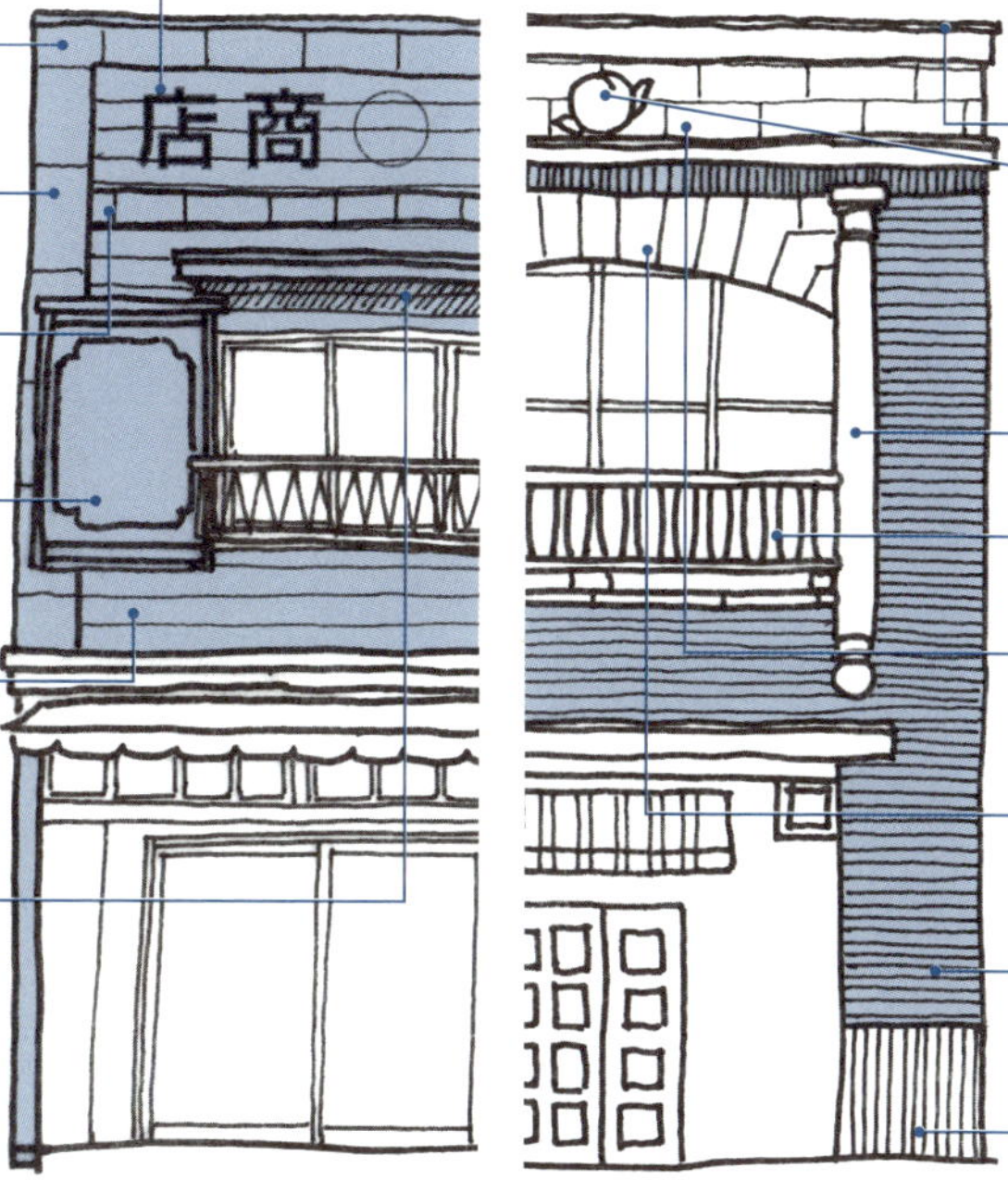

厚みを出すコーニス

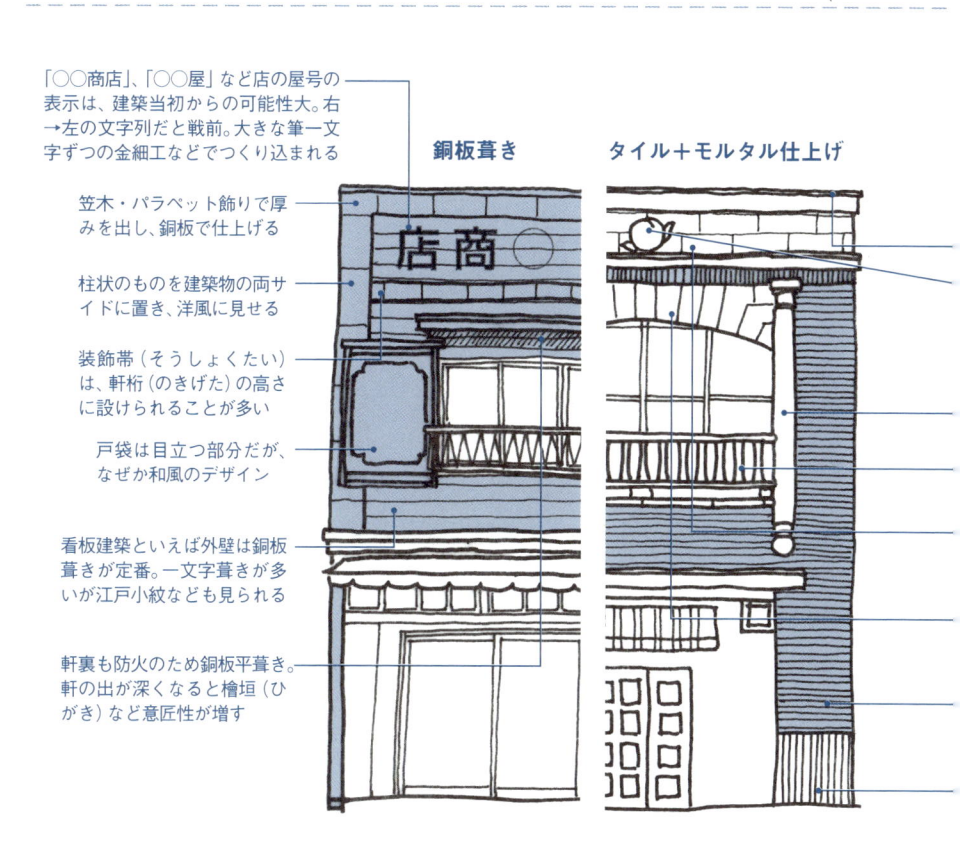

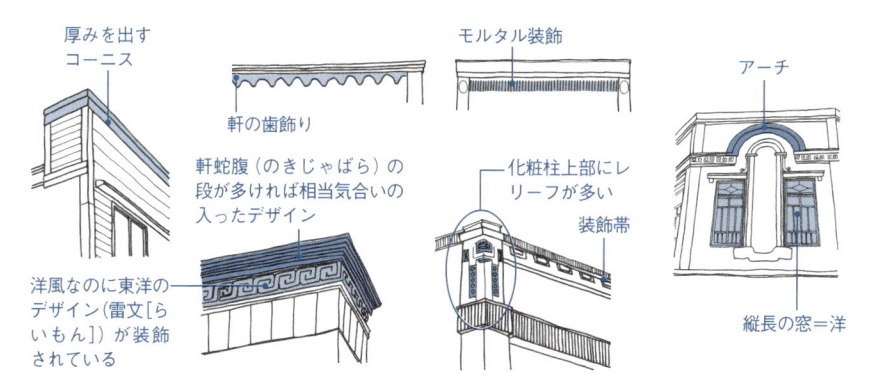

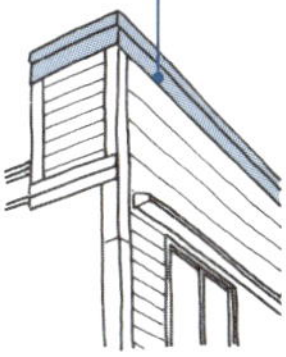

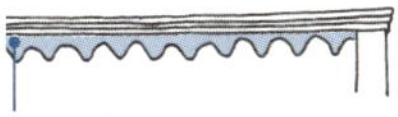

軒の歯飾り

モルタル装飾

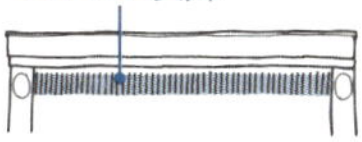

軒蛇腹（のきじゃばら）の段が多ければ相当気合いの入ったデザイン

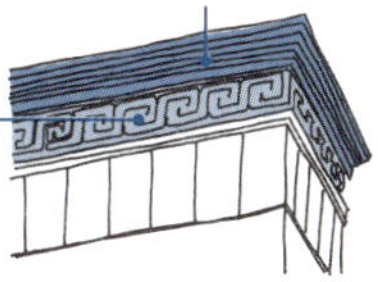

洋風なのに東洋のデザイン（雷文［らいもん］）が装飾されている

化粧柱上部にレリーフが多い

装飾帯

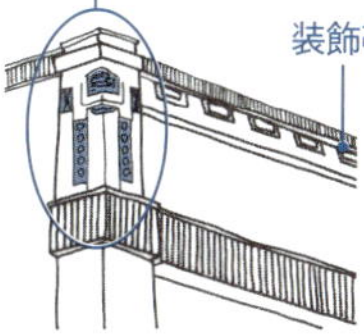

アーチ

縦長の窓＝洋

コーニス

笠木・パラペットなど頂部に装飾を施し、多彩なデザインで洋風に見せる

窓周り

アーチや縦長の窓は「洋」の印

進化した長屋の変遷を知る

長屋は庶民の住居として、江戸時代から少しずつ進化しながら使われてきたが、最も大きな進化を遂げたのは関東大震災後であった。

上水道が各地で整備され、水事情がよくなると、井戸水を得るために表口にあった台所が奥に移動した。そして表の空いたスペースに、「住まいの顔」たりえる立派な玄関や、住戸別に前庭をつくる余裕が生まれたのである。

関東大震災後に進化した長屋

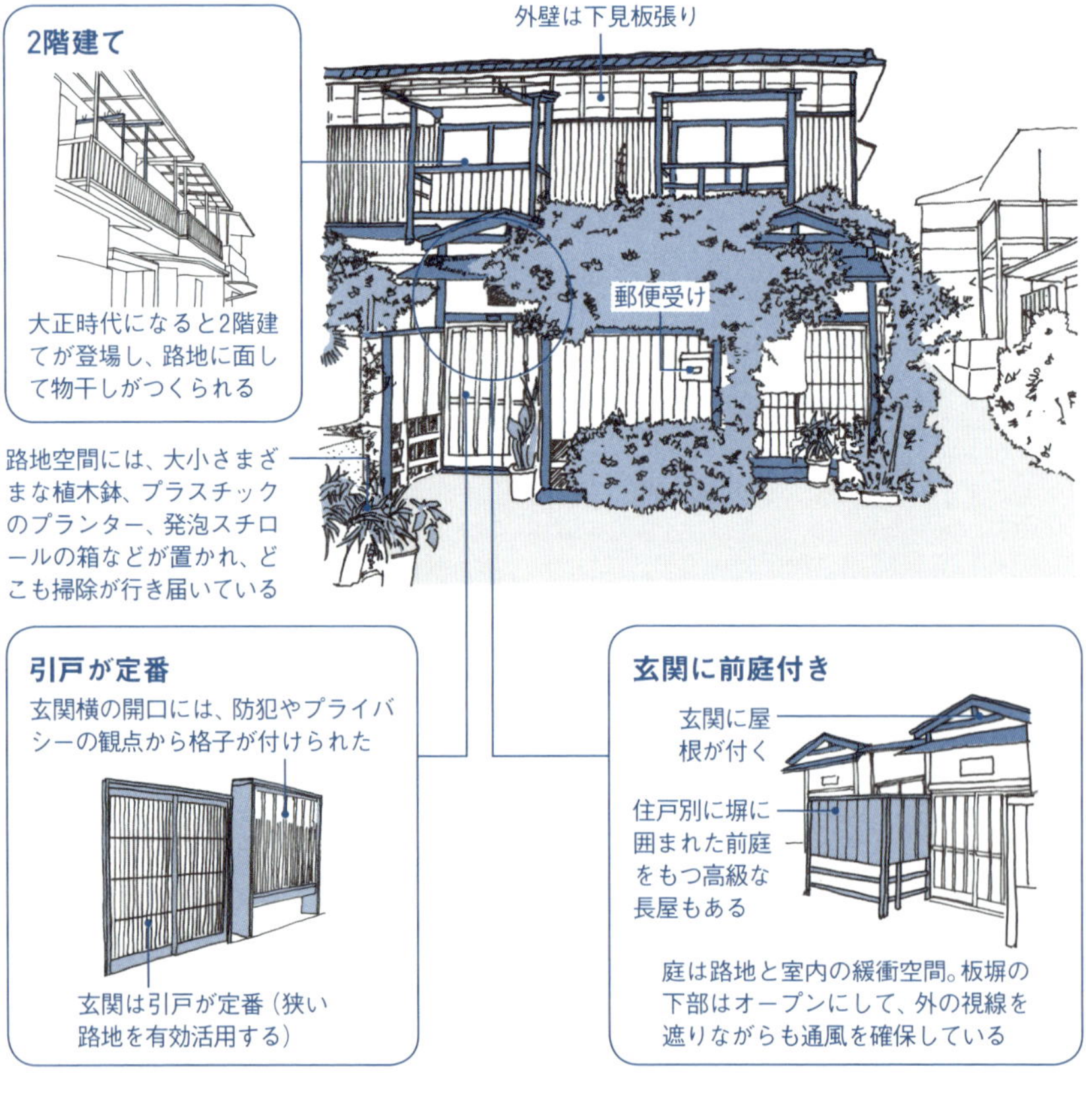
2階建て
大正時代になると2階建てが登場し、路地に面して物干しがつくられる
外壁は下見板張り
郵便受け
路地空間には、大小さまざまな植木鉢、プラスチックのプランター、発泡スチロールの箱などが置かれ、どこも掃除が行き届いている
引戸が定番
玄関横の開口には、防犯やプライバシーの観点から格子が付けられた
玄関は引戸が定番（狭い路地を有効活用する）
玄関に前庭付き
玄関に屋根が付く
住戸別に塀に囲まれた前庭をもつ高級な長屋もある
庭は路地と室内の緩衝空間。板塀の下部はオープンにして、外の視線を遮りながらも通風を確保している

長屋の変遷

庶民の住居である長屋・テラスハウスは、そのルーツを江戸時代の裏長屋に見ることができる。時を経てその姿は徐々に進化していった

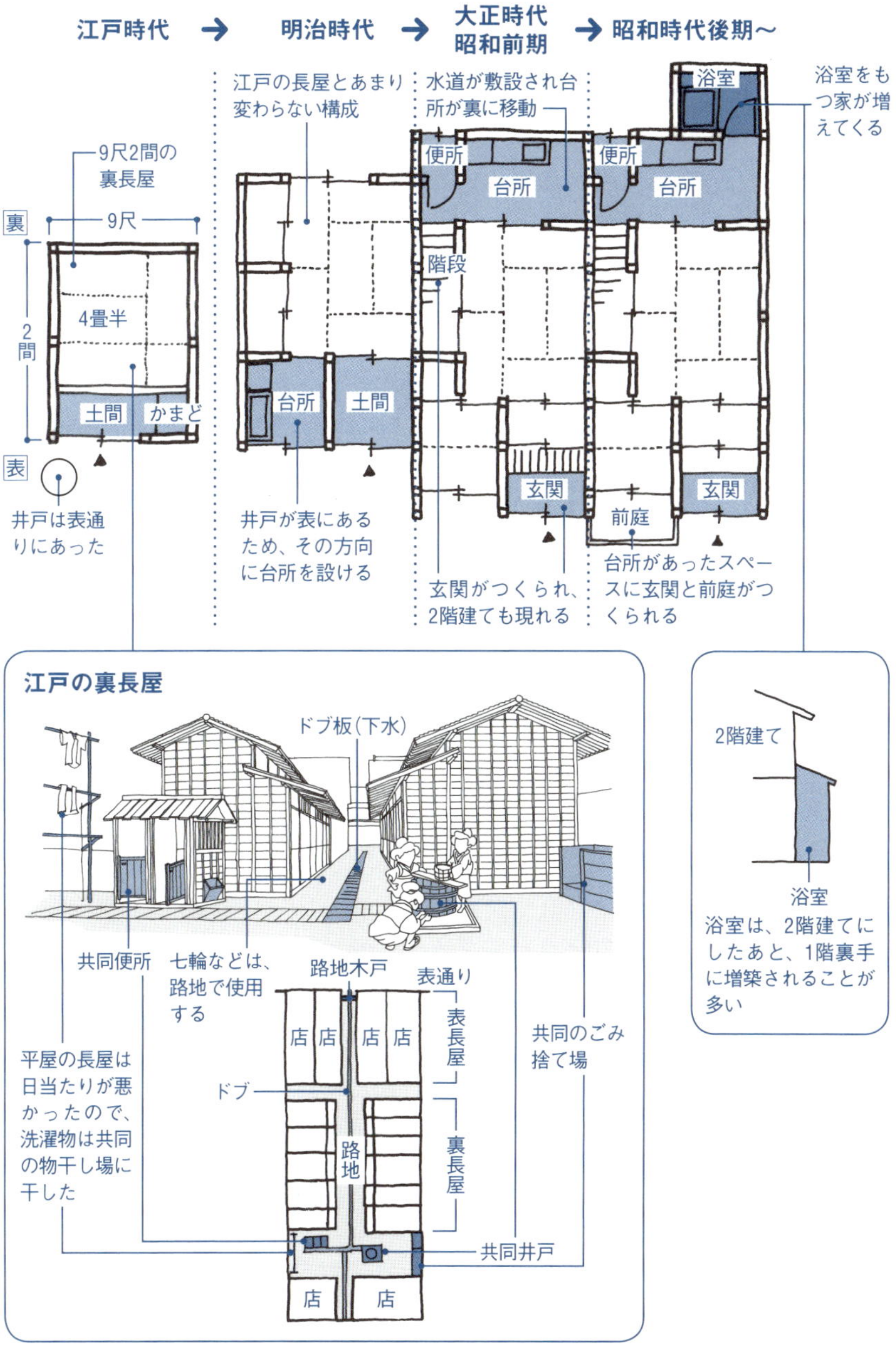

江戸時代
明治時代
大正時代
昭和前期
昭和時代後期〜
9尺2間の
裏長屋
裏
9尺
2
間
4畳半
土間
かまど
表
井戸は表通
りにあった
江戸の長屋とあまり
変わらない構成
台所
土間
井戸が表にある
ため、その方向
に台所を設ける
水道が敷設され台
所が裏に移動
便所
台所
階段
玄関
玄関がつくられ、
2階建ても現れる
浴室
便所
台所
玄関
前庭
台所があったスペー
スに玄関と前庭がつ
くられる
浴室をも
つ家が増
えてくる
江戸の裏長屋
ドブ板(下水)
共同便所
七輪などは、
路地で使用
する
路地木戸
表通り
店
店
店
店
表
長
屋
ドブ
路
地
裏
長
屋
平屋の長屋は
日当たりが悪
かったので、
洗濯物は共同
の物干し場に
干した
共同のごみ
捨て場
共同井戸
店
店
2階建て
浴室
浴室は、2階建てに
したあと、1階裏手
に増築されることが
多い

[MEMO] 江戸時代、共同便所のことを上方では「惣雪隠（そうせっちん）」、江戸では「惣ごうか」と呼んだ。人糞尿は貴重な肥料として換金された（金肥）。金肥は大家の懐に入った

粋な町家は江戸風か？京風か？

一口に「町家《まちや》」といっても、江戸風と京風で違いがあることをご存じだろうか。

まず畳の大きさが違うため、同じ6畳間でも広さが違う。外観では、戸袋の有無や1階の庇《ひさし》の架け方が違う。この違いを押さえれば、旅先で見掛けた古民家が江戸風か京風か分かるようになり、その地域が影響を受けた文化も察しがつくようになる。まち歩きの楽しみをさらに深めるための基礎知識だ。

畳の大きさで見分ける

4.5畳、6畳など畳の枚数で部屋の大きさが分かるように、日本家屋では畳が基準寸法（モジュール）の1つであった。京《きょう》間《ま》と関東間の1つの大きな違いは、畳を基準とする畳割《たたみわり》か、柱を基準とする柱割《はしらわり》である

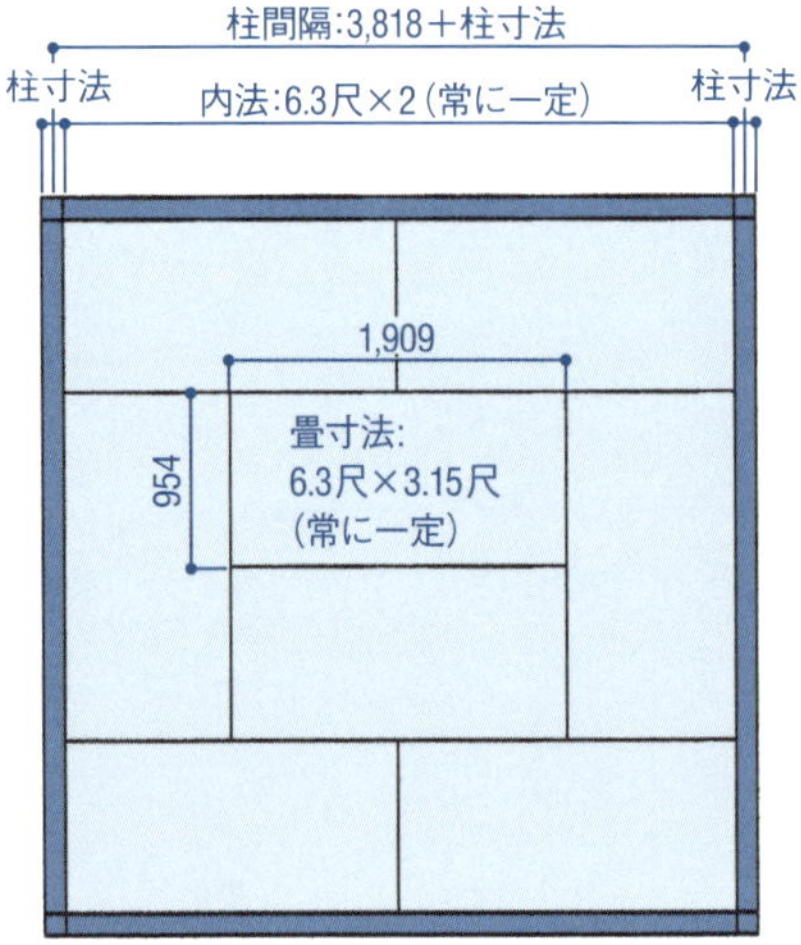
柱間隔:3,818＋柱寸法
柱寸法
内法:6.3尺×2（常に一定）
柱寸法
1,909
954
畳寸法:
6.3尺×3.15尺
（常に一定）

京間（畳割）

柱間の寸法は柱の内々寸法（内法［うちのり］）を基準とする。これを畳割という

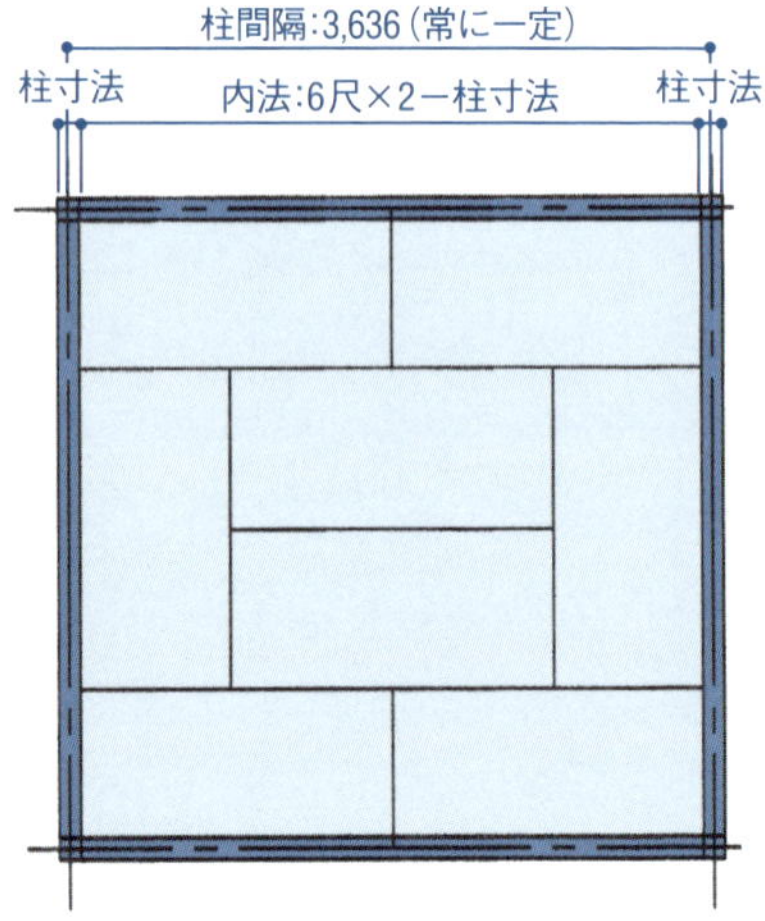
柱間隔:3,636（常に一定）
柱寸法
内法:6尺×2－柱寸法
柱寸法

関東間（柱割）

柱間隔を基準にするため、畳の大きさは柱間寸法によって異なる。つまり6畳間の畳は8畳間では使えない。これを柱割という

外観で見分ける

2階の外壁面が1階より奥にあれば江戸風、1・2階の外壁面が上下でそろっていれば京風町家

江戸風町家

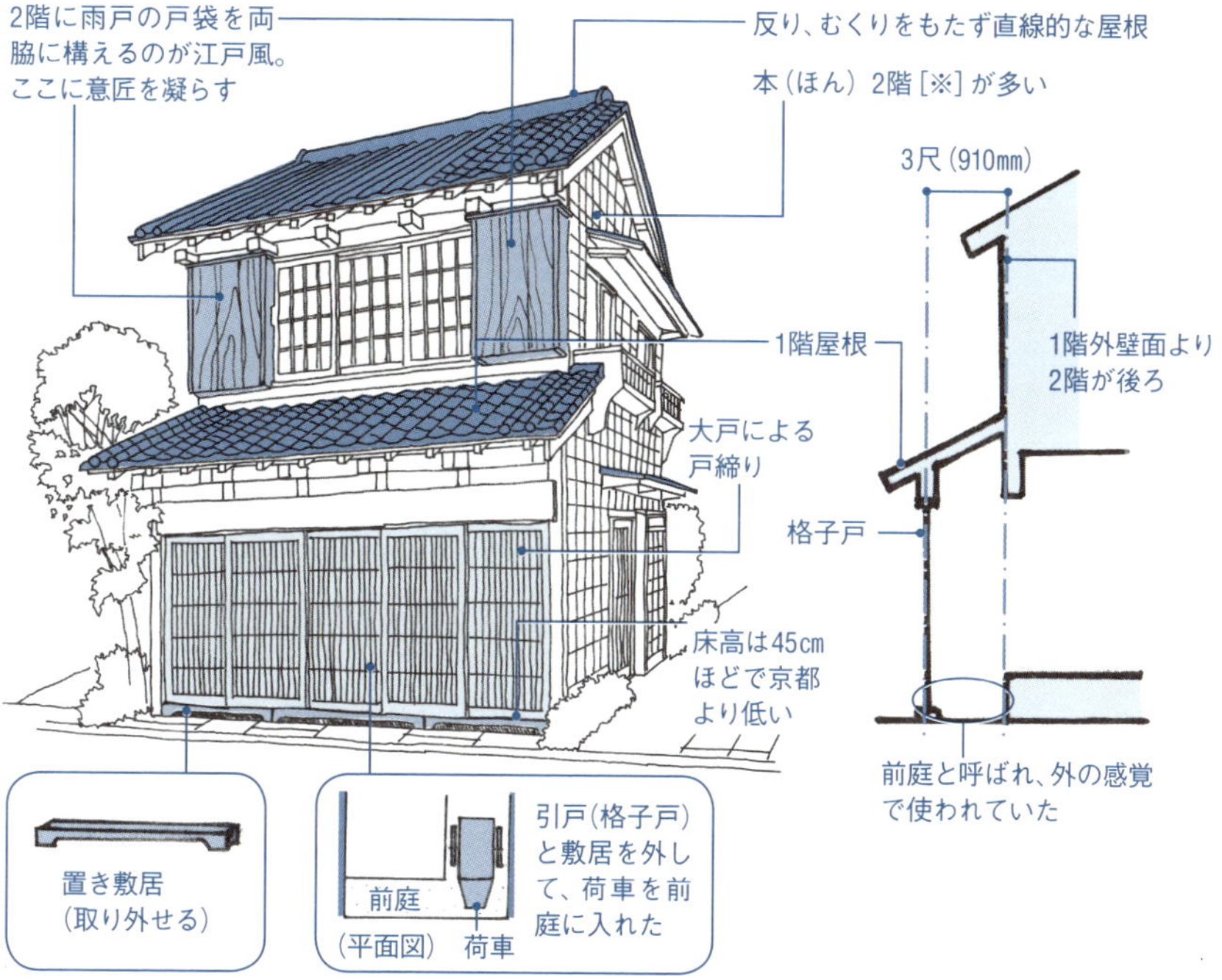

2階に雨戸の戸袋を両脇に構えるのが江戸風。ここに意匠を凝らす
反り、むくりをもたず直線的な屋根
本（ほん）2階［※］が多い
3尺（910㎜）
1階屋根
1階外壁面より2階が後ろ
大戸による戸締り
格子戸
床高は45㎝ほどで京都より低い
前庭と呼ばれ、外の感覚で使われていた
置き敷居（取り外せる）
前庭
（平面図）
荷車
引戸（格子戸）と敷居を外して、荷車を前庭に入れた

京風町家

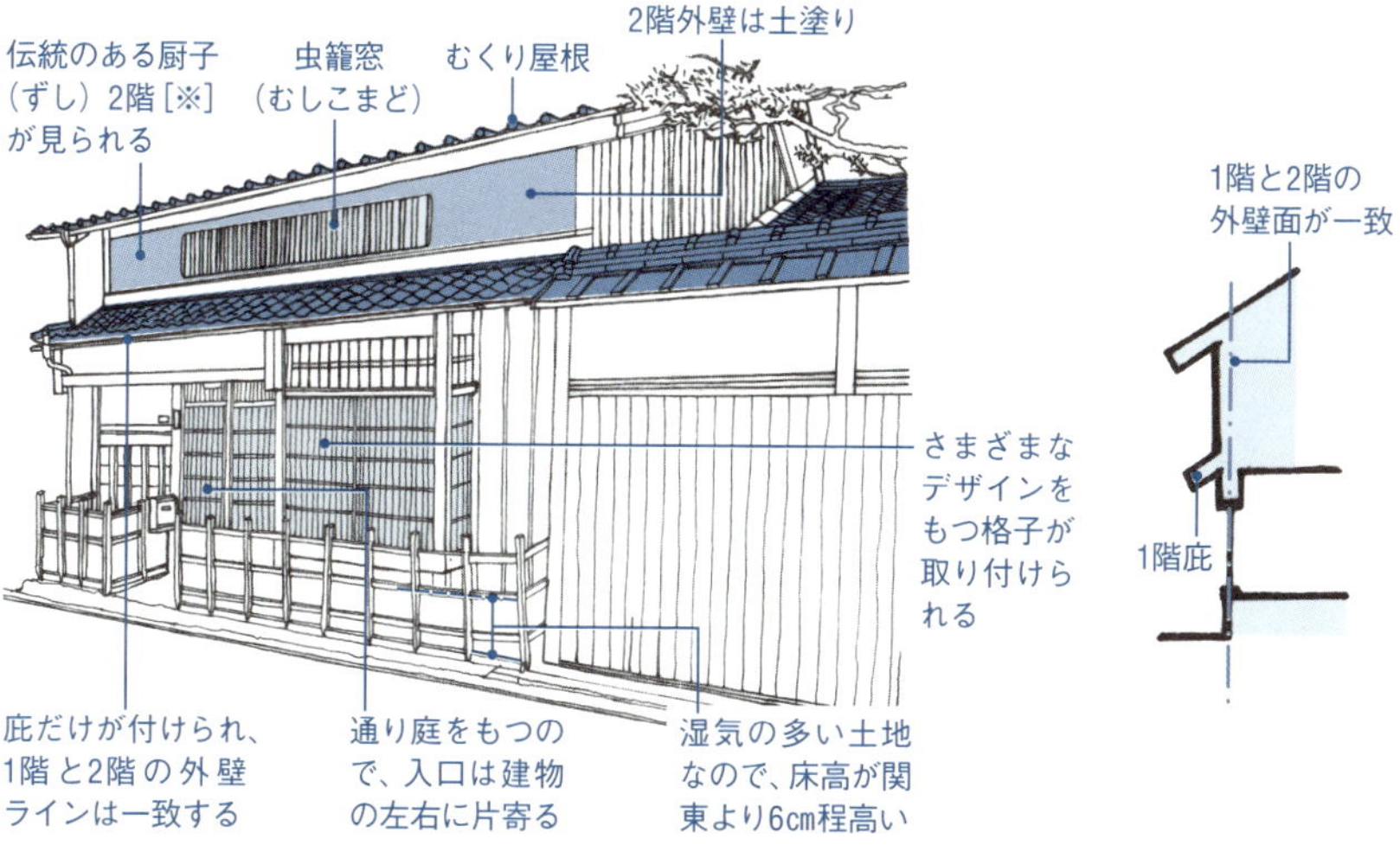

伝統のある厨子（ずし）2階［※］が見られる
虫籠窓（むしこまど）
むくり屋根
2階外壁は土塗り
1階と2階の外壁面が一致
さまざまなデザインをもつ格子が取り付けられる
1階庇
庇だけが付けられ、1階と2階の外壁ラインは一致する
通り庭をもつので、入口は建物の左右に片寄る
湿気の多い土地なので、床高が関東より6㎝程高い

［※］2階の高さは、階高の高い「本2階」と低い「厨子2階」がある。大正期以後、本2階が多くなる

和洋折衷は中流家庭の憧れの結晶

文明開化により日本人の生活は西洋化し始めた。建物においてまず変化が現れたのは、華族の住宅だ。日常生活する和館に加え、接客の場として別棟の洋館が建てられた。

しかし、一介の庶民には、別棟の洋館を構えるなど到底かなわない。そこで誕生したのが和《わ》洋折衷《ようせっちゅう》住宅だ。和風住宅の一部にぽこっと洋風建築が取り付けられた外観が、当時の人々の洋館への憧れを物語る。

和洋折衷住宅の見方

和風部分と洋風部分では、屋根・外壁・窓など各所でつくりに違いが見られる。和洋折衷住宅を見れば、和風建築と洋風建築の特徴を比較することができる

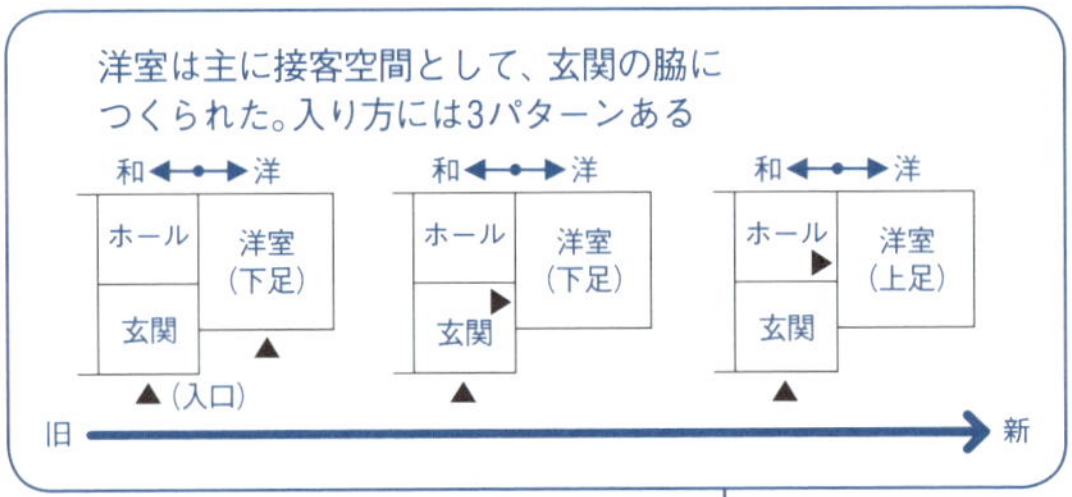
洋室は主に接客空間として、玄関の脇につくられた。入り方には3パターンある
和 洋
ホール
洋室（下足）
玄関
▲（入口）
ホール
洋室（下足）
玄関
ホール
洋室（上足）
玄関
旧
新

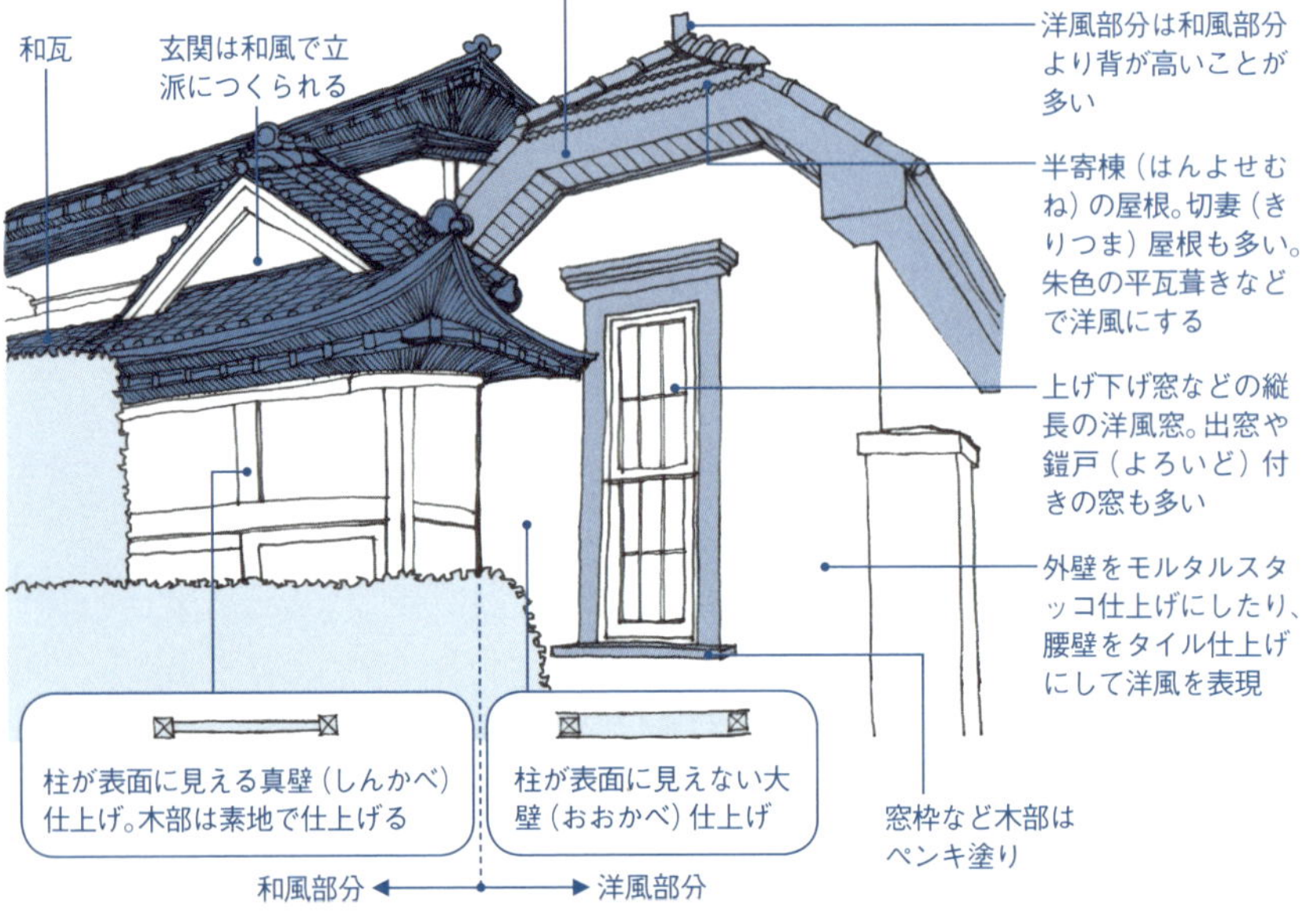
和瓦
玄関は和風で立派につくられる
洋風部分は和風部分より背が高いことが多い
半寄棟（はんよせむね）の屋根。切妻（きりつま）屋根も多い。朱色の平瓦葺きなどで洋風にする
上げ下げ窓などの縦長の洋風窓。出窓や鎧戸（よろいど）付きの窓も多い
外壁をモルタルスタッコ仕上げにしたり、腰壁をタイル仕上げにして洋風を表現
柱が表面に見える真壁（しんかべ）仕上げ。木部は素地で仕上げる
柱が表面に見えない大壁（おおかべ）仕上げ
窓枠など木部はペンキ塗り
和風部分
洋風部分

住宅建築のルーツを探る

明治末～大正時代になるとサラリーマン住宅が数多く建てられるようになるが、華族住宅を手本に大きく3派に分類される。洋館の流れをくむ「洋風小住宅」、和館を継承した「中《なか》廊《ろう》下《か》型住宅」、和洋両方の流れを受け継いだ「和洋折衷住宅」である

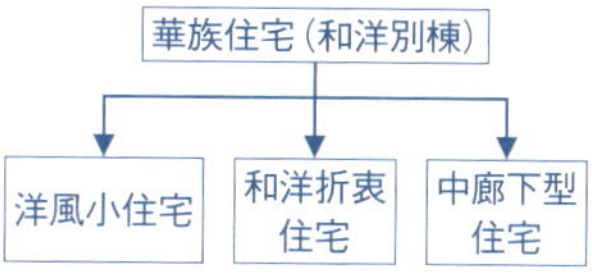

華族住宅（和洋別棟）
洋風小住宅
和洋折衷
住宅
中廊下型
住宅

鹿鳴館時代の華族住宅

和館と洋館は分離している。住人は和館で生活し、洋館は来客時に使う

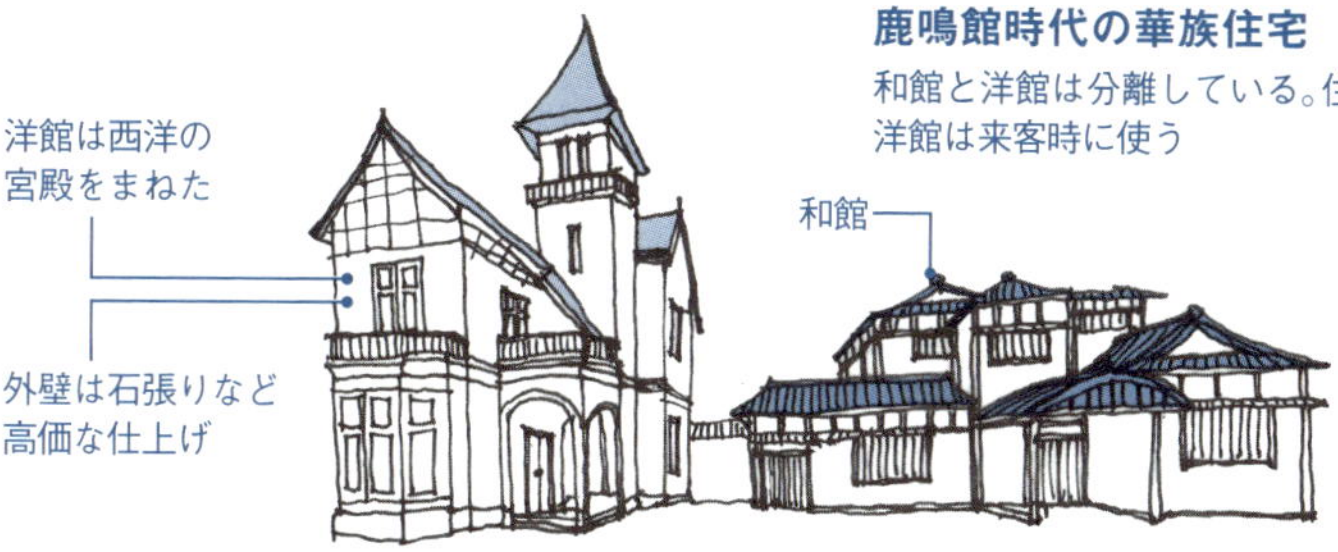

洋館は西洋の
宮殿をまねた
外壁は石張りなど
高価な仕上げ
和館

サラリーマン
住宅の発生

洋風小住宅

椅子座を推奨した住宅。居間中心型。ハウスメーカーに継承されている

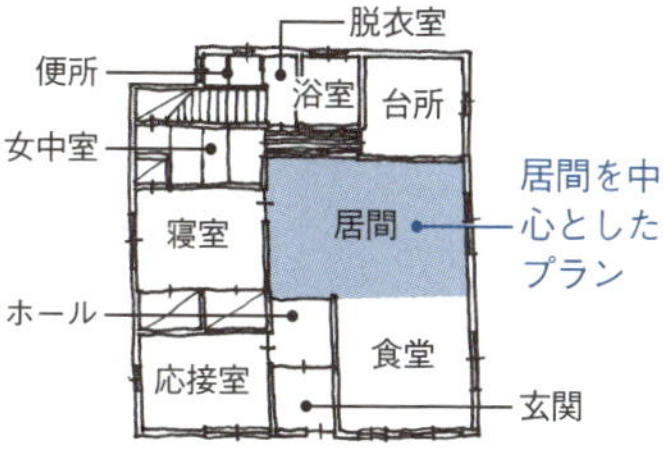

脱衣室
便所
浴室
台所
女中室
寝室
居間
居間を中
心とした
プラン
ホール
食堂
応接室
玄関

中廊下型住宅

中央の廊下から各室に入ることができ、プライバシーが配慮された住宅。大工により継承されている

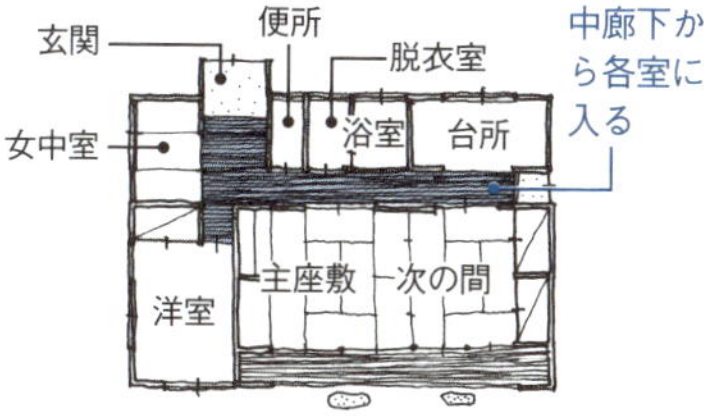

玄関
便所
脱衣室
中廊下か
ら各室に
入る
女中室
浴室
台所
主座敷
次の間
洋室

和洋折衷住宅

サラリーマンにとって洋館は憧れ。そこで、玄関脇の目立つ所に洋館を付設した。つくられたのは昭和30年代ごろまで。なくなりつつあるので今のうちに見ておきたい

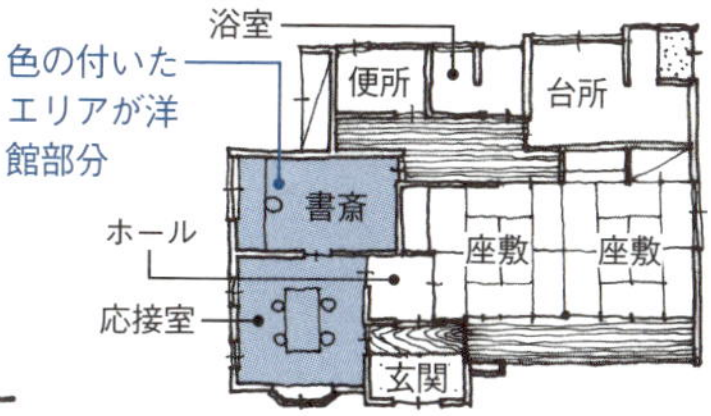

浴室
色の付いた
エリアが洋
館部分
便所
台所
書斎
ホール
座敷
座敷
応接室
玄関

門を見る基本ポイント

門に付く屋根

屋根葺きの素材で数寄屋風か書院風に分けられる。切妻（きりつま）屋根が大半だが、社寺の門には入母屋（いりもや）、数寄屋風の門には寄棟（よせむね）屋根も多い

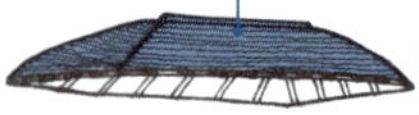
檜皮（ひわだ）葺き、杮（こけら）葺きや鋼板葺きで軽い感じだと数寄屋風。むくりを付けるとより数寄屋風に見える

寄棟屋根

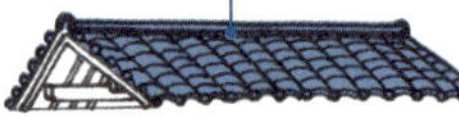
桟瓦で重い感じだと書院風。頂部の棟瓦は簡素にする

切妻屋根

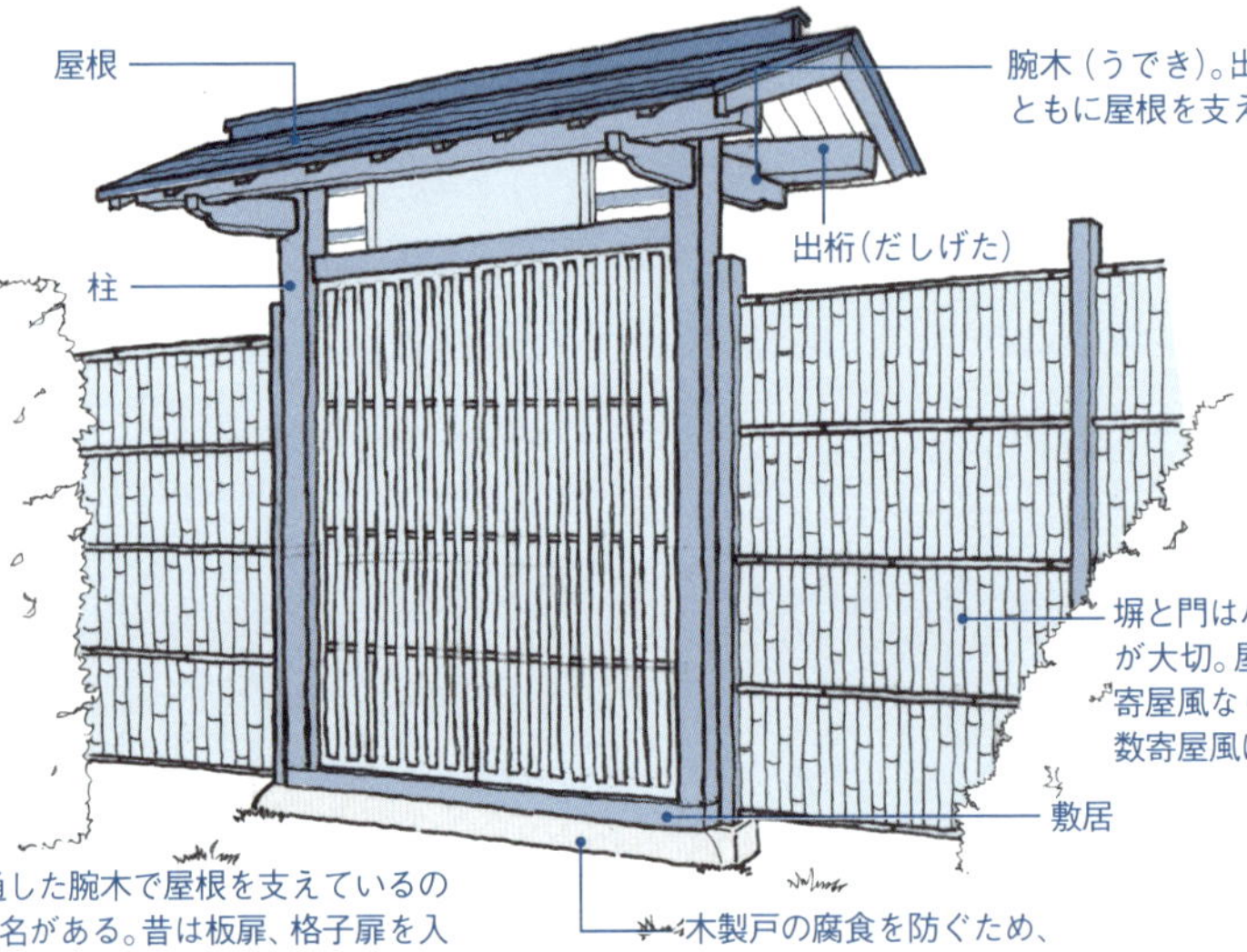
屋根
腕木（うでき）。出桁とともに屋根を支える
出桁（だしげた）
柱
塀と門はバランスが大切。屋根が数寄屋風ならば塀も数寄屋風に
敷居
木製戸の腐食を防ぐため、石などの土台を敷く

腕木門

柱を貫通した腕木で屋根を支えているので、この名がある。昔は板扉、格子扉を入れていたため、木戸門とも呼ばれる

こだわりの門に見る庶民の見栄

江戸時代まで門は身分の象徴であり、町人や農民が家の通りに面した門をもつことは許されていなかった。

明治になり身分が解放されると、庶民はこぞって門を構え始めた。サラリーマンは下級武家屋敷の流れをくむ掘立門《ほったてもん》を考え出し、豪農は上級武家屋敷の屋根付きの長屋《なが や》門などの形を継承した。

そんな人々の工夫の跡を、まちの随所に見ることができる。

脚と腕で呼び名が変わる

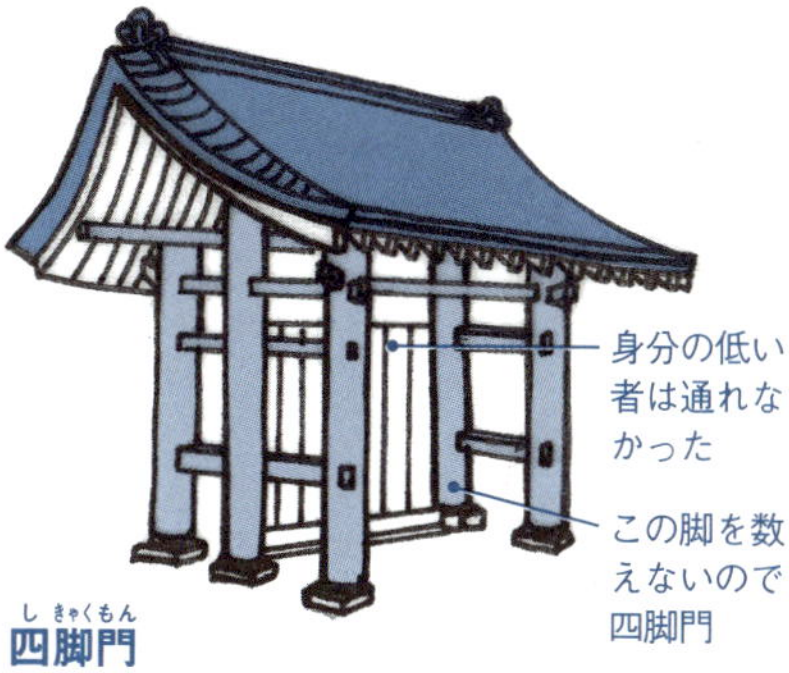
身分の低い者は通れなかった
この脚を数えないので四脚門

四脚門《しきゃくもん》

平安時代は三位以上のものだけが許された格式高い門

長屋門

諸大名の屋敷門として発生。明治以降は、農家にもつくられ、納屋などに利用された

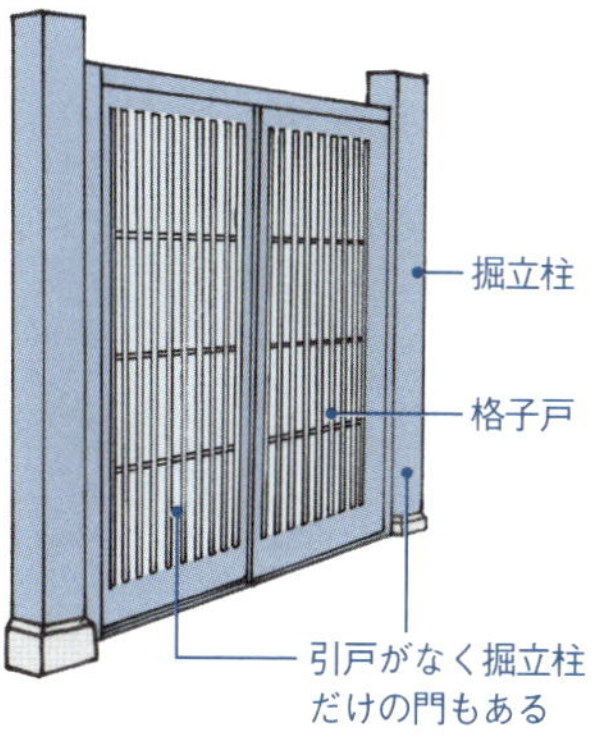
掘立柱
格子戸
引戸がなく掘立柱だけの門もある

掘立門

昭和30年代、庶民の門として全盛を誇っていた

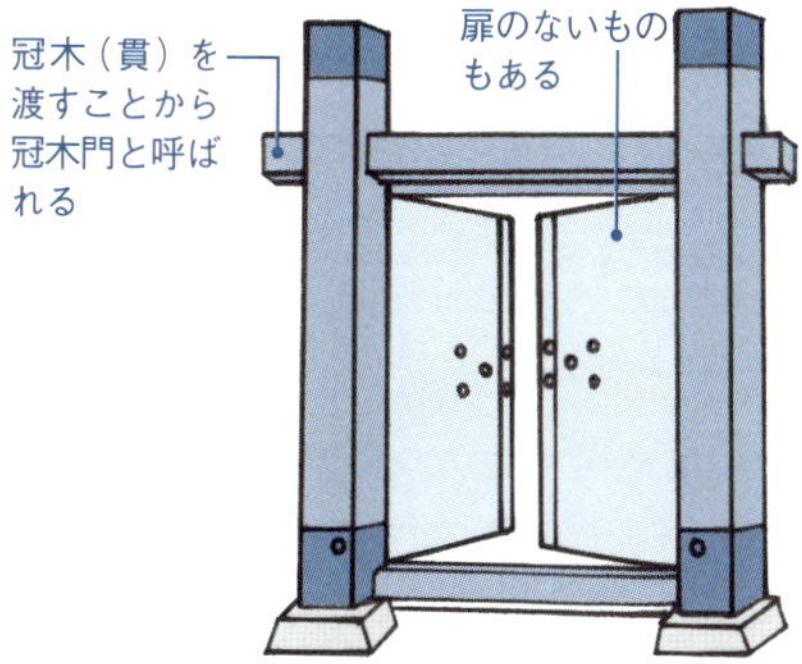
冠木（貫）を渡すことから冠木門と呼ばれる
扉のないものもある

冠木門《かぶきもん》

下級武士の門に用いられたつくりだが、諸大名の外門などにも用いられた

引戸と開き戸の使い分け

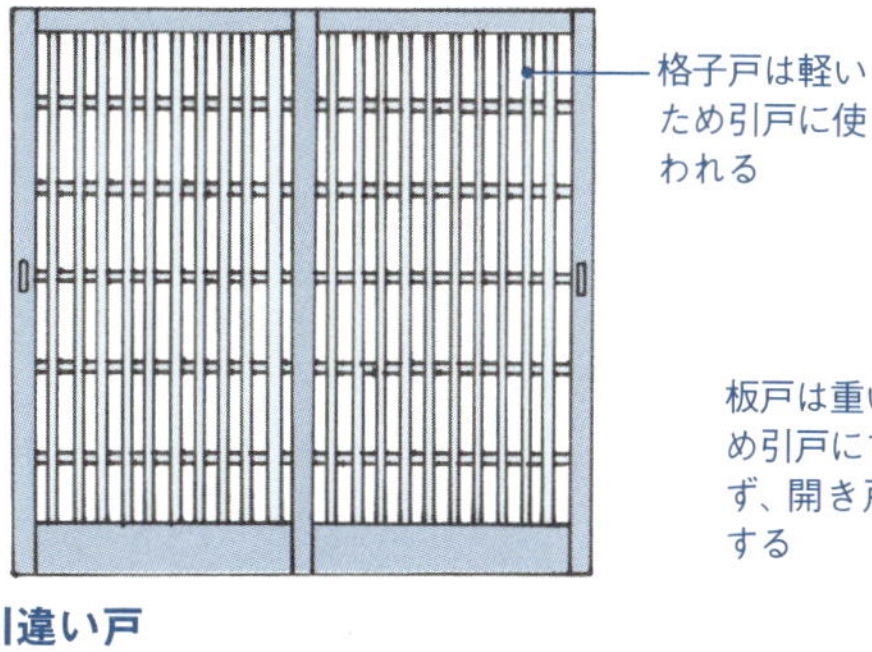
格子戸は軽いため引戸に使われる

引違い戸

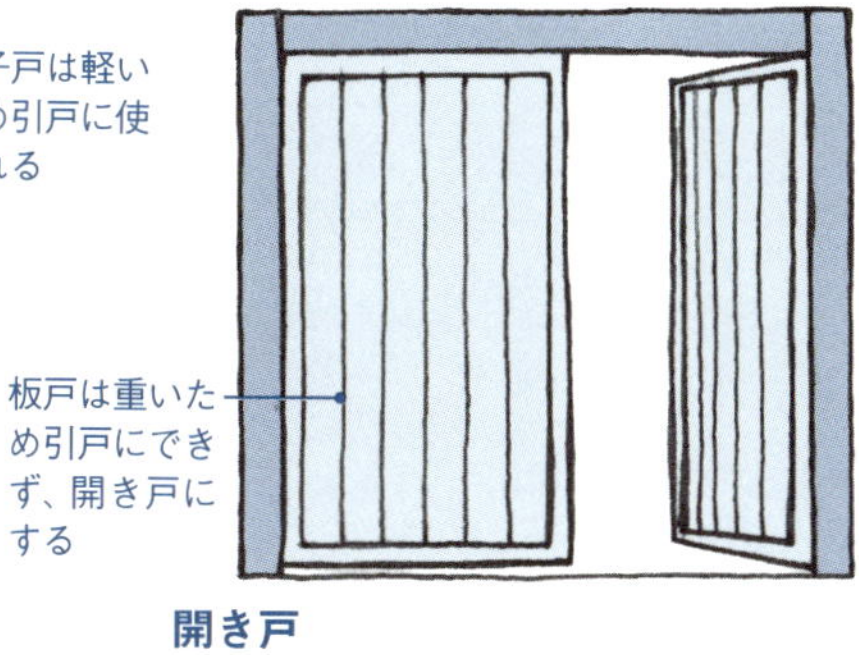
板戸は重いため引戸にできず、開き戸にする

開き戸

雨風がつくり出す土塀の味

古代よりつくられてきた土《ど》塀《べい》。もろさのある土塀だが、屋根を架け、石を積むことで、長年の風雨に耐えてきた。

耐えた年月の分、土の表面には深く味わいのある凸凹が刻まれる。さらに、練塀《ねりべい》に重ねられた熨斗瓦《のし》は、時代や形もさまざまで、土塀の保護という役割を超えて美しい。

土塀は、長い年月を越えてきたさまざまな表情を見せてくれる。

土塀の表情は、上、中、下で異なる

土の中の鉄やマンガンが酸化して黒みがかることをサビと呼ぶ。侘び寂びにつながる

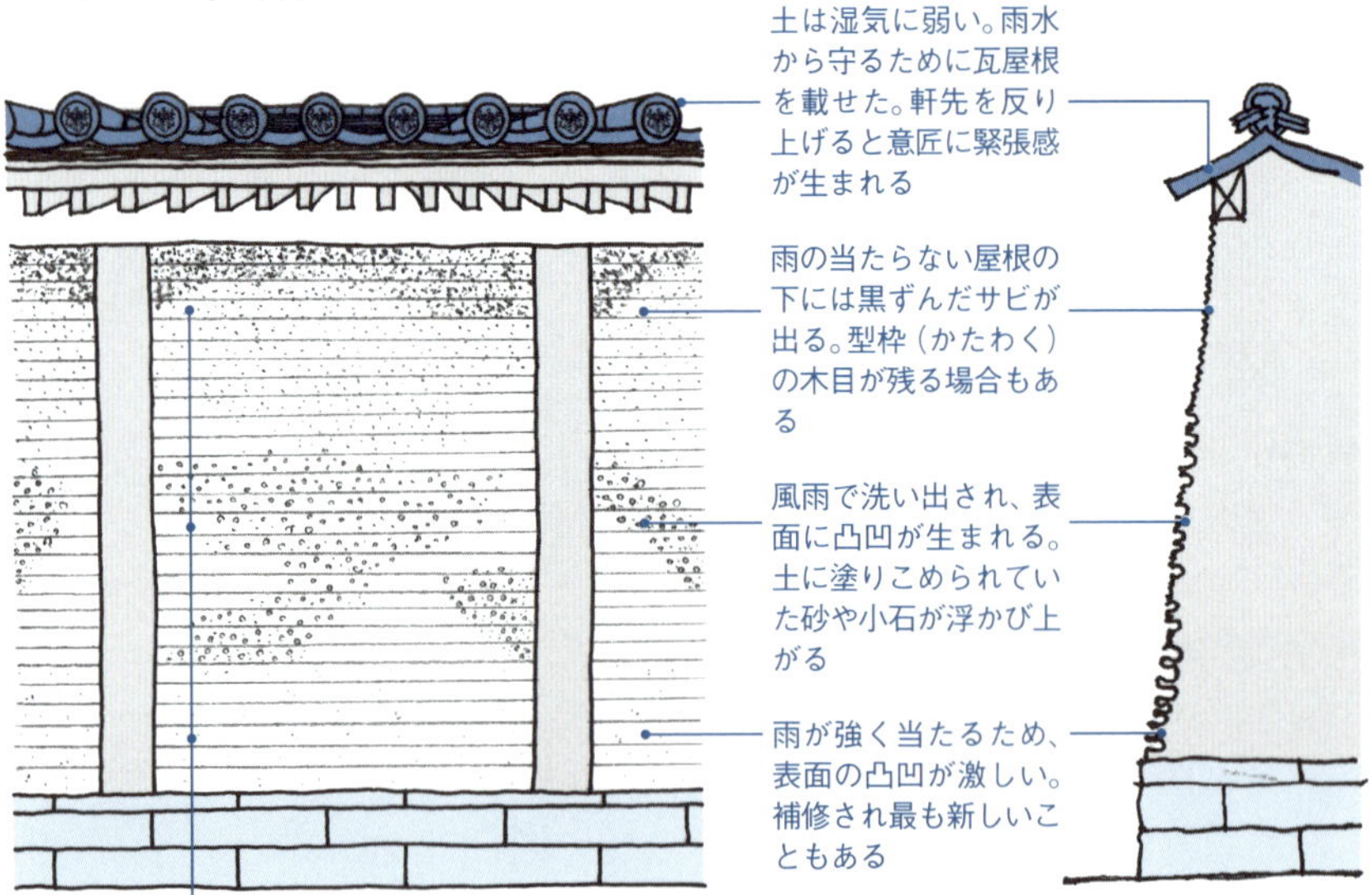
土は湿気に弱い。雨水から守るために瓦屋根を載せた。軒先を反り上げると意匠に緊張感が生まれる
雨の当たらない屋根の下には黒ずんだサビが出る。型枠（かたわく）の木目が残る場合もある
風雨で洗い出され、表面に凸凹が生まれる。土に塗りこめられていた砂や小石が浮かび上がる
雨が強く当たるため、表面の凸凹が激しい。補修され最も新しいこともある

版築（はんちく）工法では、型枠を組んだなかに土を入れ、叩き締めて積み上げていくため、型枠を外すとバウムクーヘンのような土の層ができる（層の幅は10cmほど）

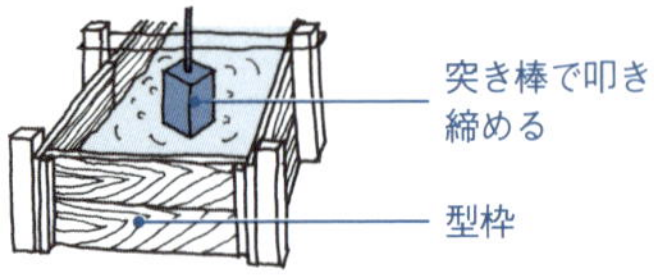
突き棒で叩き締める
型枠

土塀はつくりで区別する

築地塀《ついじべい》

主に版築工法でつくられる。この塀を屋敷に巡らすことができたのは、古代律令制下においては五位以上の者に限られた

練塀

土と瓦を交互に重ねてつくる。土に瓦を挟むことで土の水分が吸収され固まり、土と瓦が一体となって自立する。江戸時代、大名の邸宅や寺院に多く見られた

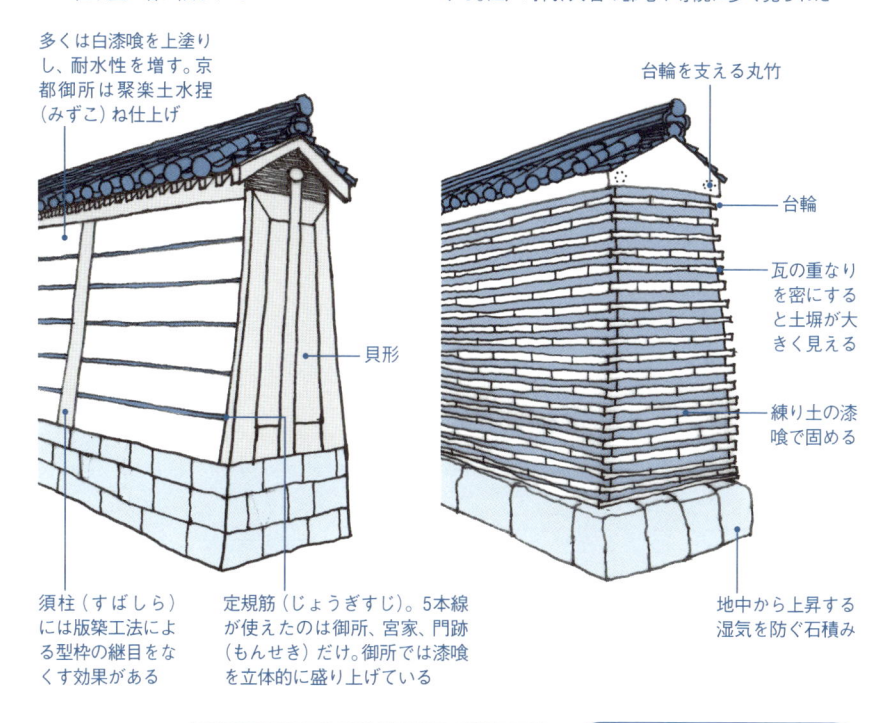

多くは白漆喰を上塗りし、耐水性を増す。京都御所は聚楽土水捏（みずこ）ね仕上げ
貝形
須柱（すばしら）には版築工法による型枠の継目をなくす効果がある
定規筋（じょうぎすじ）。5本線が使えたのは御所、宮家、門跡（もんせき）だけ。御所では漆喰を立体的に盛り上げている

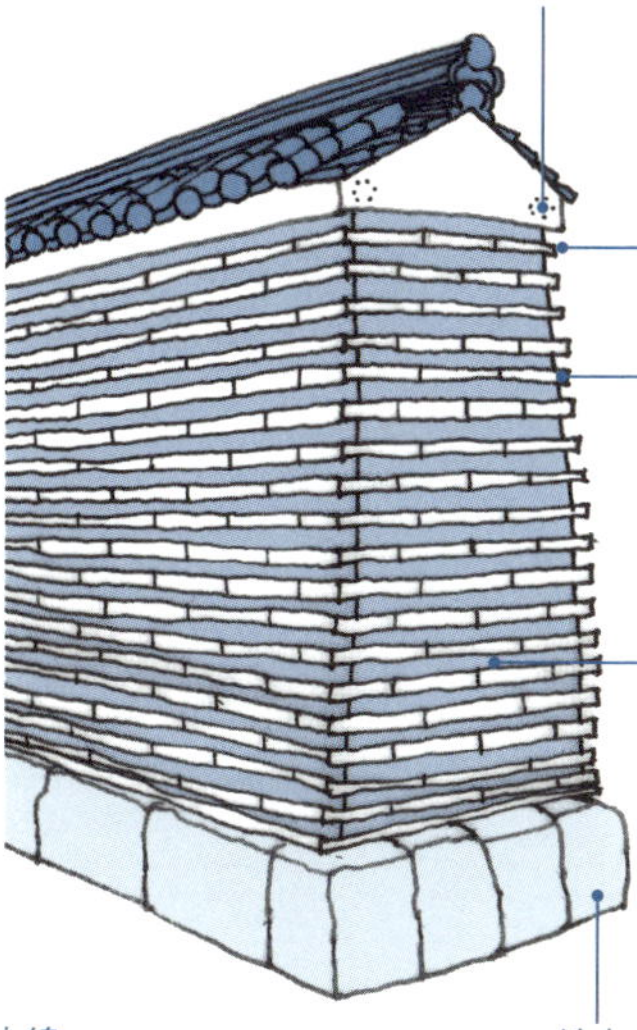

台輪を支える丸竹
台輪
瓦の重なりを密にすると土塀が大きく見える
練り土の漆喰で固める
地中から上昇する湿気を防ぐ石積み

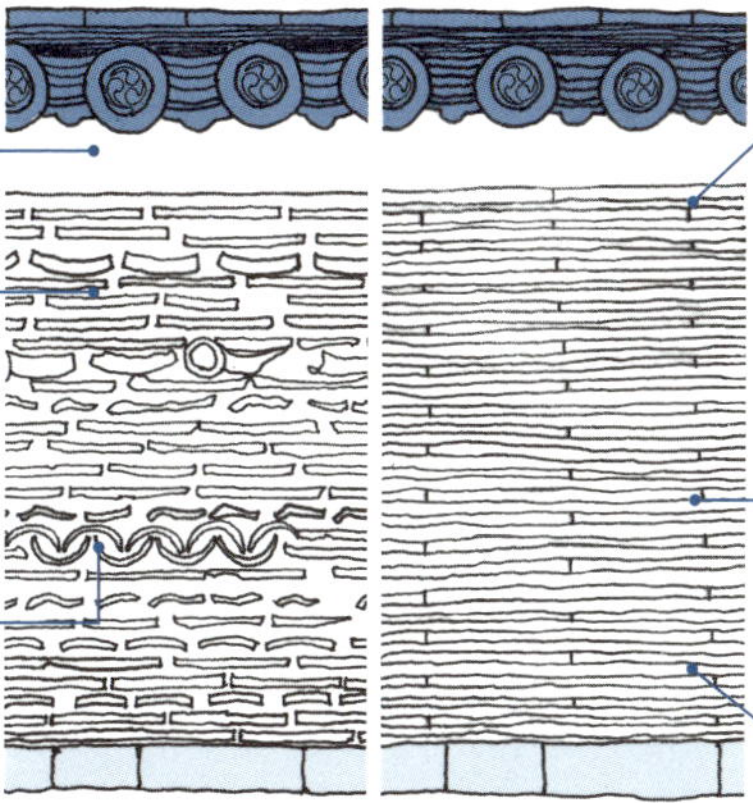

屋根下の雨に濡れない部分は漆喰壁
古瓦を再利用したもので、時代も形式もさまざま
古い瓦は焼成温度が低いため、表面が苔むしていることがある

熨斗瓦の出が土塀への雨雫を防ぐ

熨斗瓦

風雨にさらされ削り出される土と浮き出す瓦が、時間が経つにつれ際立ってくる

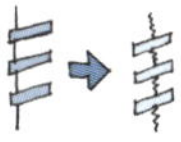

浮き出た瓦が壁に影を落とす。朝の光と昼の光で、土塀の表情も変わる

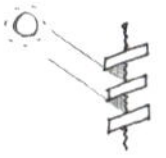

瓦塀

熨斗（のし）瓦を整然と並べた土塀（上図右）と、古瓦を寄せ集めた野趣溢れる土塀（上図左）の2種類がある

[MEMO] 熨斗瓦とは、主に棟のかさ上げに使う長方形の平瓦をいう。瓦塀では積み重ねて使われる

きれいな板塀には裏がある？

まちで板塀を見掛けたとき、道路側のつくりを観察することはできても、敷地の内側をのぞけることは滅多にない。

多くの板塀の裏側には控え材が入り、板も表のみきれいに見える張り方でどうしても敷地側はないがしろにされてしまう。

ところが、なかには表裏の差が出ないように、意匠上工夫された板塀もある。また、異素材を組み合わせた塀は、使い分けに注目すると面白い。

手間のかかった美しい塀

道路側は貫《ぬき》に羽目板《はめいた》を打ち付け、板の継目に目板を打ち付けた目板《めいた》張り。敷地側は貫を等間隔に留めることで下地の貫を意匠として見せ、裏側も美しくつくる

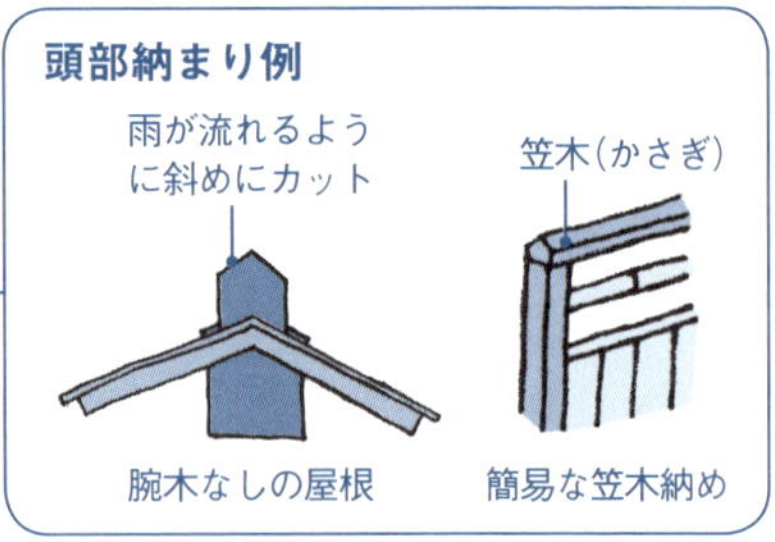
頭部納まり例
雨が流れるように斜めにカット
腕木なしの屋根
笠木（かさぎ）
簡易な笠木納め

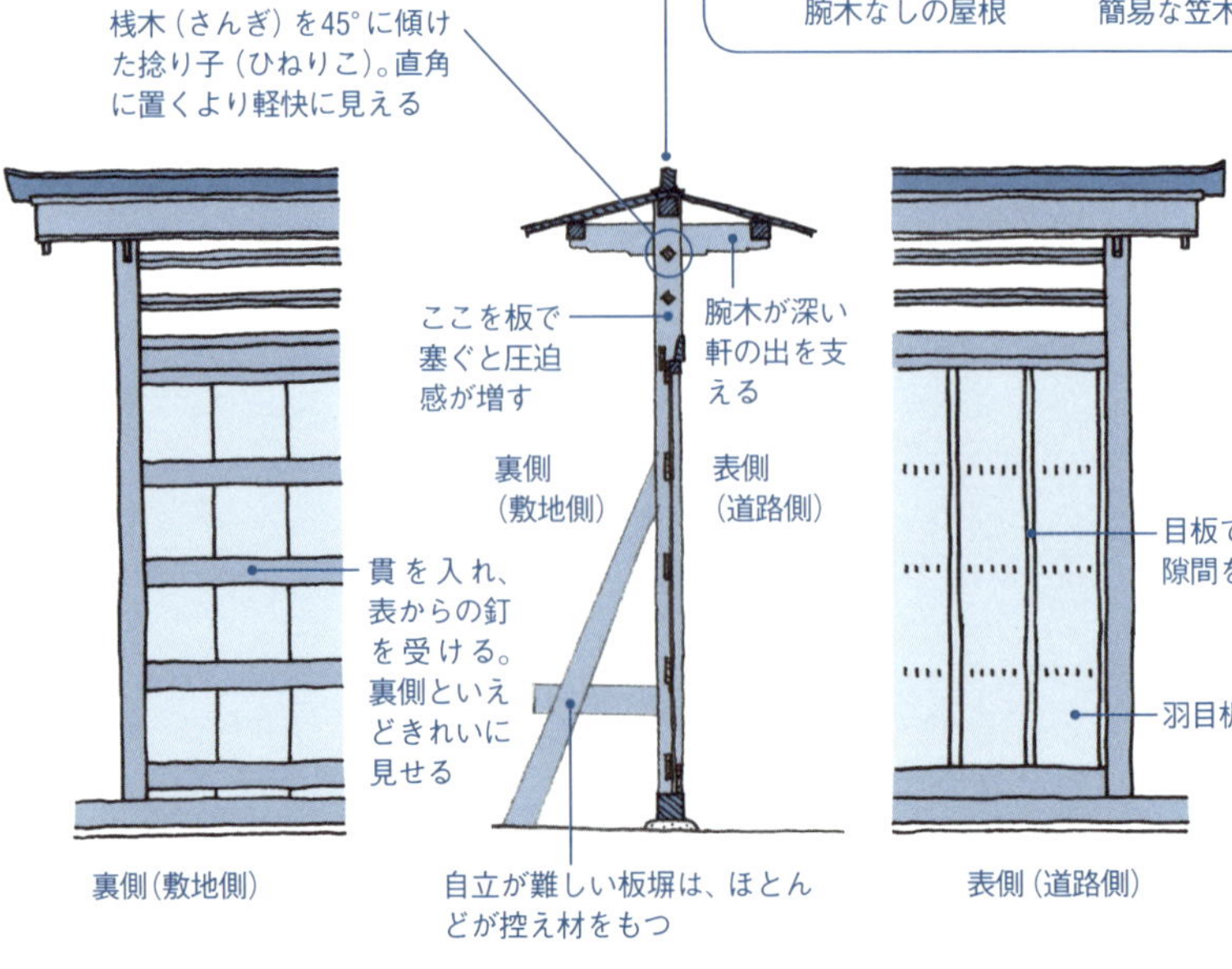
桟木（さんぎ）を45°に傾けた捻り子（ひねりこ）。直角に置くより軽快に見える
ここを板で塞ぐと圧迫感が増す
腕木が深い軒の出を支える
裏側（敷地側）
表側（道路側）
貫を入れ、表からの釘を受ける。裏側といえどきれいに見せる
目板で板間の隙間を塞ぐ
羽目板
自立が難しい板塀は、ほとんどが控え材をもつ
裏側（敷地側）
表側（道路側）

裏をなくす板の張り方

源氏塀

表をささら子下見板（したみいた）張り、裏を羽目板（はめいた）張りとすることで、表と裏を別の意匠として見せる

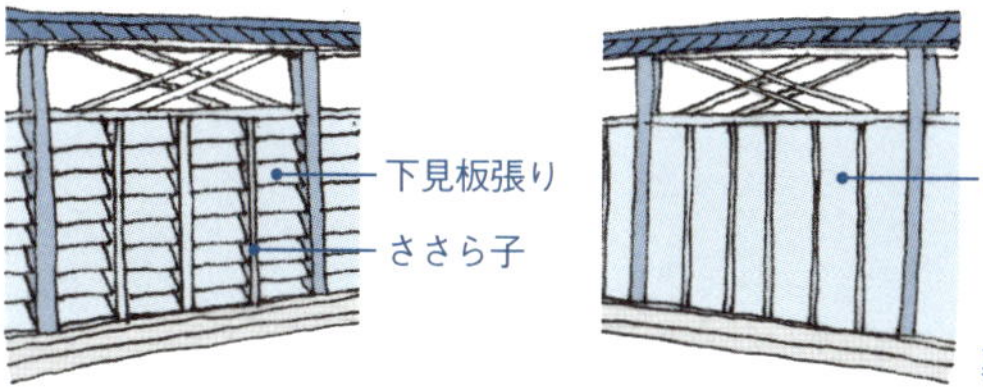
下見板張り
ささら子
羽目板張り

表側（道路側）　裏側（敷地側）

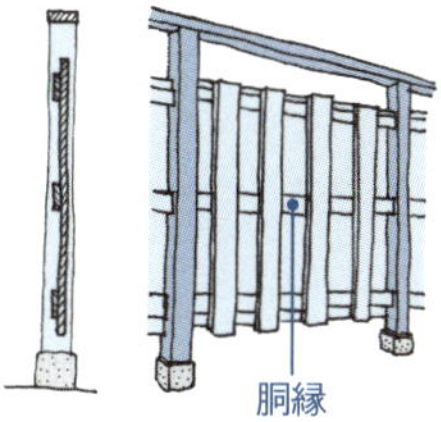
胴縁

大和《やまと》張り

胴縁に対して板を表と裏から交互に張ることで、裏をなくす

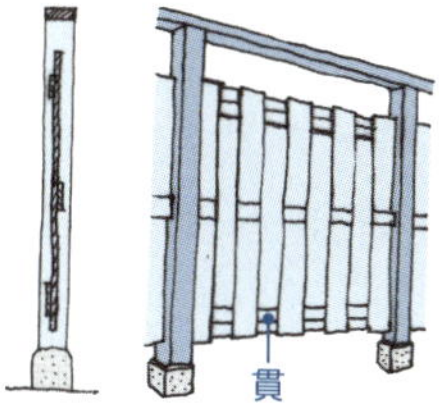
貫

大和打ち はらみ張り

板に対して表と裏を縫うように貫を入れることで、裏をなくす

塀の良否は素材の組み合わせで決まる

土＋板＋瓦＋石

土塀は防火、遮音に優れているが雨水に弱い。板、瓦、石と組み合わせることで土壁の弱点をカバーした塀となる

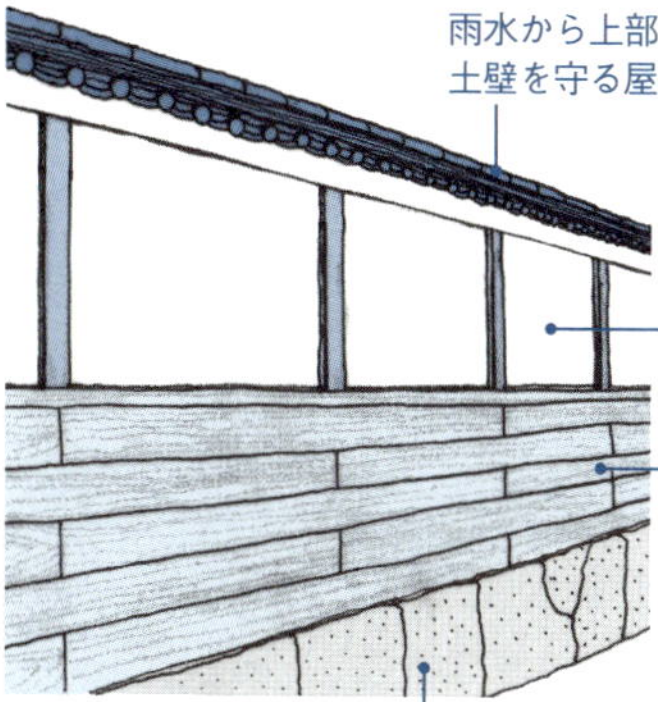
雨水から上部の
土壁を守る屋根
土壁
地面から上がってくる
湿気を石垣で止める
土壁の下部を
腰板で守る

植栽＋石

石垣の重量感と軽快な生垣の組み合わせは、優れたデザインを生む

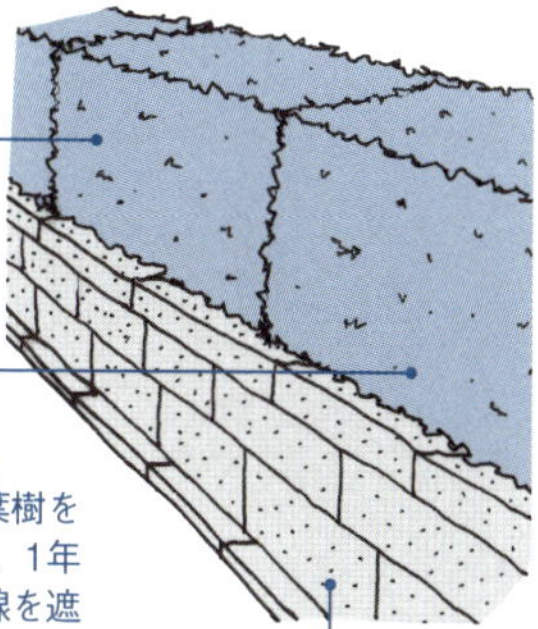
こんもりと茂る葉が傘となり、根が雨水を吸収し、石垣の崩壊を防ぐ
常緑樹と落葉樹を
混栽すると、1年
を通じて視線を遮
りながら、葉の変
化を楽しめる
石垣は植栽の
土留めになる

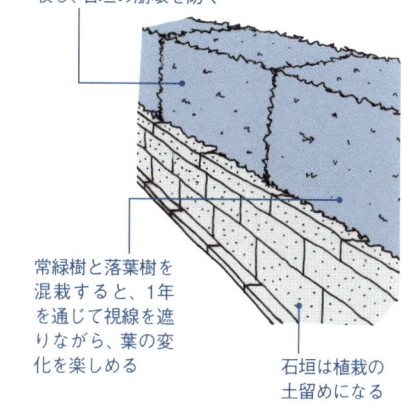

column | 素材で異なる塀の表情

土塀が真《しん》、板塀が行《ぎょう》、垣根を草《そう》とする考え方があった。

土塀・板塀・垣根などの素材には、それぞれ利点もあれば欠点もある。互いの利点・欠点を補い合う素材使いに着目すると塀の見方がガラリと変わる

結び目に現れる竹垣の格式

古い民家の周囲や、日本庭園にある竹垣。見た目や機能で多くの種類に分類されるが、作り方は竹細工同様、結《ゆ》うか編むかである。

シンプルな素材をいかに結び、いかに編むか。構造的な強度から意匠的な美しさにまで影響する「結び目」には、その竹垣の品格が現れる。

また、くせのある自然素材をいかに整然と美しく見せているかも、竹垣を見るポイントだ。

のぞき厳禁！ 建仁寺垣《けんにんじがき》

建仁寺（京都・東山区）に縁《ゆかり》があることから名付けられたとされる。遮蔽垣《しゃへいがき》の代表。関東風は押縁《おしぶち》が5本、関西風は4本

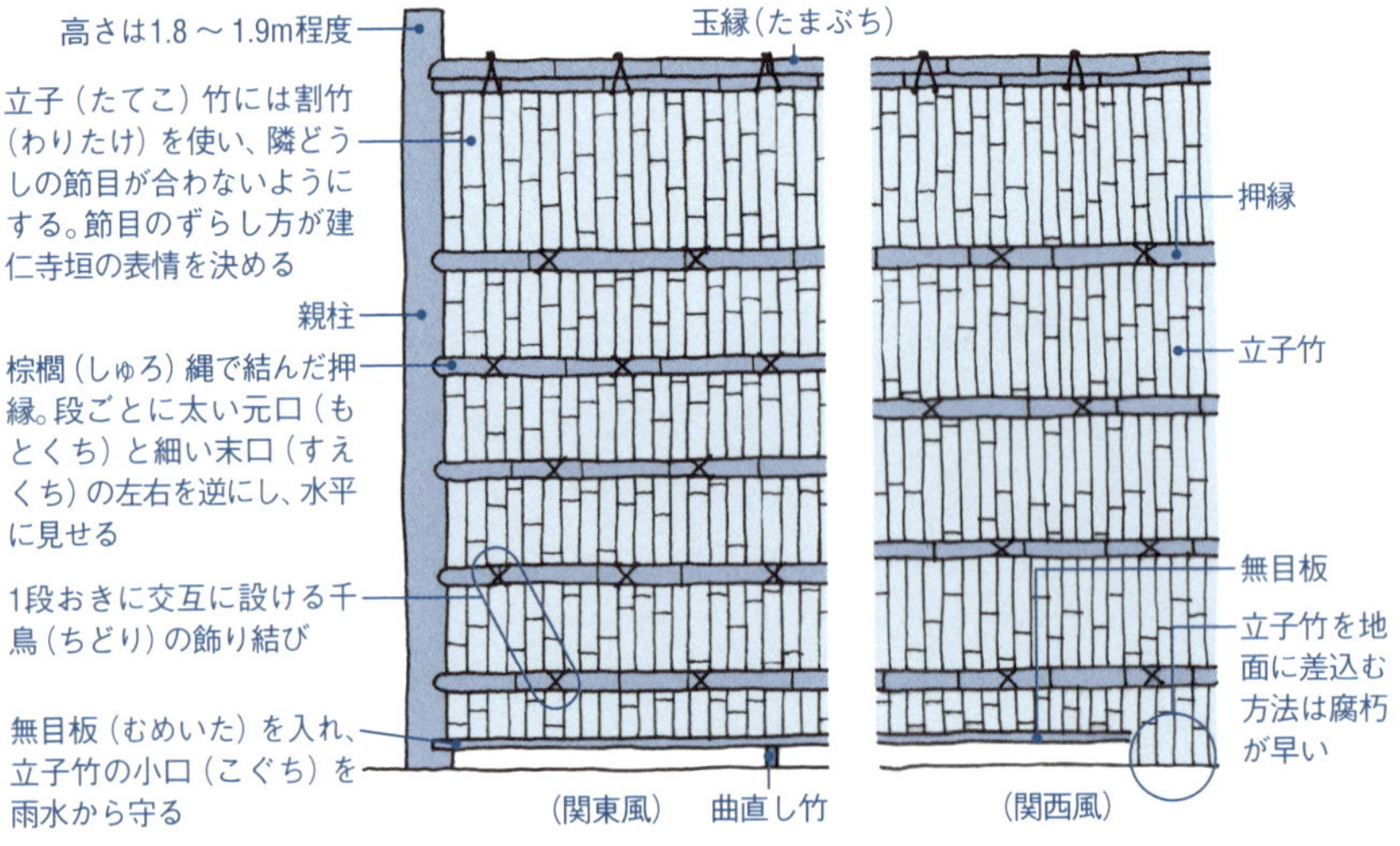
高さは1.8～1.9m程度
立子（たてこ）竹には割竹（わりたけ）を使い、隣どうしの節目が合わないようにする。節目のずらし方が建仁寺垣の表情を決める
親柱
棕櫚（しゅろ）縄で結んだ押縁。段ごとに太い元口（もとくち）と細い末口（すえくち）の左右を逆にし、水平に見せる
1段おきに交互に設ける千鳥（ちどり）の飾り結び
無目板（むめいた）を入れ、立子竹の小口（こぐち）を雨水から守る
玉縁（たまぶち）
押縁
立子竹
無目板
立子竹を地面に差込む方法は腐朽が早い
（関東風）
曲直し竹
（関西風）

column | 頭で分かる建仁寺垣の真《しん》、行《ぎょう》、草《そう》

上部が玉縁で覆われているものを「真」、玉縁を付けないで、立子竹の頭をそろえたものを「行」、立子竹の頭をそろえないものが「草」になる

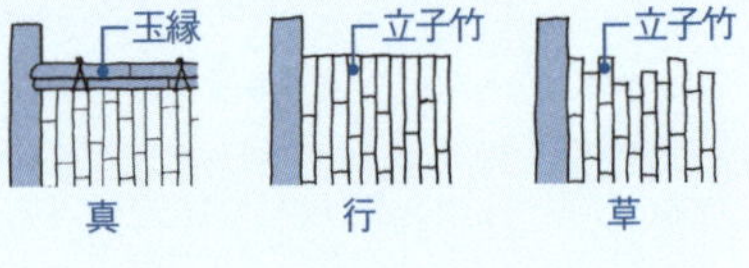
玉縁
立子竹
立子竹
真
行
草

[MEMO] 真・行・草の「真」とは規格を厳格に備えたもの、「草」はそれを崩した風雅なもの、「行」はその中間を指す

ちら見せOK！ 四《よ》つ目《め》垣《がき》

胴縁《どうぶち》と立子竹で四つ目格子ができることから名付けられたとされる。透《す》かし垣の代表。関東風は胴縁は3段か4段で立子竹は表裏すべて1本ずつ、関西風は胴縁は4段（基本納まり）で立子竹は表裏で1本、2本を繰り返す

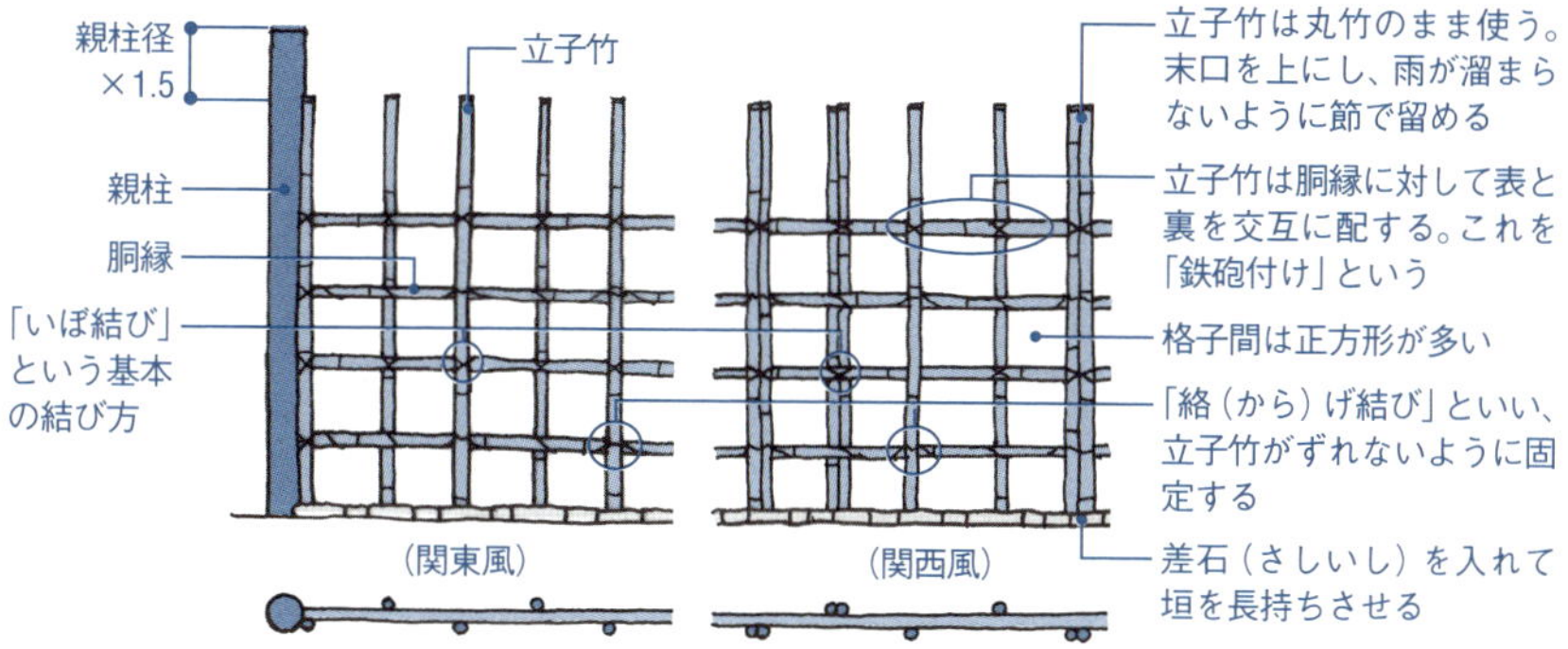

親柱径
×1.5
立子竹
親柱
胴縁
「いぼ結び」
という基本
の結び方
（関東風）
（関西風）
立子竹は丸竹のまま使う。
末口を上にし、雨が溜まら
ないように節で留める
立子竹は胴縁に対して表と
裏を交互に配する。これを
「鉄砲付け」という
格子間は正方形が多い
「絡（から）げ結び」といい、
立子竹がずれないように固
定する
差石（さしいし）を入れて
垣を長持ちさせる

外部と内部を仕切る その他の竹垣

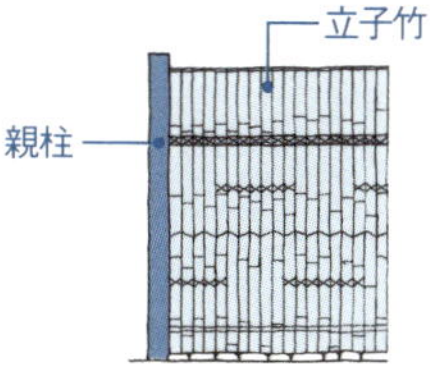

立子竹
親柱

木賊《とくさ》垣

基本的に胴縁はなく、木賊が生えているように丸竹を並べて縄留めする。遊び心ある楽しい結び目が多い

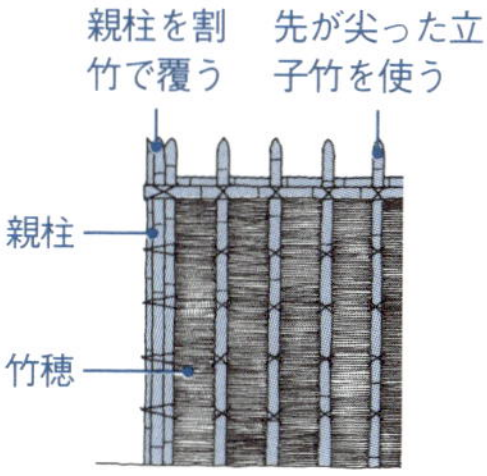

親柱を割
竹で覆う
先が尖った立
子竹を使う
親柱
竹穂

桂垣

竹穂を横に使い、地面まで覆う。桂離宮（京都・西京区）にあることからこう名付けられた

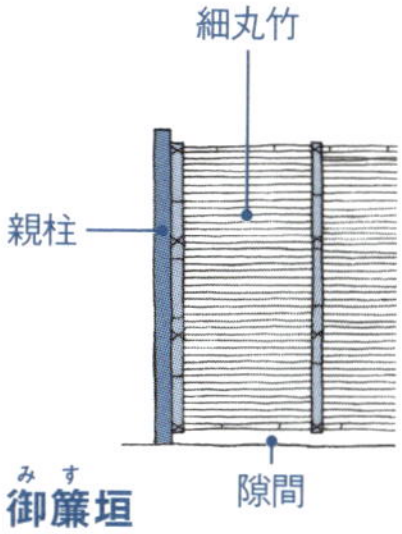

細丸竹
親柱
隙間

御簾《みす》垣

胴縁はなく、細丸竹を簾（すだれ）のように横に使う。地面との間に隙間をつくる

敷地内の仕切りには……

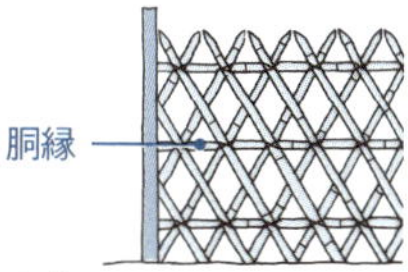

胴縁

矢来《やらい》垣

背の高いものには胴縁が入る。斜め組みのことを矢来組みという

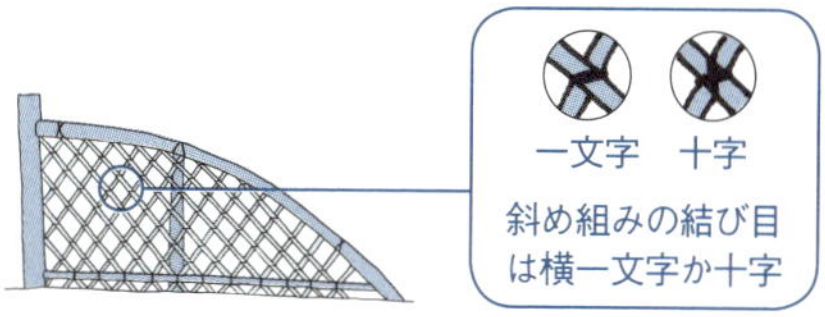

一文字
十字
斜め組みの結び目
は横一文字か十字

光悦寺《こうえつじ》垣

矢来組みで上部に巻き玉縁、下部に竹の横架材を入れ、胴縁は入れない

[MEMO] 立子竹の元口（竹の根本側）と末口（竹の梢側）の上下を交互に並べて見栄えを重視する方法と、末口を上にして使う方法がある。後者は腐りにくい

家印のもつ暗号を解読せよ

家《いえ》印《じるし》＝「家」の「印」は、集落内で同じ名字を使用している家どうしを判別するために生まれた。商家であれば、それが商標になった。

一方家紋《かもん》は、先祖より引き継がれた家柄や、血縁を表す紋章である。家紋がどの土地でも通用する記号であるのに対し、家印は集落に生きる役割をもつためその地を離れては意味をなさない。個々の家では家紋と家印の両方をもつことになるのだ。

家印の探し方

家印を付ける対象は、地域によりさまざまであるが、
蔵印《くらじるし》、瓦印《かわらじるし》、のれん印、樽印《たるじるし》などが代表的である

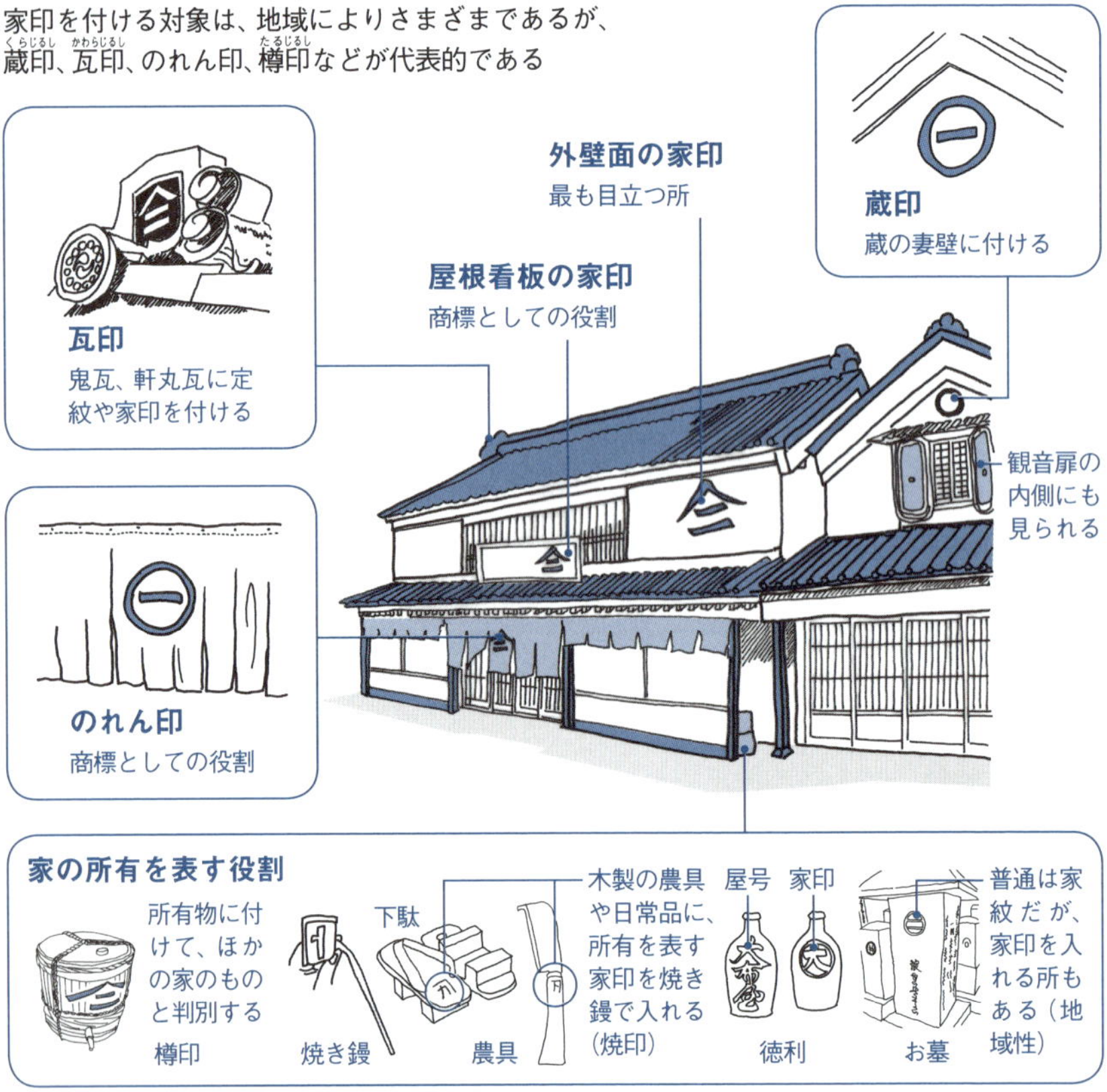
蔵印
蔵の妻壁に付ける
外壁面の家印
最も目立つ所
屋根看板の家印
商標としての役割
瓦印
鬼瓦、軒丸瓦に定紋や家印を付ける
観音扉の内側にも見られる
のれん印
商標としての役割
家の所有を表す役割
所有物に付けて、ほかの家のものと判別する
樽印
下駄
焼き鏝
農具
木製の農具や日常品に、所有を表す家印を焼き鏝で入れる（焼印）
屋号
家印
徳利
普通は家紋だが、家印を入れる所もある（地域性）
お墓

家紋と家印の違い

家紋

血縁にもとづき、祖を共通にする家々を表す紋章。マルの図柄が最も多い。輪郭線の太さ、文様の白抜き、黒抜きの違いでも区別される

植物（葵・菊・桐など）、器財（扇・矢・升など）、動物（鳥が多い）、文様（菱・亀甲［きっこう］など）などの複雑な柄が用いられる

家印

地縁にもとづき、集落（共同体）内での特定の家を表す印。ヤマの記号が最も多い。付け方は先祖の名前、地形的位置、地名、職業などに由来する

直線や文字を組み合わせた簡単な図柄。家印の起源は、木材などに押す木印にある

家印の読み方

2種類を組み合わせる

ヤマ　「ヤマジュウ」「ヤマナカ」

ヤマは、身代・財産が山ほど積もることを表す

カネ　「カネヒサ」「カネウロコ」

カネは金を意味し、富を願う。ウロコは、魚の鱗を表し、魚屋に多い印

マル　「マルイ」「マルト」

マルは、宇宙・金運・福徳・円満を表す

カク　「カクマイ」「カクジュウ」

□はその形からカクと呼ぶ

3種類を組み合わせる

「ホシヤマニ」

両方とも「カネタマル」＝お金が貯まる

そのほかよく使う記号

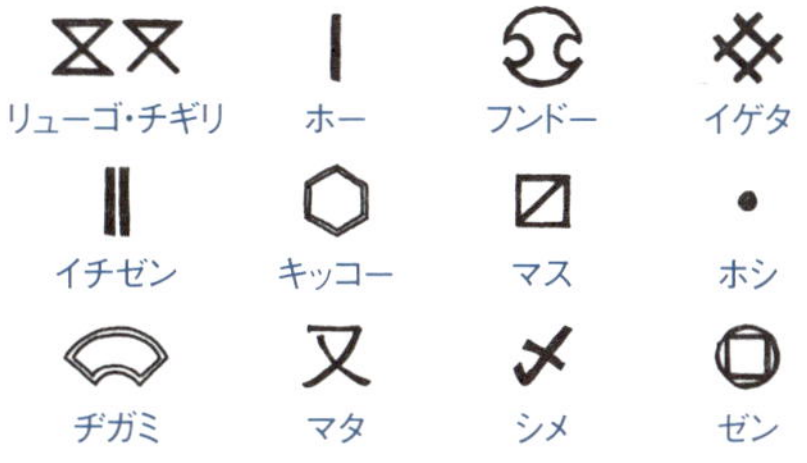
リューゴ・チギリ
ホー
フンドー
イゲタ
イチゼン
キッコー
マス
ホシ
ヂガミ
マタ
シメ
ゼン

column | 本家にならえ 分家の家印

集落内で同じ名字の家には、本家・分家の関係が多い。分家の家印は、本家の印の一部を継承してつくられることが多いため、記号の変遷をたどることで、その関係性が見えてくる

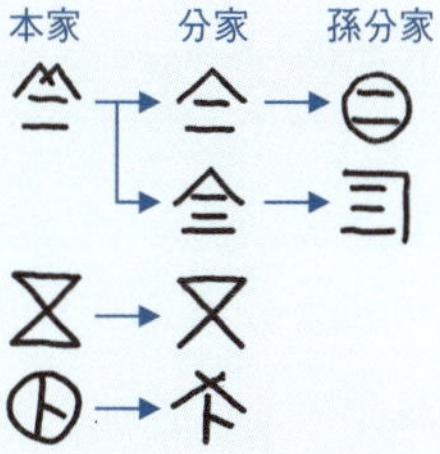
本家
分家
孫分家

×○□の奥に潜む古代の思想

普段私たちが何げなく使っている「×○□」の記号。まち歩き中にもよく見掛けるこれらのかたちには、実は深い意味が隠されている。

「×」の意匠は寺社に多く、この世とは異なる世界への境界に設けられ進入禁止を表している。

「○□」は古代中国の「天円《てんえん》地《ち》方《ほう》[※1]」の宇宙観の影響のもと、寺社はもとより、相撲・作庭など身近なところで世界の根源を表す印として用いられている。

天「○」と地「□」が示す宇宙観

柱は「円柱方礎《えんちゅうほうそ》」

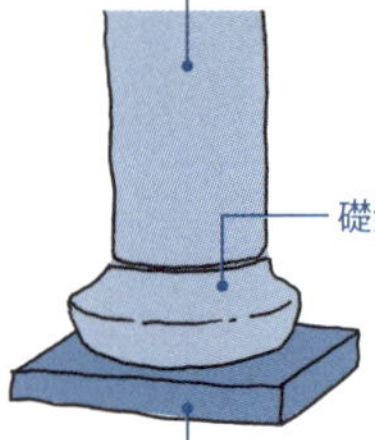
柱（○）
礎盤（○）
礎石（□）

多宝塔《たほうとう》の「上円下方《じょうえんかほう》」

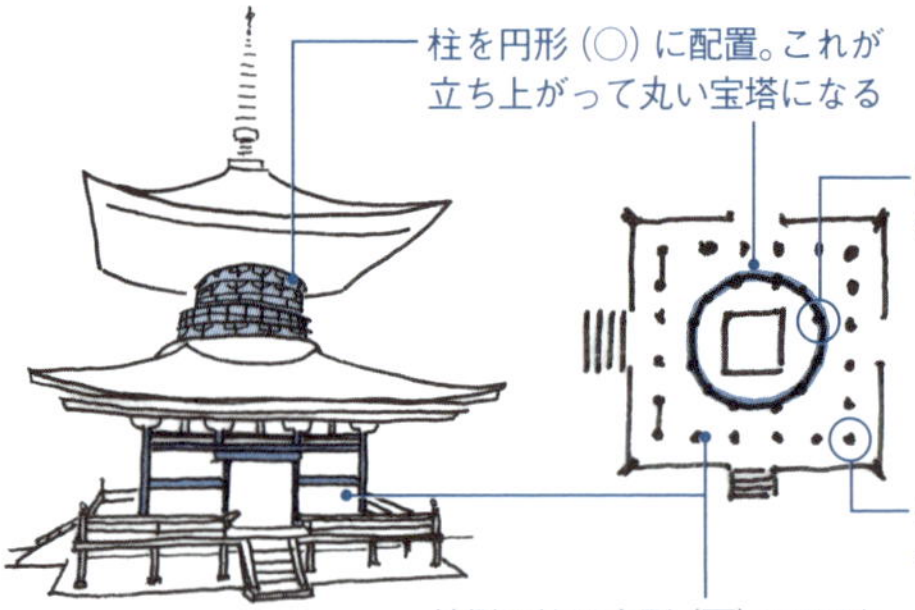
柱を円形（○）に配置。これが立ち上がって丸い宝塔になる
内陣は丸柱（○）
外陣は角柱（□）
外側の柱は方形（□）に配列。これに方形の庇を付ける

相撲の土俵

外側に四角い枠（□）、土俵は丸（○）とし宇宙を表す

和同開珎《わどうかいちん》[※2]

丸い形（○）
和
同
開
珎
中央に四角い穴（□）

前方後円墳

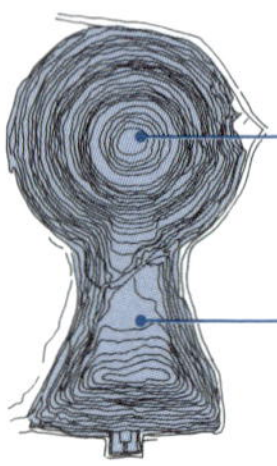
丸形（○）
方形（□）

[※1] 古代中国では、天は丸く地は四角いという宇宙観がある。これを「天円地方」という
[※2] 古代の銭

「×」は進入禁止の印

門のたすき桟《さん》

東京・御成門

×形（たすき桟）は禁足の印。普段は開けることのない、開かずの門のシンボル

神社の脇障子

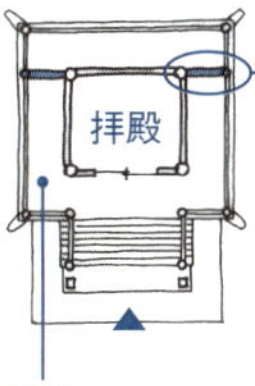

縁側

神社の縁側の突き当たりの脇障子

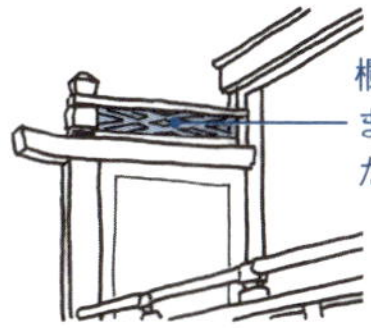

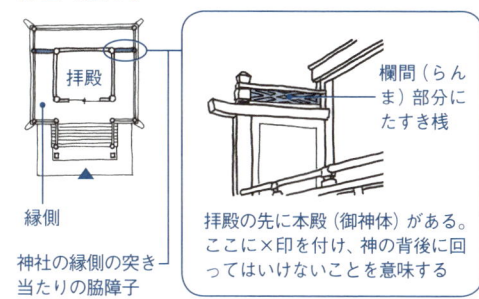

欄間（らんま）部分にたすき桟

拝殿の先に本殿（御神体）がある。ここに×印を付け、神の背後に回ってはいけないことを意味する

刑場の竹《たけ》矢《や》来《らい》

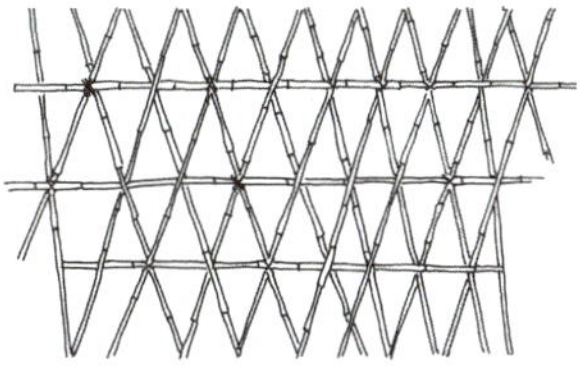

江戸時代の刑場では、見物人を抑えるのに竹矢来で囲った

寺院の菱形格子

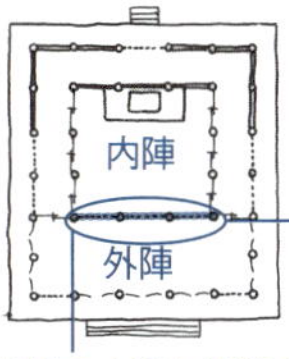

寺院の内陣と外陣を仕切る格子

菱形に組まれた格子

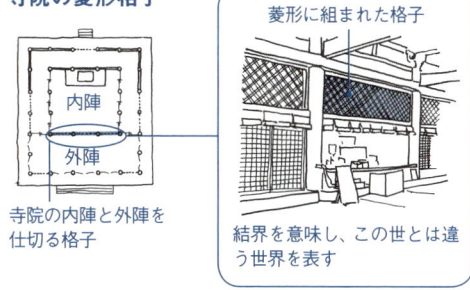

結界を意味し、この世とは違う世界を表す

土蔵のなまこ壁

四半張りは泥棒除けを表したものとも考えられる

関守石《せきもりいし》

茶庭や路地の飛び石などの岐路に置かれる関守石。関守石が置かれていたら、進入禁止の印

10～15㎝の小石に蕨（わらび）縄などを十文字に結ぶ。玄関先や裏口に置かれていれば、「ご遠慮願います」の意思表示

column ｜「○□」の変形を探る

日本庭園で「鶴亀蓬莱《つるかめほうらい》」の造形を見ることがある。これは木の丸い枝振りが「天」を舞う鶴を、島の四角い形が「地」を這う亀を表したものである。

また、数字においては9が「天」、8が「地」を表す。平安京の九条八坊は、都市計画のなかに天地和合の願いを込めているのである

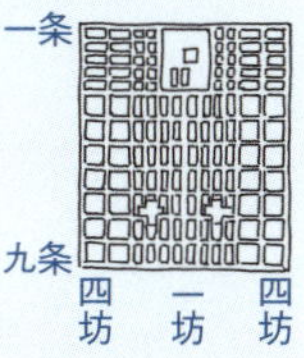

桃太郎の鬼が嫌う仕掛け

古来より、陰陽道《おんみょうどう》では北東の丑寅《うしとら》を鬼門《きもん》、南西の未《ひつじ》申《さる》を裏鬼門と呼ぶ。鬼が出入りする忌むべき方角と考え、「玄関口」や地下に通じる「井戸」・「便所」を置くことを避けてきた。

鬼門の封じ方には、猿の像を置く、南天《なんてん》や柊、桃などを植える、建物の隅を切る（隅欠《すみおとし》）など、さまざまなものがある。一つひとつに込められた意味を調べてみると、まち歩きの視界がより広がるだろう。

猿は鬼を退治する

鬼がやって来る北東の方向は「丑寅」。桃太郎が鬼退治の家来に猿を選んだのは、鬼門の対角に当たる方角の動物だから

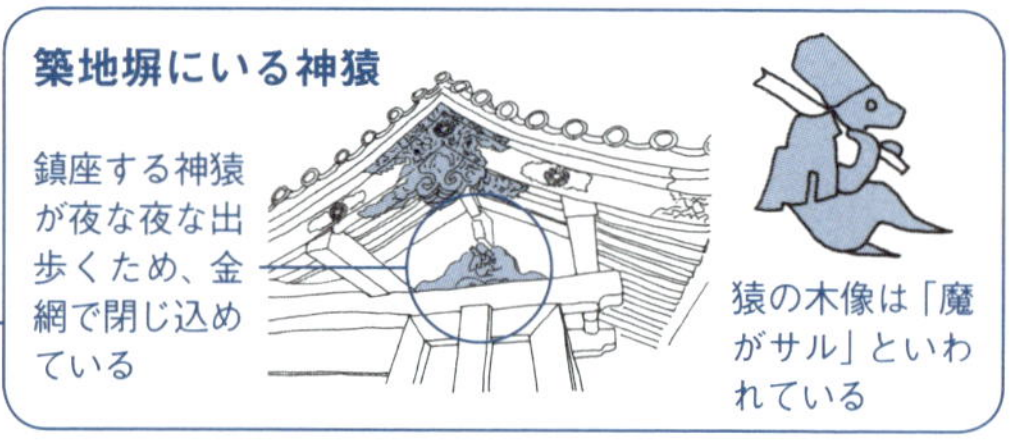
築地塀にいる神猿
鎮座する神猿が夜な夜な出歩くため、金網で閉じ込めている
猿の木像は「魔がサル」といわれている

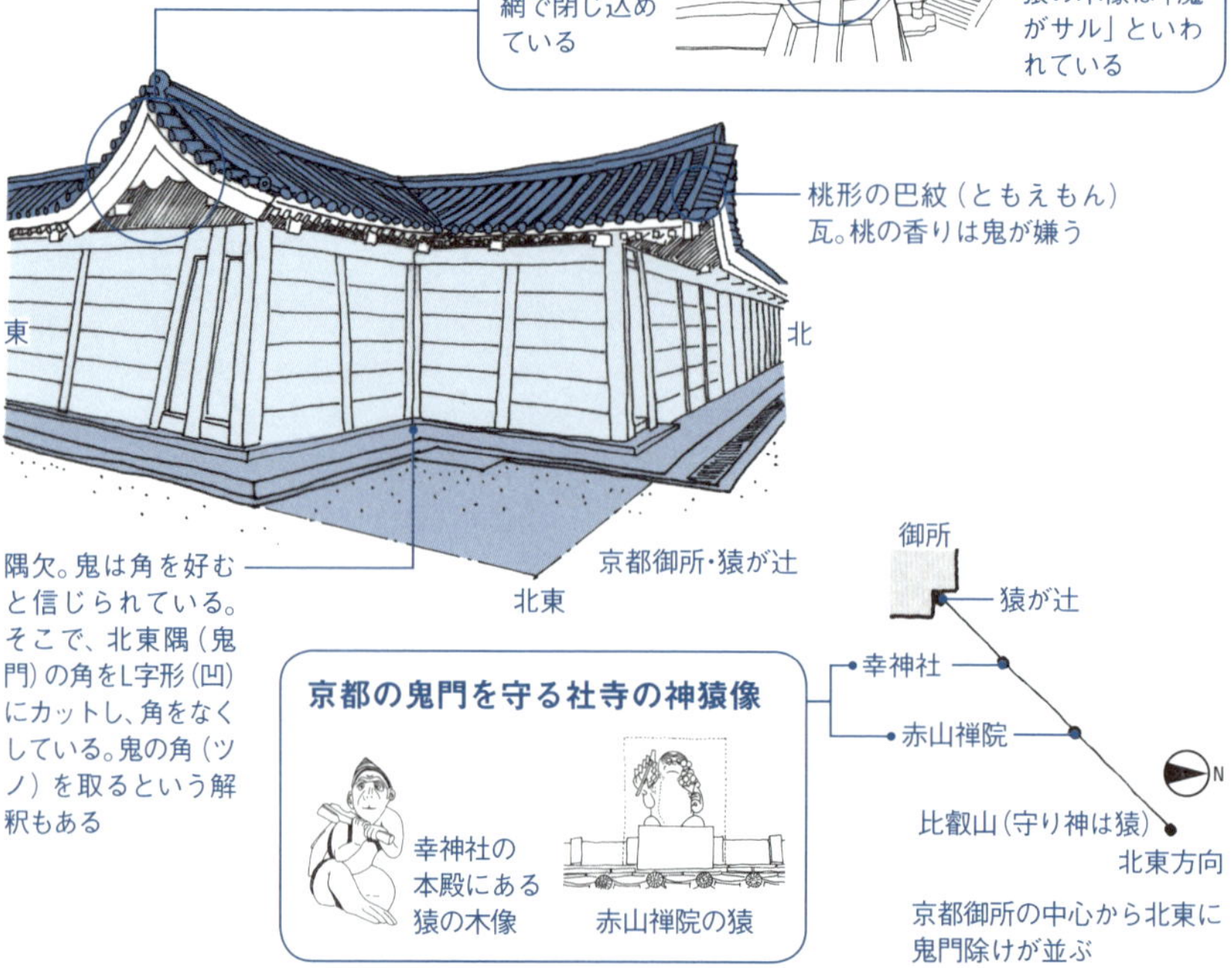
桃形の巴紋（ともえもん）瓦。桃の香りは鬼が嫌う
東
北
京都御所・猿が辻
北東
隅欠。鬼は角を好むと信じられている。そこで、北東隅（鬼門）の角をL字形（凹）にカットし、角をなくしている。鬼の角（ツノ）を取るという解釈もある
京都の鬼門を守る社寺の神猿像
幸神社の本殿にある猿の木像
赤山禅院の猿
御所
猿が辻
幸神社
赤山禅院
N
比叡山（守り神は猿）
北東方向
京都御所の中心から北東に鬼門除けが並ぶ

[MEMO]「丑寅」の方角から鬼がやって来ることから、牛の角をもち虎柄のふんどしをはく鬼のイメージが生まれたといわれる

隅欠を探してみよう

石垣の隅欠

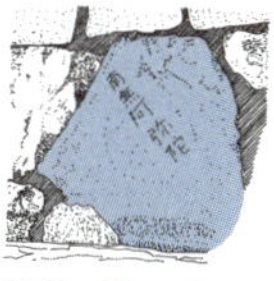

外側の積み石には南無阿弥陀仏の刻印

江戸城の鬼門除けの濠（ほり）。濠の内側の石垣を隅欠にしている

塀の隅欠

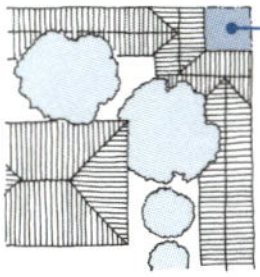

京都御所や東本願寺の築地（ついじ）塀の北東隅の隅欠

鹿児島城の石垣の隅欠

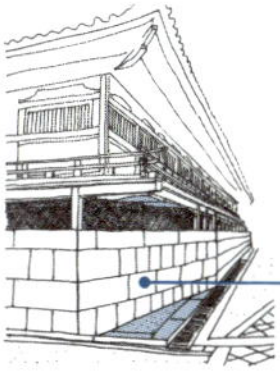

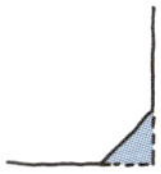

京都・石清水八幡宮は社殿の石垣を切っている

屋根の隅欠

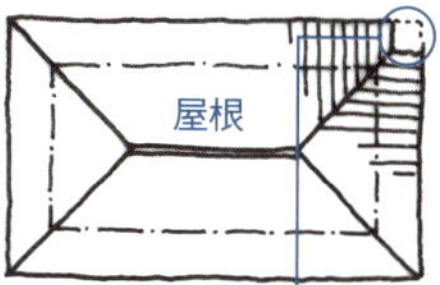

京都では、東北の軒を切った家を見掛ける

刻印や樹木から鬼を除けるパワーをもらう

分銅紋《ふんどうもん》

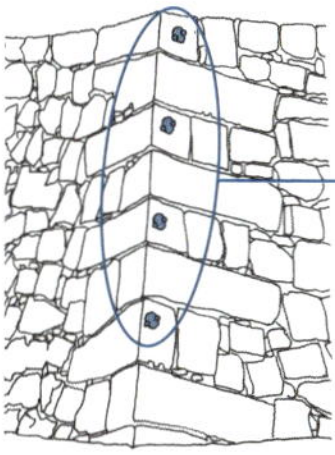

広島城の本丸の鬼門と裏鬼門の城石には多数の分銅紋が刻印されている。分銅紋は弥生時代から魔除け的性格をもつとみられ、井、☆の刻印も同じ効力があるとされている

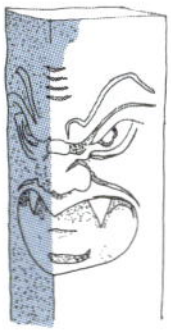

鬼門除けの石

鬼門方向の敷地角に設置する。怖い顔の彫物がある

五芒星《ごぼうせい》（清明《せいめい》桔梗《ききょう》）

洋の東西を問わず魔除けの呪符。日本では志摩の海女がまじないに使用[※]

木を植える

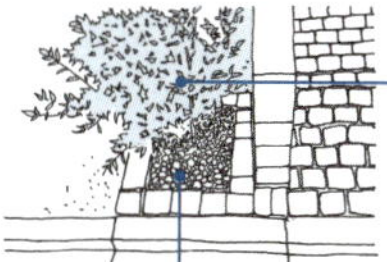

白い砂利敷きにして清潔に保つ

民家などでは、鬼が嫌うとされる南天や柊を植える。敷地の南西に南天、北東に柊を植える場合が多い

屋敷神《やしきがみ》

敷地やビルの屋上の北東隅に祠を祀る

屋敷の庭や農家の畑の北東隅に祀る

[※] 海女は潜水作業中にトモカツギという魔物に出くわすことがある、といわれる。そこで、魔除けのために手ぬぐいやノミに五芒星を付けていた

粋な看板 店の個性をアピール

店の個性を表現する看板。古ければ古いほど、店の信用は保証されたものだった。

江戸の看板には、二八《にはち》とあれば16文《もん》で食べられるそば屋、荒馬の絵で「あらうまし」の菓子屋などの言葉遊びを交えたものや、売り物をかたどったものなど、ひと工夫されたものが多かった。現在はその伝統も失われつつあるが、古いものを探してみるのも楽しい。

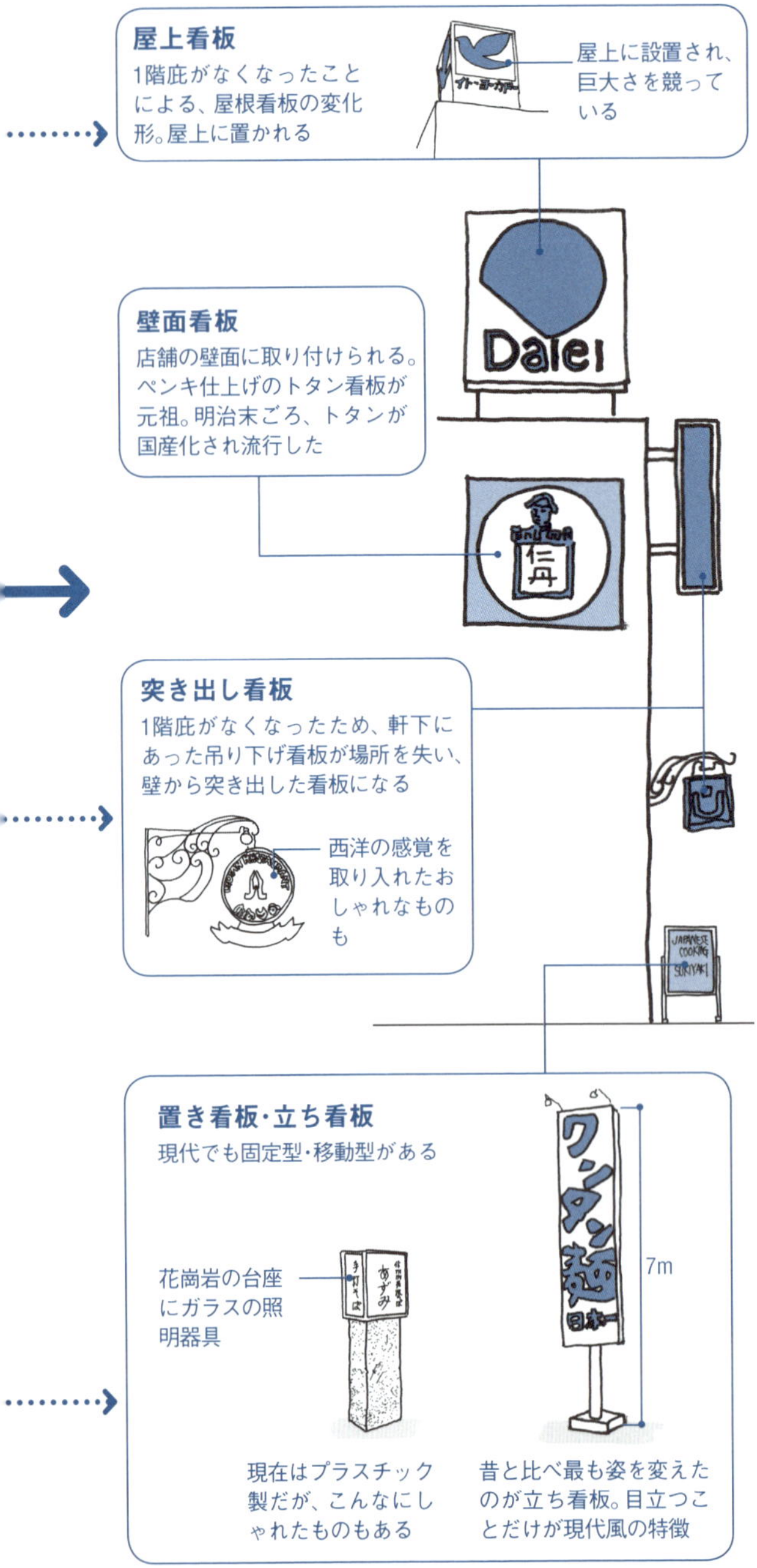
屋上看板
1階庇がなくなったことによる、屋根看板の変化形。屋上に置かれる
屋上に設置され、巨大さを競っている
Daiei
壁面看板
店舗の壁面に取り付けられる。ペンキ仕上げのトタン看板が元祖。明治末ごろ、トタンが国産化され流行した
仁丹
突き出し看板
1階庇がなくなったため、軒下にあった吊り下げ看板が場所を失い、壁から突き出した看板になる
西洋の感覚を取り入れたおしゃれなものも
JAPANESE COOKING SUKIYAKI
置き看板・立ち看板
現代でも固定型・移動型がある
花崗岩の台座にガラスの照明器具
あずみ
ワンタン麺
7m
現在はプラスチック製だが、こんなにしゃれたものもある
昔と比べ最も姿を変えたのが立ち看板。目立つことだけが現代風の特徴

[MEMO] 横書き看板がはやるのは明治以後である

江戸から現代へ 看板の進化をたどる

江戸時代の店舗で見られた屋根看板や軒《のき》看板、置き看板（左ページ）。現代における看板は、建物の変化に合わせて江戸時代の看板が進化したものといえる（右ページ）

屋根看板

1階庇が瓦葺きになってから庇上に置かれた縦長の看板。通りに対して直角に置く。道路幅の狭い上方では、置き看板の代わりに屋根看板に力を入れていた

屋根付きなので屋根看板とする説もある

文字があれば文字看板

板看板。材料は欅が多い。塗看板は、杉、檜板を使う。文字は彫って多色を入れるのが江戸時代の作法

横書き看板で屋根付きは少ない

額縁付きの横書き看板は寺院山門に掛けられるもので、昔は寺から許可を必要とした

店の閉店を「看板」というのは、軒看板を毎晩下ろしたことから生まれた

軒看板

古ければ古いほど信用の証であった。店舗の軒下に下げられる。通りに対して直角に垂らすのを吊り下げ看板といい、外壁に垂らすのを掛け看板という

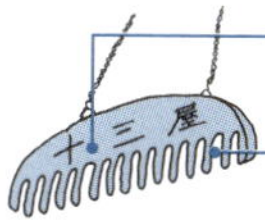

9＋4（くし）＝13のしゃれである

店の商品をかたちでみせる実物看板

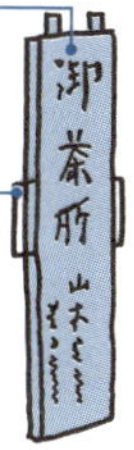

吊り下げ看板は軒下に吊り、通りに直角に下げるため、表示は両面

毎晩下ろすため、取手が付いているものがある

掛け看板は外壁面に掛けるため、表示は片面のみ。通りに平行に掛ける

置き看板

店舗の前に置かれる。立体的なので箱（はこ）看板という。固定型と移動型がある

火袋（照明）をもつ行灯（あんどん）看板。二八の表記でそば屋。2×8＝16文で食べられたことによる［※］

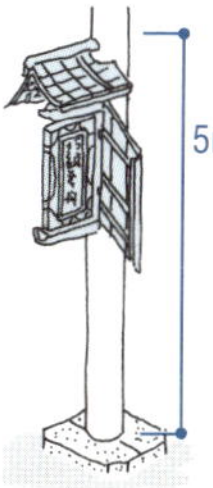

5m

立ち看板

立ち看板は高さ5mほどあり、役所の許可がいる。京阪には見られない

［※］そばとうどん粉の配合との説もある

店の「印のれん」

商家ののれんに店を示す模様が描かれるようになったのは鎌倉時代。文字が書かれ、店の宣伝の役割を果たすようになったのは江戸時代に入ってからである

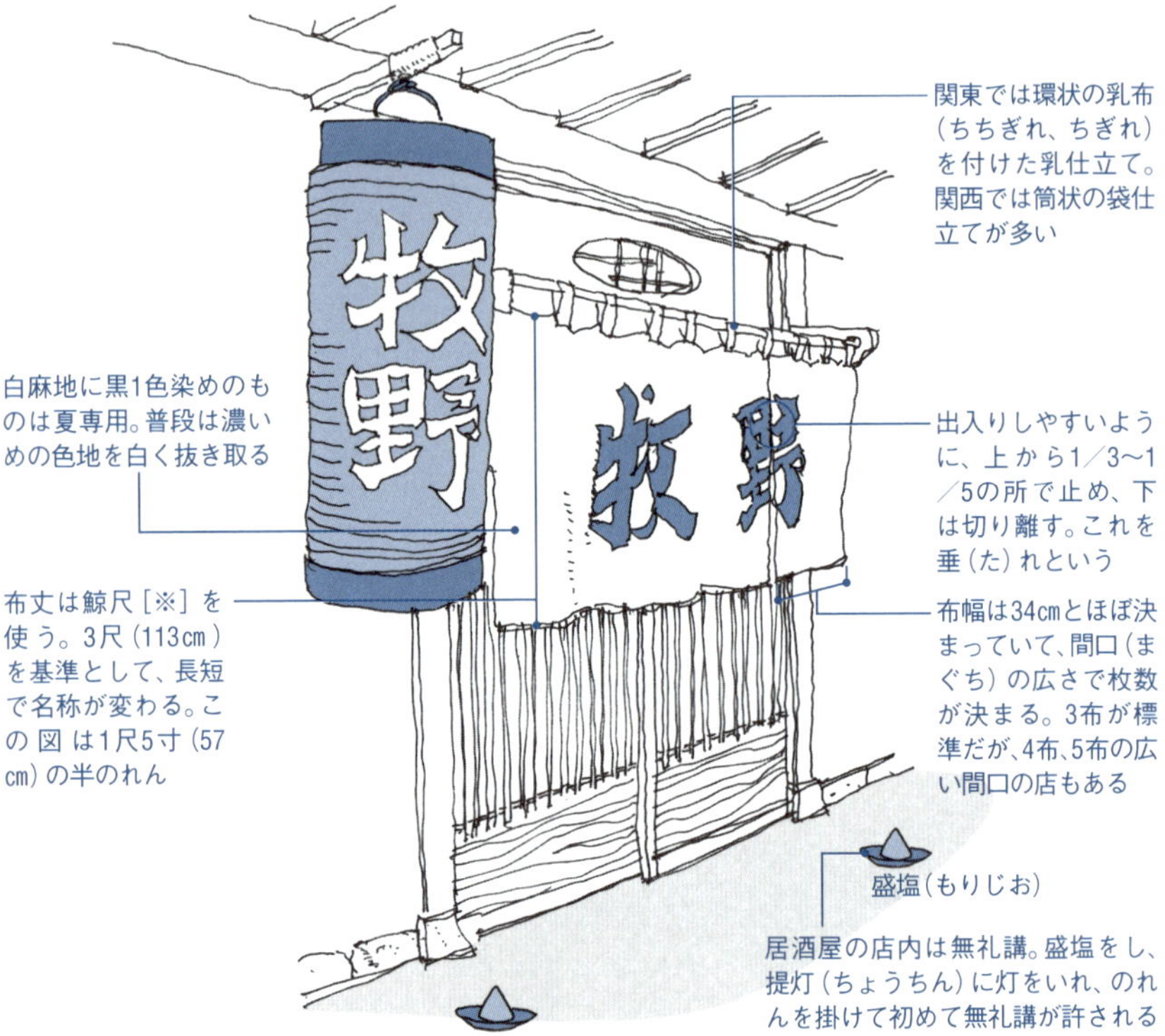
牧野
牧野
関東では環状の乳布（ちちぎれ、ちぎれ）を付けた乳仕立て。関西では筒状の袋仕立てが多い
白麻地に黒1色染めのものは夏専用。普段は濃いめの色地を白く抜き取る
出入りしやすいように、上から1／3〜1／5の所で止め、下は切り離す。これを垂（た）れという
布丈は鯨尺［※］を使う。3尺（113cm）を基準として、長短で名称が変わる。この図は1尺5寸（57cm）の半のれん
布幅は34cmとほぼ決まっていて、間口（まぐち）の広さで枚数が決まる。3布が標準だが、4布、5布の広い間口の店もある
盛塩（もりじお）
居酒屋の店内は無礼講。盛塩をし、提灯（ちょうちん）に灯をいれ、のれんを掛けて初めて無礼講が許される

店の顔はのれんで決まる

た

たかが布1枚とはいえ、「のれん分け」という言葉があるように、のれんは店の象徴である。格式次第では、くぐる前に財布の中身を思わず確認することすらあるのだ。

日除け、風除け、魔除けの目的のほかに、往来と店を仕切る機能もあれば、店内の奥に掛ければ「立入り禁止」のサインともなる。招き入れるための機能だけではないのが、のれんの奥深いところである。

［※］鯨尺（くじらじゃく）は和裁に使われる単位で、1尺が約38cmである

布丈や設置場所で変わる呼び名

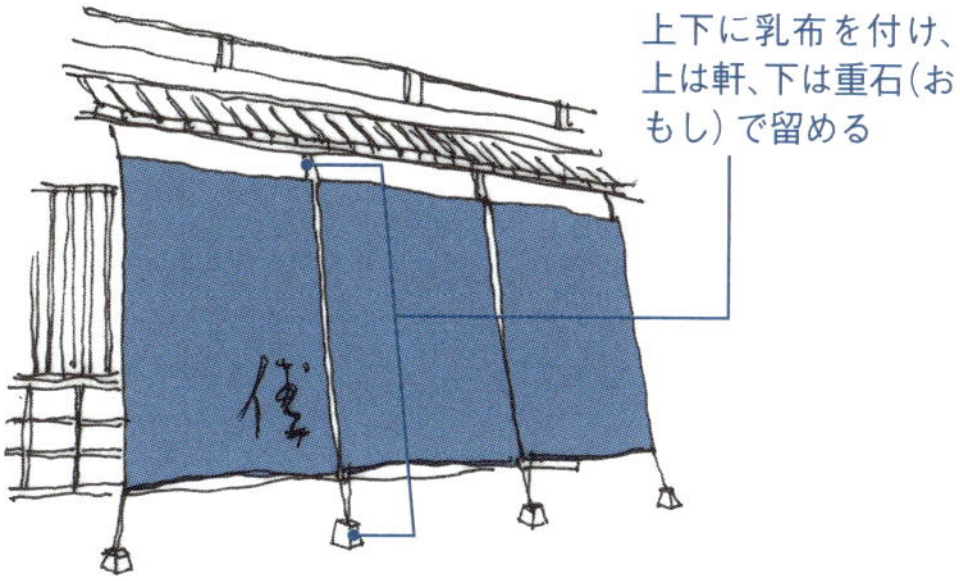
上下に乳布を付け、
上は軒、下は重石(お
もし)で留める

日除けのれん

日除けのほか、砂塵除けに使われる。風でバタバタ音がすることから太鼓のれんともいう

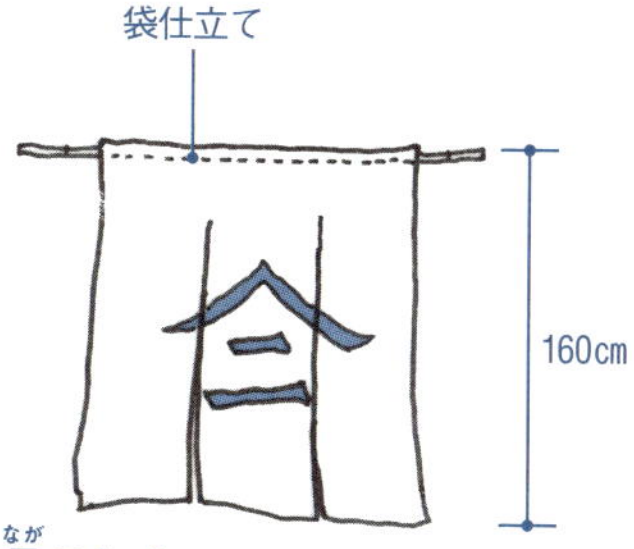
袋仕立て
160㎝

長《なが》のれん

京阪では道路が狭いので日除けのれんは使わず、4尺2寸(160㎝)ほどの長のれんを店の入口に掛ける

めでたい吉祥(きっしょう)柄
に、花嫁の実家の紋を入れる

花嫁のれん

北陸地方では、結婚式の当日から新婚夫婦の部屋の入口に1週間だけ飾る

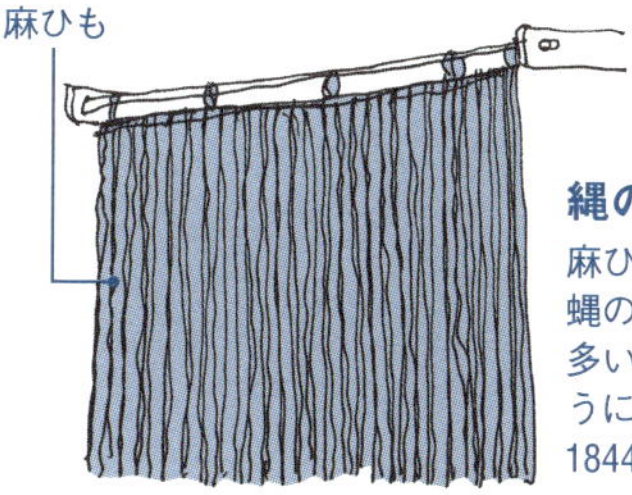
麻ひも

縄のれん

麻ひもやイグサなどで編んだもの。蝿の進入を防ぐためで、飲食店に多い。居酒屋が縄のれんを使うようになったのは天保年間(1830～1844年)のころから

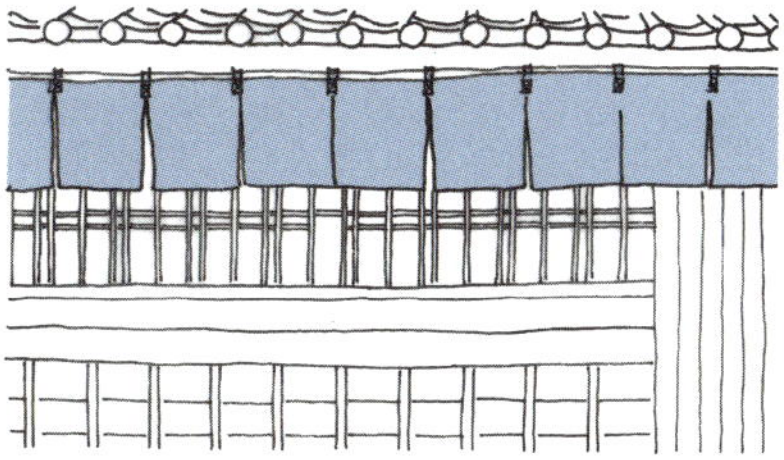

水引きのれん

布丈40㎝ほどの横長ののれんを軒下に掛ける。間口全体に掛けるのが原則。水引きのれんだけは夜間も外すことはない

column | 場所ごとに名を変える店のれん

店ののれんは、それぞれに名が付いていた。店の軒下《のきした》に掛けるのが水引きのれん、入口に吊るすのが表《おもて》のれん、店庭と内庭を仕切るのがくぐりのれん、奥座敷と店の間を隔てるのが床《ゆか》のれん、といった具合である

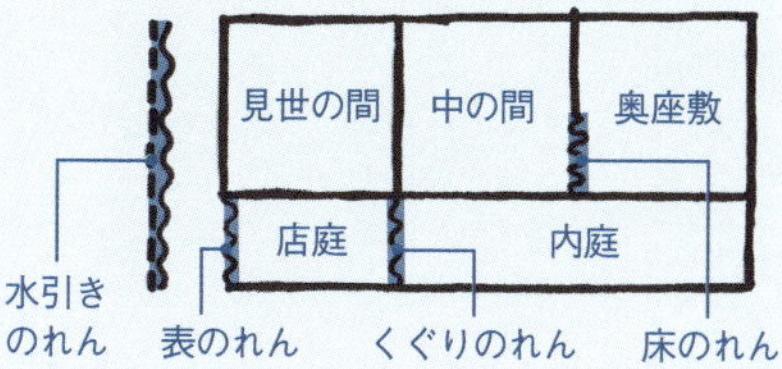
見世の間
中の間
奥座敷
店庭
内庭
水引き
のれん
表のれん
くぐりのれん
床のれん

[MEMO] 江戸時代は、呉服屋は紺地、菓子屋は白地、たばこ屋は茶地、遊女屋は柿地など、商売によって特有の色で染められたのれんを掛けた

まちに潜む猛獣狩りに出掛けよう

銀座にある三越百貨店の正面玄関に鎮座している有名なライオン。実はオフィスビルや公園、橋の親柱《おやばしら》など、まちには意外に多くの動物が装飾のモチーフとして存在している。

動物をかたどった装飾や石像は、明治以降に欧州から渡来し、ライオンや鷲などが権威の象徴としてよく用いられた。現在でも、さまざまな意味が込められた動物たちを、そこここに見ることができる。

ライオンはビルの門番

ライオンは目を閉じて眠らないと信じられていたため守衛の象徴となり、「門神獣《もんしんじゅう》」と呼ばれ、門や玄関口に飾られるようになった。口を開いたものと閉じたものを対《つい》に置き、「阿吽《あうん》」を表現しているものもある

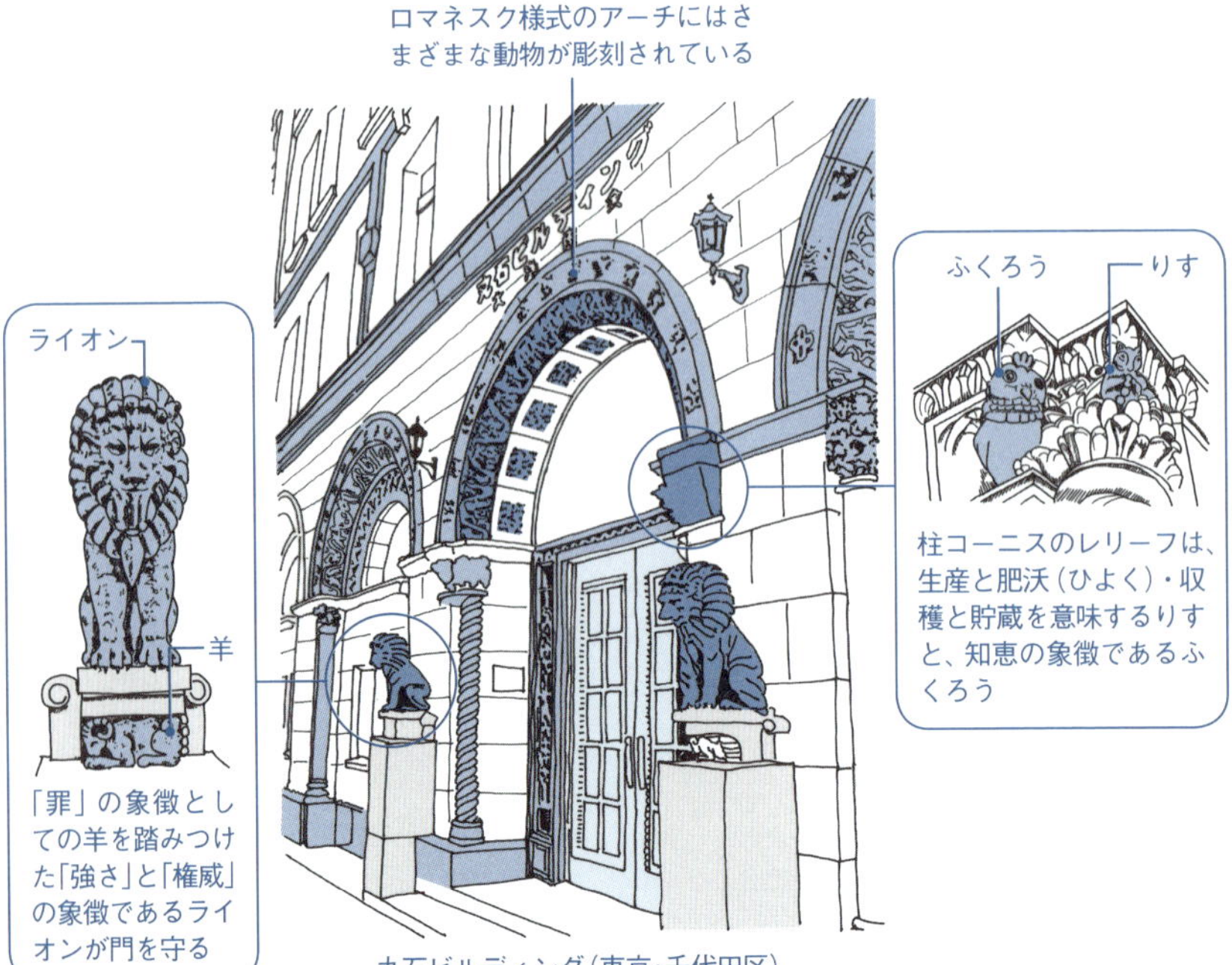
ロマネスク様式のアーチにはさまざまな動物が彫刻されている
ライオン
羊
「罪」の象徴としての羊を踏みつけた「強さ」と「権威」の象徴であるライオンが門を守る
ふくろう
りす
柱コーニスのレリーフは、生産と肥沃（ひよく）・収穫と貯蔵を意味するりすと、知恵の象徴であるふくろう

丸石ビルディング（東京・千代田区）

獣は人々の祈りの象徴

権威を示すオフィス入口の動物

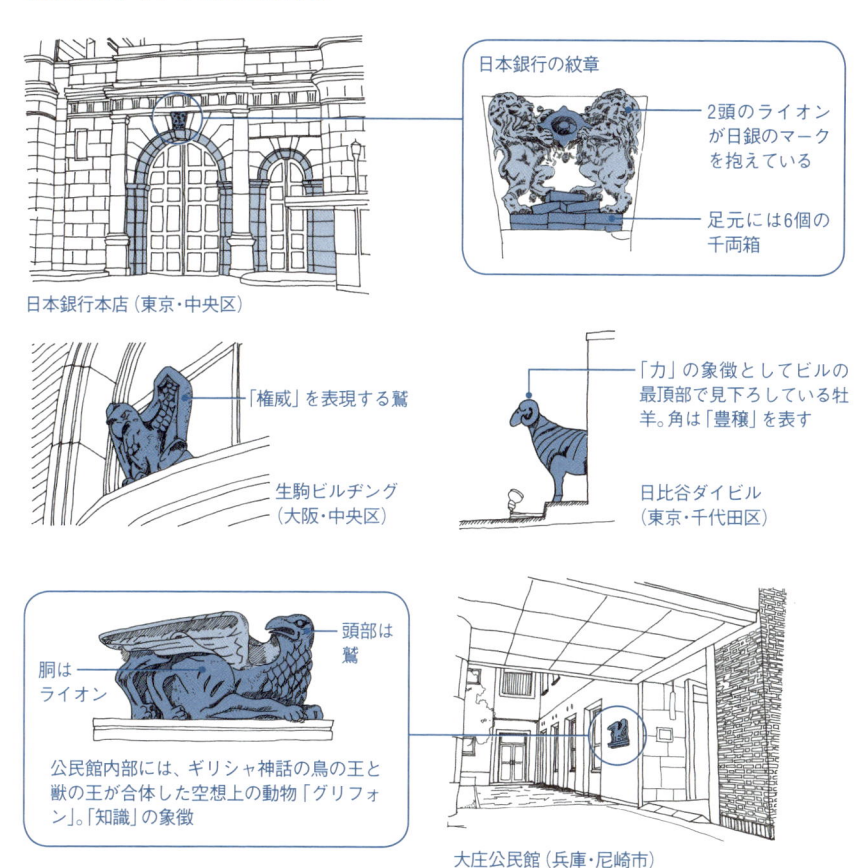

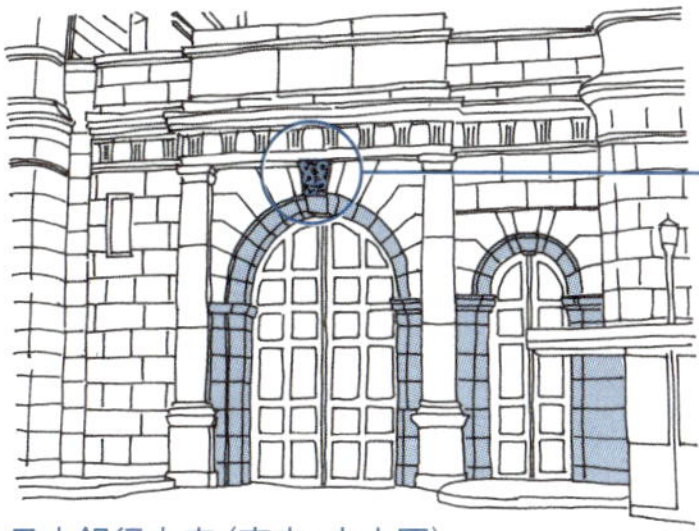

日本銀行本店（東京・中央区）

日本銀行の紋章

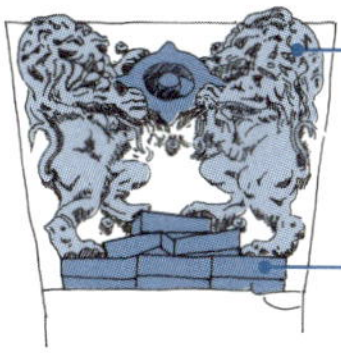
2頭のライオンが日銀のマークを抱えている
足元には6個の千両箱

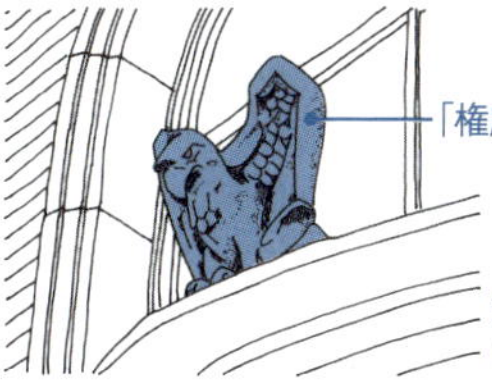
「権威」を表現する鷲

生駒ビルヂング（大阪・中央区）

「力」の象徴としてビルの最頂部で見下ろしている牡羊。角は「豊穣」を表す

日比谷ダイビル（東京・千代田区）

頭部は鷲
胴はライオン

公民館内部には、ギリシャ神話の鳥の王と獣の王が合体した空想上の動物「グリフォン」。「知識」の象徴

大庄公民館（兵庫・尼崎市）

公園を守護する動物たち

ライオンは水の守護神

大塚公園（東京・文京区）

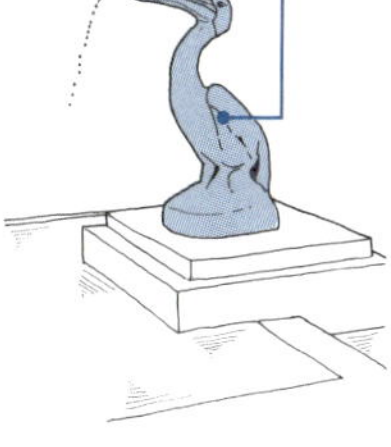
人工池に向かい合って佇む2羽のペリカンは「慈愛」と「献身」の象徴

日比谷公園（東京・千代田区）

縄張りを誇示する鷲。周囲を見守るかのように一番高い所にいる

元町公園（東京・文京区）

皇居二重橋（東京・千代田区）

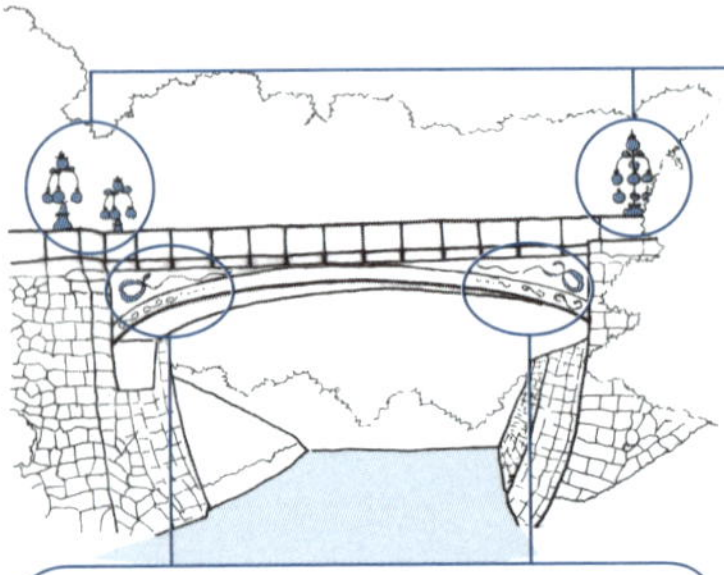

橋桁にすみ水面を見つめる「龍」。龍は水の守護神と考えられていた

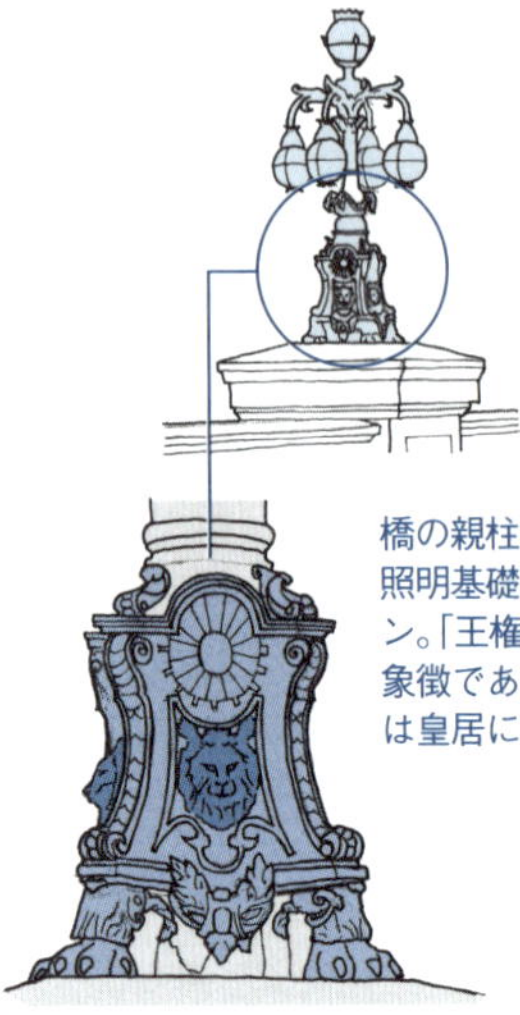

橋の親柱上部にある照明基礎部のライオン。「王権」「権力」の象徴であるライオンは皇居にふさわしい

日本橋（東京・中央区）

1日千里を走るといわれる麒麟（きりん）を、日本の道路の基点である日本橋の中央に据えた

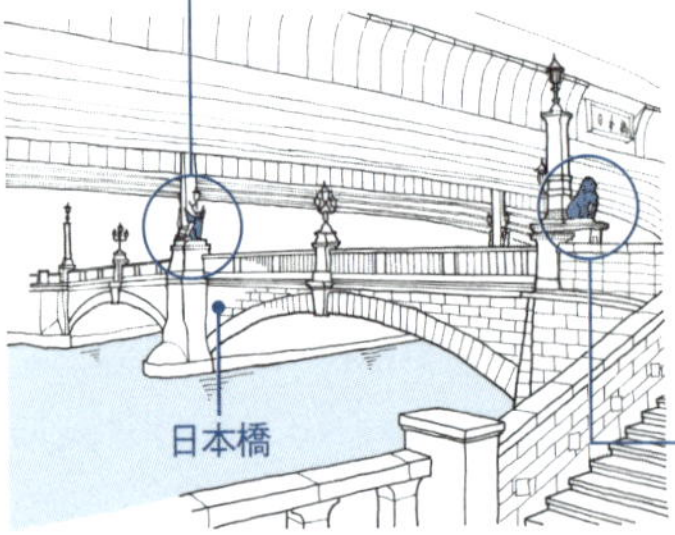

「繁栄」の願いが込められた麒麟。背中の羽は全国へ飛び立つ姿の象徴

日本橋を守護する獅子。足元にあるのは旧東京市章

column｜吐水口にはなぜライオン？

浴場や噴水広場の吐水口はなぜライオンなのだろう。その由来は古代エジプトまでさかのぼる。当時、ナイル川が増水する時期は7月だった。人々は黄道《こうどう》十《じゅう》二《に》宮《きゅう》でその時期を守る獅子宮を象徴として吐水口に飾り、難を免れようとした。そこから、ヨーロッパにおいてはライオンが水の守護神と考えられるようになったのである

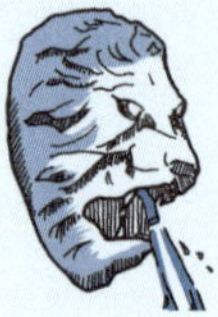

4章

細部のこだわり

屋根は風を切って進む船

屋根を逆さにすると船に見えてこないだろうか？水を掻《か》いて進む船と、風の流れを切る屋根を同じと考えると、屋根形状の意味が見えてくる。大きな屋根の風格や雨仕舞いが大切な一方、建物は耐力により地震と風に抗わねばならない。風は、日々の暮らしと密接した要因なので、風土や風習、立地条件から多様な屋根の形態が生まれたのだ。

屋根で風をコントロールする

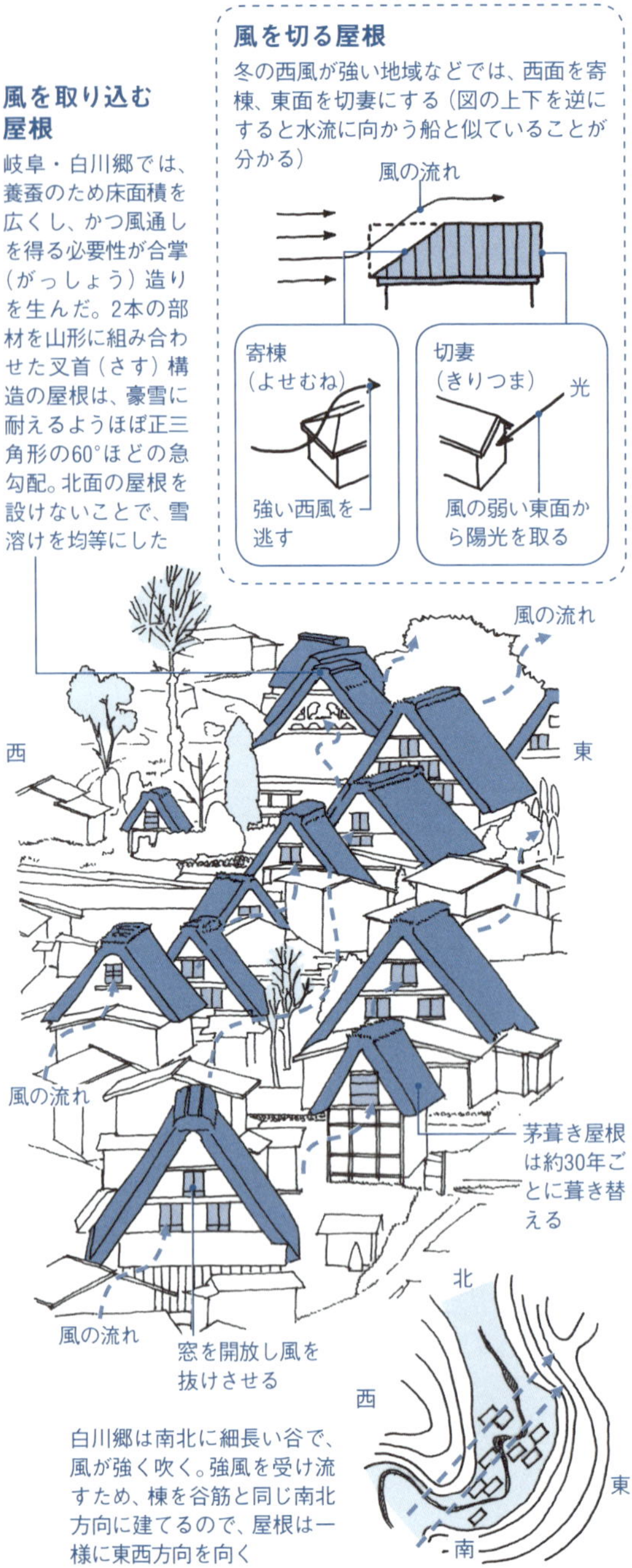
風を切る屋根
冬の西風が強い地域などでは、西面を寄棟、東面を切妻にする（図の上下を逆にすると水流に向かう船と似ていることが分かる）
風の流れ
寄棟
（よせむね）
強い西風を逃す
切妻
（きりつま）
光
風の弱い東面から陽光を取る
風を取り込む屋根
岐阜・白川郷では、養蚕のため床面積を広くし、かつ風通しを得る必要性が合掌（がっしょう）造りを生んだ。2本の部材を山形に組み合わせた叉首（さす）構造の屋根は、豪雪に耐えるようほぼ正三角形の60°ほどの急勾配。北面の屋根を設けないことで、雪溶けを均等にした
風の流れ
西
東
風の流れ
茅葺き屋根は約30年ごとに葺き替える
風の流れ
窓を開放し風を抜けさせる
北
西
東
南
白川郷は南北に細長い谷で、風が強く吹く。強風を受け流すため、棟を谷筋と同じ南北方向に建てるので、屋根は一様に東西方向を向く

[MEMO] 海風を受けるため、大阪では西、東京では南東を屋根の正面とすることが多かった。ただし、現在の屋根の形は、斜線規制や条例などの制限により決まることが多い

屋根の基本形は3種類

切妻《きりつま》

切妻はかつての支配者階級の象徴

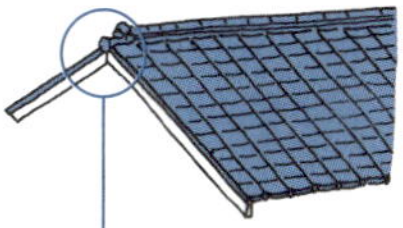

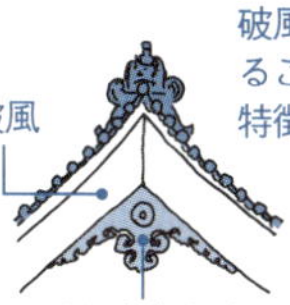

破風や懸魚を飾ることで切妻の特徴を誇示した

寄棟《よせむね》

昔の農家に多く見られ、被支配者の住居に多かった。雨を受ける面が分散し流れがよい

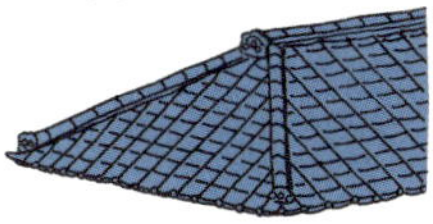

入母屋《いりもや》

切妻と寄棟を併せもった屋根。豪華に見えることから、寺院や城郭、格式高い住宅に使われた

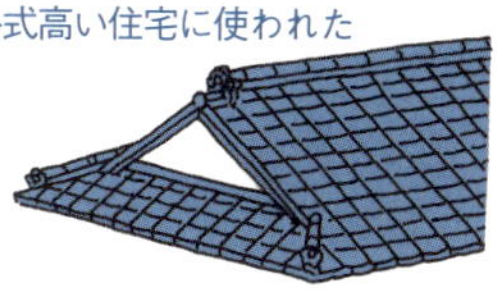

錣（しころ）葺きや庇付き切妻は、入母屋と間違えやすいが別物の屋根である

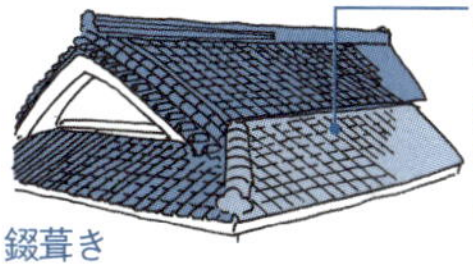

錣葺き

京都御所など、入母屋のうち切妻部分と寄棟部分の角度（勾配）が違うものを錣葺き屋根という

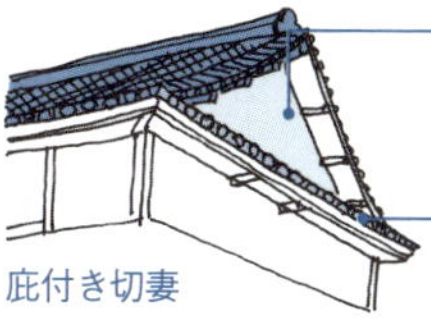

庇付き切妻

妻側面が1階と同一面になり、入母屋より妻部分が大きくなる

切妻の妻側に庇を付け入母屋風にしている

その他の屋根

方形（宝形）

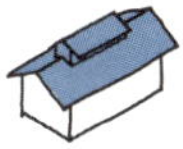

越（こし）屋根

マンサード

屋根の形状

直線屋根

真っすぐなもの。一般的な民家などに用いられる

反り屋根

直線より角度が付く凹曲線のもので、軒先に雨を一気に集めることができる。荘厳さがあり、寺社、城郭、武家屋敷で用いられる

むくり屋根

日本特有の形である。軒先ほど勾配が急になり、軒先の水切りをよくする。凸曲線の質素で控えめな印象で、京都の町家に多い

屋根材の種類

瓦葺きははじめ仏教建築（寺院）に、のちに町家に用いられ、茅《かや》葺きと板葺きは庶民の家に、板葺きのうち柿《こけら》葺きや檜皮《ひわだ》葺きは格式高い神社や御所、貴族の家に用いられた

薄い板で葺く

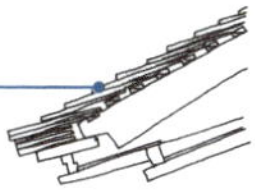

柿葺き

厚さ3㎜の木片（杉、檜、栗、椹［さわら］など）を少しずつずらして葺く。1枚の木片の長さは20～40㎝、幅は9㎝ほど

檜の表皮で葺く

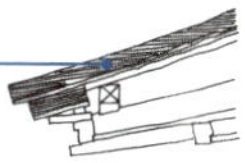

檜皮葺き

檜の皮を少しずつずらしながら重ねて葺く。杉なら杉皮葺きという

軒下の曖昧空間を生かす知恵

雨や雪が多く、湿度の高い日本では昔から、雨除け、日除け、通風と、内部と外部のつなぎ部分である軒下《のきした》の空間を、巧みに利用して生活してきた。

江戸時代、大店《おおだな》が並ぶ通りは、庇《ひさし》の下が今でいうアーケードとなり、町家の軒下も外部空間として開放されていた。また、出の深い立派な軒をつくるための構造や、露《あら》わになった軒下を美しく見せる意匠も、さまざまに工夫されたのだ。

軒下の変遷

庇下通り(雁木[がんぎ])。表通りは1間幅、裏通りは半間幅
江戸の大店

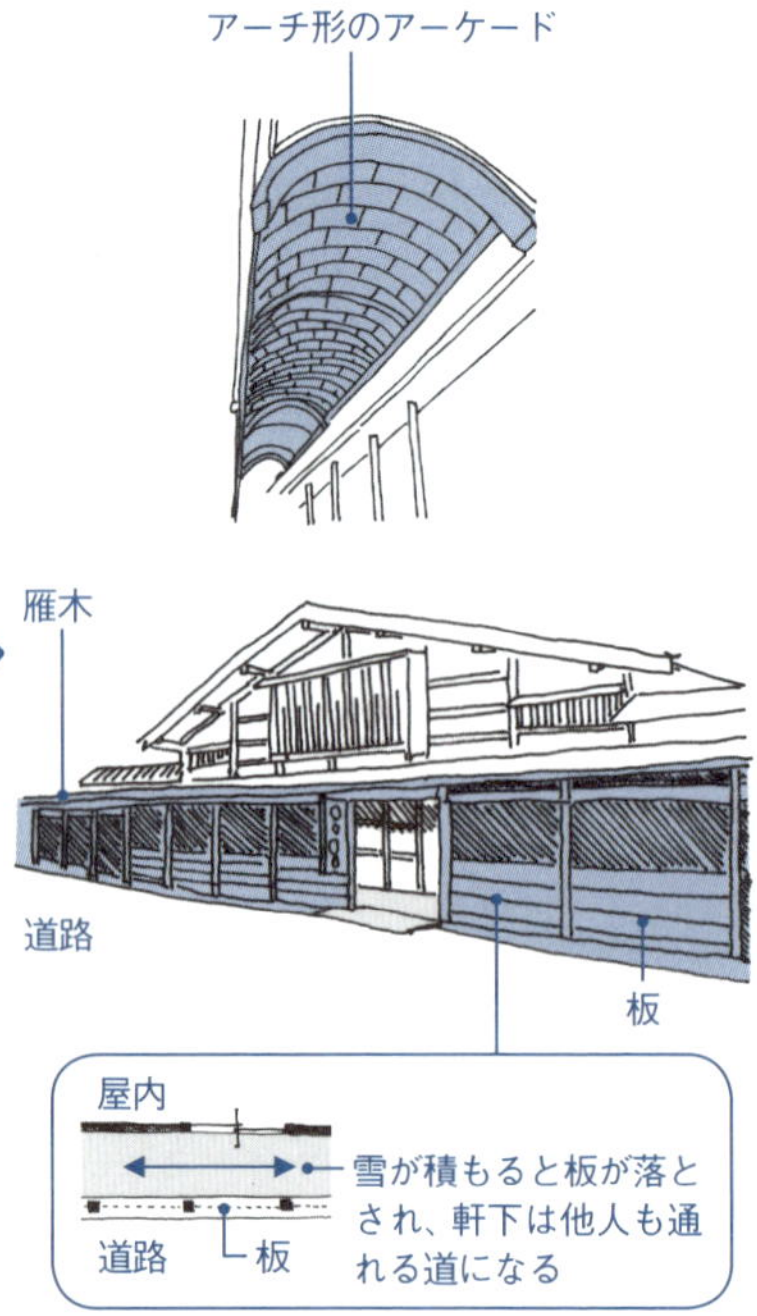
アーチ形のアーケード
雁木
道路
板
屋内
雪が積もると板が落とされ、軒下は他人も通れる道になる
道路
板

江戸時代

大店が並ぶ通りに雁木と呼ばれる幅1間ほどのアーケードがあった。町家でも奥行き3尺の軒下空間は共用空間であった。庇の下は必ず土間で、明治以後に私有地となった

現代

雨や雪除け・日除けとして考えられたアーケード。新潟・高田、青森・黒石や弘前など雪の深い所では、古くから雁木、小店（こみせ）などと呼ばれるものがあり、今も活躍している

軒下のさまざまな工夫

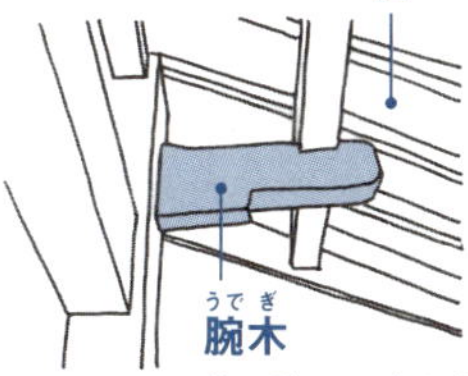

腕木《うでぎ》
柱や壁から突き出す棒状の構造材

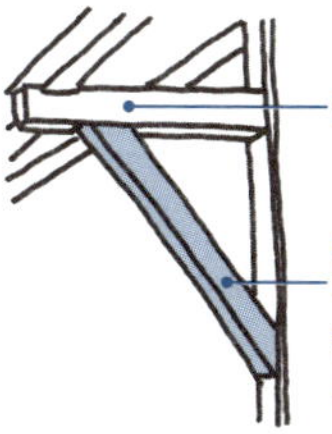

方杖《ほうづえ》
柱と腕木を支える棒状の材

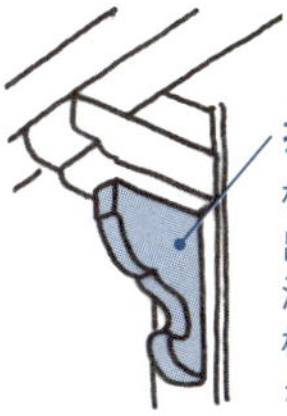

持《も》ち送《おく》り
柱や壁から突き出す板状の材。渦巻きや葉の模様の装飾が施されている

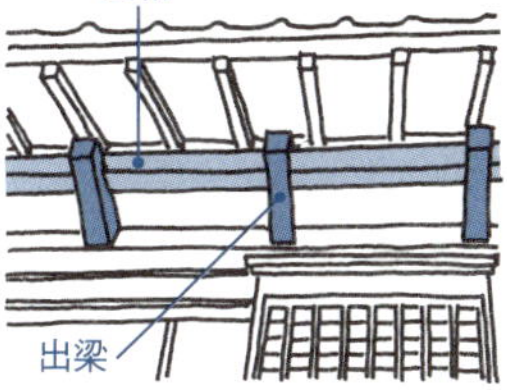

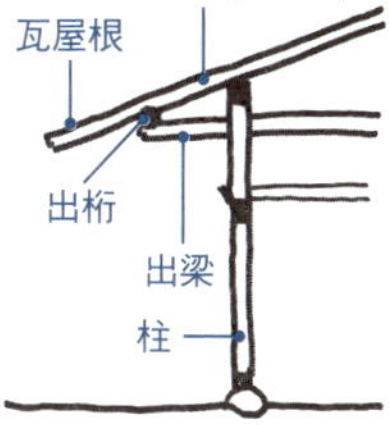

出桁《だしげた》・出梁《だしばり》
軒を大きく出すために梁（出梁）を突出し、桁（出桁）を受ける構法を出桁造りといい、深い軒の出と意匠は、家の「格」を示した。関東に重厚なものが多く、関西では繊細な感じでその数は少ない

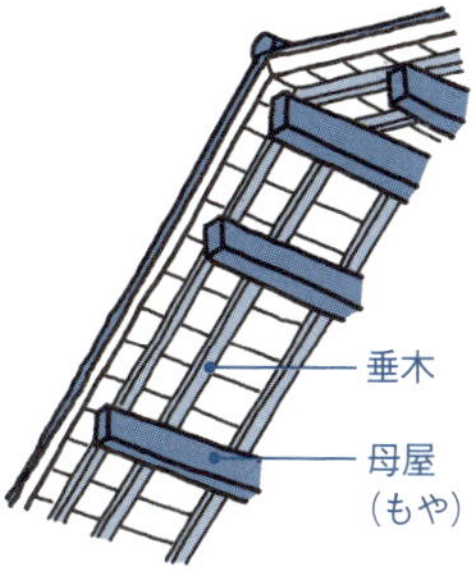

化粧屋根裏
母屋や垂木をそのまま見せ裏に板を張った天井

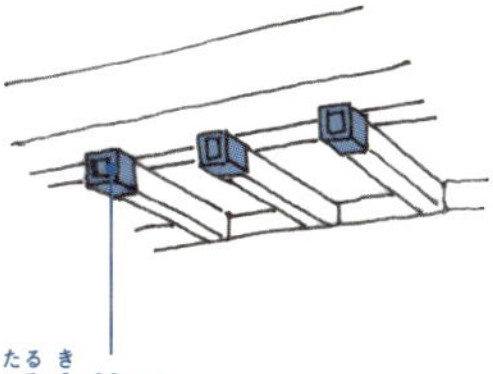

垂木《たるき》飾り
小口飾り金具を施す。腐食防止と意匠性の両方の役割をもつ

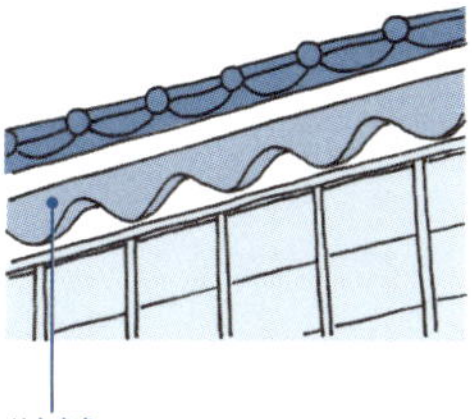

鼻先《はなさき》
防火のため垂木の先端部を漆喰塗りにし波形の意匠とした

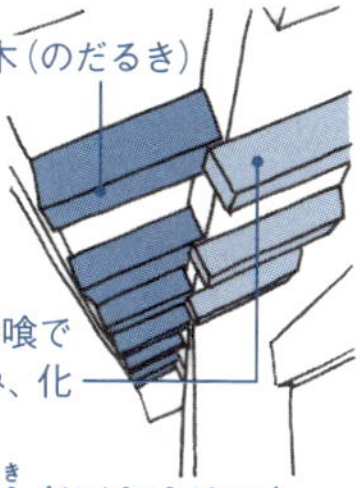

二重垂木《にじゅうだるき》(総漆喰塗り)
屋根を支える野垂木、意匠を見せる化粧垂木の2本からなる

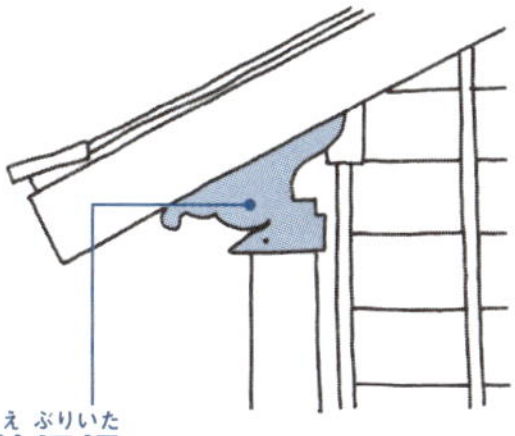

絵振板《えぶりいた》
桁を隠すために装飾した板を張る

幕掛け
軒先に垂れ下げられた板状のもの。日除け、雨除けのためと考えられる。地方によって、のれん板、吊り雁木、下げ尾垂(おだ)れなど、呼称はさまざま

瓦の文様はまじないのサイン

瓦の文様《もんよう》に興味を引かれたことはないだろうか。屋根瓦には、火伏《ひぶ》せ・魔除けのまじないが残されている。

飛鳥時代から瓦葺きは存在していたが、長らく特権階級しか使用が許されなかった。庶民にまで普及したのは、桟瓦《さんがわら》が生まれた江戸中期以降。板葺きの屋根に比べ格段に火に強い瓦でも、やはり延焼は免れない。人々は瓦にまじないの文様を刻み、難を免れることを願ったのだ。

瓦屋根の基本

瓦を葺くときは水の通り道をつくるため、屋根勾配に反りかむくり（凸形）を入れる。建物の左下に立って右上がりに斜めに見て、仕上がりが美しい桟瓦葺きは雨漏りしない。屋根の平場に使われる桟瓦のほか、棟や軒などには役瓦《やくがわら》［※］を使う

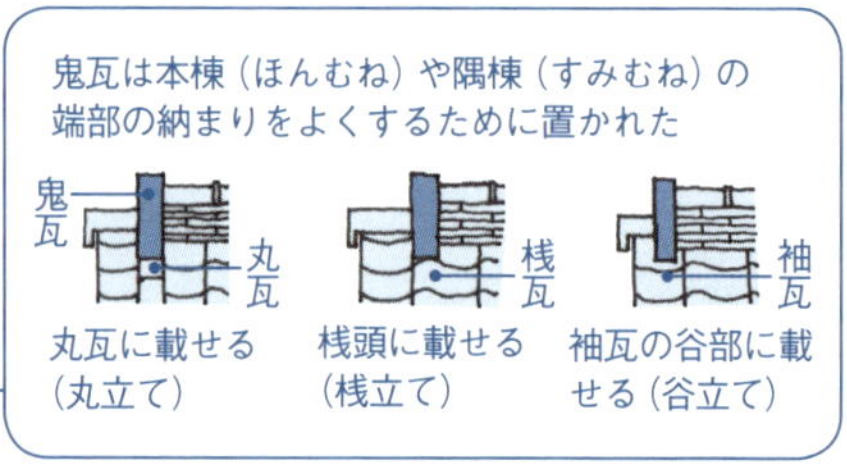
鬼瓦は本棟（ほんむね）や隅棟（すみむね）の端部の納まりをよくするために置かれた
鬼瓦
丸瓦
桟瓦
袖瓦
丸瓦に載せる（丸立て）
桟頭に載せる（桟立て）
袖瓦の谷部に載せる（谷立て）

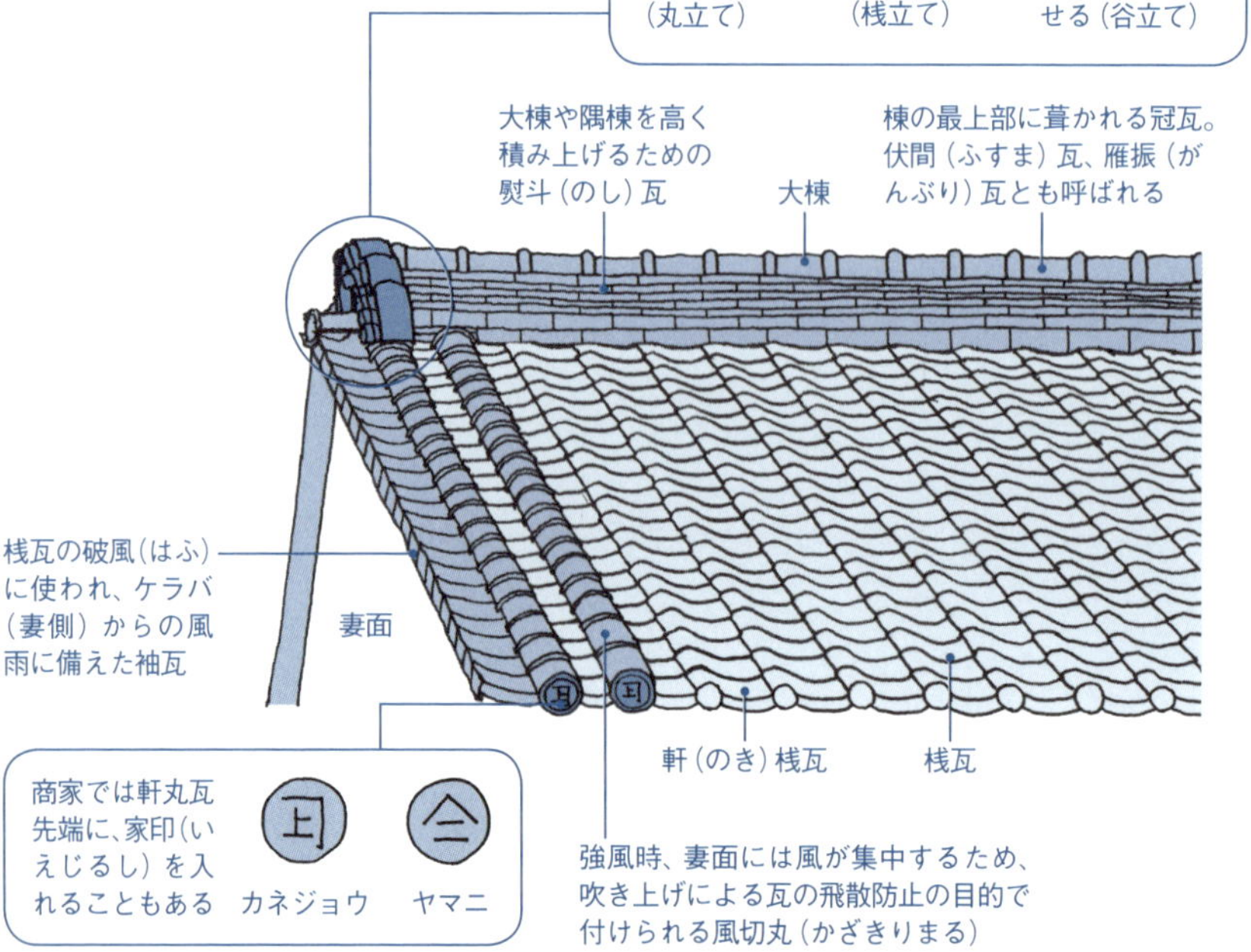
大棟や隅棟を高く積み上げるための熨斗（のし）瓦
大棟
棟の最上部に葺かれる冠瓦。伏間（ふすま）瓦、雁振（がんぶり）瓦とも呼ばれる
桟瓦の破風（はふ）に使われ、ケラバ（妻側）からの風雨に備えた袖瓦
妻面
軒（のき）桟瓦
桟瓦
商家では軒丸瓦先端に、家印（いえじるし）を入れることもある
カネジョウ
ヤマニ
強風時、妻面には風が集中するため、吹き上げによる瓦の飛散防止の目的で付けられる風切丸（かざきりまる）

［※］棟や軒などで使われる特殊部位用の瓦で、冠（かんむり）瓦や袖瓦、軒瓦などがある

瓦の葺き方は2種類

本瓦葺き

丸瓦と平（ひら）瓦で構成される。本瓦は格式が高いものとされ、寺社では好んで使用される

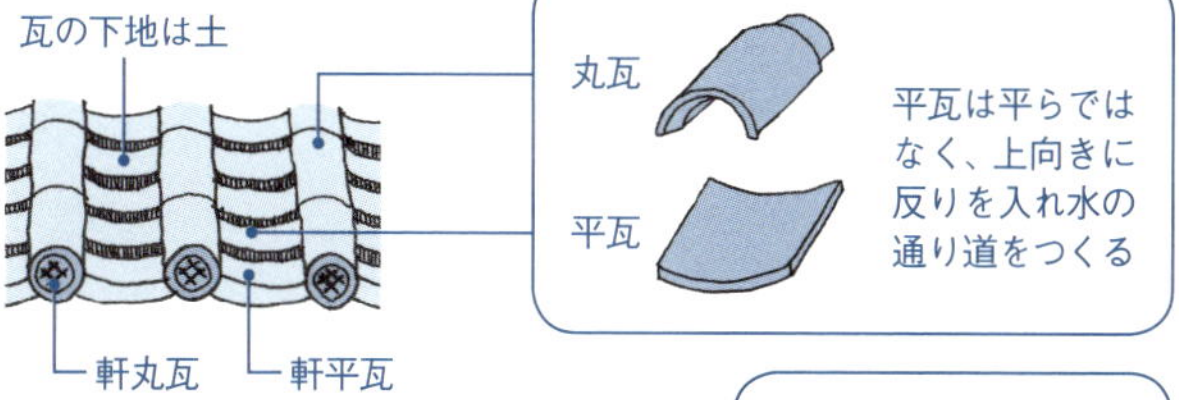

瓦の下地は土
軒丸瓦
軒平瓦
丸瓦
平瓦
平瓦は平らではなく、上向きに反りを入れ水の通り道をつくる

桟瓦葺き

軽量で安価な桟瓦を使用。野地板に桟を打ち、それに瓦を引っ掛ける納め方を引っ掛け葺きという

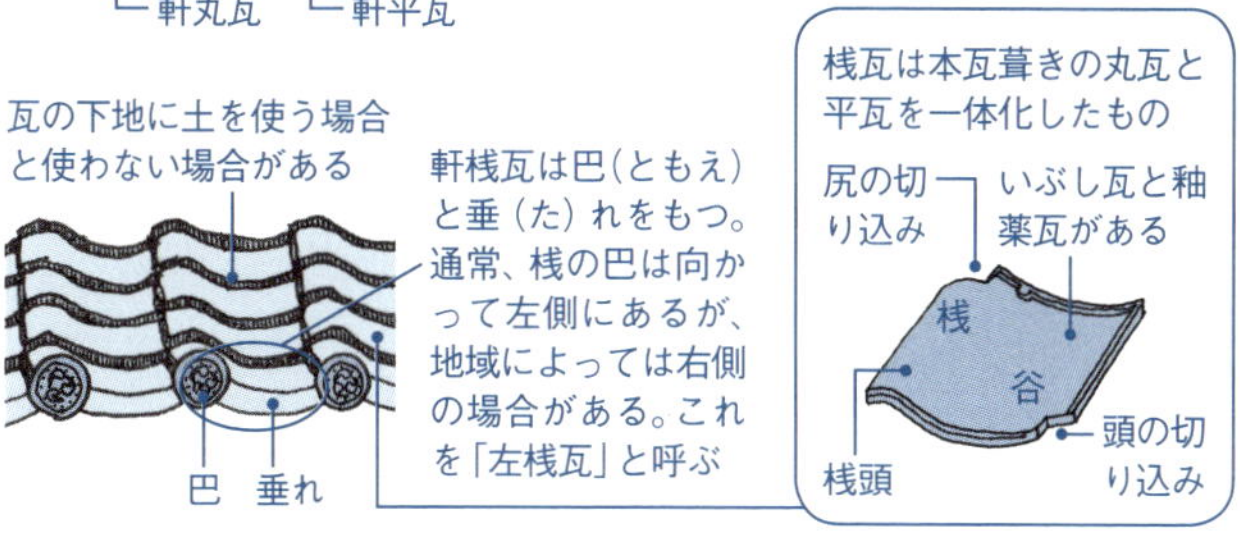

瓦の下地に土を使う場合と使わない場合がある
巴
垂れ
軒桟瓦は巴（ともえ）と垂（た）れをもつ。通常、桟の巴は向かって左側にあるが、地域によっては右側の場合がある。これを「左桟瓦」と呼ぶ
桟瓦は本瓦葺きの丸瓦と平瓦を一体化したもの
尻の切り込み
いぶし瓦と釉薬瓦がある
桟
谷
桟頭
頭の切り込み

屋根にあるさまざまな“まじない”

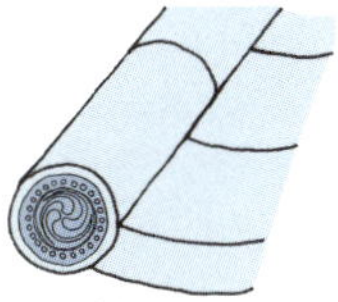

三《み》つ巴《どもえ》

水が渦を巻いた文様。防火を願ったもの

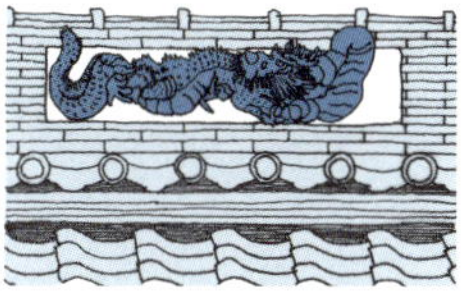

龍

棟や破風の飾り瓦に用いられた龍は水を呼ぶとされる

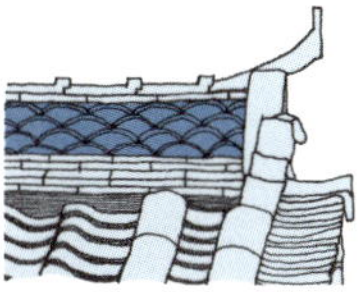

青海《せいがい》波《は》

組棟に青海波の役瓦で波の形をつくり、火伏せを願う

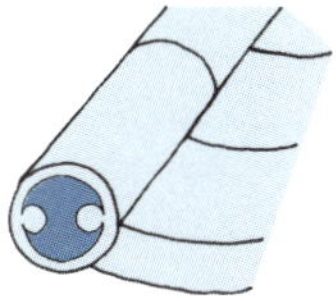

分銅紋《ふんどうもん》

玄関や家内への出入口に設けられ、魔物の侵入を防ぐ

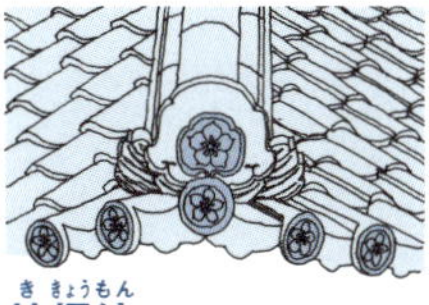

桔《き》梗紋《きょうもん》

正月の屠蘇（とそ）に桔梗が入っている形。病・魔除けに効くとされている

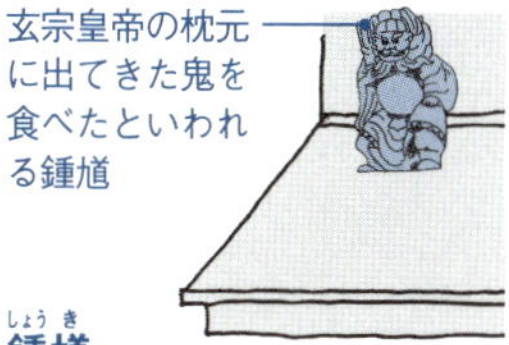

玄宗皇帝の枕元に出てきた鬼を食べたといわれる鍾馗

鍾《しょう》馗《き》

鍾馗は邪気払いの力をもつと考えられ、入口の庇上に置かれる。「睨み返し」と呼ばれる

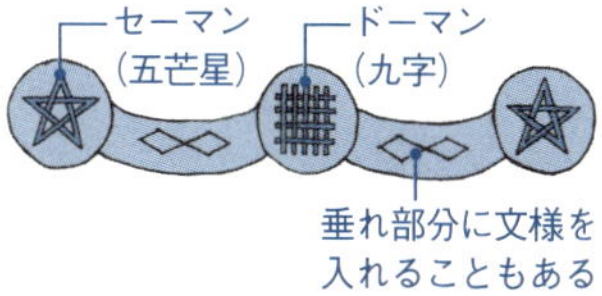

セーマン（五芒星）
ドーマン（九字）
垂れ部分に文様を入れることもある

セーマンドーマン

平安時代の陰陽師、安倍晴明（あべのせいめい）と蘆屋道満（あしやどうまん）の両文様を一緒に使い、魔除けとしている

column | 思い掛けない瓦の使い方

瓦は屋根に使われるだけではなかった。外壁の漆喰を風雨から守るため瓦を張り、目地を漆喰で盛り上げたなまこ壁や、外壁に1枚の瓦を水平に取り付け、漆喰壁の雨水による損傷を防ぐ機能をもつ水切瓦などがある

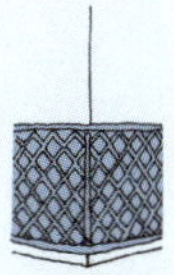

なまこ壁

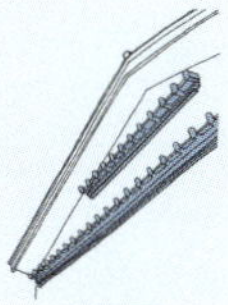

水切瓦

[MEMO] 棟を高くする際、熨斗瓦を重ねたものを熨斗積み、役瓦で装飾したものを組棟（くみむね）という

鬼瓦は単なる飾りではない

屋根の棟端部に設ける鬼瓦は、装飾のために設けるほか、小口《こぐち》からの雨水浸入を防ぐ機能がある

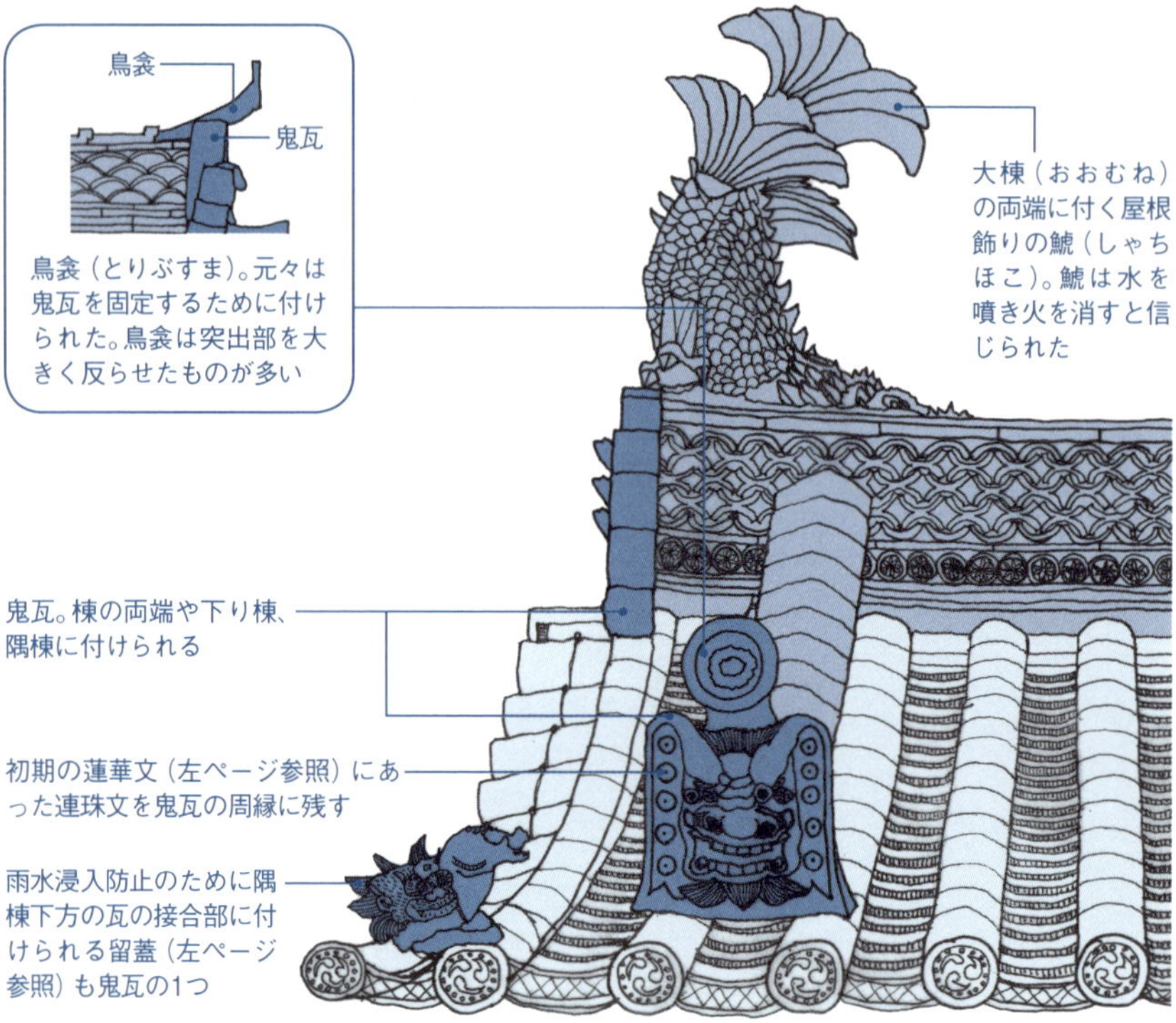
鳥衾
鬼瓦
鳥衾（とりぶすま）。元々は鬼瓦を固定するために付けられた。鳥衾は突出部を大きく反らせたものが多い
大棟（おおむね）の両端に付く屋根飾りの鯱（しゃちほこ）。鯱は水を噴き火を消すと信じられた
鬼瓦。棟の両端や下り棟、隅棟に付けられる
初期の蓮華文（左ページ参照）にあった連珠文を鬼瓦の周縁に残す
雨水浸入防止のために隅棟下方の瓦の接合部に付けられる留蓋（左ページ参照）も鬼瓦の1つ

鬼の顔でなくても鬼瓦

鬼瓦というといかめしい鬼面をイメージするが、日本で使われるようになった当初は、鬼とは全く関係ない文様《もんよう》が施されていた。

鬼瓦に鬼面が登場するのは奈良時代のこと。立体的な鬼面としてつくられるようになったのは、室町時代以降である。

時代とともに形を変えてきた鬼瓦の意匠には、魔除け、火伏《ひぶ》せから招福まで、人々のさまざまな思いが込められている。

[MEMO] 寺院は屋根が大きいため、鬼瓦も大きい。東大寺大仏殿の鬼瓦は大きいものだと重さ500kg近くある

各部の「鬼」の名称

屋根に置かれる部分により、鬼瓦の呼び方は異なる（図の①〜⑤）

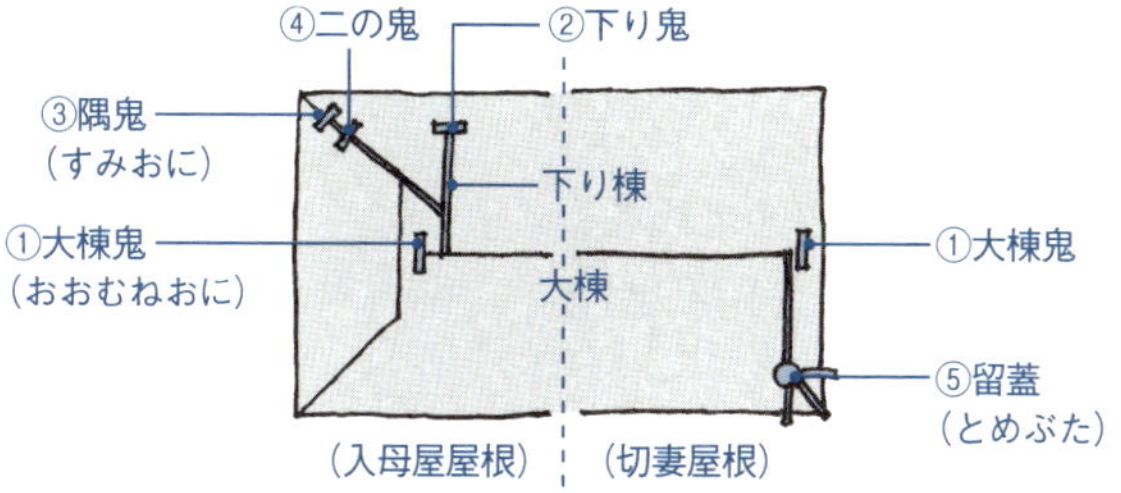

④二の鬼
②下り鬼
③隅鬼
（すみおに）
下り棟
①大棟鬼
（おおむねおに）
大棟
①大棟鬼
⑤留蓋
（とめぶた）
（入母屋屋根）
（切妻屋根）

鬼瓦に祀られるもの

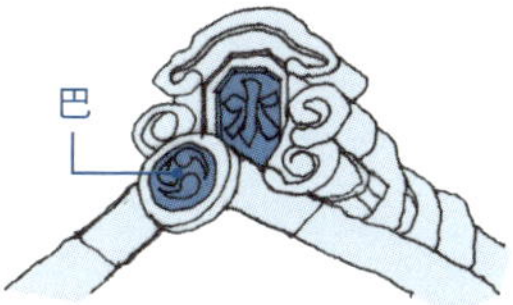

巴

巴《ともえ》と水文様

「水」という文字をかたどり、防火を願った。巴は水が渦巻いた姿

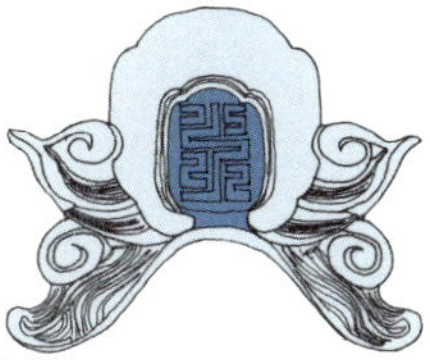

雲形《くもがた》文様

水を表して、防火を願ったもの。渦巻き形も同じ趣旨

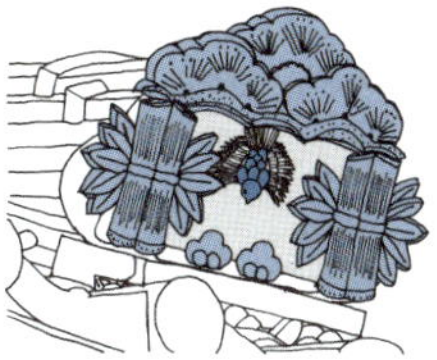

松竹梅

冬の寒さに耐える松竹梅を飾り、慶事を願う

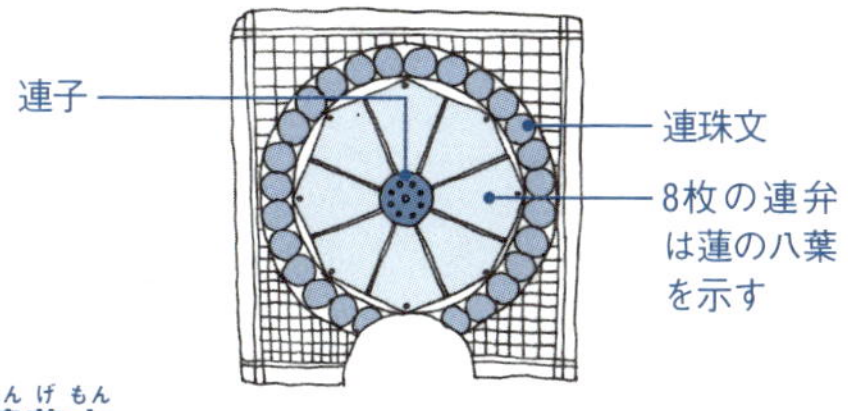

連子
連珠文
8枚の連弁は蓮の八葉を示す

蓮華文《れんげもん》

わが国最古の鬼瓦（飛鳥時代）には蓮華文が祀られている。8弁の蓮は仏像の台座を表したもの。軒丸（のきまる）瓦にも同様の文様が施されていた

吉祥《きっしょう》文様

鬼とは正反対の容貌の天女や、福をもたらす七福神の鬼瓦もある

column | 「影盛《かげもり》」って知ってる？

鬼瓦の背後に木で空洞をつくり、ねずみ漆喰を重ねたものを影盛といい、影盛をもつ鬼瓦を影盛型鬼瓦という。鬼瓦を大きく見せる効果と、鬼瓦背面からの雨水浸入を防止する効果がある。比較的新しい納め方で、現存の店蔵《みせぐら》などで見られる

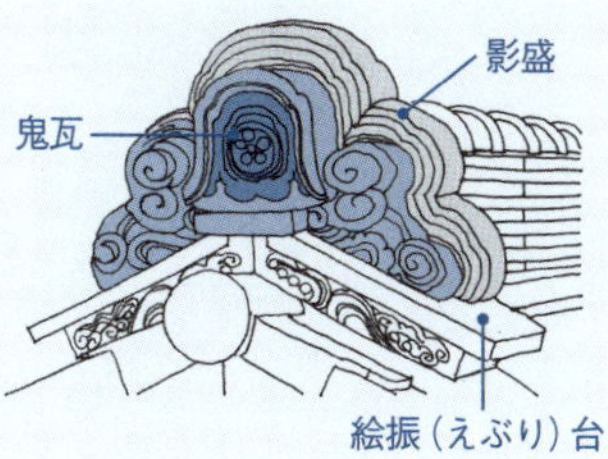

影盛
鬼瓦
絵振（えぶり）台

半永久的な長持ち建材 板壁と土壁

一般的に板壁が縦張りならば和風、横張りならば洋風と考える人が多いと思われるが、日本では横張りの下見板張りが多く使われていた。また土壁は、土を重ねることで調湿機能が生まれ、湿度の高い日本の風土に合う優れたものとなった。

板は腐れば替えればよいし、土壁は塗り足せばよい。どちらも丹念に手を入れることにより、長く維持できる、持続可能な建材である。

比べて分かる！ 板壁と土壁

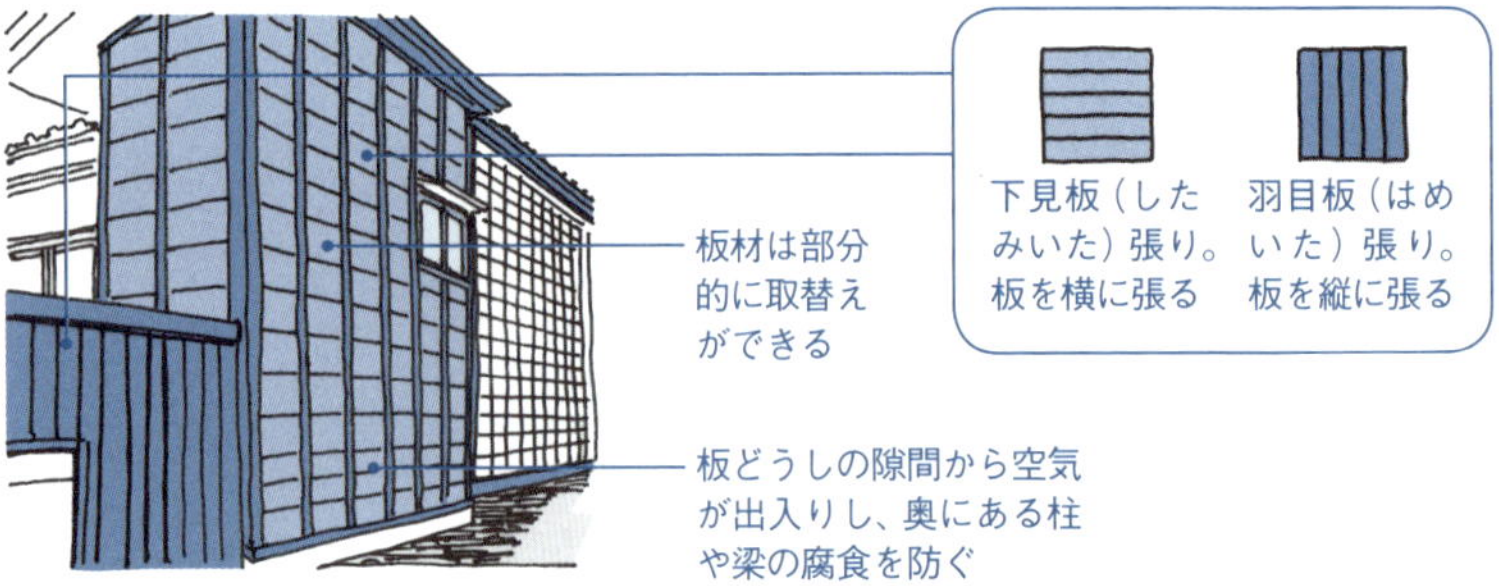
下見板（したみいた）張り。板を横に張る
羽目板（はめいた）張り。板を縦に張る
板材は部分的に取替えができる
板どうしの隙間から空気が出入りし、奥にある柱や梁の腐食を防ぐ

板壁

下見板張りが最も一般的。線材の板は火に弱いのが欠点

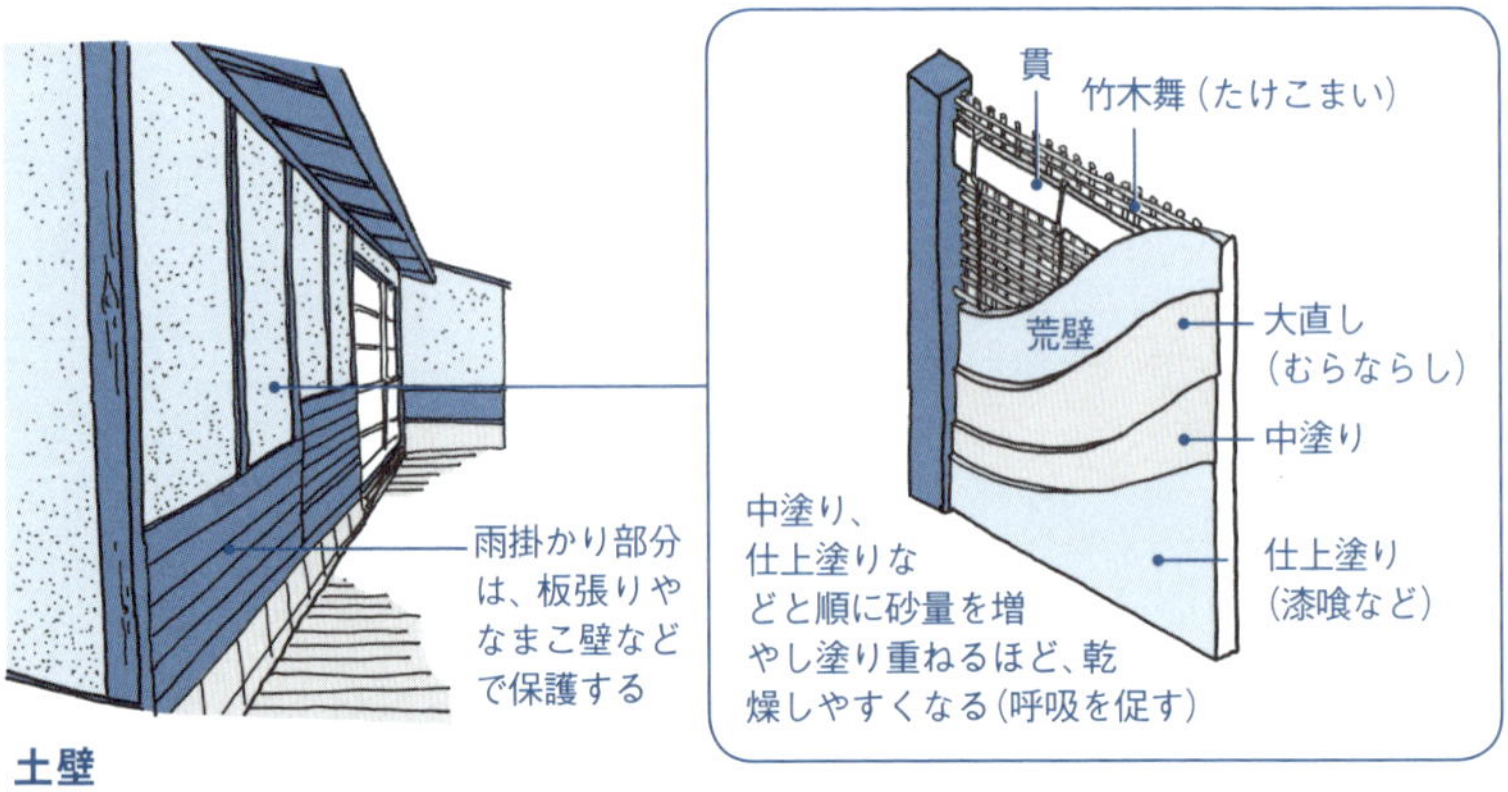
貫
竹木舞（たけこまい）
荒壁
大直し（むらならし）
中塗り
仕上塗り（漆喰など）
中塗り、仕上塗りなどと順に砂量を増やし塗り重ねるほど、乾燥しやすくなる（呼吸を促す）
雨掛かり部分は、板張りやなまこ壁などで保護する

土壁

水に弱いが火には強い。面材の土壁は塗り足し可能

[MEMO] 主な土壁の仕上げには、茶室や古民家に使われる土もの（荒壁）、数寄屋に使われる砂壁、寺院・邸宅に使われる漆喰、大津壁（磨き）がある

板を横に張る「下見板張り」の種類

和風建築では南京《なんきん》下見板張り、洋風建築ではイギリス下見板張り。呼び名が違うが同じもの

板と板の隙間から空気が出入りすることで下地の腐食が防げる

縦桟は、下見板のあばれを防ぐ。その間隔は1尺～1尺5寸（30～45cm）程度

板面のきれいな木表（きおもて）を見せるか、雨に強い木裏（きうら）にするかは、使う場所しだい

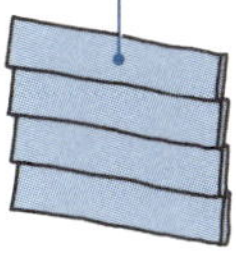

板を横張りに羽重（はがさ）ねする基本の下見板張り

ささら子

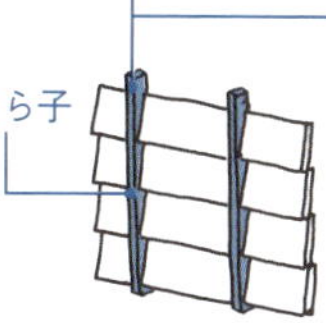

下見板をギザギザに加工した「ささら子」で押さえるささら子下見板張り

押縁

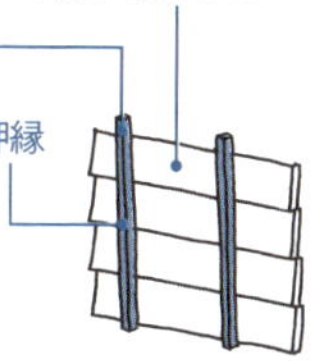

ささら子ではなく角材（押縁［おしぶち］）で横板を固定する押縁下見板張り

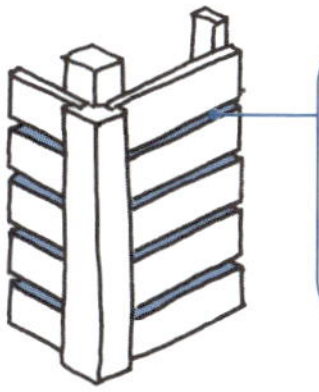

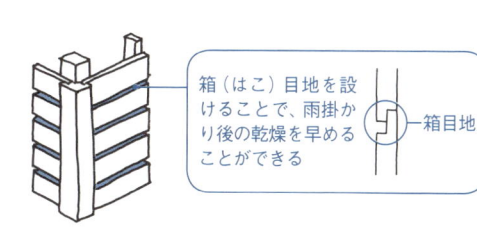

箱（はこ）目地を設けることで、雨掛かり後の乾燥を早めることができる

箱目地

相決（あいじゃく）りした板を張ったドイツ下見板張り。比較的新しく、洋風建築物に用いられる。現在のサイディングの原形

板に縦に張る「羽目板張り」

決り

仕上がりはこのようになる

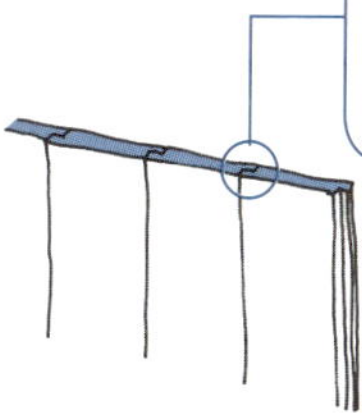

板を縦に張った縦羽目板張りは、隙間を防ぐため決（しゃく）りを入れる

目板

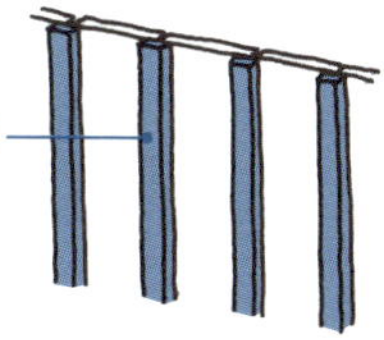

縦に張った板の隙間に細幅の目板（めいた）を留め、隙間を隠す目板張り

土蔵に残るなまこ壁の美しさ

漆喰の白と瓦の黒というコントラストを見せるなまこ壁。機能と美しさを兼ね備えた外壁で、土蔵《どぞう》などに見られる。

土蔵は火災による延焼防止のため軒《のき》の出《で》が短いが、それにより水に弱い漆喰壁に雨が当たってしまう。そこで耐水性に優れた瓦を張り保護したのが、なまこ壁のはじまりだ。目地《めじ》を漆喰で埋めることでさまざまなデザインが生まれ、独特の幾何学模様が生み出された。

なまこ壁で仕上げた土蔵

なまこ壁は、風雨から漆喰壁を守るため、正方形の平らな平（ひら）瓦を竹釘で止め、目地部分は浸水を防ぐため漆喰で盛り上げる。その形がなまこに似ているところからこの名がある

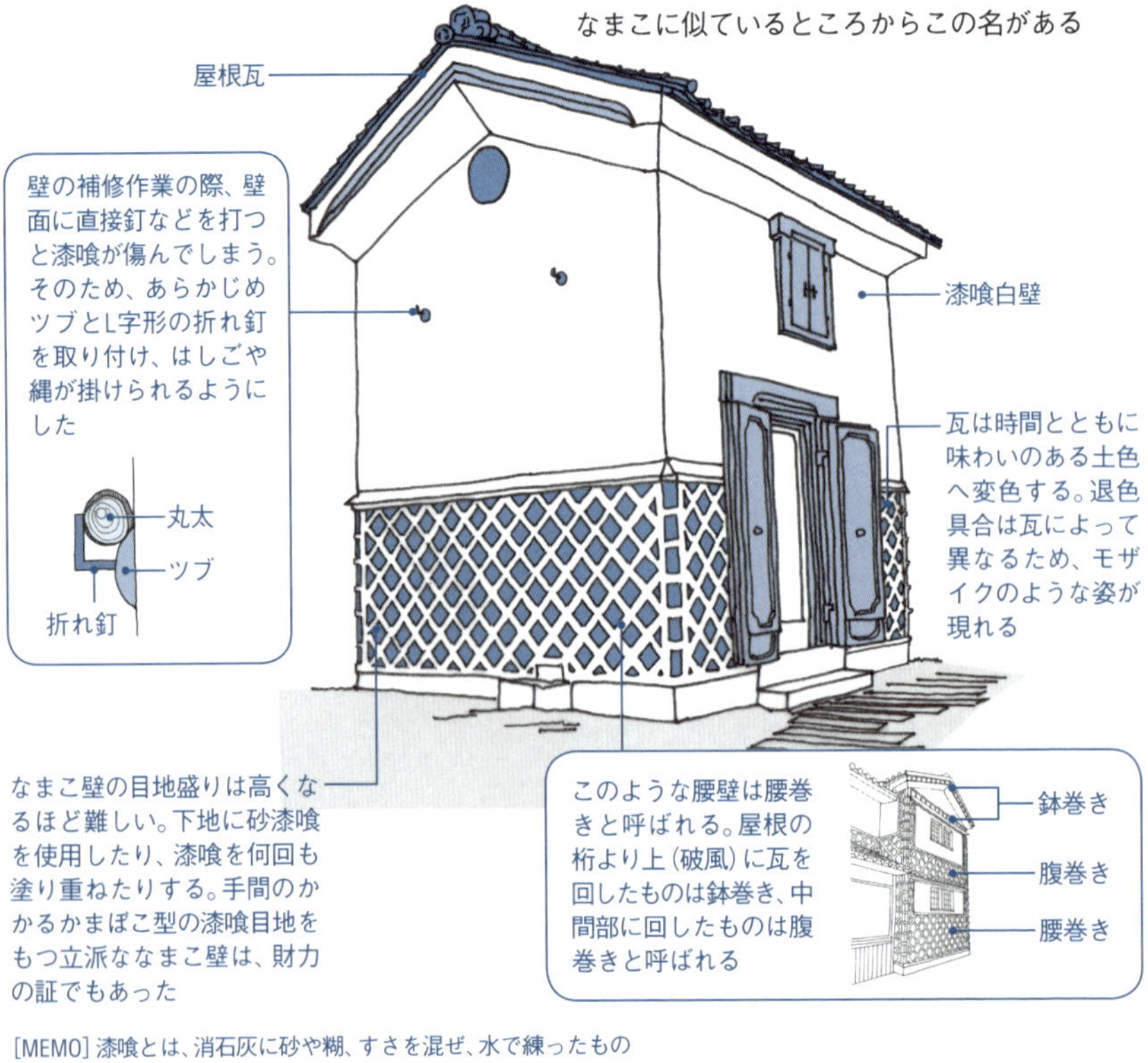
屋根瓦
漆喰白壁
壁の補修作業の際、壁面に直接釘などを打つと漆喰が傷んでしまう。そのため、あらかじめツブとL字形の折れ釘を取り付け、はしごや縄が掛けられるようにした
丸太
ツブ
折れ釘
瓦は時間とともに味わいのある土色へ変色する。退色具合は瓦によって異なるため、モザイクのような姿が現れる
なまこ壁の目地盛りは高くなるほど難しい。下地に砂漆喰を使用したり、漆喰を何回も塗り重ねたりする。手間のかかるかまぼこ型の漆喰目地をもつ立派ななまこ壁は、財力の証でもあった
このような腰壁は腰巻きと呼ばれる。屋根の桁より上（破風）に瓦を回したものは鉢巻き、中間部に回したものは腹巻きと呼ばれる
鉢巻き
腹巻き
腰巻き

[MEMO] 漆喰とは、消石灰に砂や糊、すさを混ぜ、水で練ったもの

なまこ壁の目地のパターン

なまこ壁は瓦と瓦の間の目地を漆喰で盛り上げ（なまこ漆喰）、そのパターン（馬乗《うまの》り、芋《いも》など）によって大きく表情が変わる。目地を盛り上げない平《ひら》目地の瓦張りの壁も存在する

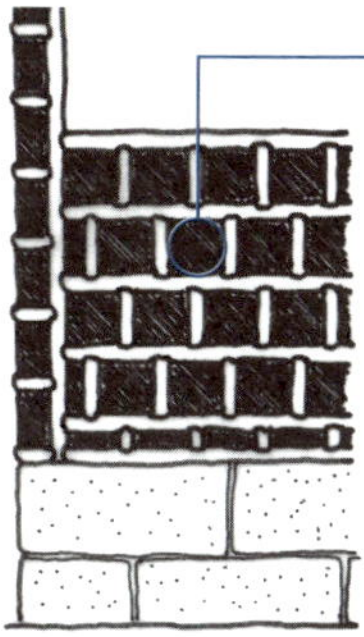

瓦を水平に張ると施工しやすいが、横目地から水が浸透しやすい。芋目地に比べ水平性が強調され、安定感を与える

馬乗り目地

縦目地を互い違いにしたもの。瓦の四隅に釘や竹串を刺し、かまぼこ型の漆喰で隠した

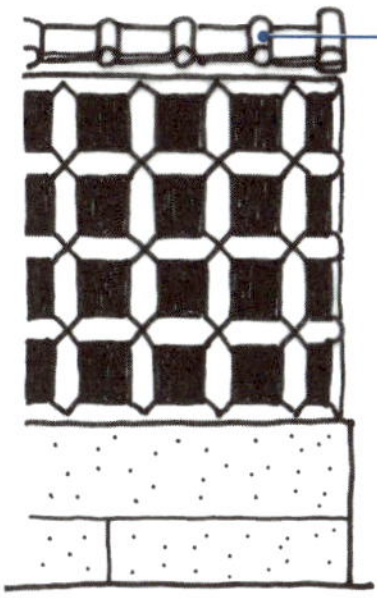

雨水の回り込みを防ぐため、土壁に水切（みずきり）瓦を差し込んでいる

芋目地

漆喰目地を十字形に交差させたもの。この図は壁に張った瓦の剥離を避けるため、上部に水切瓦を設けた例

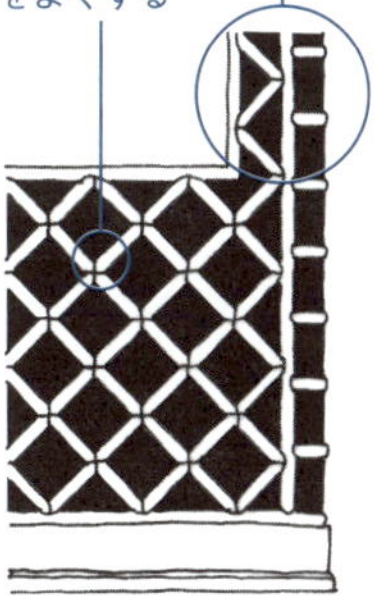

斜めに張ることで目地の水はけをよくする

建物の隅角になまこ壁を立ち上げるのは、岡山・倉敷地方の特徴

四半《しはん》張り

なまこ漆喰を斜めに掛ける様子から「たすき掛け」ともいう。瓦を水平に張るのは古い形式で、瓦を斜め45°に張るのは比較的新しい形式

いろいろな目地

七宝（しっぽう）

青海波（せいがいは）

釘留めの上に漆喰まんじゅう型

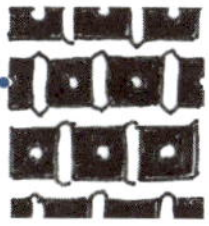

馬乗り変形

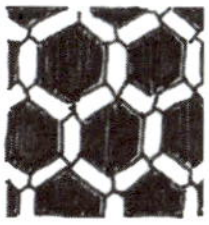

亀甲（きっこう）

釘留め

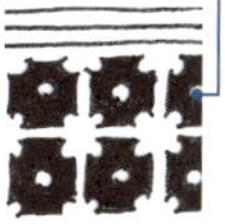

芋変形

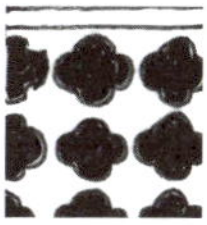

芋変形

column | なまこのいない瓦張りの壁

瓦張りの壁のなかには、なまこ漆喰を盛らないものがある。目地部分を漆喰で盛り上げず、タイル張りなどのように目地を平らにした平目地で瓦を張った壁である

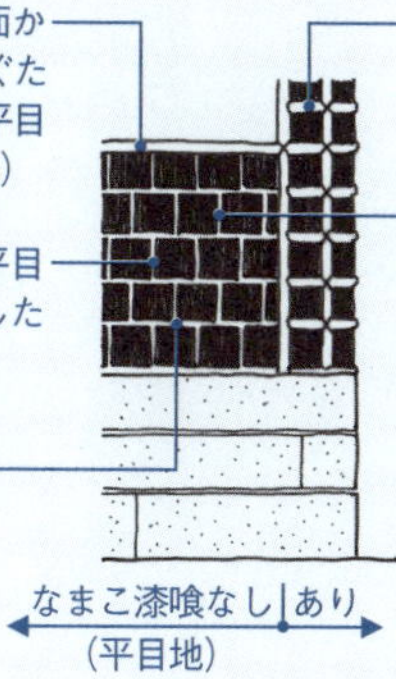

端部は上部壁面からの浸水を防ぐため漆喰を盛る（平目地の場合もある）
凹凸の少ない平目地ですっきりしたデザイン
平目地張り（馬乗り目地）
なまこ漆喰あり（芋目地）
なまこ漆喰なし（平目地）
あり

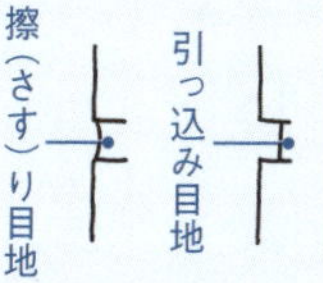

擦（さす）り目地
引っ込み目地

平目地には目地と瓦が同面の「擦り目地」と、目地を引っ込ませた「引っ込み目地」がある

屋根形状により変わる姿

うだつの屋根形状には地域差があり、寄棟《よせむね》、切妻《きりつま》、片流《かたなが》れがある。
重厚なうだつは西日本に多い

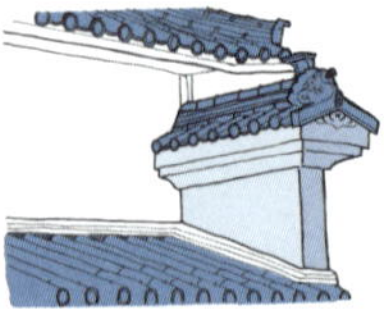

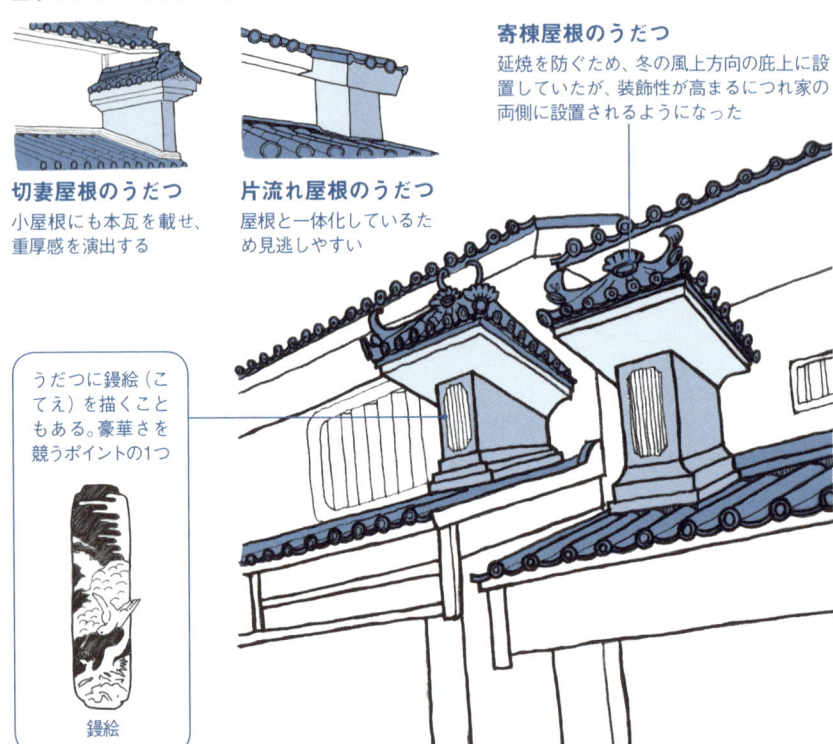

切妻屋根のうだつ
小屋根にも本瓦を載せ、重厚感を演出する

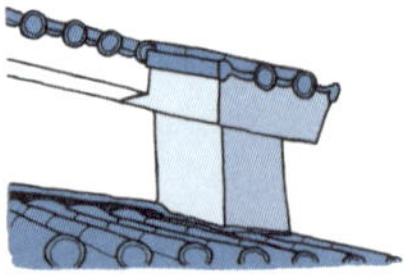

片流れ屋根のうだつ
屋根と一体化しているため見逃しやすい

寄棟屋根のうだつ
延焼を防ぐため、冬の風上方向の庇上に設置していたが、装飾性が高まるにつれ家の両側に設置されるようになった

うだつに鏝絵（こてえ）を描くこともある。豪華さを競うポイントの1つ

鏝絵

華麗なうだつの本当の顔

うだつといえば「うだつが上がらない」の慣用句が示すように、成功者の証としての印象が強い。

しかし本来、うだつは機能的なもの。1階庇《ひさし》上のうだつは火災時に隣家からの延焼を防ぐため、大屋根《おおやね》上のうだつは風雨から屋根端の妻側ケラバの傷みを防ぐために設けられた。

うだつは、関東以北ではほとんど見られない[※]。関西商人特有の文化ということだろうか。

[※] 近江商人（滋賀県）が活躍した岩手県などにはうだつが見られる

うだつの役割は架け方で異なる

うだつの架け方は大別すると下記の3つ。「ケラバ保護」や「延焼防止」といった目的に合わせて適切な部分にうだつを設ける

うだつ
屋根だけに架ける
屋根から1階庇まで架ける
軒下に架ける

うだつの妻にも鬼瓦

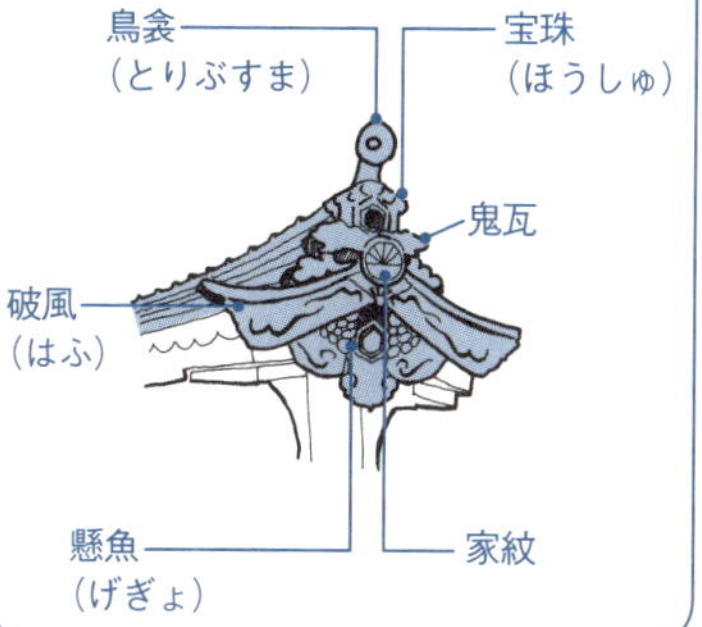

鳥衾
（とりぶすま）
宝珠
（ほうしゅ）
鬼瓦
破風
（はふ）
懸魚
（げぎょ）
家紋

むくりを付け軽快感を出したうだつ
屋根

屋根だけに架ける

ケラバを風雨から保護することを主な目的としている

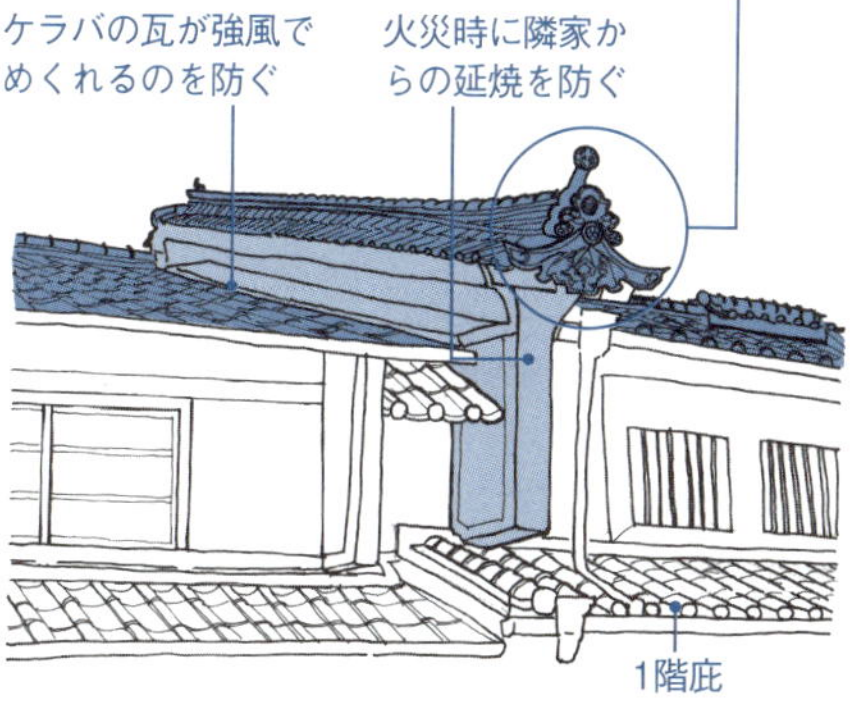

ケラバの瓦が強風でめくれるのを防ぐ
火災時に隣家からの延焼を防ぐ
1階庇

屋根から1階庇まで架ける

屋根のケラバ保護と防火の2つの役割を兼ねて設けられている

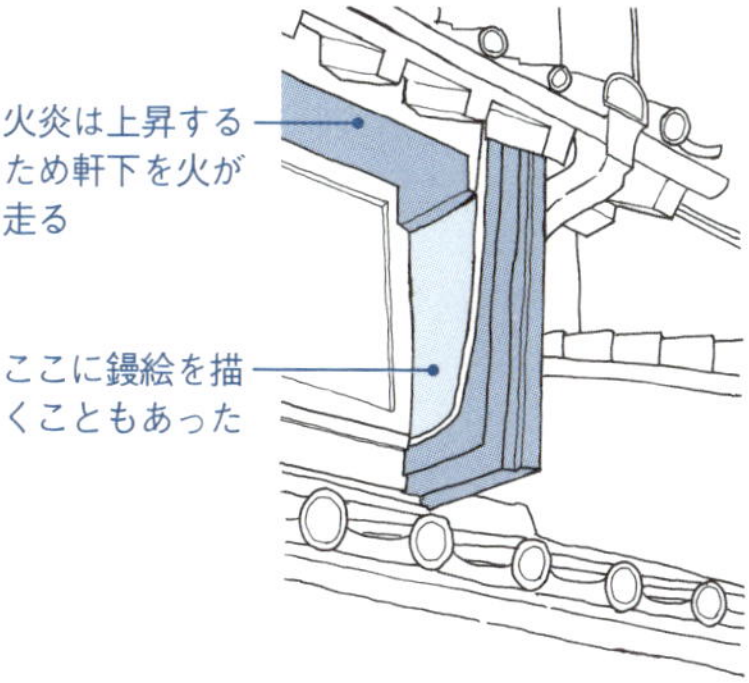

火炎は上昇するため軒下を火が走る
ここに鏝絵を描くこともあった

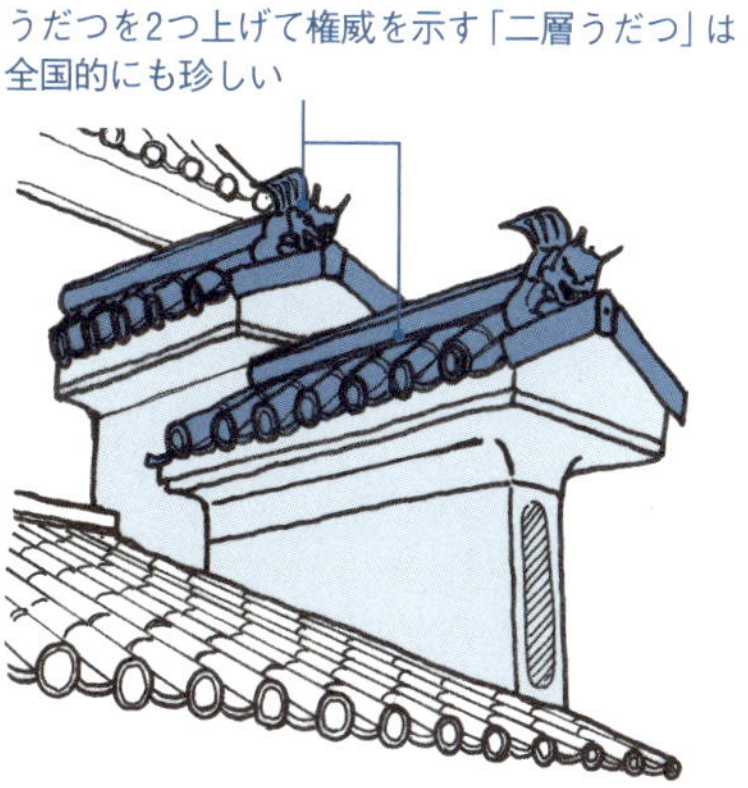

うだつを2つ上げて権威を示す「二層うだつ」は全国的にも珍しい

軒下に架ける

防火が主な目的。隣家からの火は横風に乗り、2階の軒下を襲う。その被害を防ぐために設置したもの

［MEMO］うだつには「梲」「卯建」「宇立」などの字が当てられる

伊豆の長八 伝説鏝師の仕事を探せ

江戸のアートといえば、浮世絵を思い起こすが、建物の壁面を飾った鏝絵《こてえ》も捨てたものではない。これをアートたらしめた男が伊豆の長八《ちょうはち》。精密な鏝さばきで、フラスコ画のような浮き彫りと彩色を生み出し、白漆喰に鏝絵の華を咲かせた。

東京の鏝絵は大震災・戦災を経て多くが失われたが、長八の技を受け継いだ左官屋職人の作品が、各地にその姿をとどめている。

土蔵《どぞう》に残る華麗な装飾

土蔵の注目点は、観音扉《かんのんとびら》・妻壁《つまかべ》・ツブの3点である。富の象徴である土蔵に描かれる鏝絵は豊かさを誇示するものであった

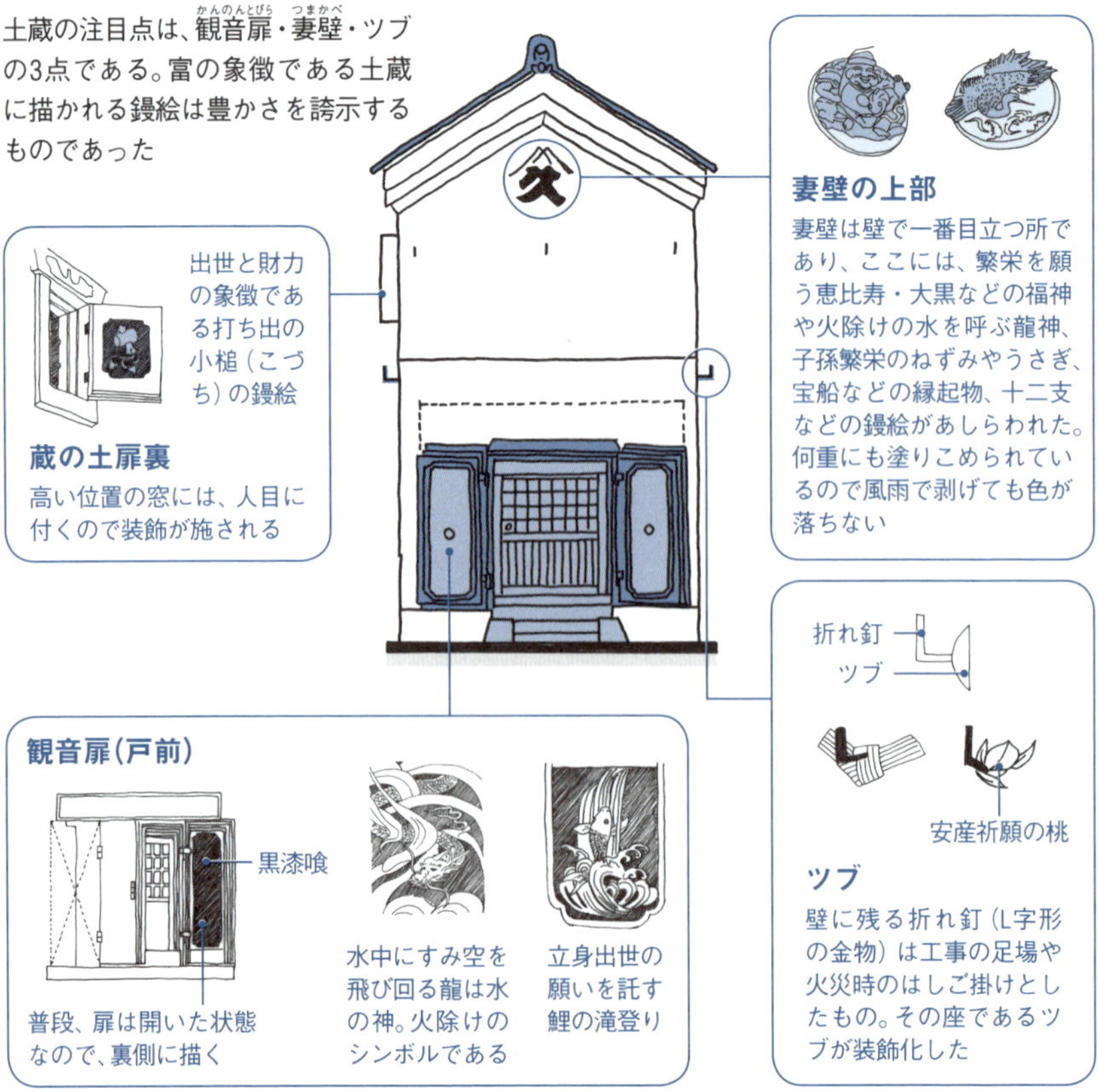
妻壁の上部
妻壁は壁で一番目立つ所であり、ここには、繁栄を願う恵比寿・大黒などの福神や火除けの水を呼ぶ龍神、子孫繁栄のねずみやうさぎ、宝船などの縁起物、十二支などの鏝絵があしらわれた。何重にも塗りこめられているので風雨で剥げても色が落ちない
出世と財力の象徴である打ち出の小槌（こづち）の鏝絵
蔵の土扉裏
高い位置の窓には、人目に付くので装飾が施される
折れ釘
ツブ
安産祈願の桃
ツブ
壁に残る折れ釘（L字形の金物）は工事の足場や火災時のはしご掛けとしたもの。その座であるツブが装飾化した
観音扉（戸前）
黒漆喰
普段、扉は開いた状態なので、裏側に描く
水中にすみ空を飛び回る龍は水の神。火除けのシンボルである
立身出世の願いを託す鯉の滝登り

塗屋《ぬりや》造りに見られる鏝絵の意匠

塗屋造りの建物では、戸袋《とぶくろ》・うだつ・軒下《のきした》小《こ》壁《かべ》に注目しよう

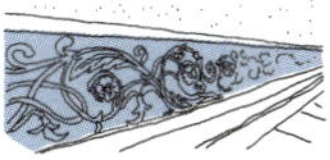

明治初期になると洋風建築にアカンサスのようなレリーフも見られる

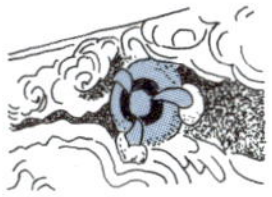

龍の玉に見立てたガラス玉をはめ込んだもの

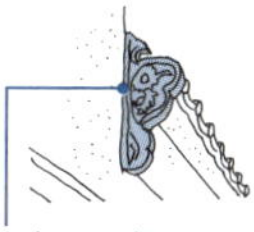

注意して探すと、小庇の妻側端部に付けられた絵振（えぶり）板にも職人の小技が見られる

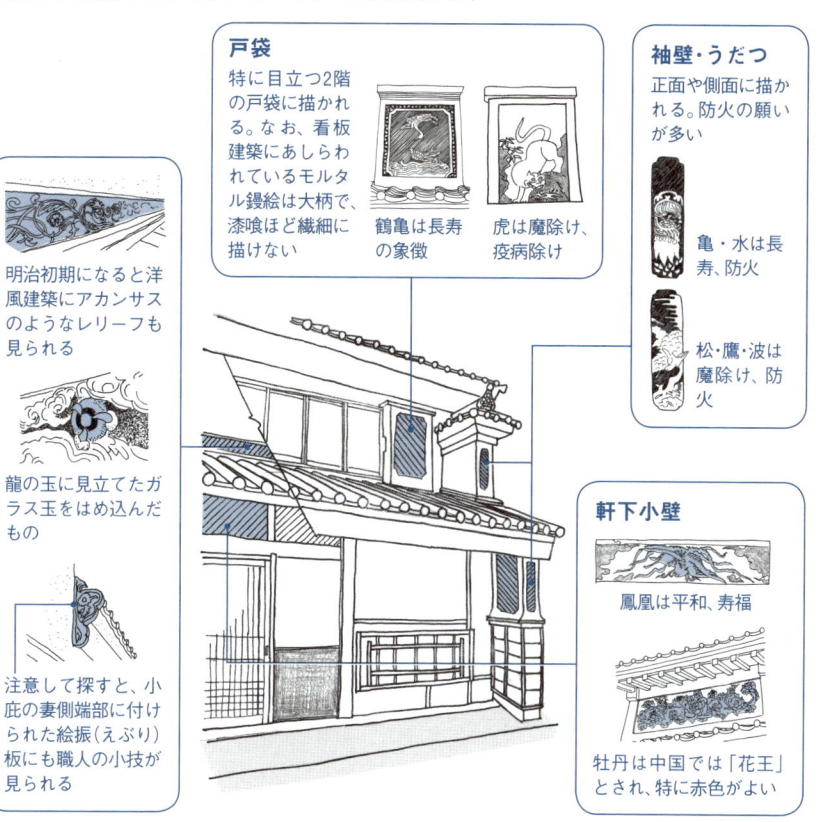

戸袋

特に目立つ2階の戸袋に描かれる。なお、看板建築にあしらわれているモルタル鏝絵は大柄で、漆喰ほど繊細に描けない

鶴亀は長寿の象徴

虎は魔除け、疫病除け

袖壁・うだつ

正面や側面に描かれる。防火の願いが多い

亀・水は長寿、防火

松・鷹・波は魔除け、防火

軒下小壁

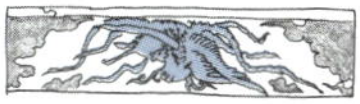

鳳凰は平和、寿福

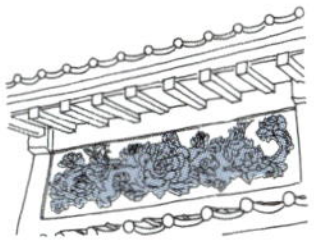

牡丹は中国では「花王」とされ、特に赤色がよい

伝説の鏝師「伊豆の長八」

「伊豆の長八」は江戸末期から明治にかけて活躍した名工。今も東京に残る伊豆の長八の作品を見てみよう

橋戸稲荷神社（東京・足立区）

東京ではほかに、品川区の寄木（よりき）神社や善福寺で、また、静岡・伊豆松崎の長八美術館で作品を見ることができる

本殿扉の裏面

扉左：母子狐

扉右：父狐

鏝で浅い凹面をつくる「引摺り」と凸面をつくる「置き上げ」という工法を考えた。色には石灰からのアク止めに漆・膠（にかわ）・胡粉（ごふん）のいずれかを下塗りし、朱・赤・黄・藍・群青・黒・緑・茶・金色の鮮やかな色付けを可能にした

[MEMO] 鏝絵に登場する図柄は大きく次の3つ。①吉祥系（鶴亀、恵比寿・大黒、宝船、鯉、鳳凰）、②防火系（龍神、松、鷹、波）、③十二支（子、丑、寅など）

玄関で家の格式を見極める

現代の住宅には当たり前のようにある「玄関」。しかし江戸時代までは、武家や富裕層以外、玄関をつくることが禁止されていた。

明治に入り、庶民の住宅にも玄関が登場する。独立した立派な屋根をもつ玄関は、家の格式の高さの象徴となった。

一方、玄関は人間だけでなく魔物が侵入する場所でもある。魔除けのさまざまな仕掛けを発見するのも玄関を見る面白さだ。

玄関口を守る魔除け

南天《なんてん》の木

「難を転ずる」意をもつ。家の鬼門（北東）隅、便所のそば、出入口など、魔物が入りやすい所に植える。赤い実にも効力があるとされる

お札

社寺や祈祷師が配札したものは、泥棒・災難除けとして玄関の長押（なげし）に張る

鬼瓦

鬼より怖い鬼瓦の面が魔物を跳ね返す。セーマン（五芒星［ごぼうせい］）を付けた鬼瓦は、魔除けとして最強

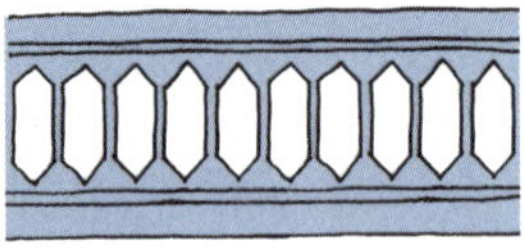

矢《や》筈《はず》欄《らん》間《ま》

矢が鬼を突き刺すことから、魔除けの意をもつ

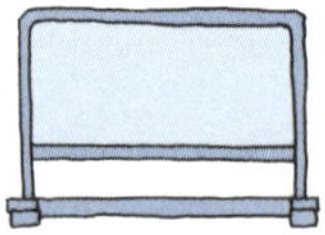

衝立《ついたて》障子

侵入する魔物を跳ね返す力がある。沖縄のヒンプンがルーツ

ニンニクと唐辛子、柊とイワシ

赤は鳥居などに使われ魔除けの力があるとされる。辛いもの、尖ったもの、臭いものは鬼が嫌う

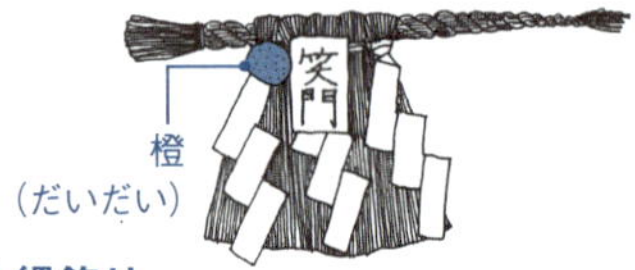

しめ縄飾り

冬期に黄色くなる橙は、木に付いたまま越冬すると夏には再び緑色に戻ることから「回春橙」と呼ばれ、再生の証として正月に飾られる

間口《まぐち》別 玄関の見どころ

職人の力量は屋根、格子戸、欄間《らんま》の出来栄えに現れる。格を見るうえでは、敷居と長押《なげし》の有無を確認することが大切だ。間口《まぐち》1間の玄関は中流住宅の下、1間半になると中流住宅の上という見方もある

間口1間(1.8m)の玄関

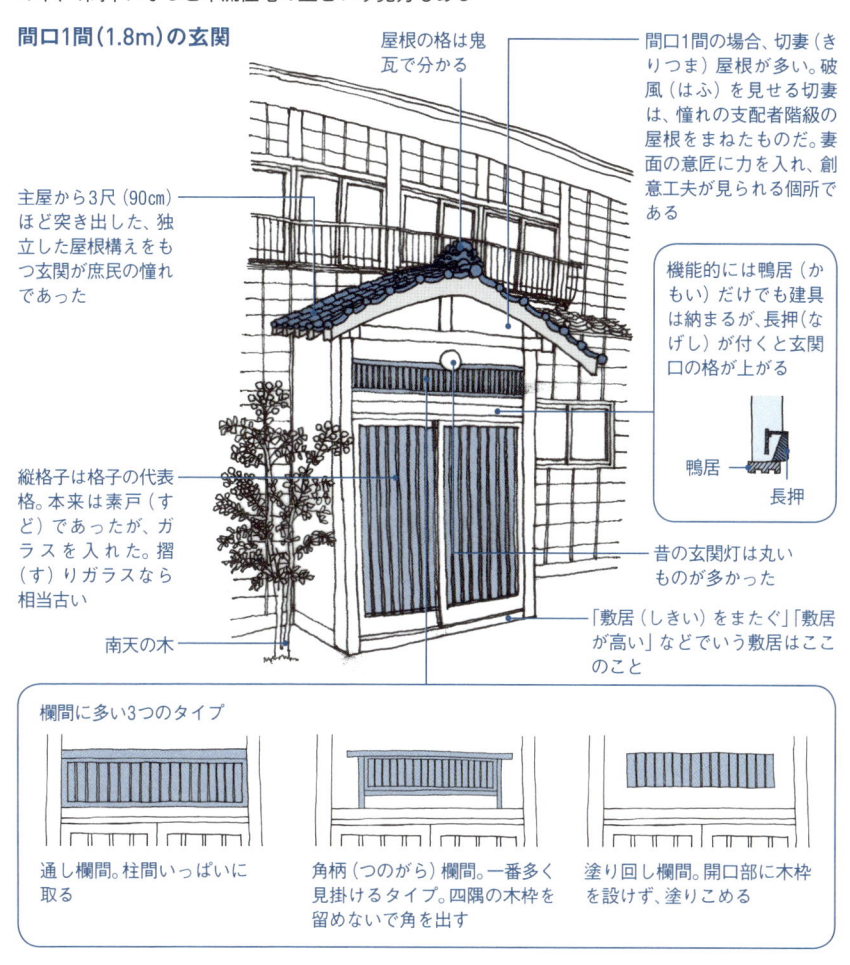

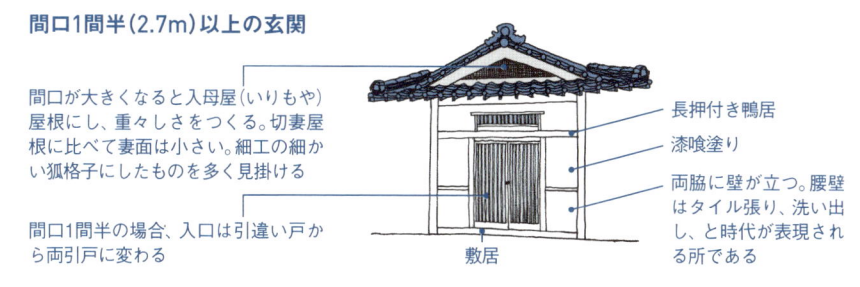

屋根の格は鬼瓦で分かる

間口1間の場合、切妻(きりつま)屋根が多い。破風(はふ)を見せる切妻は、憧れの支配者階級の屋根をまねたものだ。妻面の意匠に力を入れ、創意工夫が見られる個所である

主屋から3尺(90cm)ほど突き出した、独立した屋根構えをもつ玄関が庶民の憧れであった

機能的には鴨居(かもい)だけでも建具は納まるが、長押(なげし)が付くと玄関口の格が上がる

縦格子は格子の代表格。本来は素戸(すど)であったが、ガラスを入れた。摺(す)りガラスなら相当古い

昔の玄関灯は丸いものが多かった

南天の木

「敷居(しきい)をまたぐ」「敷居が高い」などでいう敷居はここのこと

欄間に多い3つのタイプ

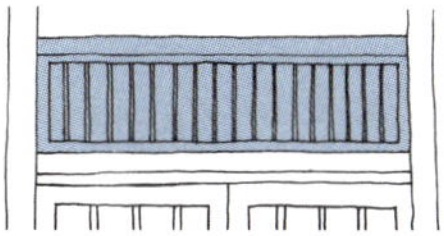

通し欄間。柱間いっぱいに取る

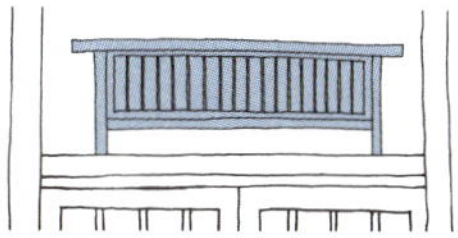

角柄(つのがら)欄間。一番多く見掛けるタイプ。四隅の木枠を留めないで角を出す

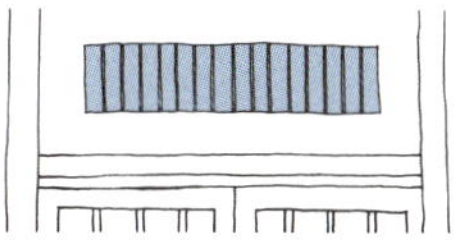

塗り回し欄間。開口部に木枠を設けず、塗りこめる

間口1間半(2.7m)以上の玄関

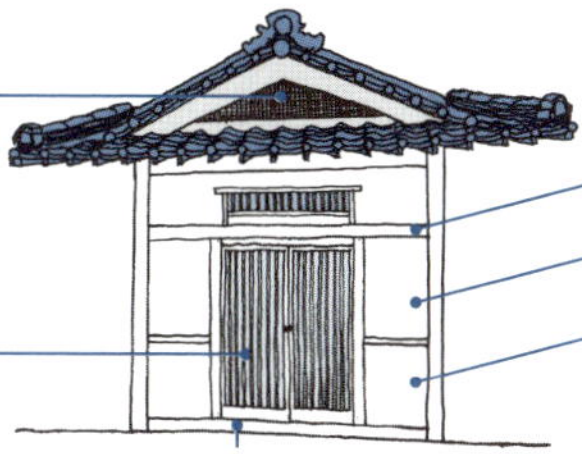

間口が大きくなると入母屋(いりもや)屋根にし、重々しさをつくる。切妻屋根に比べて妻面は小さい。細工の細かい狐格子にしたものを多く見掛ける

間口1間半の場合、入口は引違い戸から両引戸に変わる

長押付き鴨居

漆喰塗り

両脇に壁が立つ。腰壁はタイル張り、洗い出し、と時代が表現される所である

敷居

障子が起源 ガラス戸のデザイン

明治の末期、ガラスという便利な材料が一般住宅（在来和風住宅）に取り入れられた。外部の開口部は障子戸からガラス戸になった。しかし障子戸の優れたデザインは、ガラス戸のなかに生き続けているようだ。

引違《ひきちが》い戸が多用されたのも、曇りガラスが愛されたのも、障子戸の影響である。

ガラス戸の歴史は、障子戸と比較することで読み取れるのだ。

ガラス戸の仕組み

2階家屋のガラス戸（4枚引違い戸）。間口《まぐち》の大きさは在来住宅のモジュールで決まるので、障子戸がガラス戸に変わっても、各戸の桟《さん》の割付けも、障子と同じになる

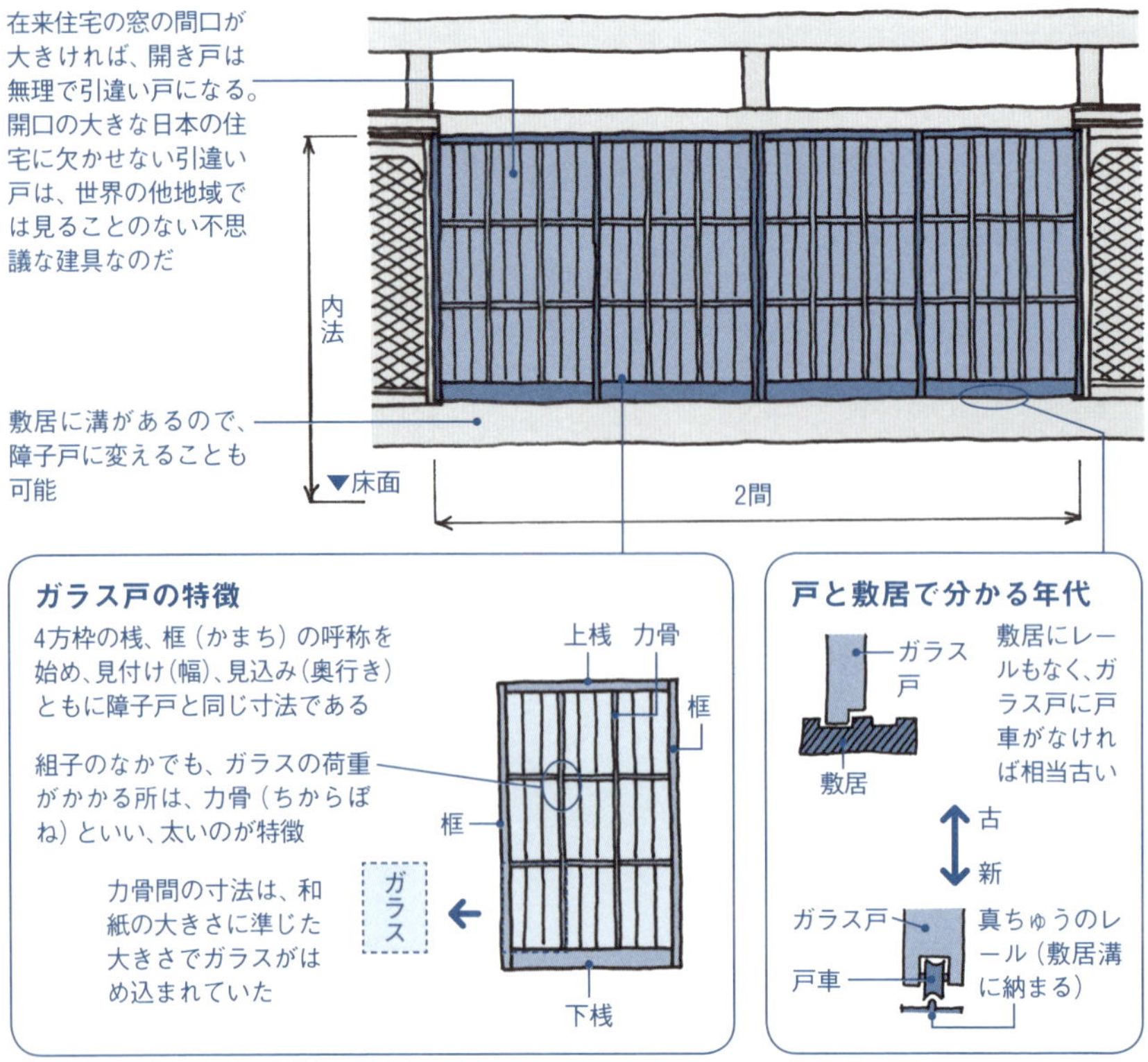
在来住宅の窓の間口が大きければ、開き戸は無理で引違い戸になる。開口の大きな日本の住宅に欠かせない引違い戸は、世界の他地域では見ることのない不思議な建具なのだ
内法
敷居に溝があるので、障子戸に変えることも可能
▼床面
2間
ガラス戸の特徴
4方枠の桟、框（かまち）の呼称を始め、見付け（幅）、見込み（奥行き）ともに障子戸と同じ寸法である
組子のなかでも、ガラスの荷重がかかる所は、力骨（ちからぼね）といい、太いのが特徴
力骨間の寸法は、和紙の大きさに準じた大きさでガラスがはめ込まれていた
ガラス
上桟
力骨
框
框
下桟
戸と敷居で分かる年代
ガラス戸
敷居
敷居にレールもなく、ガラス戸に戸車がなければ相当古い
古
新
ガラス戸
戸車
真ちゅうのレール（敷居溝に納まる）

[MEMO] ガラスに歪みがあるのは製造法による。古くは口で膨らませ筒状にしたガラスを切り開き伸ばして広げたもので、泡や傷が残ったり景色が歪んだりした。1964年（昭和39年）にフロートガラス製造法が確立され、歪みもなくなった

障子戸からガラス戸へ

障子戸には名があるが、一般的にガラス戸には名がない。デザインは、障子戸のそれを踏襲している

障子戸

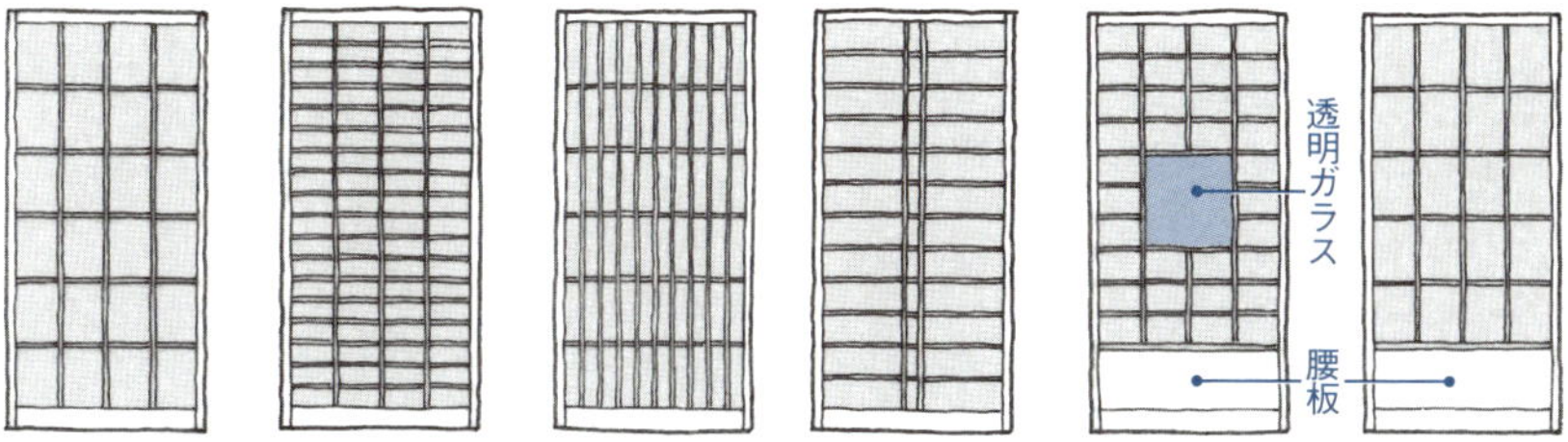
透明ガラス
腰板

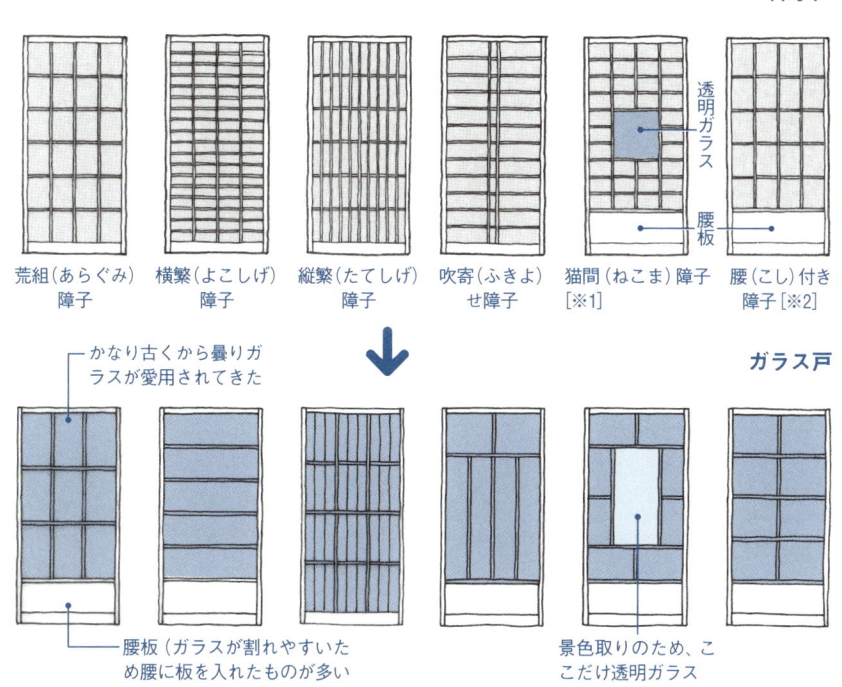

荒組(あらぐみ)障子　横繁(よこしげ)障子　縦繁(たてしげ)障子　吹寄(ふきよ)せ障子　猫間(ねこま)障子[※1]　腰(こし)付き障子[※2]

ガラス戸

かなり古くから曇りガラスが愛用されてきた
腰板(ガラスが割れやすいため腰に板を入れたものが多い
景色取りのため、ここだけ透明ガラス

透明ガラスは富裕層のステータス

明治時代、ガラスは貴重品。透明ガラスを全面に使用しているのはお金持ちの証

歪んでいるガラスは、手延べガラス

曇りガラスはなぜできた

明治時代に生まれた曇りガラスは、カーテンを取り付ける風習のない日本独特のもの。それまでは、透明ガラスに糊を刷毛塗りして光を抑えていた

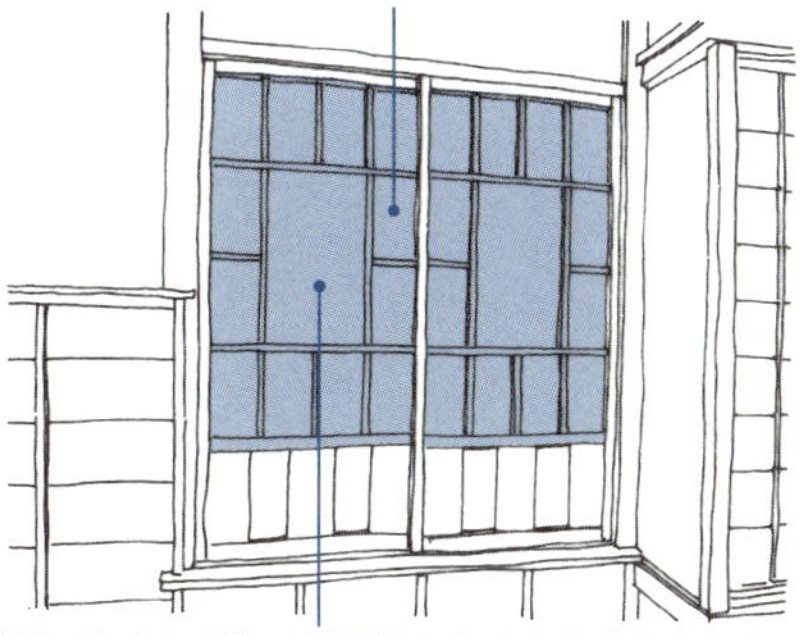
全面透明ガラスだと明る過ぎるので、小ガラスは曇りガラスとした
当時、大きなガラスは高価なため中央だけとした。図は、ガラス戸には珍しく名のある「おたふく窓」

[※1] 猫間障子は、元来換気用に一部障子紙を張らずにいたのを、ガラスを入れ景色取りとしたもの。腰板付き中窓障子ともいう　[※2] 腰板の高さが60cm以上あるものは腰高(こしだか)障子という

戸袋で一目瞭然大工の技術

たかが戸《と》袋《ぶくろ》、雨戸をしまう押入れみたいなものだろうとあなどってはいけない。戸袋には屋根があり、壁があり、床がある。つまり家1軒分の技術が凝縮されているのだ。

戸袋の出来を見れば家の格が分かるほど、小さいながらも大工の腕の見せどころだ。戸袋1袋[※]で乗用車1台が買えるほど、意匠に凝ったものさえある。ここでは木製戸袋の、工夫に満ちた細部を見てみよう。

戸袋の見どころ

凝った細工をもった戸袋は、目に付きやすい玄関脇などに設ける。
見どころは屋根・鏡板《かがみいた》・横板《よこいた》など、小さいながらも豊富である

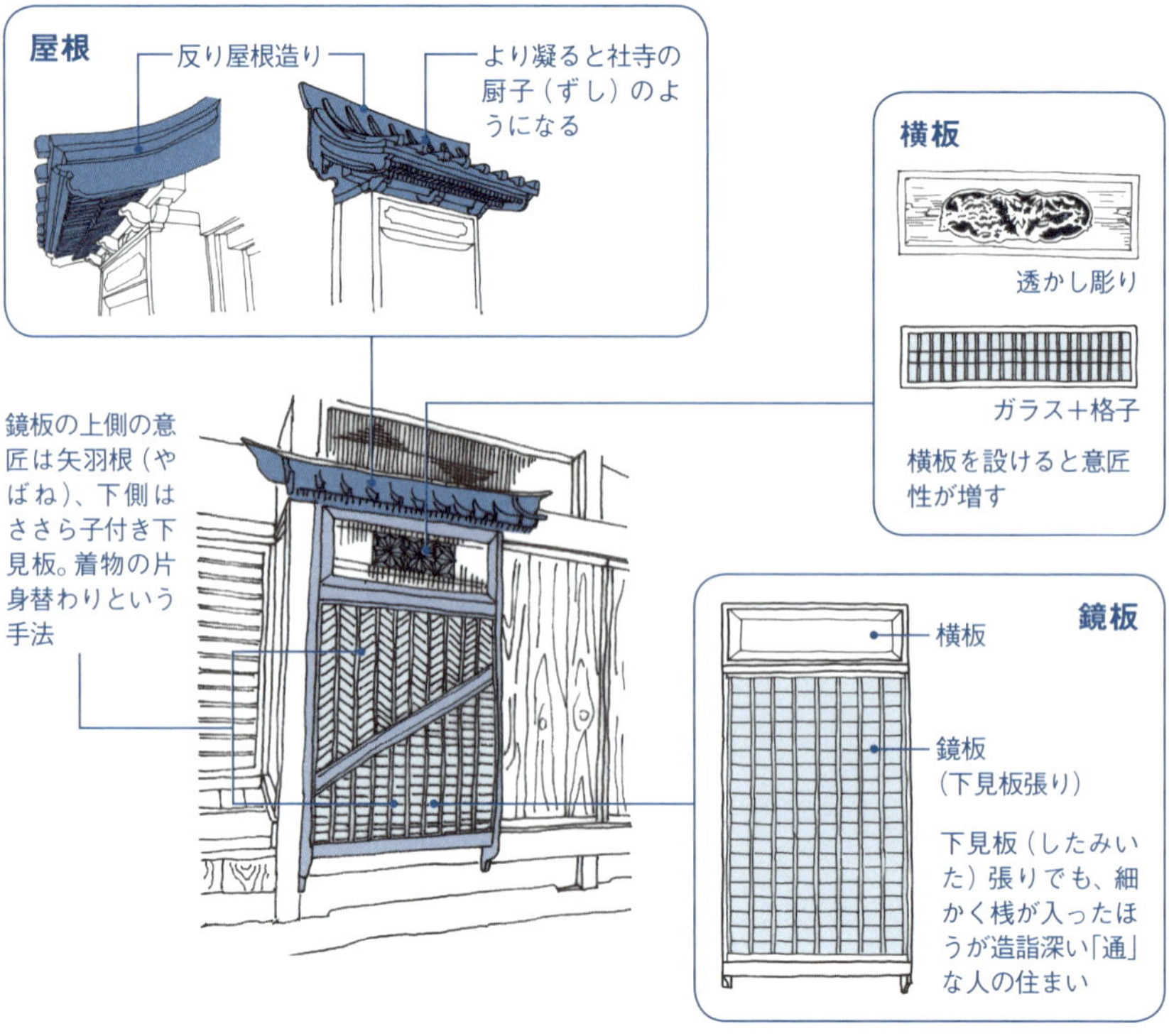
屋根
反り屋根造り
より凝ると社寺の厨子（ずし）のようになる
横板
透かし彫り
ガラス＋格子
横板を設けると意匠性が増す
鏡板の上側の意匠は矢羽根（やばね）、下側はささら子付き下見板。着物の片身替わりという手法
鏡板
横板
鏡板（下見板張り）
下見板（したみいた）張りでも、細かく桟が入ったほうが造詣深い「通」な人の住まい

[※] 戸袋は1袋、2袋と数える

階下と階上の戸袋

2階も生活スペースになった大正時代になると、高い階高《かいだか》、広い開口部には立派な戸袋が生まれた。見え掛かり上、2階は鏡板に力点が置かれるのに対して、1階は道行く人の視線から近いため、細かい細工を見せる傾向がある

戸袋の構成（1階）

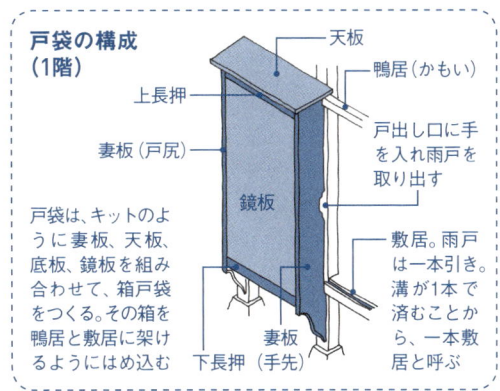

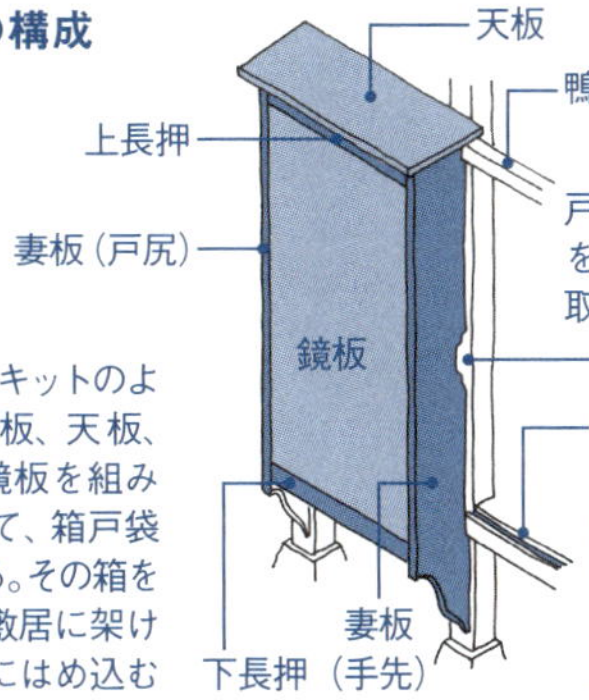

天板
鴨居（かもい）
上長押
戸出し口に手を入れ雨戸を取り出す
妻板（戸尻）
鏡板
敷居。雨戸は一本引き。溝が1本で済むことから、一本敷居と呼ぶ
妻板
下長押（手先）

戸袋は、キットのように妻板、天板、底板、鏡板を組み合わせて、箱戸袋をつくる。その箱を鴨居と敷居に架けるようにはめ込む

2階両脇に戸袋をそろえるのが関東風。京阪ではほとんど見掛けなかった

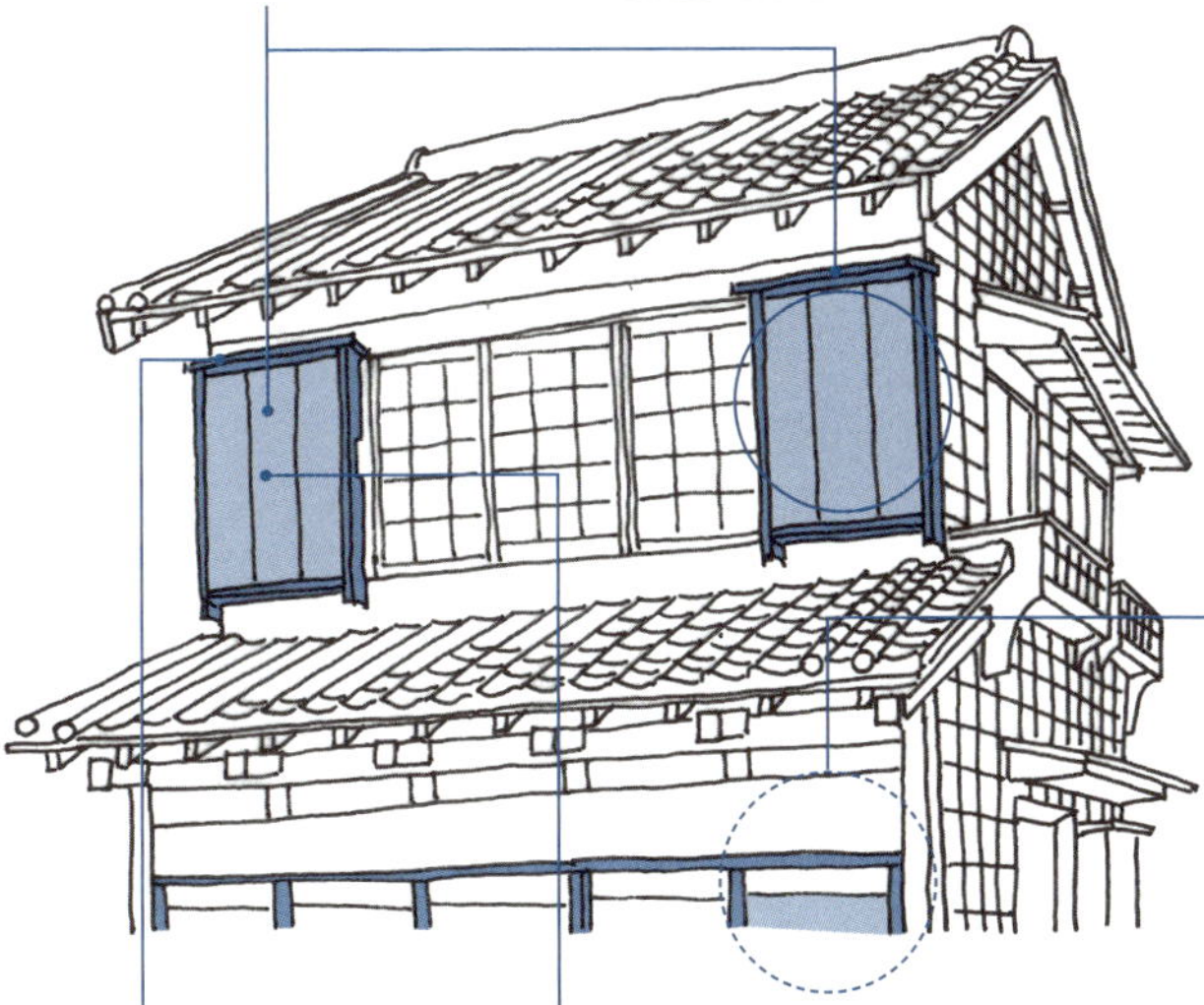

間口が広い商店では、1階にも、片方ないし両方に一本引戸を納める戸袋が必要となる

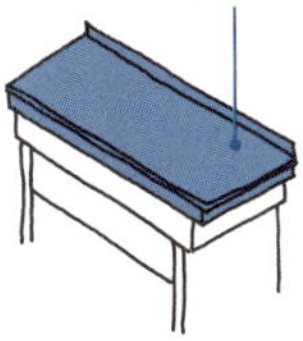

トタン

天板1枚の簡単なものがほとんど。トタンを張ったものもある

鏡面の違いで住宅の様式が分かれる

商家風の欅の鏡板張り。高価な材の戸袋は富を誇示する商店に多い

高級和風のささら子吹寄せ。吹き寄せると粋な感じになり、高級感が出る

縦羽目板（はめいた）張り。一般和風住宅に見られる

網代（あじろ）張り。樹皮や竹などの自然素材を張ると数寄屋風になる

シンプルな格子が示す店のなか

江戸時代から頻繁に町家で使われてきた格子《こうし》。外部からの視界を遮り、他者の侵入を防ぐ機能をもつ。大きく開口部を設けて光や風を取り入れることのできる優れた建具である。

表通りに面した格子は店の顔となった。京都では商売によって意匠が変わり、まちなみを形づくった。基本はシンプルな格子だが、住まう土地や環境が、さまざまな形を生み出したのだ。

格子の呼び名を知ろう

竪子の幅の違いから

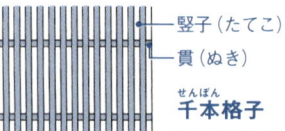

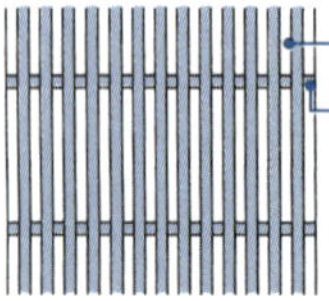
竪子（たてこ）
貫（ぬき）

千本《せんぼん》格子

細い竪子を狭い間隔で並べたもの

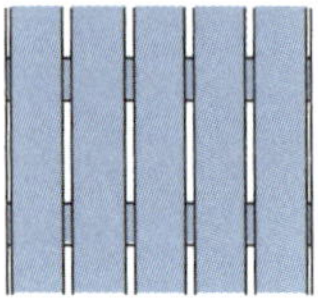

面《めん》格子

幅広の竪子を用いる。このタイプに炭屋格子（左ページ参照）がある

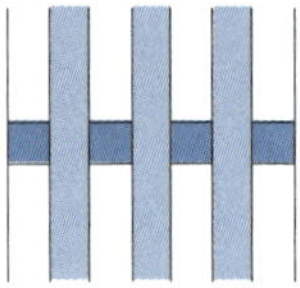

荒《あら》格子

竪子に角材を用いる。このタイプに酒屋格子がある

竪子の幅と空きの違いから

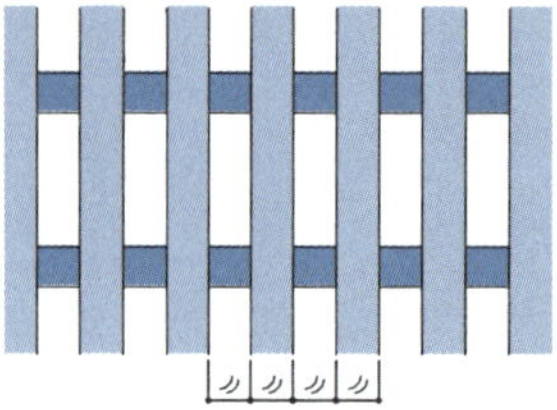

木《き》返《がえ》し格子

格子の幅と空きを同じにする。この程度を基準に密だと高級、粗いと貧弱に見える

竪子の長短の違いから

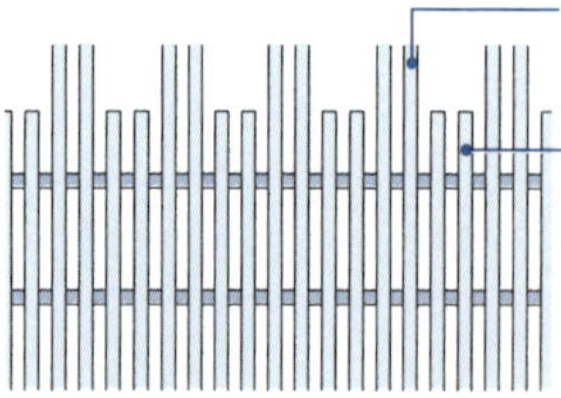
上段まで1本で通している竪子を「通し」という
途中で切れている竪子を「切子」という

切子《きりこ》格子

通しと切子を組み合わせたもの。切子上部からの豊富な採光が可能となる

竪子の太細の違いから

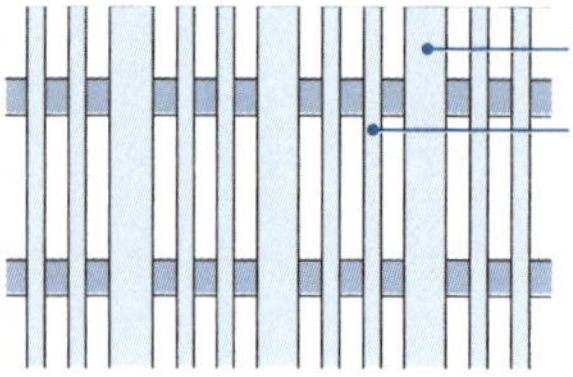
親格子
子格子

親子格子

太い格子と細い格子を組み合わせたもの

格子を見るポイント

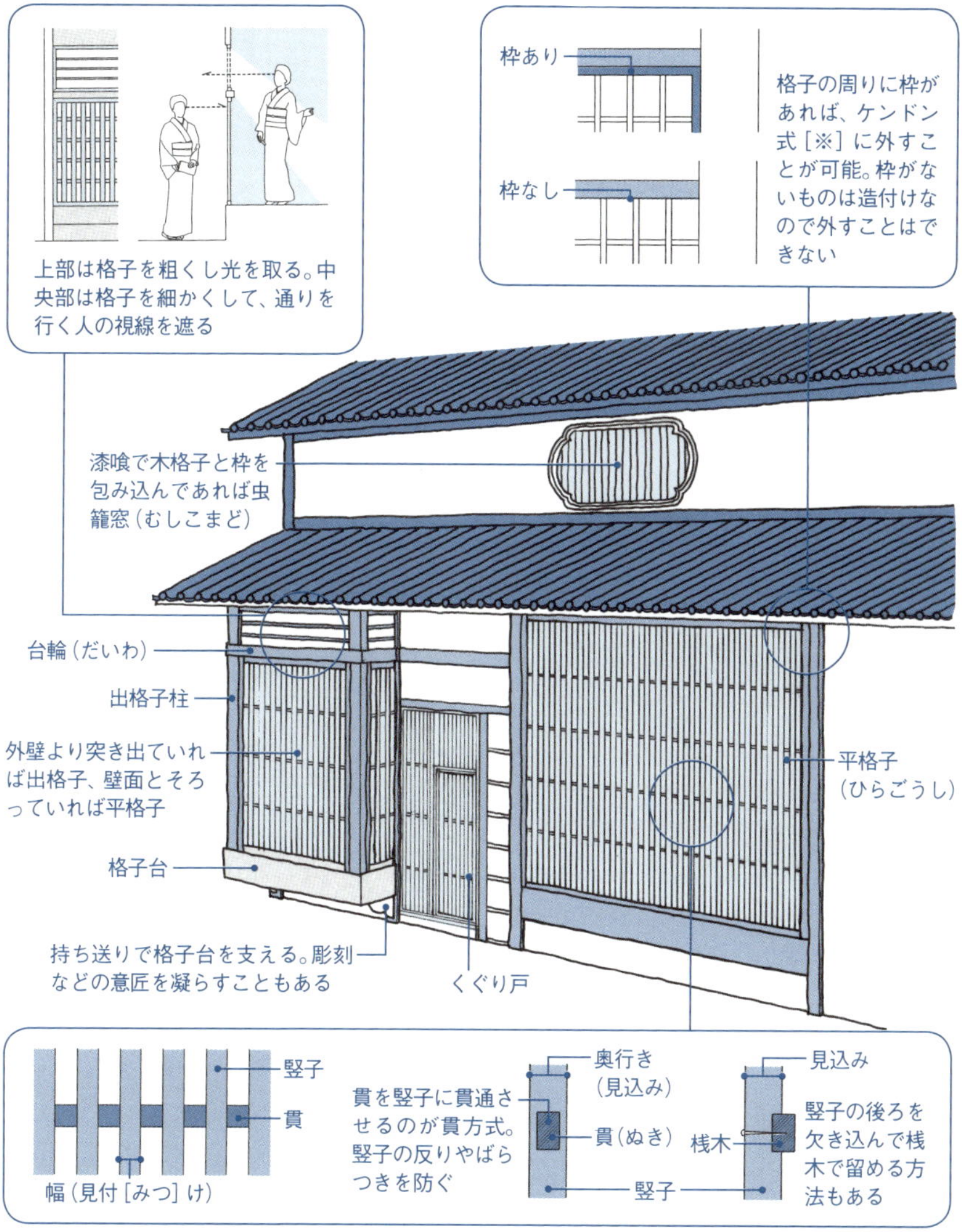
上部は格子を粗くし光を取る。中央部は格子を細かくして、通りを行く人の視線を遮る
枠あり
枠なし
格子の周りに枠があれば、ケンドン式[※]に外すことが可能。枠がないものは造付けなので外すことはできない
漆喰で木格子と枠を包み込んであれば虫籠窓（むしこまど）
台輪（だいわ）
出格子柱
外壁より突き出ていれば出格子、壁面とそろっていれば平格子
格子台
持ち送りで格子台を支える。彫刻などの意匠を凝らすこともある
くぐり戸
平格子（ひらごうし）
竪子
貫
幅（見付［みつ］け）
貫を竪子に貫通させるのが貫方式。竪子の反りやばらつきを防ぐ
奥行き（見込み）
貫（ぬき）
竪子
見込み
桟木
竪子の後ろを欠き込んで桟木で留める方法もある

column | 格子で商いが分かる

かつて、格子の意匠は商売ごとに工夫された。
糸屋格子：親格子を通し、子格子を切子とした親通し切子格子のうち、親1本、子3本の形。子2本なら呉服屋格子である

炭屋格子：薄い幅広の竪子をもち、隙間は狭い。近隣に炭粉が舞わないための工夫
酒屋格子：太い角材を竪子として使い、紅《べん》柄《がら》塗りされたもの。酒樽がぶつかっても壊れない頑丈さをもつ

[※]上下・左右溝のある所にはめ込むように入れ、取り外しもできる建具などの開閉のこと

大空間はアーチが可能にした

レンガ造りの建物を見ると、開口部にアーチが多いことに気付く。この特徴的な形に理由はあるのだろうか。

もともと組積《そせき》造［※1］は大きな開口を取るのが難しい。しかしまぐさ［※2］をアーチに換えることで、開口幅が大きく取れるようになった。

アーチといえばまず窓が思い浮かぶが、屋根や天井、また大建造物である橋にも、その技術が用いられている。

組積造の弱点を解消したアーチ

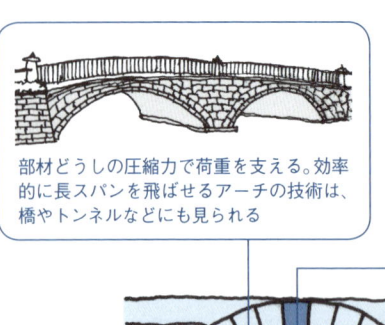

まぐさで支持した組積造の空間だと、開口幅を広くできず、縦長形状の上げ下げ窓となってしまう。一方、アーチは大開口や大空間を可能にした

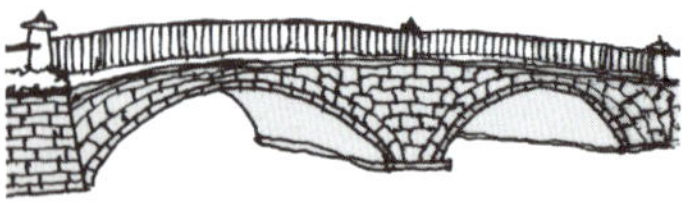

部材どうしの圧縮力で荷重を支える。効率的に長スパンを飛ばせるアーチの技術は、橋やトンネルなどにも見られる

工事の最後に中央頂点に差し入れて部材どうしを締めるキーストーン（要石）。強調されたデザインも多い

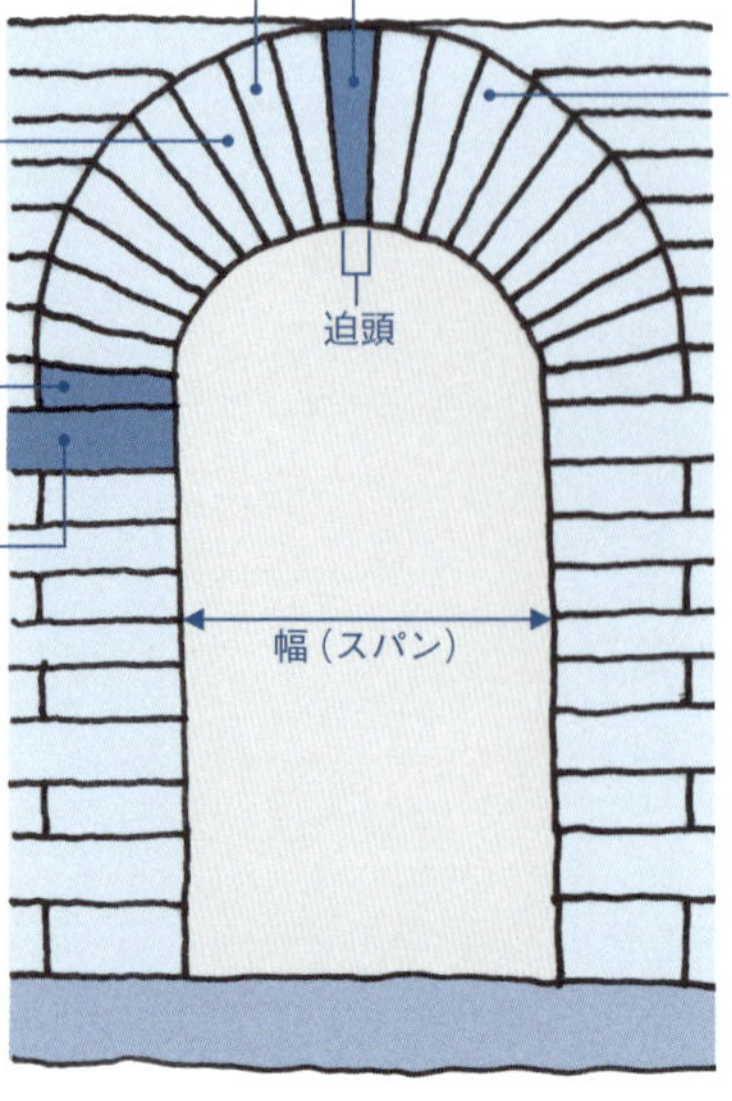
対称形なのは受けた荷重をそのまま下方に伝えるため
アーチの起点である迫もと
アーチを支える拱基石。迫石よりも大きい
楔形をしている迫石（せりいし）
迫頭
幅（スパン）

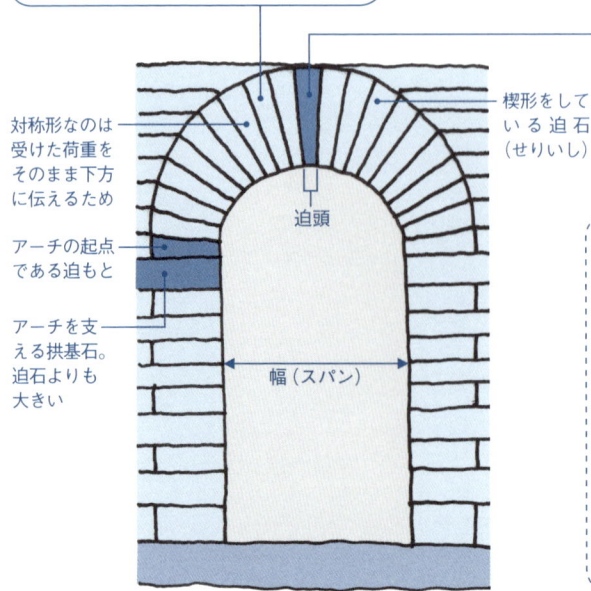

アーチの形

アーチの呼称はその形（姿）から付けられた

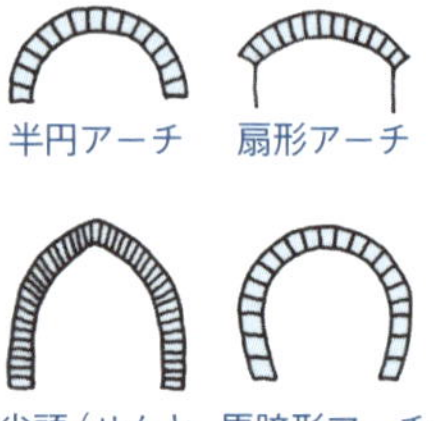
半円アーチ
扇形アーチ
尖頭（せんとう）アーチ
馬蹄形アーチ

［※1］組積造とは、石やレンガを積み上げて壁面をつくり、壁によって屋根、天井などを支える構造のこと
［※2］まぐさとは、窓や出入口などの開口部のすぐ上に取り付けられる横架材のこと

アーチのバリエーション

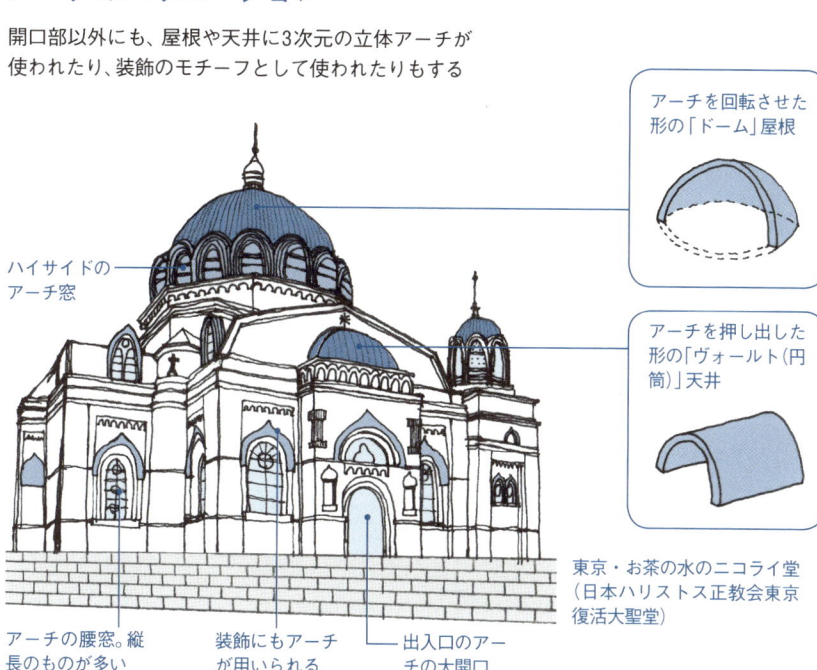

開口部以外にも、屋根や天井に3次元の立体アーチが使われたり、装飾のモチーフとして使われたりもする

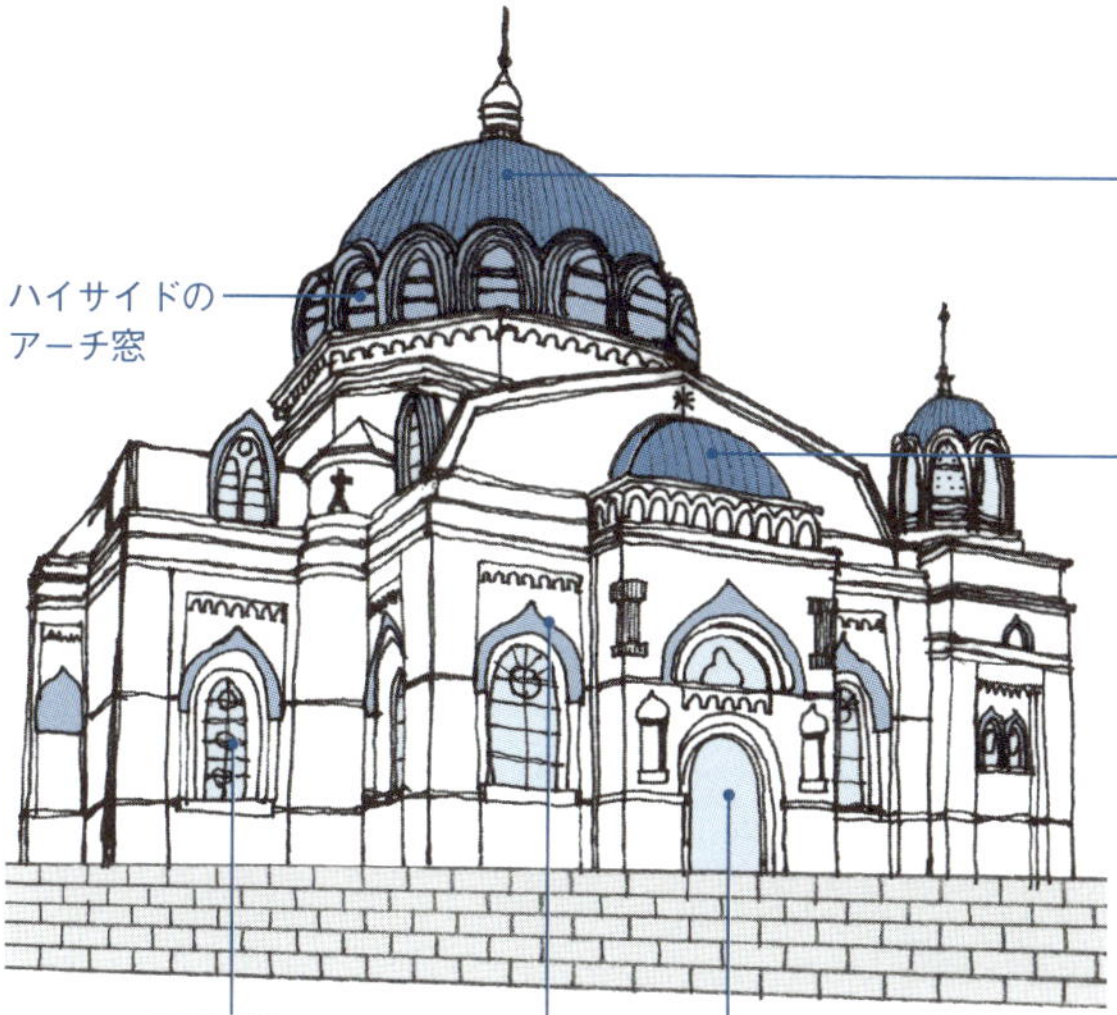
ハイサイドのアーチ窓
アーチの腰窓。縦長のものが多い
装飾にもアーチが用いられる
出入口のアーチの大開口

東京・お茶の水のニコライ堂（日本ハリストス正教会東京復活大聖堂）

アーチを回転させた形の「ドーム」屋根

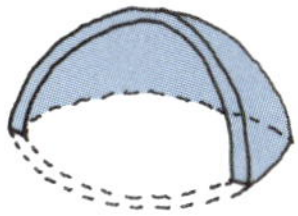

アーチを押し出した形の「ヴォールト（円筒）」天井

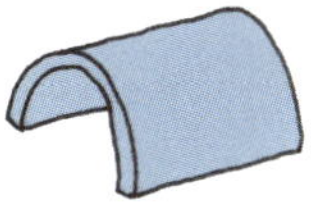

室内の様子

ヴォールトを交差させた「交差ヴォールト」や、「交差リブヴォールト」の天井

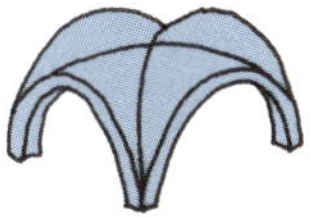

column｜アーチは強くて、柔らかい

明治のレンガ建築や昭和初期ごろの震災復興事業による建造物では、さまざまなアーチが見られる。組積造のみならず、コンクリート造によるアーチも構造的に強い。また、アーチは柔らかく有機的な印象を生み出している

東京・お茶の水の聖橋は美しい放物線アーチ

廃墟で学ぶ、レンガのチェックポイント5つ

レンガ建築は表面を見ただけでもさまざまな情報が得られるが、廃墟では通常隠れて見えない壁の厚みを見ることや、運がよければ刻印を発見することもできる

2. 積み方
レンガの積み方と壁の厚みがリンクしていることが分かる

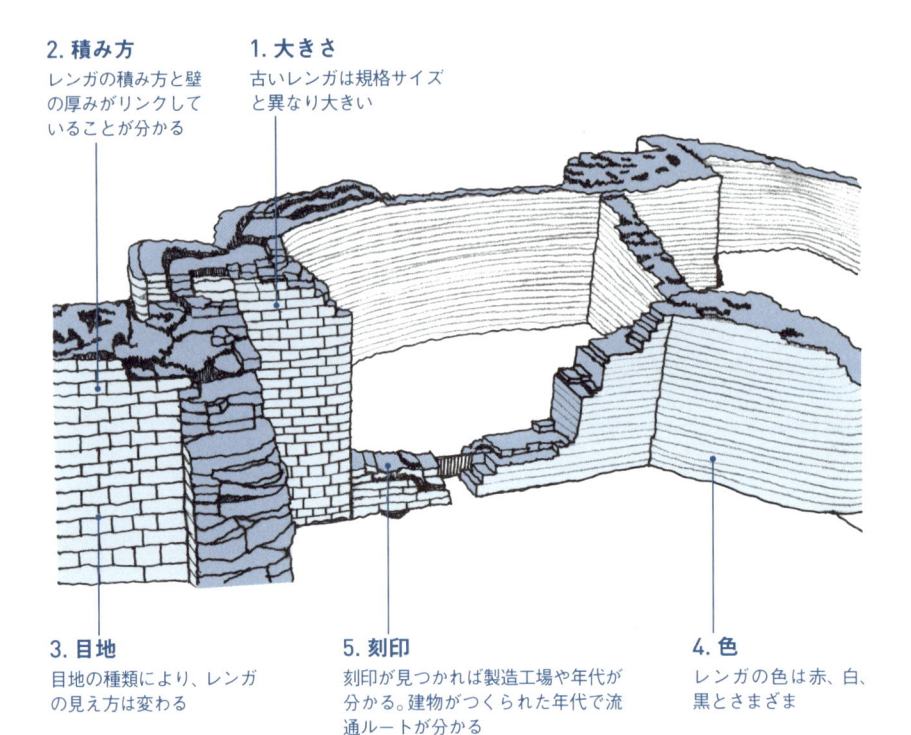

1. 大きさ
古いレンガは規格サイズと異なり大きい

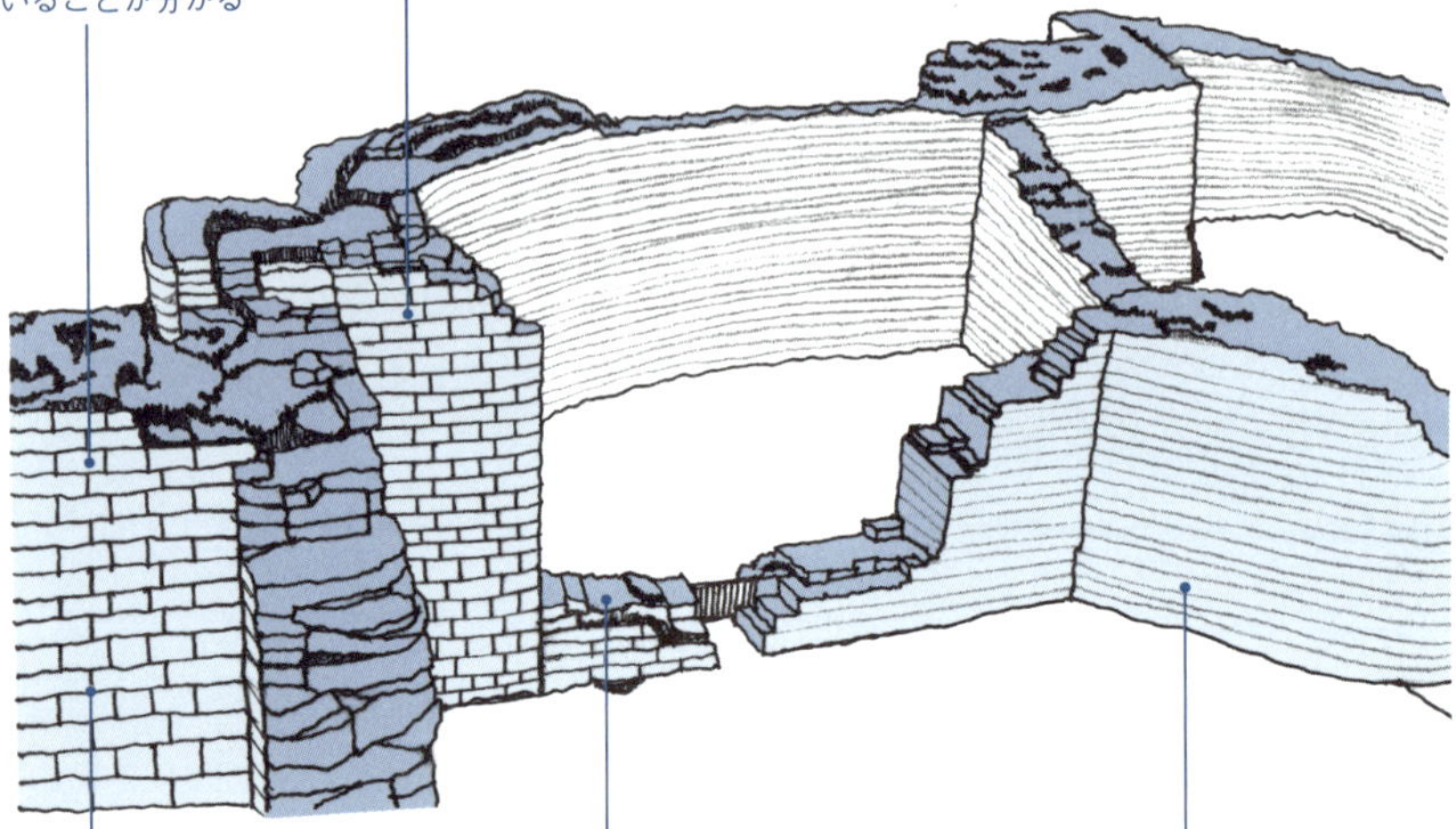

3. 目地
目地の種類により、レンガの見え方は変わる

5. 刻印
刻印が見つかれば製造工場や年代が分かる。建物がつくられた年代で流通ルートが分かる

4. 色
レンガの色は赤、白、黒とさまざま

レンガが語りかける近代化の跡

レンガは煉瓦＝「煉（火にかけてねる）」＋「瓦」と書く。外来語のような響きをもつ言葉だが、れっきとした日本語だ。

建築用レンガを日本で初めて製造したのは、幕末の長崎の瓦職人たち。当初はサイズもまちまちだったレンガが、規格統一され進化していく様子は、近代日本の試行錯誤の過程そのものだ。関東大震災後、レンガ建築は激減した。残された貴重な建築を細部まで観察してみよう。

[※1]「こんにゃくレンガ」は薄くて長く、扁平なのが最大の特徴。レンガが渡来して間もない時期に、長崎でつくられた。生産指導者はオランダ海軍のハルデスという人物だったので、別名ハルデスレンガともいう

レンガの細部に隠されたメッセージ

1.「大きさ」を測ろう

古いレンガは大きくて薄く、形は平瓦に近い。渡来当初は西洋スケールだったが、大正14年、日本人が片手で持てる小さめのサイズに統一された

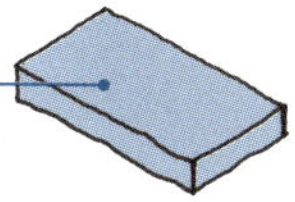

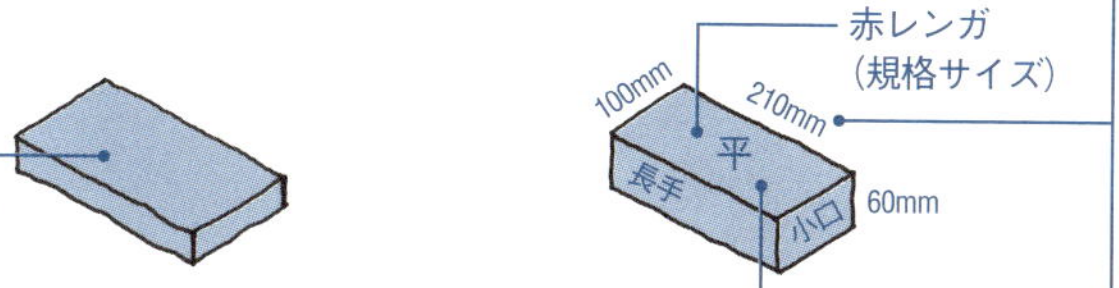

古いレンガのサイズはバラバラ。こんにゃくレンガ［※1］ともいう

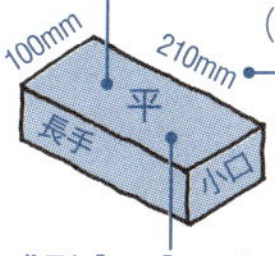

赤レンガ（規格サイズ）

手抜き成形［※2］の仕上面は平滑。縮緬（ちりめん）模様があれば機械成形

規格サイズのレンガをそのまま、もしくは割って使う。それぞれ呼び名がある

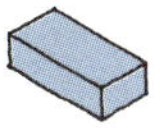

オナマ（基本形）

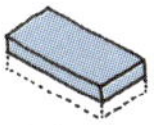

せんべい

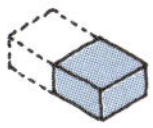

半枡

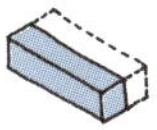

羊羹

2.「積み方」を見よう

横目地は目地を通し、縦目地は力の伝達を考慮して目地をずらす。初めはフランス積みが多かったが、壁内部で一部縦目地がそろってしまうため、明治20年代以降は耐震性を考慮してイギリス積みが主流となる

フランス積み。長手と小口（こぐち）が横並びで交互に配置されている

イギリス積み。段ごとに長手と小口を繰り返す。角部のレンガは羊羹［※3］

アメリカ積み。長手数段ごとに小口が1段入る

ドイツ積み。すべての段で小口が表面になる

北海道仕様の小端（こば）空間積み。断熱効果のある空気層を設けた積み方

3.「目地」を見よう

目地により建物の立体感が変わる

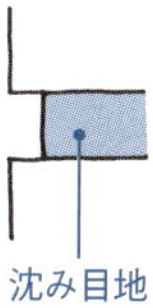

沈み目地（立体感が強い）

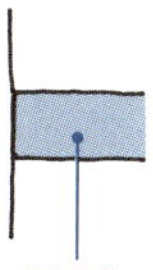

平目地（立体感が弱い）

4.「色」を確認しよう

赤	原料中の鉄分が酸化した色。焼成温度により色味に差が出る。高温:赤〜黒褐色（硬く吸水しにくい）、低温:オレンジ色
白	耐火土でつくられた耐火レンガ
黒	釉薬を塗り高温で焼き締めたもの。吸水しにくい

5.「刻印」を探そう

製造所や製造時期、焼成窯のマークなどが刻まれる。通常、平の面に刻まれるが、ごくまれに小口に刻まれるものもある

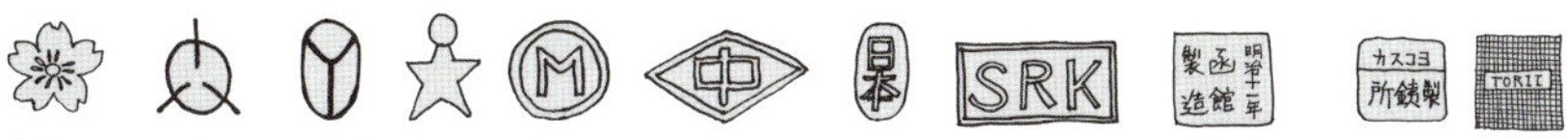

小菅集治監　大阪窯業　吉名煉瓦工場　下野煉瓦　松本煉瓦　中国煉瓦　日本煉瓦製造　山陽煉瓦　開拓使茂辺地煉瓦石製造所　横須賀製鉄所　鳥井製陶所

［※2］手抜き成形とは、機械ではなく手作業で成形すること。明治大正期のレンガは平部分の仕上面を見れば、機械か手抜きか判別できる　［※3］角部のレンガが七五（規格の3／4サイズ）であればオランダ積み

石積みの計算された美しさ

昨今の擁壁《ようへき》はコンクリート造で、丈夫ではあるが味気ない。一方、石垣には石の選び方、切り出し方から積み上げ方まで、計算と技術を駆使してつくり上げられた美しさがある。

石垣の積み方には横目地《めじ》が水平な整層積みと、石のかたちを生かして積み上げる乱層積みがある。加工していない石を使った乱層積みが最も難しいが、著名な石垣の多くはこの手法でつくられている。

石垣の基礎知識

石垣に使う石

野石（のいし） 川や野山に転がっている自然石

丸味のある「呉呂太（ごろた）」。なかでも球形に近く同じ大きさでそろった石を玉石（たまいし）という

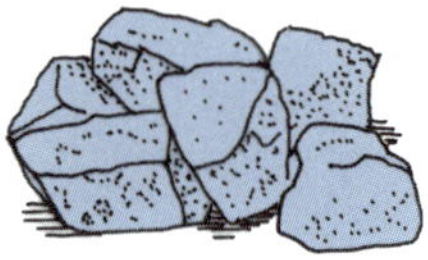

角張った感じの「野角（のかく）」

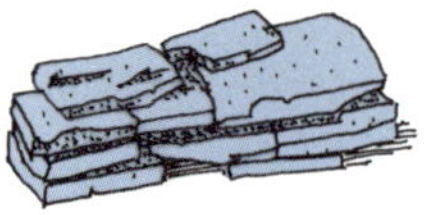

扁平形で長めの「野板（のいた）」

樵石（こりいし） 岩盤や岩塊などから割り切りした石

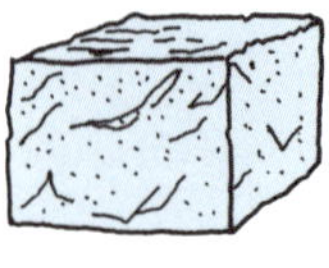

表面に加工を加え、整形に仕上げた「切石（きりいし）」

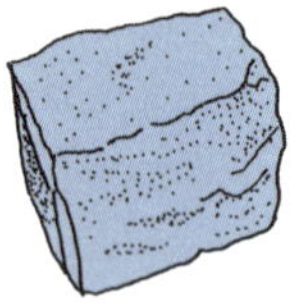

岩塊などから大割して、粗面を残した「野面（のづら）石」。野石を加工したものもある

その他

野石にも樵石にも選別されない雑石（乱石［らんいし］）がある

石垣の積み方

整層積み

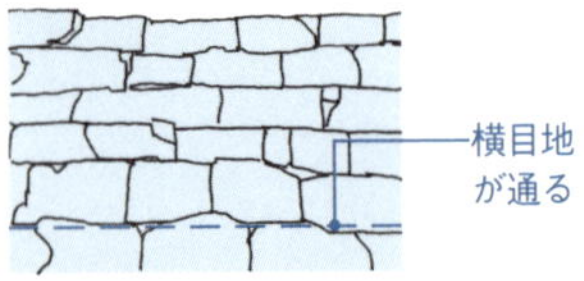

「トオシ積み」とも呼ばれ、上下石間の横目地を一直線に通す。縦目地は十字にならないようにする。布（ぬの）積みともいう

乱層積み

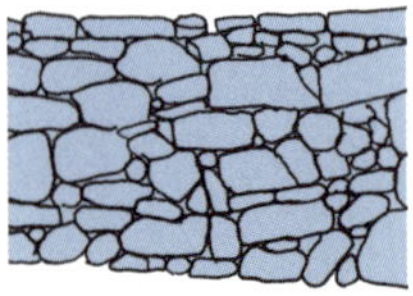

さまざまな形や大きさの野石を、形に任せながら積み重ねる。乱石積み、笑い積みともいう

その他

下の石間をV字に組み、その谷へ上の石の角を落とし込む谷（たに）積みなどがある

石垣の姿を決める石種と積み方の組み合わせ

野石を乱層に積む

野石は大きさ、形ともさまざまで、乱層積みには適している。ただし積み方には熟練を要する

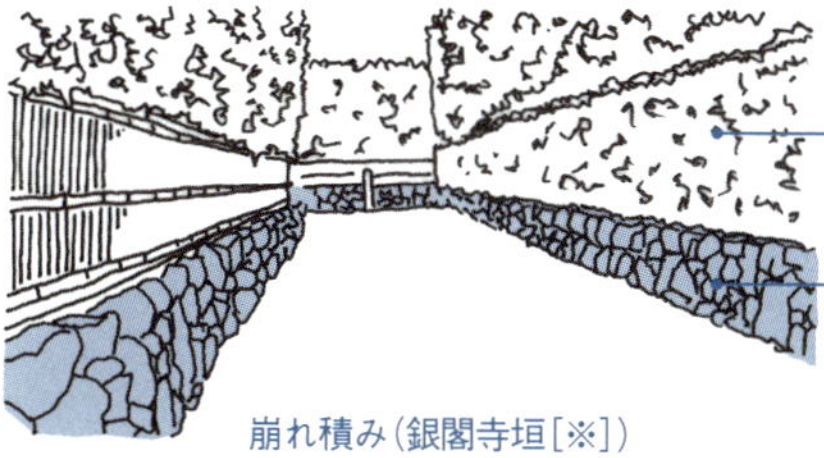

刈込み生垣
崩れ石垣は乱積みの究極の積み方。大型の呉呂太を崩れかかっているかのように積む。手練（しゅれん）を見せようとした職人の気概が伝わる

崩れ積み（銀閣寺垣[※]）

樵石を整層に積む

樵石は整形に積むために加工したものであるから、整層積みが多い

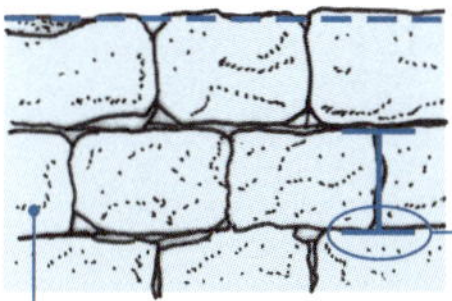

縦目地が十字にならない
野面石の布積み。横目地が通るように頭をそろえ、縦目地はエの字形になるようにする

乱石を乱層に積む

石垣の多くはこの手法で、積み方に熟練を要する

役石（やくいし）。基準となる石

玉石を谷積みする

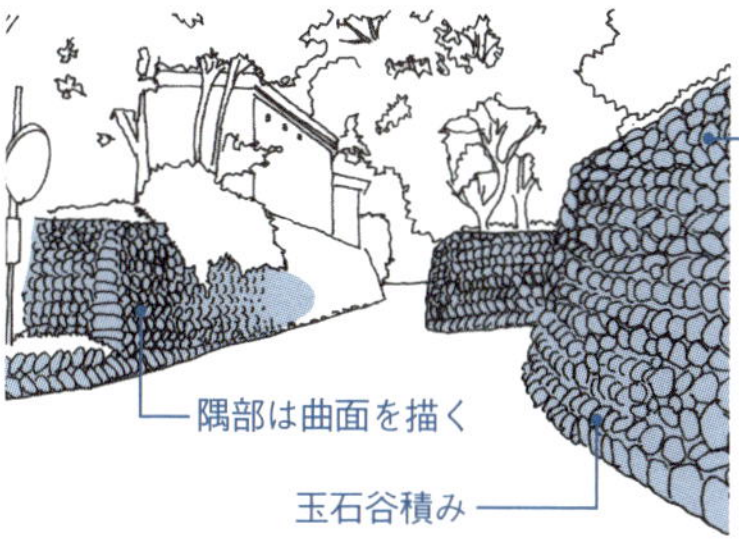

隅部は曲面を描く
玉石谷積み

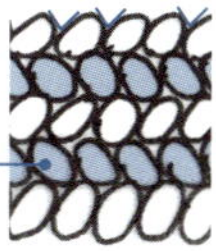

玉石間にできる谷に、上の層の石を落とし込むように積んだ玉石谷積み（オトシ積み）
同列には同じ高さの石をそろえる

column｜間《けん》知《ち》石《いし》って何だ？

石切場から出荷される樵石にはさまざまなものがあるが、なかでも石垣用として規格化された石、それが間知石である。面をほぼ方形にし、奥行きは角錐台形にする。布積みに都合がよい

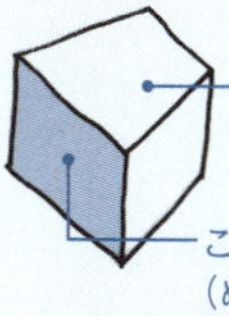

角錐形に切り割りしたのを間知石という
この面が正方形であれば布石（ぬのいし）、長方形であれば枡石（ますいし）と呼ぶ

[※] 銀閣寺垣とは、石垣と生垣を組み合わせたもの

topics | アール・デコを見つけよう

アール・デコは、欧米において1920年代後半から1930年代にかけて流行したデザインである。それ以前に流行したアール・ヌーボーほど装飾的ではないが、現代建築ほどシンプルでもない。この意匠は、日本でも震災復興期の昭和初期に爆発的に流行した

ヒント1. アール・ヌーボーと比較する

アール・デコ

左右対称性が強く、幾何学的で繰り返しの多いパターン。工業生産とデザインの融合が読み取れる

コンパスと定規で描いたような幾何学模様が特徴
線条を微妙にずらしながらリズムを付けている
パターンを繰り返し使用

伊勢丹本店
（東京・新宿）

アール・ヌーボー

左右対称性を嫌い、繰り返しは極力避ける。美術と工芸が融合したフォルムは手づくりのような印象を与える

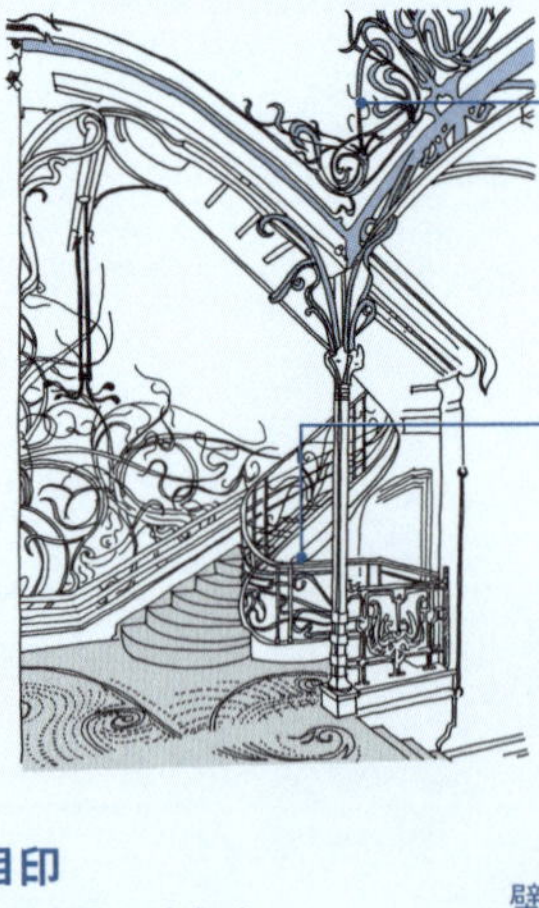
植物の蔓（つる）や女性の髪など、自然にあるモチーフを好む
手で描いたようなしなやかな蛇行曲線を多用する

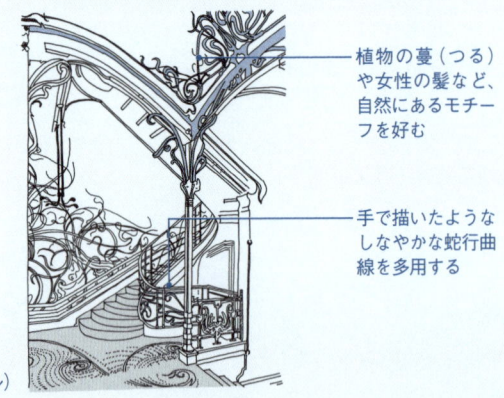

タッセル邸
（ベルギー・ブリュッセル）

ヒント2. スクラッチタイルが目印

昭和初期の建築（看板建築も含む）でスクラッチタイルを使用していたら、アール・デコと考えて間違いない。明治時代のレンガのイメージを、レンガに近い色をもつこのタイルが継承した。手づくりのため1枚1枚の模様が微妙に違う

線条の溝であればスクラッチタイル。溝が均等であれば、近年の機械化した製品
ワラビという溝

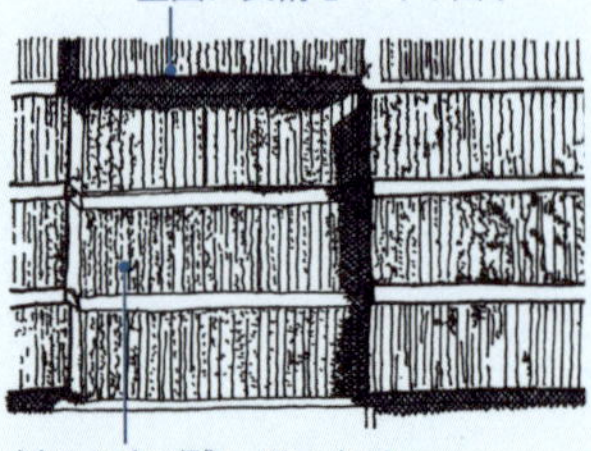
壁面の凹凸とタイルの溝が壁面に表情をつくり出す
削りかすが残っていたり、溝の深さが一定ではない

［MEMO］アール・デコは東京の日本橋三越や新宿伊勢丹、横浜の松坂屋、大阪の心斎橋大丸などの老舗デパートで多く見られる。それ以外に代表的なアール・デコ建築として、東京都庭園美術館（東京・港区）は必見

5章

まちに出よう

事前調査でまち歩きのイメトレを

まち歩きの醍醐味は偶然の発見にあり。とはいえ、行き当たりバッタリではその偶然に出会うことは難しい。

事前に目的地の資料を集め、土地の歴史やまちなみの特徴、著名な建築物を把握する。小さな記事に興味深いキーワードが隠れているかもしれない。事前調査は歩く際の観察眼を鍛えるためにも、まち歩き前の気分を盛り上げるためにも役立つのだ。

まち歩きの事前準備

1. 歴史を調べる

かつてのまちの様子を知るためには、各自治体で編さんしている史料が最適。東京23区であれば、各区史をあたると江戸時代以前から、明治～戦後を経て成立したまちなみの変遷を知ることができる

2. ルートを調べる

まち歩き用のガイドブックは現在、数多く出版されている。目的地の最寄駅を調べたり、歩行距離・所要時間などの参考にすることができる。少し視点の変わった記事が載っていれば、思わぬ発見があるかもしれない

地図は参考になる
掲載された写真で行きたい建物が見つかる場合がある

3. 住宅地図を用意する

住宅地図は建物ごとに番地の枝番号が明示してあるため、気になる建物をマーキングしやすい。木造住宅は小規模なため見つけやすく、特に長屋は各家の仕切り線により、何軒長屋か事前にチェックできる

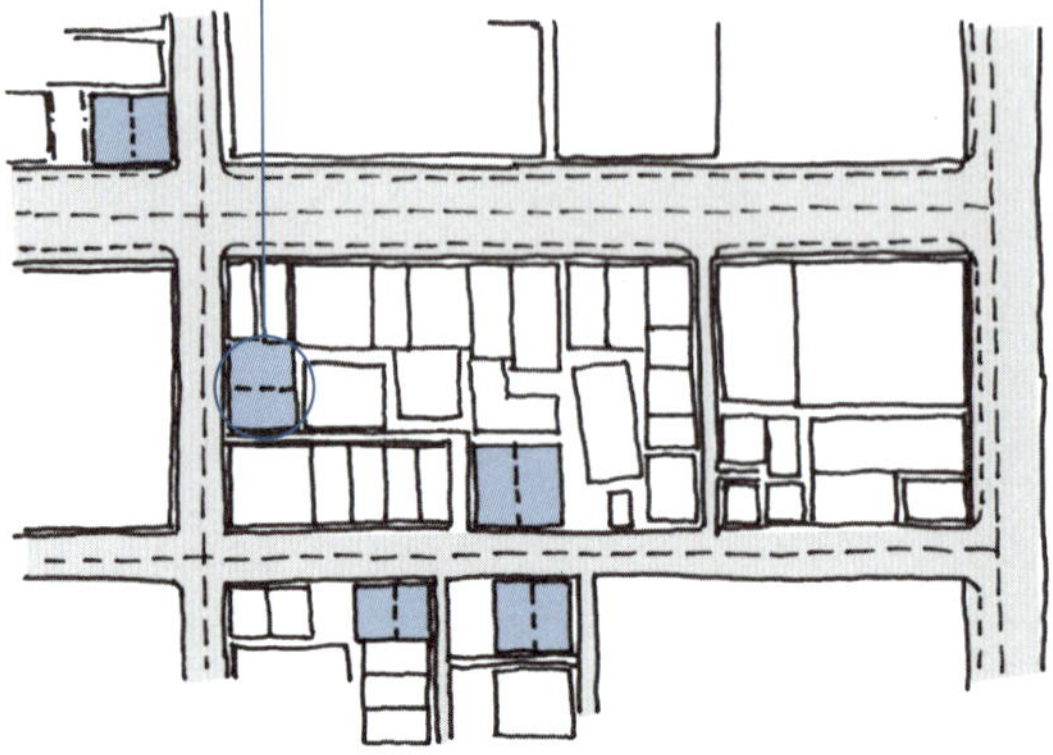
木造2軒長屋建築。長屋は各家の仕切りが破線で示されている

東京・築地7丁目付近の住宅地図

4. 終戦時の状態を調べる

戦争による被害を受けたか否かで、現在のまちなみに大きく違いが出る。図書館でも調べることは可能だが、goo地図［※1］で「古地図」を選択すれば、終戦時とほぼ同じ状態の昭和22年の航空写真と現在の地図を比較できる

昭和22年の航空写真を見れば、焼け野原か建物が残っているかを判別できる。戦前の建物があるエリアをまち歩き用の住宅地図にマーキングしておくと便利

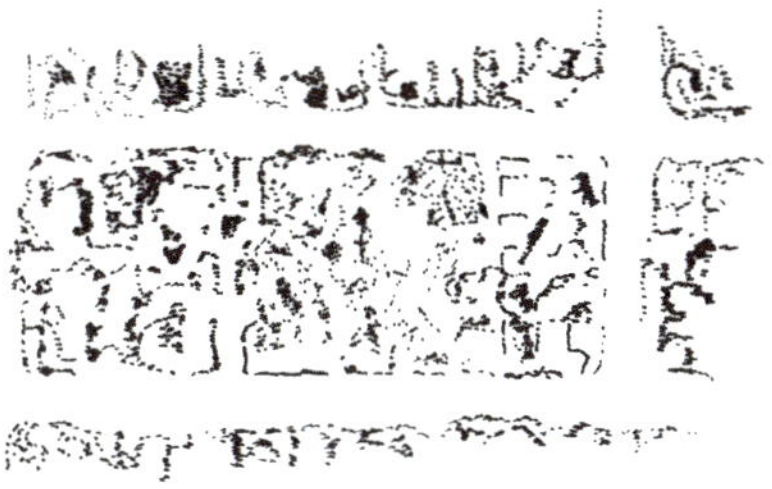

昭和22年の東京・墨田区立川2丁目付近（航空地図のスケッチ）。戦災に遭い、焼け崩れた様子が分かる

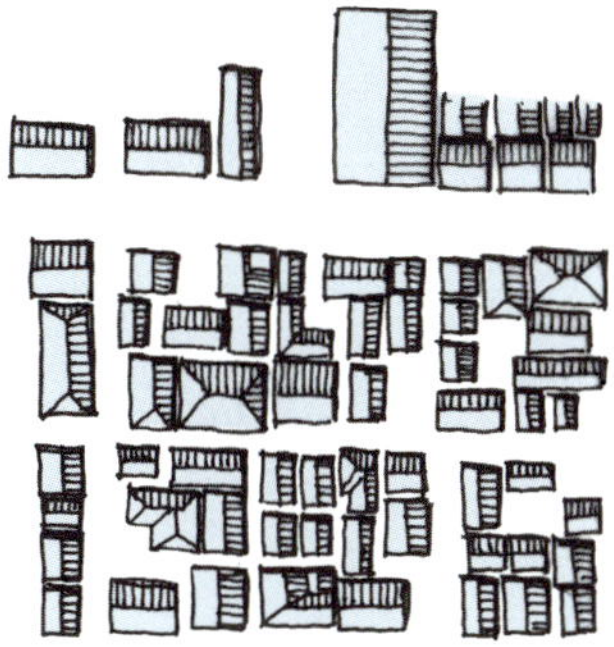

昭和22年の東京・築地6丁目付近（航空写真のスケッチ）。戦前からの木造建築が残っている。現在も看板建築や出桁（だしげた）造りなどが見られる

5. 著名な場所や建物を調べる

各自治体のサイトや観光協会のエリアガイドなど、パブリックな情報には所在地が明記されており便利。建物検索には「ARCHITECTUAL MAP」［※2］の利用も欠かせない

東京都選定歴史的建造物
神田須田町／竹むら

東京・築地6丁目付近

6. 疑似体験をする

Google マップ［※3］のストリートビューを利用すれば、実際のまちなみや建物を写真で見ることができ、まち歩きの感覚をつかむことができる

［※1］http://map.goo.ne.jp/　「古地図」では『江戸切絵図』や明治地図、昭和38年の航空写真との比較も可能
［※2］http://www.archi-map.jp/　［※3］http://maps.google.co.jp/

身体1つで何でも測る

まち歩きの途中で遭遇する美しい建物や塀、門。実測して記録に残したいけれど、測定機器がなかったり、道端で道具を使うと持ち主や通行人の迷惑になったりする場合もある。

そんなとき、身体を使った実測法が役に立つ。手や腕を広げた長さや、歩幅などを駆使すると、早く、かつほぼ正確に採寸することができる。気になるまちなみは、迷惑にならない範囲内で実測し、記録してみよう。

測定のための準備

人により各部サイズは異なる。自分の身体サイズを知っておこう

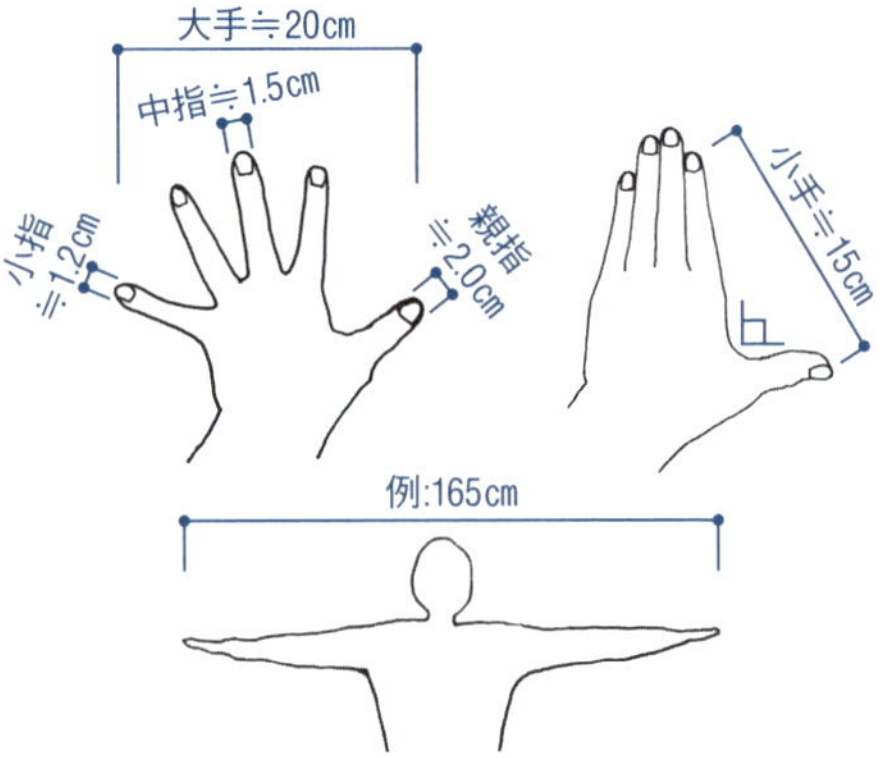
大手≒20cm
中指≒1.5cm
小指≒1.2cm
親指≒2.0cm
小手≒15cm
例:165cm

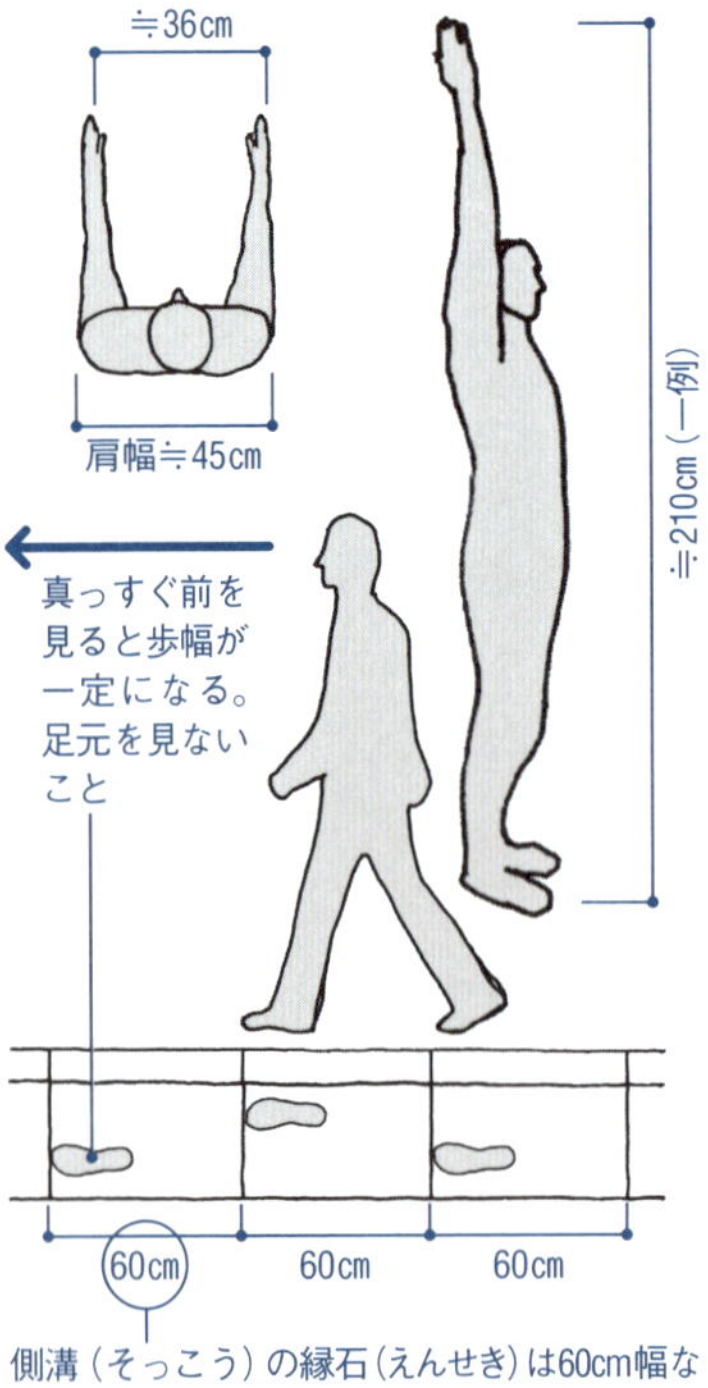
≒36cm
肩幅≒45cm
≒210cm（一例）
真っすぐ前を見ると歩幅が一定になる。足元を見ないこと
60cm
60cm
60cm
側溝（そっこう）の縁石（えんせき）は60cm幅なので、採寸前に側溝で歩幅を60cmに合わせる

規格が決まっているもの

窓は寸法が予測できる。ブロックやレンガには既製品のサイズがある

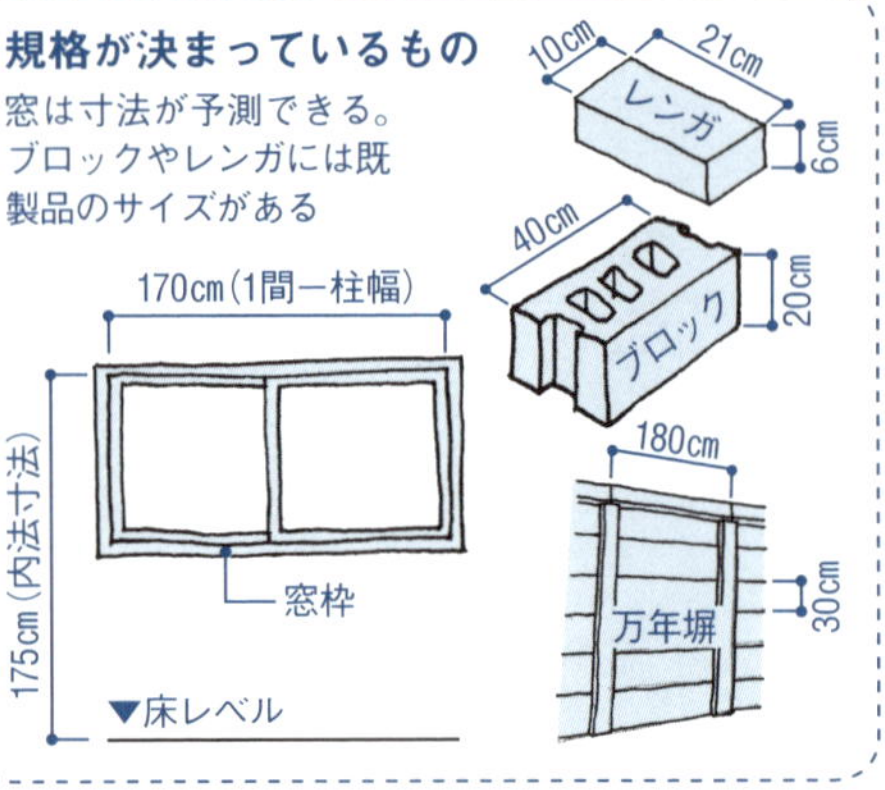
10cm
21cm
レンガ
6cm
40cm
20cm
ブロック
170cm（1間一柱幅）
175cm（内法寸法）
窓枠
▼床レベル
180cm
30cm
万年塀

建物を実測し、配置・平面図を描こう

配置・平面図は対象範囲が大きいので歩幅での採寸が基本。まずは歩幅で大まかに採寸し、細かなところは手幅などで測る

1.略図を描く

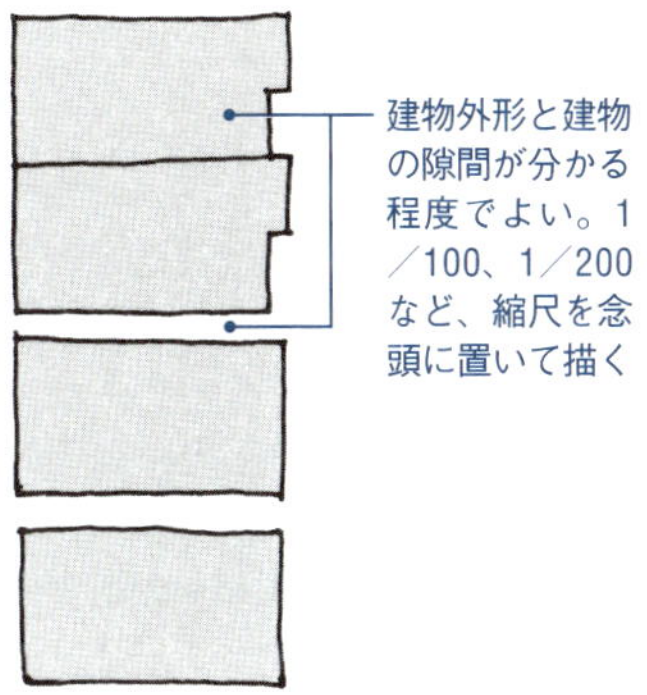
建物外形と建物の隙間が分かる程度でよい。1／100、1／200など、縮尺を念頭に置いて描く

2.歩数を書く

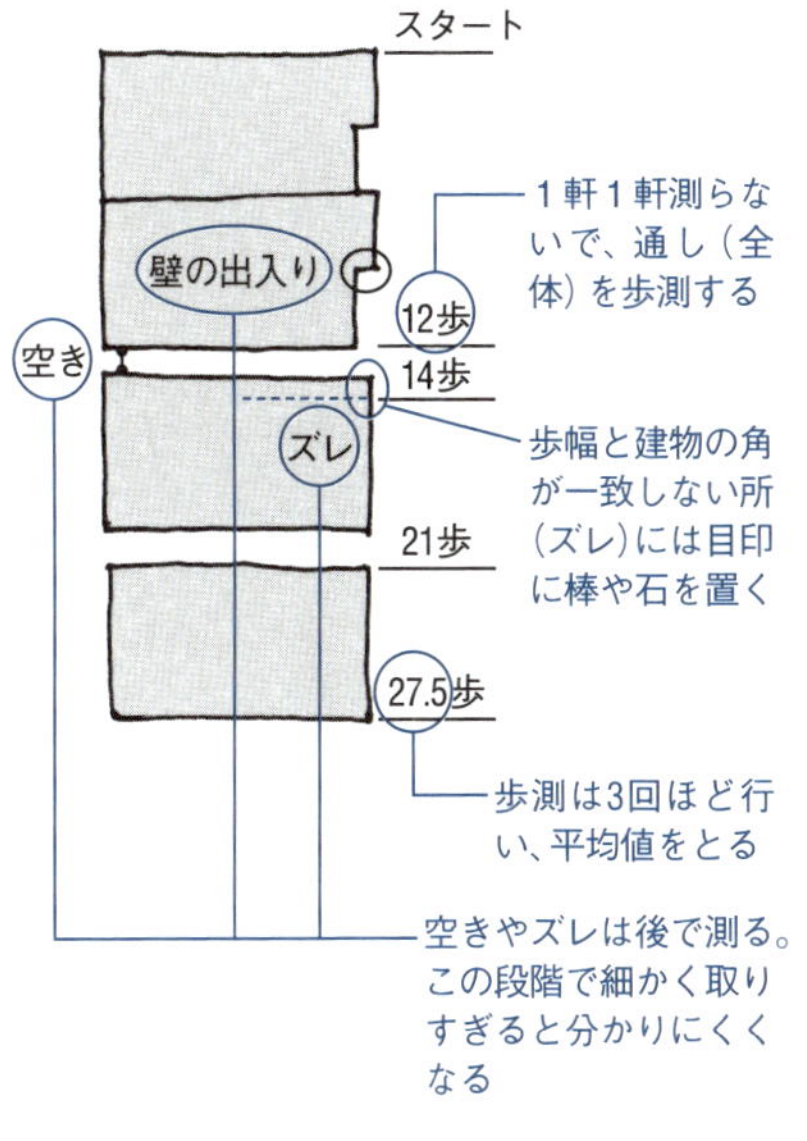
スタート
1軒1軒測らないで、通し（全体）を歩測する
壁の出入り
12歩
空き
14歩
ズレ
歩幅と建物の角が一致しない所（ズレ）には目印に棒や石を置く
21歩
27.5歩
歩測は3回ほど行い、平均値をとる
空きやズレは後で測る。この段階で細かく取りすぎると分かりにくくなる

3.縮尺を決め、歩測から建物外形をスケールに合わせて描き起こす

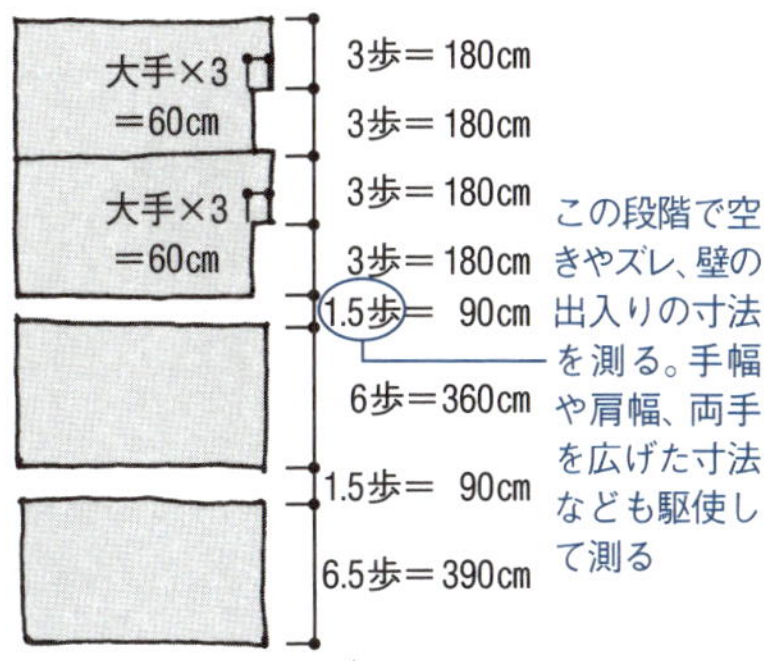
大手×3
＝60cm
大手×3
＝60cm
3歩＝180cm
3歩＝180cm
3歩＝180cm
3歩＝180cm
1.5歩＝ 90cm
6歩＝360cm
1.5歩＝ 90cm
6.5歩＝390cm
この段階で空きやズレ、壁の出入りの寸法を測る。手幅や肩幅、両手を広げた寸法なども駆使して測る

4.建物の周りの付属物を描く

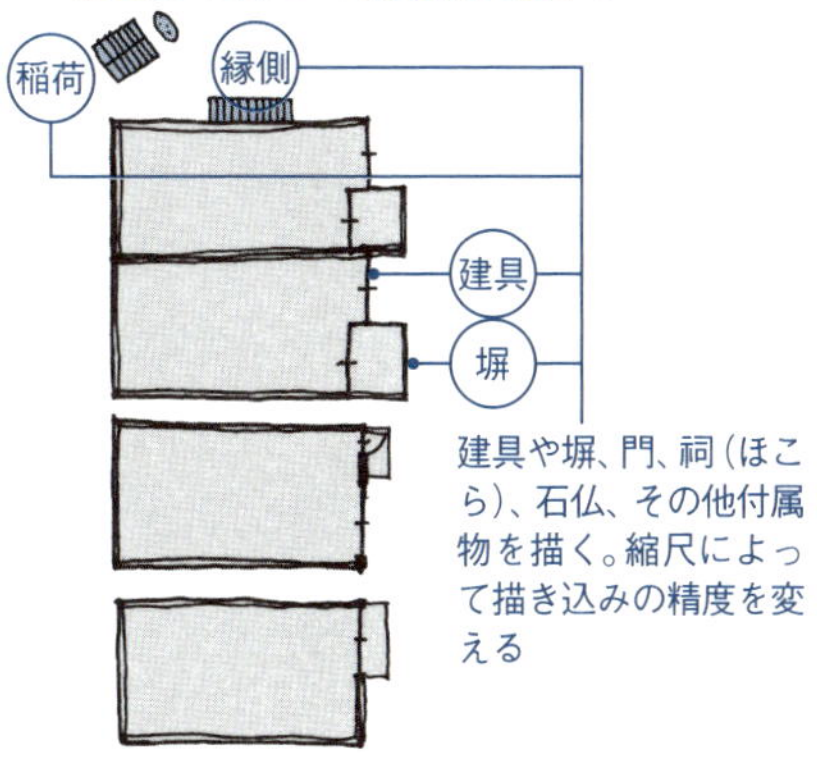
稲荷
縁側
建具
塀
建具や塀、門、祠（ほこら）、石仏、その他付属物を描く。縮尺によって描き込みの精度を変える

5.地面の様子（飛石や砂利）や植栽、周囲の様子を描く

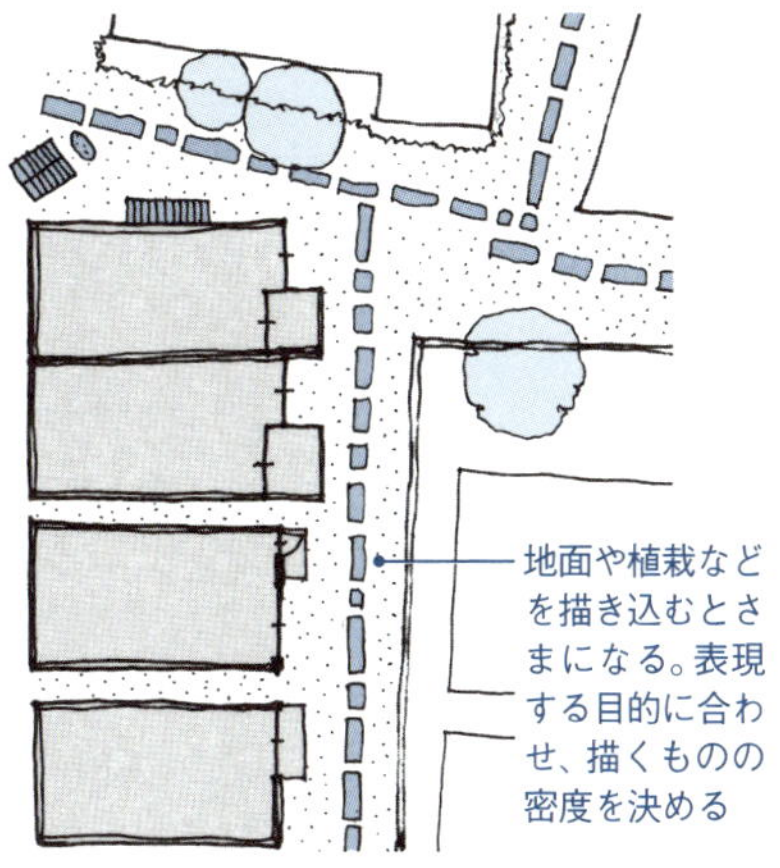
地面や植栽などを描き込むとさまになる。表現する目的に合わせ、描くものの密度を決める

建物を実測して、立面図を描こう

写真を撮っておくと確認などに便利。在来住宅は規格化されているので、柱間、内法《うちのり》寸法を知っておくとよい。ブロックやレンガなどサイズが決まっているものなど、目安になりそうなものを駆使して描くとよい。歩測もしておき、比較して調整する

実際の建物

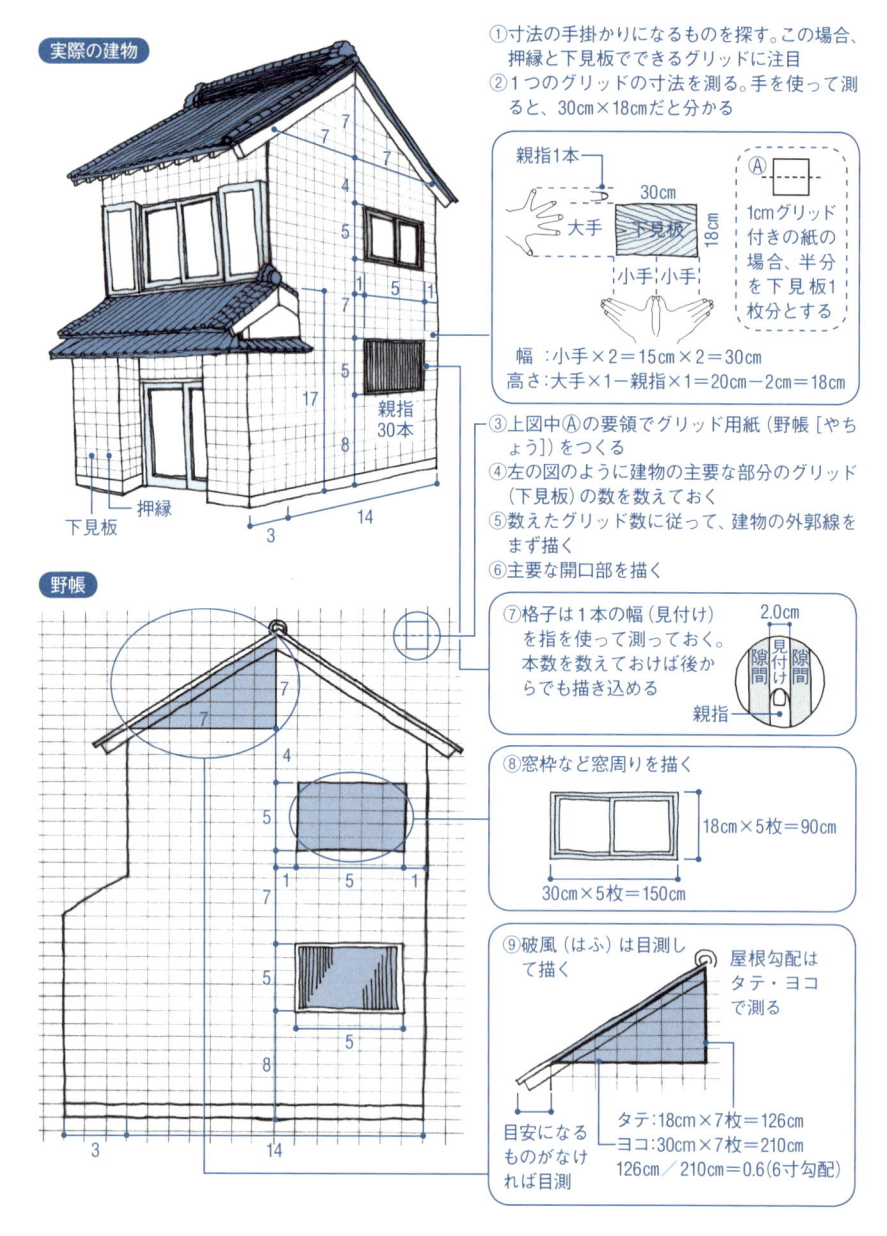

7
7
7
4
5
1
5
1
7
5
17
親指
30本
8
14
3
押縁
下見板

①寸法の手掛かりになるものを探す。この場合、押縁と下見板でできるグリッドに注目

②1つのグリッドの寸法を測る。手を使って測ると、30cm×18cmだと分かる

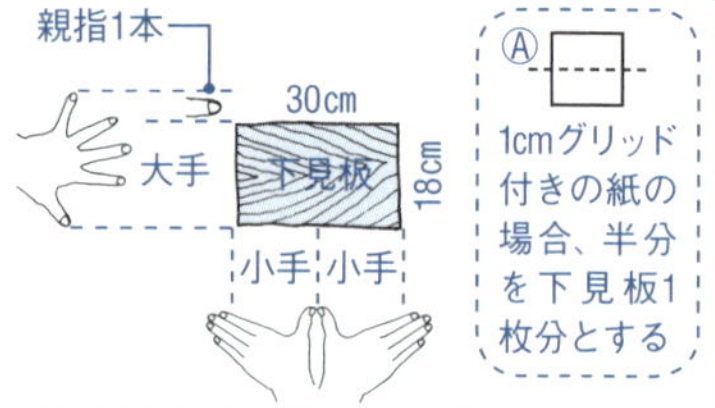
親指1本
30cm
大手
下見板
18cm
小手
小手
Ⓐ
1cmグリッド付きの紙の場合、半分を下見板1枚分とする

幅　:小手×2＝15cm×2＝30cm
高さ:大手×1−親指×1＝20cm−2cm＝18cm

③上図中Ⓐの要領でグリッド用紙（野帳［やちょう］）をつくる

④左の図のように建物の主要な部分のグリッド（下見板）の数を数えておく

⑤数えたグリッド数に従って、建物の外郭線をまず描く

⑥主要な開口部を描く

野帳

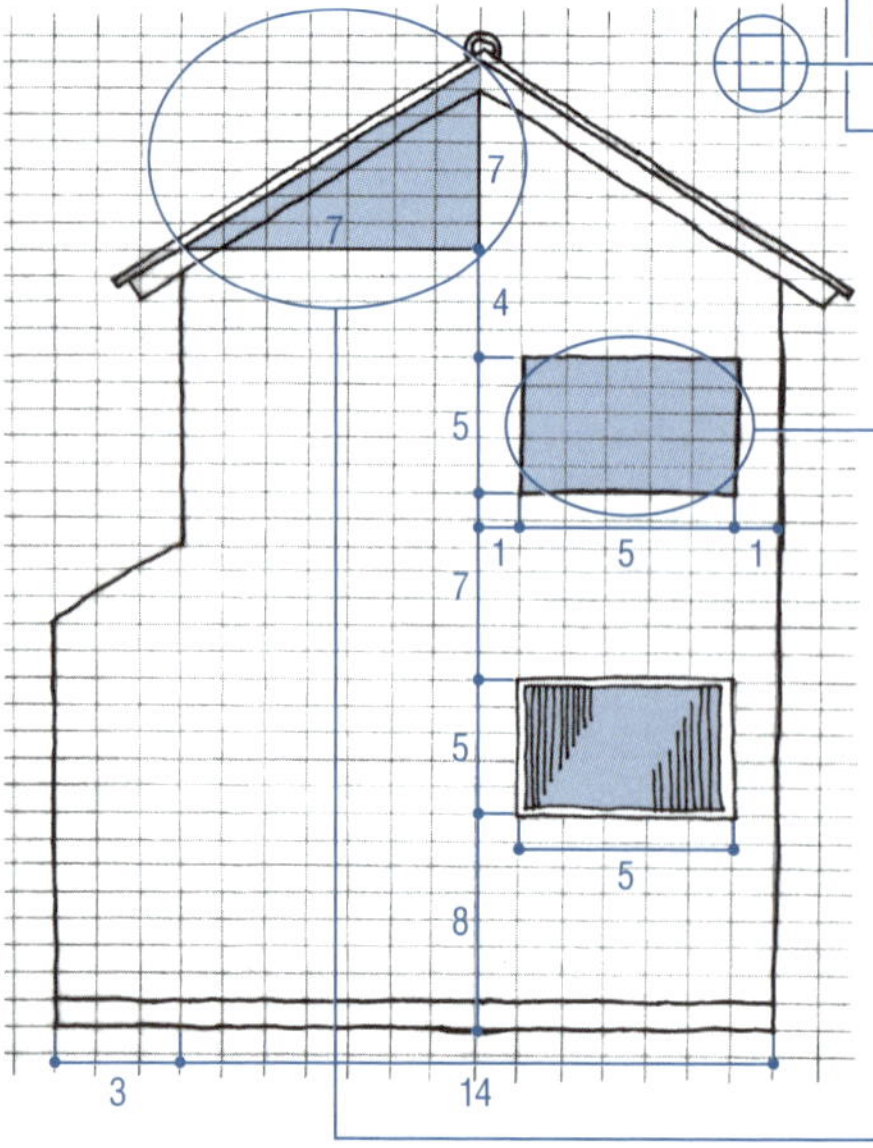
7
7
4
5
1
5
1
7
5
5
8
3
14

⑦格子は1本の幅（見付け）を指を使って測っておく。本数を数えておけば後からでも描き込める

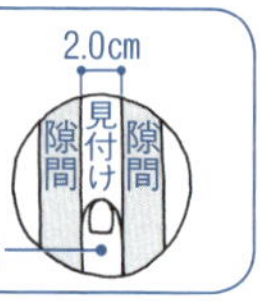
2.0cm
隙間
見付け
隙間
親指

⑧窓枠など窓周りを描く

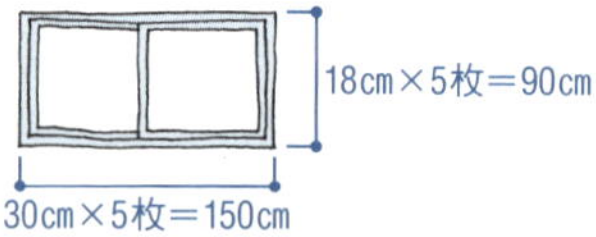
18cm×5枚＝90cm
30cm×5枚＝150cm

⑨破風（はふ）は目測して描く

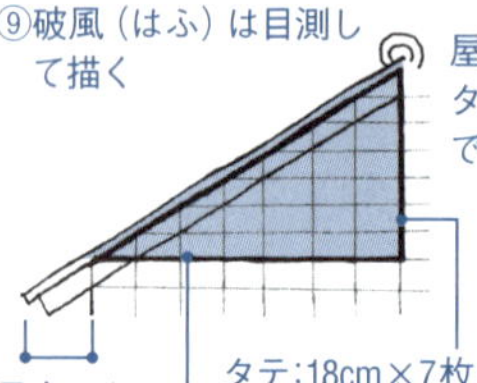
屋根勾配はタテ・ヨコで測る
目安になるものがなければ目測

タテ:18cm×7枚＝126cm
ヨコ:30cm×7枚＝210cm
126cm／210cm＝0.6(6寸勾配)

［MEMO］青字の①〜⑦は実測・記録時のポイント、⑧⑨は清書を行う際のポイント

●本書の企画段階において、すまいづくりまちづくり協議会　幹事の渋沢浩夫さんには献身的な協力を頂きました。

●すまいづくりまちづくり協議会は、工学院大学専門学校の卒業生が中心となり、まち歩きなどの活動を行っています。任意の開かれた組織です。

最勝寺靖彦
（さいしょうじ・やすひこ）

1946年生まれ
1975年　工学院大学大学院建築学科修了
1995年　TERA歴史景観研究室を設立
現在「住まいとでんき」編集委員
主な仕事：まちづくり、古民家再生を手掛ける
主な著書：「和風デザインディテール図鑑」（小社刊）
「世界で一番幸福な国ブータン」（共著、小社刊）
「まちを再生する99のアイデア」（共著、彰国社）
本書では監修を担当

櫻井祐美
（さくらい・ゆみ）

二級建築士
1971年　札幌生まれ
1998年　住宅メーカー勤務
2006年　武蔵野美術大学　工芸工業デザイン修学
本書では主に民俗信仰分野を担当

二藤克明
（にとう・かつあき）

一級建築士
1965年　東京都生まれ
1987年　工学院大学専門学校建築科研究科卒業
1991年　株式会社 現代建築設計事務所 取締役
2009年　すまいづくりまちづくり協議会による「まち歩き」に参画
本書では主にまちの工作物や建物分野を担当

執筆者紹介

スタジオワーク

スタジオワークは、日々変化している環境や風景に興味をもち、時に問題を抱く者たちが集まり、つくったグループである。フィールドワークに重きを置き、まちや野にあふれる事物を深く見つめることで、新しい価値観を発見し、記録、発信することを目指している。本書は積み重ねてきた活動記録の第一弾である。

メンバー紹介(50音順)

糸日谷晶子
(いとひや・しょうこ)

二級建築士

1968 年　東京生まれ
1993 年　工学院大学専門学校建築科研究科卒業
2006 年　有限会社コラム設立
2012 年　すまいづくりまちづくり協議会による「まち歩き」に参画
本書では主に環境分野を担当

井上　心
(いのうえ・こころ)

二級建築士

1979年　埼玉生まれ
2002年　法政大学経済学部卒業
2006年　工学院大学専門学校二部建築学科卒業
2007年　一級建築士事務所 TKO-M.architectsに入所
2011年　すまいづくりまちづくり協議会による「まち歩き」に参画
本書では主に水辺分野を担当

木下正道
(きのした・まさみち)

一級建築士

1971年　工学院大学卒業
1989～1994年　工学院大学工学部建築学科非常勤講師
1975～2006年　工学院大学専門学校専任講師
1981年～　株式会社フォーライフ一級建築士事務所　代表取締役
1999年～　まちあるき隊　主宰
2006年～　すまいづくりまちづくり協議会　代表幹事
本書では主に建物分野を担当

- たばこ屋さん繁昌記／飯田鋭三／山愛書院／2007年
- 駄菓子屋図鑑／奥成達／飛鳥新社／1995年
- 日本の美術 擬洋風建築／清水重敦／至文堂／2003年
- 東京の空間人類学／陣内秀信／筑摩書房／1985年
- 赤線跡を歩く 消えゆく夢の街を訪ねて／木村聡／ちくま文庫／2002年
- 看板建築／藤森照信＋増田彰久／三省堂／1999年
- 京町屋づくり千年の知恵／山本茂／祥伝社／2003年
- 京都土壁案内 In praise of mud ／塚本由晴、森田一弥／学芸出版社／2012年
- 和のエクステリア 建築家のための設計アイテム／鶉功／理工学社／1999年
- 竹垣デザイン実例集／吉河功／創森社／2005年
- 日本のかたちの縁起／小野瀬順一／彰国社／1998年
- 鬼よけ百科／岡田保造／丸善／2007年
- 日本の看板・世界の看板／今津次郎／ビジネス社／1985年
- 日本の暖簾／高井潔／グラフィック社／2009年
- 東京路上博物誌／藤森照信＋荒俣宏／鹿島出版会／1987年
- 日本の瓦屋根／坪井利弘／理工学社／1976年
- 鬼瓦 ルーツを尋ねて／玉田芳蔵／東京書籍／2000年
- 和風デザイン・ディテール図鑑／最勝寺靖彦／エクスナレッジ／2009年
- うだつ／中西徹／二瓶社／1990年
- 鏝絵／藤田洋三／小学館／1996年
- 格子の表構え／和風建築社企編／学芸出版社／1996年
- 日本れんが紀行／喜田信代／日貿出版社／2000年
- 石垣（ものと人間の文化史15）／田淵実夫／法政大学出版局／1975年

参考文献

- 見えがくれする都市／槇文彦他／鹿島出版会／1980年
- 江戸の小さな神々／宮田登／青土社／1989年
- 江戸の坂／山野勝／朝日新聞社／2006年
- 江戸の坂 東京の坂／横関英一／友峰書店／1970年
- 江戸の川 東京の川／鈴木理生／日本放送出版協会／1978年
- 図説江戸・東京の川と水辺の事典／鈴木理生／柏書房／2003年
- 東京ぶらり暗渠探検／洋泉社ムック／洋泉社／2010年
- アースダイバー／中沢新一／講談社／2005年
- 東京「スリバチ」地形散歩／皆川典久／洋泉社／2012年
- 図解案内日本の民俗／福田アジオ他編／吉川弘文館／2012年
- 時間の民俗学・空間の民俗学／福田アジオ／木耳社／1989年
- 江戸・東京の地理と地名／鈴木理生／日本実業出版社／2006年
- 隅田川 橋の紳士録／白井裕／東京堂出版／1993年
- 都電60年の生涯／東京都交通局編／東京都交通局／1971年
- 復興建築の東京地図／日下部行洋編／平凡社／2011年
- 城／伊藤ていじ／読売新聞社／1973年
- 新編・谷根千路地事典／江戸のある町上野・谷根千研究会／住まいの図書館出版局／1995年
- 江戸のなりたち3／追川吉生著／神泉社／2008年
- 江戸の穴／吉泉弘／柏書房／1990年
- テキヤ稼業のフォークロア／厚香苗／青弓社／2012年
- 懐かしの縁日大図鑑／ゴーシュ編／河出書房新社／2003年
- よくわかる仏像のすべて／清水眞澄／講談社／2009年
- 地蔵の世界／石川純一郎／時事通信社／1995年
- 銭湯の謎／町田忍／扶桑社／2001年

建築デザインの解剖図鑑

まちで目にするカタチを読み解く

2013年6月1日　初版第1刷発行
2024年8月29日　第9刷発行

著者　スタジオワーク

発行者　三輪浩之

発行所　株式会社エクスナレッジ
〒106-0032
東京都港区六本木7-2-26
https://www.xknowledge.co.jp/

問合せ先　編集　Tel：03-3403-1381
Fax：03-3403-1345
info@xknowledge.co.jp
販売　Tel：03-3403-1321
Fax：03-3403-1829